RICHARD
POWERS

ORFEO

Roman

Aus dem Amerikanischen
von Manfred Allié

Büchergilde
Gutenberg

Lizenzausgabe für die Büchergilde Gutenberg,
Frankfurt am Main, Zürich, Wien
www.buechergilde.de
Mit freundlicher Genehmigung
des S. Fischer Verlags, Frankfurt am Main

Die Originalausgabe erschien 2014 unter dem Titel ›Orfeo. A Novel‹
bei W. W. Norton, New York

Satz: Dörlemann Satz, Lemförde
Druck und Bindung: CPI books GmbH, Leck
Printed in Germany
ISBN 978-3-7632-6767-5

ORFEO

Am Anfang also eine Ouvertüre:

Sämtliche Lichter brennen in einem Arts-and-Crafts-Haus in einem stillen Viertel, spät an einem Frühlingsabend, im zehnten Jahr der nicht wiederzuerkennenden Welt. Schatten huschen an den Vorhängen vorüber: ein Mann, der noch spät bei der Arbeit ist, wie jeden Abend in diesem Winter, vor einem Regal voller Laborgläser. Er ist im Trainingsanzug; Schutzbrille, medizinische Latexhandschuhe, sein Giacomettikörper vorgebeugt wie zum Gebet. Ein grauer, aber noch kräftiger Beatles-Mopp hängt ihm in die Augen.

Er schlägt etwas in einem Buch nach, auf einem Arbeitstisch voll mit Gerät. In einer Hand eine Pipette, und er hält sie wie einen Dolch. Aus einer winzigen gekühlten Phiole saugt er eine farblose Flüssigkeit an, nicht mehr davon, als eine Schwebfliege von einem Zweig Zitronenmelisse nehmen würde. Dieser Klecks kommt in ein Röhrchen nicht größer als die Nase einer Maus, eine Menge so klein, dass er nicht sicher sein kann, dass sie tatsächlich da ist. Die behandschuhte Hand zittert, als er die gebrauchte Pipettenspitze in den Müll wirft.

Weitere Flüssigkeiten wandern aus Messgläsern in diesen Puppenstubencocktail: Oligonukleotide, damit der Zauber in Gang kommt; Polymerase für die Kettenreaktion; Nukleotide, die Aufstellung nehmen wie Soldaten beim Fünf-Uhr-morgens-Appell, tausend Verbindungen pro Minute. Der Mann folgt dem Rezept in dem Buch wie ein Hobbykoch.

Die Mischung dreht fünfundzwanzig Achterbahnrunden im Thermozykler, immer hin und her zwischen lauwarm und knapp unter dem Siedepunkt. Zwei Stunden lang schmilzt und hybridisiert DNA, schnappt sich freie Nukleotide und verdoppelt sich mit jedem Durchgang. Fünfundzwanzig Verdoppelungen machen aus ein paar hundert Strängen mehr Kopien, als es auf der Erde Menschen gibt.

Draußen biegen sich Bäume, an denen schon die ersten Knospen kommen, unter den Launen eines leichten Winds. Ein paar letzte Nachtschwalben fischen noch Insekten aus der Luft. Der genetische Bastler holt einen Stamm Bakterien aus dem Brutschrank und stellt ihn unter die Haube der Sicherheitswerkbank. Er schüttelt den flachen Kulturkolben und gießt die gelockerten Zellen in eine Mikrotiterplatte mit vierundzwanzig Näpfchen. Diese Platte kommt unter das Mikroskop, Vergrößerung vierhundertfach. Der Mann setzt das Auge ans Okular und erblickt die wahre Welt.

Nebenan verfolgt eine vierköpfige Familie gerade das Finale einer Fernseh-Tanzshow. Ein Haus weiter Richtung Süden bereitet die Chefsekretärin einer halbkriminellen Baufirma die herbstliche Kreuzfahrt nach Marokko vor. Jenseits der beiden Gärten liegen ein Marktanalytiker und seine schwangere Frau, eine Anwältin, im Bett und schauen auf ihre Tabletschirme, machen Pokerwetten und markieren Bilder von einer virtuellen Hochzeit. Das Haus auf der anderen Straßenseite ist dunkel; die Besitzer sind zu einer Geistheilernacht nach West Virginia gefahren.

Keiner macht sich Gedanken um den stillen, schon älteren Sonderling in dem Arts-and-Crafts-Haus South Linden Street 806. Der Mann ist im Ruhestand, und Leute im Ruhestand legen sich alle möglichen Hobbys zu. Sie besuchen die Geburtshäuser von Bürgerkriegsgenerälen. Sie spielen Euphonium. Sie lernen Tai Chi, sammeln Petoskeysteine oder fotografieren Felsen, die wie Menschengesichter aussehen.

Peter Els jedoch will nur noch eines in diesem Leben erreichen: Er will sich aus den Zwängen der Zeit befreien und will die Zukunft hören. Er hat nie etwas anderes gewollt. Und so etwas spätabends in diesem unverschämt schönen Frühling zu wollen ist nicht abwegiger, als dass man überhaupt etwas will.

Ich habe genau das versucht, was sie mir vorwerfen. Schuldig im Sinne der Anklage.

Auf dem Tonband das Rauschen des Raumes. Dann sagt eine klare Altstimme: *Notrufzentrale Pimpleia County, Platz zwölf. Welchen Notfall wollen Sie melden?*

Es folgt ein Geräusch wie von einer in ein Handtuch gewickelten Ratsche. Ein Knall, dann ein Klappern: das Telefon, das zu Boden geht. Nach einer Pause eine Tenorstimme, schrill vor Anspannung: *Hallo?*

Ja. Welchen Not–

Wir brauchen einen Arzt hier.

Die Altstimme wird lauter. *Worum geht es?*

Zur Antwort kommt ein tiefer, nicht menschlicher Schrei. Die Tenorstimme murmelt: *Es ist gut, Liebling. Jetzt ist es gut.*

Ist jemand krank?, fragt die Altstimme. *Brauchen Sie einen Krankenwagen?*

Ein weiterer gedämpfter Schlag, dann nur noch statisches Rauschen. Die Stille endet mit einem unterdrückten *O.* Dann schnelle, abrupte Worte, selbst mit digitalen Filtern und Korrekturprogrammen nicht zu entziffern. Vergebliche Trostworte.

Die Frau vom Notruf fragt: *Sir? Können Sie Ihre Adresse bestätigen?*

Jemand summt eine leise Melodie, ein Wiegenlied von einem fernen Planeten. Dann bricht der Anruf ab.

Ich war sicher, dass nie jemand einen Ton davon hören würde. Es war mein Stück für einen leeren Saal.

Die beiden Beamten, die mit dem indigoblauen Streifenwagen vor dem Haus South Linden 806 hielten, hatten es an dem Abend schon mit einer Überdosis Antidepressiva zu tun gehabt, einem Schläger in einem Gemischtwarenladen und einer Debatte zum Thema Rassenhygiene, bei der von Schusswaffen Gebrauch gemacht worden war. Das Leben in der kleinen Collegestadt in Pennsylvania ließ die Muskeln spielen, und die Nacht war noch jung.

Das Haus gehörte Peter Clement Els, vor drei Jahren als außerordentlicher Professor am Verrata College in Pension gegangen. Nichts in den Polizeiakten; anscheinend war Professor Els nie auch nur bei Rot über die Kreuzung gegangen. Die beiden Beamten – ein junger Mann mit dem Gang eines Kugelstoßers und eine ältere Frau, die sichernd um sich blickte – gingen zur Haustür. Ahornzweige knackten im Frühlingswind. Gedämpftes Gelächter drang über zwei Rasenflächen aus einem Nachbarhaus. Hoch oben das Heulen zweier Düsen, ein Regionalflugzeug im Landeanflug. Das zischende Geräusch der Autos auf der Schnellstraße, vier Häuserblocks entfernt.

Auf der Veranda vor dem Haus Sachen, die aufs Wegwerfen zu warten schienen: ein Gartenhäcksler, zwei zernagte Kauknochen, Stapel von Blumentöpfen, eine Fahrradpumpe. Der männliche Beamte hielt die Fliegentür auf, die Frau klopfte, auf alles gefasst.

Etwas flackerte hinter dem Lünettenfenster, und die Tür öffnete sich. Ein hagerer Mann wie ein Mönch stand in dem Lichtkegel. Er hatte eine randlose Brille auf und trug ein kariertes Arbeitshemd mit abgewetztem Kragen. Sein graues Haar sah aus, als habe eine Pioniersfrau es ihm mit einer auf den Kopf gestülpten Schüssel geschnitten. Ein Archipel von Essensflecken auf seiner Cordhose. Unsteter, huschender Blick.

In dem Zimmer hinter ihm herrschte milde Unordnung. Sessel, im American-Craftsman-Stil wie das Haus, umgeben von Bücherregalen. Bücher, CDs, Kerzen mit Talgnasen auf jeder freien Fläche. Eine Ecke des abgetretenen Perserteppichs war umgeschlagen. Das Abendessengeschirr türmte sich zwischen den Zeitschriftenstapeln auf dem Couchtisch.

Die Beamtin sah sich um. *Peter Els? Sie haben bei der Notrufzentrale angerufen?*

Els schloss die Augen, dann öffnete er sie wieder. *Mein Hund ist gerade gestorben.*

Ihr Hund?

Fidelio.

Sie haben den Notarzt für Ihren Hund gerufen?

Eine Sie. Golden Retriever, wunderschön. Vierzehn Jahre alt. Plötzlich lief ihr Blut aus dem Mund, ohne jedes Vorzeichen.

Ihrem Hund fehlte was, sagte der Polizist, seine Stimme erstickt unter dem ganzen Gewicht der Menschheit, *und Sie rufen den Notruf an und keinen Tierarzt?*

Der Beschuldigte schlug die Augen nieder. *Tut mir leid. Ein Schlaganfall wahrscheinlich. Sie hatte sich auf den Boden gedrückt und heulte. Als ich sie anfassen wollte, hat sie mich gebissen. Ich dachte, wenn jemand hilft, das Blut zu …*

Hinter einem Gitter, vom Wohnzimmer einen Flur hinunter, lag etwas unter einer grünen Decke, so groß wie ein zusammengerolltes Kind. Der Polizist zeigte darauf, und Peter Els' Blick folgte dem Finger. Sein Gesicht, als er sich wieder umdrehte, war ein Bild der Verwirrung.

Sie hat wohl geglaubt, ich wolle ihr etwas tun. An der Tür blieb er stehen und starrte zur Decke. *Es tut mir leid, dass ich so einen Aufstand gemacht habe. Mir kam es wie ein Notfall vor.*

Der Beamte wies mit dem Kinn auf das Bündel. *Können wir mal sehen?*

Els wand sich. *Wozu das? Der Hund ist tot.* Nach einer verlegenen Pause machte er Platz.

In Els' Wohnzimmer sahen die Uniformen strenger aus, die Polizisten stärker bewaffnet. Die drei Wände mit Einbauregalen, von oben bis unten vollgestopft mit Büchern und CDs, machten den männlichen Beamten nervös. Er stieg über das Gitter, ging den Flur hinunter zu dem Bündel und schlug die Decke zurück.

Dieser Hund hat mir vertraut, sagte Els.

Gute Hunde, die Retriever, sagte die Frau.

Der Hund hat die ganze Welt geliebt. Ein Wunder, dass er das vierzehn Jahre lang ausgehalten hat.

Der Beamte deckte den Leichnam wieder zu. Er kehrte zurück und stieg von neuem über das Gitter. Er befingerte seinen Gürtel: Schlagstock, Handschellen, Sprechgerät, Schlüssel, Pfefferspray, Taschenlampe, Pistole. Auf dem Namensschild aus Messing stand Mark Powell. *Sie müssen es beim Amt für Veterinärmedizin melden.*

Ich dachte, ich … Els wies mit dem Daumen zum Garten hinter dem Haus. *Gebe ihr ein anständiges Begräbnis. Sie ist immer gern da draußen gewesen.*

Sie müssen es beim Amt für Veterinärmedizin melden, Sir. Gesundheitsrisiko. Wir können Ihnen die Nummer geben.

Ah! Peter Els hob die Augenbrauen und nickte, als seien damit alle überhaupt vorstellbaren Fragen auf Anhieb gelöst. Die Frau nannte ihm eine Nummer. Sie versicherte ihm, dass ein solcher Anruf von Gesetz wegen vorgeschrieben sei und nichts einfacher sein könne.

Officer Powell musterte die Regalbretter mit CDs: Tausende von Scheiben, frisch veraltete Technik. Vor einer dieser Wände stand ein großes Holzgestell wie ein freistehender Kleiderständer. Eine Reihe abgesägter großer Wasserflaschen hing an Gummikordeln daran.

Powell fasste sich an den Gürtel. *Heilige Scheiße!*

Nebelkammerschalen, sagte Els.

Nebelkammer? Ist das nicht für …?

Das ist nur ein Name, sagte Els. *Man kann Musik drauf machen.*

Sie sind Musiker?

Ich habe es unterrichtet. Komposition.

Songwriter?

Peter Els legte die Hände um beide Ellbogen und senkte das Haupt. *Es ist kompliziert.*

Wie meinen Sie das, kompliziert? Technofolk? Psychobilly-Ska?

Ich schreibe nicht mehr viel.

Officer Powell blickte auf. *Warum nicht?*

So viel Musik auf der Welt.

Das Sprechgerät am Gürtel des Polizisten zischte, eine Frauenstimme gab Phantomanweisungen.

Da haben Sie recht. Von allem gibt es so viel.

Die beiden Beamten wandten sich wieder in Richtung Haustür. Vom Esszimmer stand die Tür zu einem Arbeitszimmer offen. Auf den Regalen dort dicht gepackt Becher, Röhren, Gläser mit gedruckten Etiketten. Ein kleiner Kühlschrank stand am Ende einer langen Werkbank mit einem an einen Computer angeschlossenen Mikroskop darauf. Mit seinem weißen Metallgehäuse, den schwarzen Okularen und dem silbernen Objektiv sah es wie ein Sternenkriegerbaby aus. Auf einer zweiten Werkbank am anderen Ende des Raums standen weitere Geräte, an denen die bunten Glimmlämpchen leuchteten.

Wow, sagte Officer Powell.

Mein Labor, erklärte Els.

Ich dachte, Sie schreiben Songs.

Das ist mein Hobby. Zur Entspannung.

Die Frau, Officer Estes, blickte misstrauisch. *Wozu brauchen Sie die ganzen Petrischalen?*

Peter Els ließ die Finger spielen. *Wohnungen für Bakterien. Genau wie wir.*

Haben Sie was dagegen, wenn wir uns mal …?

Els trat einen Schritt zurück und betrachtete die Dienstmarke der Inquisitorin. *Es ist schon spät.*

Die beiden Beamten sahen sich an. Officer Powell wollte etwas sagen, überlegte es sich dann anders.

Na gut, sagte Officer Estes. *Das mit Ihrem Hund tut uns leid.*

Peter Els schüttelte den Kopf. *Dieser Hund, der konnte stundenlang dasitzen und zuhören. Er hat Musik geliebt, egal welche. Er hat sogar mitgesungen.*

Die Polizisten gingen. Der Wind hatte inzwischen aufgehört, die Insekten machten bei ihren gespenstischen Geschäften eine Pause. Einen halben Takt lang, während die beiden Beamten über den Bürgersteig schritten, herrschte eine Milde, die fast schon Frieden war. Diese dunkle Ruhe dauerte den ganzen Weg bis zum Wagen, wo beide sogleich zum Telefon griffen.

Was ich mir dabei gedacht habe? Eigentlich gar nichts. Man hat mir immer vorgeworfen, dass ich zu viel denke. Ich habe es ganz einfach getan.

Der Hund hörte nur auf Fidelio, vom ersten Mal an, als Els ihn bei diesem Namen nannte. Musik konnte Fidelio in Ekstase versetzen. Sie liebte lange gehaltene Intervalle, am liebsten Sekunden, Dur oder Moll. Wenn ein Mensch einen Ton länger als einen Herzschlag hielt, musste sie einfach mitmachen.

Fidelios Gesang hatte Methode. Wenn Els ein d hielt, ging

der Hund auf es oder e. Wechselte Els zu Fidelios Tonhöhe, ging der Hund einen Halbton höher oder tiefer. Sang ein Menschenchor einen Akkord, sang der Hund eine Note, die darin nicht vorkam. Egal mit welcher Tonhöhe die Meute daherkam, Fidelio fand eine, die noch nicht besetzt war.

Im Heulen dieses Geschöpfes hörte Els die Wurzeln der Musik – die heilige Gemeinschaft der nicht geringen Dissonanz.

Die wenigen brauchbaren Studien, die Els über die Musikalität von Hunden fand, schrieben, die Tiere nähmen nur etwa eine Dritteloktave wahr. Aber Fidelio antwortete stets mit einem Ganzton Unterschied auf jede Tonhöhe, die Els sang. Forschungen zur Auswirkung von Musik auf die Stimmung eines Hundes kamen zu dem Schluss, dass Heavy Metal sie erregte, Vivaldi hingegen hatte beruhigende Wirkung. Nicht gerade überraschend; in einem der wenigen Interviews, die jemals jemand von ihm haben wollte, hatte Els gesagt, die *Vier Jahreszeiten* sollten genauso mit einer Gesundheitswarnung versehen sein wie ein starkes Sedativum. Das war Jahre, bevor die Industrie auf Beruhigungsplatten für Tiere kam: *Musik, von der Hunde träumen, erste Folge; Wiegenlieder für Ihren Liebling, Melodien, wenn niemand zu Hause ist.*

Mit einundzwanzig war Els Jünger am Schrein Wagners gewesen. Also wusste er alles über Peps, Wagners Spanielmuse und Mitautorin von *Tannhäuser*. Peps lag während der Arbeit zu Wagners Füßen unter dem Klavier. Wenn dem Hund eine Passage nicht gefiel, sprang er auf den Tisch und heulte, bis Wagner die Phrase verwarf. Es gab Jahre, da hätte Els einen so freimütigen Kritiker brauchen können, und

Fidelio wäre vielleicht zu Diensten gewesen. Aber als Fidelio in sein Leben kam, hatte Els das Komponieren bereits aufgegeben.

Wie Peps war auch Fidelio gut für die Gesundheit ihres Herrn. Sie machte Els darauf aufmerksam, wenn es Zeit für Mahlzeiten oder Spaziergänge war. Und als einzige Gegenleistung forderte sie, dass sie Teil der Zweiermeute sein durfte, loyal ihrem Leithund, und heulen durfte, wann immer es Musik gab.

Els las von anderen musikalischen Hunden. Da gab es den Bullenbeißer Dan – unsterblich gemacht durch die elfte von Elgars *Enigma-Variationen* –, der Sänger anknurrte, wenn sie aus dem Takt kamen. Der Bullterrier Bud hatte im Weißen Haus für Eleanor und Franklin D. ein Stephen-Foster-Medley dargeboten, fünf Jahre bevor Peter zur Welt gekommen war. Dreißig Jahre später, als er in Urbana, Illinois, durch ein John-Cage-Happening streifte, sah er, wie Lyndon Johnson vor den Kameras der verblüfften Nation ein Duett mit seiner Promenadenmischung Yuki sang. In den drei kurzen Jahrzehnten zwischen Bud und Yuki waren Mondraketen an die Stelle von Doppeldeckern getreten, das Arpanet hatte den Morsescheinwerfer abgelöst. Musik hatte sich von Copland zu Crumb entwickelt, von »A Fine Romance« zu »Heroin«. Doch nicht das Geringste änderte sich in der musikalischen Welt der Hunde.

Fidelios Sangesfreude ließ niemals nach. Sie war keine von denen, die ständig etwas Neues brauchten. Kein Klassiker, der ihr zu viel wurde – aber sie erkannte auch nie etwas von dem wieder, was Els ihr vorspielte, ganz egal wie oft sie es gehört hatte. Ein nie endender Tanz in einer immerwährenden Gegenwart: so nahm sie jedes Stück an, das sie gemeinsam hörten, Abend für Abend, jahrelang. Fidelio liebte die Schlüsselwerke des zwanzigsten Jahrhunderts, aber genauso sang sie mit, wenn an einem Sommerabend Häuserblocks entfernt ein Eiswagen seine digitalen Töne dudelte. Es war eine Kennerschaft, gegen die Els die seine, ohne zu zögern, eingetauscht hätte.

Ich hatte keine Ahnung, was daraus wird. Das ist ja das Schlimme, wenn man Sachen macht. Man weiß es nie.

Existierte Tonalität *an sich* – gottgegeben? Oder waren diese magischen Proportionen wie alles Menschliche improvisierte Regeln, die man auf dem Weg zu einer noch gnadenloseren Freiheit brechen musste? Fidelio wurde für Els zum Versuchstier in seinem Experiment, seiner Suche nach den Universalien der Musik. Der Hund wurde rege, allein schon wenn Els nach dem abgeschabten Klarinettenetui seiner Kindheit griff. Duettzeit. Fidelio fing schon an zu bellen, bevor Els die erste Note gespielt hatte. Erster Versuchsgegenstand war die Oktaväquivalenz. Els hielt einen Ton, der Hund antwortete in einem klagenden Intervall. Wenn aber der Klarinettenton um eine Oktave wechselte, blieb der Hund bei seinem Ton, als sei die Höhe unverändert.

Dieses Experiment überzeugte Els davon, dass sein Hund Oktaven in der gleichen Art wie Menschen hörte. Oktaven waren im Bau des Körpers programmiert, das war eine Gewissheit, die nicht nur kulturen-, sondern sogar genomübergreifend galt. Spielte man von do bis do, ganz egal wie man die Schritte dazwischen aufteilte, dann hörten selbst Vertreter anderer Spezies, dass die Töne in einem Kreis wieder zu sich zurückführten wie in einem Farbenzirkel.

Nur ein Verrückter hätte sich deswegen Gedanken gemacht. Aber Fidelios Reaktion faszinierte Els. Die Reaktion brachte ihn zu all den Jahren in der Wildnis zurück, der Zeit, als er das menschliche Ohr an Orte gebracht hatte, an die es freiwillig nie gehen würde, als er versucht hatte, durch die Mathematik der Musik eine Abkürzung zum Erhabenen zu finden. Fidelio, dieses glückliche Geschöpf, das zu den Launen von Els' Klarinette gebellt hatte, hatte auf etwas in der Musik verwiesen, das über Bildung hinausging, etwas, das zum Bauplan jedes höher entwickelten Gehirns gehörte.

Els hatte sein Leben der Suche nach diesem Größeren gewidmet. Nach etwas Großartigem, Dauerhaftem, das unter der altersmüden Oberfläche der Musik verborgen lag. Irgendwo hinter dem Vertrauten lagen Konstellationen von Noten, Folgen von Tönen, die den Verstand ans Ziel bringen konnten.

Der Glaube, dass dieses Etwas existierte, war immer noch lebendig in ihm. Doch jetzt, wo der Hund tot war, er selbst auf der Warteliste, glaubte er nicht mehr daran, dass er es in der Zeit, die ihm blieb, noch finden würde.

Vielleicht habe ich einen Fehler gemacht. Aber Cage sagt, Fehler ist ein falscher Begriff. Wenn etwas geschieht, existiert es und ist echt.

Er ging hinaus in den Garten, mit Taschenlampe, Schaufel und dem Bündel in der Decke. Er wählte eine Stelle an einer Buchsbaumhecke aus, die Fidelio immer gerne markiert hatte. Der kleine Garten war bereits mit einem dichten Geflecht von Frühlingsunkräutern überzogen. Dass ein so verschwenderisches Übermaß das Wesen des Lebens war, konnte ihn immer wieder neu verblüffen. Els klemmte die Taschenlampe zwischen den Zweigen eines Geißblattbusches fest, nahm die Schaufel und grub.

Der tiefe Ton, wenn Schuhsohle auf Schaufelblatt traf, das helle Kratzen, wenn die Schaufel in den steinigen Boden drang, erklangen als angenehmer Wechselschritt. Als das Loch tief genug war, dass die Gefährtin seiner späten Jahre hineinpasste, legte er die Schaufel ab und nahm den Leichnam. Fidelio fühlte sich nun leicht an, als sei etwas in den anderthalb Stunden seit ihrem Tod aus ihr fortgegangen.

Er stand am Rande des Grabes und betrachtete die Decke. Es war ein Quilt, den seine Exfrau aus ihrer beider alten Kleidern genäht hatte, vor über vierzig Jahren, in den glücklichsten Tagen ihrer gemeinsamen Zeit. Ein großer Quilt, in den strahlendsten, leuchtendsten Tönen von Coelin, Jade, Smaragd und Chartreuse. Das Muster hieß »Night in the Forest«, Nacht im Walde, und Maddy hatte fast zwei Jahre daran gearbeitet. Neben dem Satz Nebelkammerschalen war diese Decke das Schönste, was Els besaß. Die Vernunft hätte gefordert, dass er sie abnahm, wusch, in den Schrank legte, wo seine Tochter sie nach seinem Tod gefunden hätte. Doch Fidelio war in diesem Quilt gestorben, ein Tod, wie man ihn sich unverständiger nicht vorstellen konnte, und die vertraute Decke war ihr einziger Trost gewesen. Wenn

Menschen eine Seele hatten, dann hatte dieses Geschöpf mit Sicherheit ebenfalls eine. Und wenn Menschen keine hatten, dann war keine Geste hier zu edel oder zu lächerlich. Els entschuldigte sich bei Maddy, die er seit Jahrzehnten nicht mehr gesehen hatte, und legte das Bündel in die Erde.

Der Leichnam ruhte in seinem Quilt in dieser Lehmgrube. Im Licht der Taschenlampe schimmerte die Nacht im Walde in den schönsten, kühlsten Farben. Einen Moment lang waren diese dunklen Grüntöne allen Schmerz wert, den er und Maddy sich je zugefügt hatten.

Els griff wieder zur Schaufel, summte eine aufsteigende Melodielinie vor sich hin, die langsam Gestalt annahm. Sechsmal in den sieben Dekaden seines Lebens hatte er sich vergegenwärtigen müssen, wie der Kummer einen Menschen das kleinste, verirrteste Ding lieben ließ. Dies war das siebte Mal.

Eine Stimme sagte: *Was machen Sie da?* Mit einem erschrockenen Laut ließ Els die Schaufel fallen.

Von dem Schrecken erschreckt rief die Stimme, *Ich bin's.*

Der achtjährige Nachbarsjunge hatte sich auf einen Gartenstuhl gestellt und lugte über den Lattenzaun. Kinder, die unbeaufsichtigt durch die Nacht geisterten. Els wusste nicht mehr, wie der Junge hieß. Wie alle Jungennamen im Zeitalter der sozialen Netzwerke begann er mit einem J.

Was ist das?, fragte J in verschwörerischem Ton.

Ich begrabe meinen Hund.

Da *drin?*

Es ist eine Art Grabbeigabe.

Aus Multiplayer-Onlinespielen wusste J alles über Grabbeigaben.

Darf man denn seinen Hund im Garten begraben?

Er hat sich hier immer wohl gefühlt. Und es muss ja keiner wissen, oder?

Kann ich ihn ansehen?

Nein, sagte Els. *Er hat jetzt seinen Frieden.*

Els griff wieder zur Schaufel und schüttete das Loch zu. J beobachtete ihn gebannt. Er hatte in seinem jungen Leben schon Tausende von Toden gesehen. Aber ein anständiges Begräbnis, das war neu für ihn, unerhört.

Aus der Grube wurde ein flacher Hügel. Els stand da und überlegte, was als Nächstes kam, in dieser improvisierten Totenfeier.

Sie war ein guter Hund, Fidelio. Sehr klug.

Fidelio?

So hieß sie.

Ist das die lange Form von Fido oder so was?

Dieser Hund konnte singen. Der Hund konnte unterscheiden zwischen schönen und hässlichen Lauten.

Els verschwieg, dass Fidelio die hässlichen bevorzugt hatte.

J machte ein misstrauisches Gesicht. *Was hat sie gesungen?*

Alles. Sie war sehr aufgeschlossen. Els nahm die Taschenlampe und leuchtete in Richtung Zaun. *Meinst du, wir sollten etwas für sie singen?*

J schüttelte den Kopf. *Ich kenne keine traurigen Lieder. Außer den lustigen.*

Ich wollte mich erinnern, wie das Leben tatsächlich funktionierte, und ich wollte sehen, ob die Chemie von mir noch etwas brauchen konnte.

Der achtjährige Peter versteckt sich in der Speisekammer des elterlichen Pseudo-Tudorhauses, kauert dort in seinem Gene-Autry-Schlafanzug, bespitzelt Mutter und Vater, missachtet jedes Gesetz Gottes und der Menschen. Ihm ist es gleich, ob er ertappt wird. Er ist so oder so verloren. Ein paar Wochen zuvor haben die Roten eine Atombombe gezündet, und Karl Els hat den versammelten Vätern des Viertels bei Spare Ribs an einem mächtigen Lagerfeuer versichert, dass die Welt noch fünf Jahre zu leben hat, bestenfalls. Das Grillfest wird das letzte in diesem Viertel sein. Als alles aufgegessen ist, versammeln die todgeweihten Väter und ihre Frauen sich um die Els'sche Hammondorgel, in jeder zweiten Hand ein Glas Gin, der Chor der blauen Unschuldsengel, versammelt zum Abschiedslied.

O nimm Du die blühende Rose vom Strauch,
Verläng're ihr Dasein mit lieblichem Hauch!
Umtönt ihre Blüte Dein holder Gesang,
So wähnt sie, noch sei es der Nachtigall Klang.

Sein großer Bruder Paul schläft im Dachzimmer, ein Stock über ihnen. Susan quengelt in ihrem Bettchen am Fußende der Treppe. Und Peter steht in der Brandung dieser Akkorde, umtost von Amerikas letztem Gesang. Immer höher erheben sich die Töne. Sie machen die Sprache so unsinnig wie Bauchreden im Radio. Licht und Dunkel ergießen sich über Peter mit jeder neuen Akkordfolge, Begeisterung ohne Mittelsmann. Schwankende Tonreihen purzeln Takt um Takt übereinander, folgen einer inneren Logik, dunkel und schön.

Wieder ein milchiger, aufgewühlter Ton, der dem Jungen an den Magen geht. Gleich mehrere verlockende Pfade führen zu unbekannten Noten. Aber vor lauter möglichen Verzweigungen verliert die Melodie die Orientierung. Ein unerwarteter Tonsprung, von dem Peter Gänsehaut bekommt. Quaddeln auf seinen Unterarmen. Sein kleines Glied wird steif vor erstem Begehren.

Der Chor der trunkenen Engel versucht es mit einem schwierigeren Lied. Diese neuen Akkorde sind wie die Wälder auf dem Hügel bei Peters Großmutter, wo sein Vater einmal mit ihnen Schlitten gefahren ist. Schritt für Schritt stolpern die Sänger voran in ein Dickicht aus verschlungenen Harmonien.

Etwas greift nach ihnen und bringt sie aus dem Takt. Die Finger seiner Mutter verirren sich auf den Tasten. Sie schlägt mehrere an, alle falsch. Unter lautem Gelächter plumpsen die Sänger in einen Graben, das Ginglas in der Hand. Dann singt der Schlafanzugjunge von seinem Versteck aus genau den verlorenen Ton. Der ganze Chor starrt diesen Eindringling an. Jetzt werden sie ihn bestrafen, weil er mehr Regeln gebrochen hat, als überhaupt jemand zählen kann.

Seine Mutter versucht es mit diesem Ton. Einem, den sie nie genommen hätte, aber er liegt auf der Hand – besser als der, nach dem sie gesucht hatte. Die beschwipsten Sänger applaudieren dem Kind. Peters Vater kommt vom anderen Zimmerende und gibt ihm einen Klaps auf den Hintern, schickt ihn zurück ins Bett, Strafe suspendiert. *Und bleib oben, es sei denn, wir brauchen dich noch mal.*

Zwei Monate später steht der junge Peter in den Kulissen, klammert sich an die Klarinette, wartet auf seinen Auftritt, sein erster stadtweiter Wettbewerb. Jedes Vergnügen, das hat er bereits gelernt, wird zwangsläufig zum Wettstreit. Seine Mutter möchte ihm diesen Auftritt, als Gladiator in der Arena, ersparen, doch sein Vater, der – wenn er Paul, dem Bruder, glauben will – im Krieg einen deutschen Gewehrschützen getötet hat, ist der Ansicht, dass man einen Jungen am besten dadurch vor dem öffentlichen Urteil schützt, dass man ihn diesem in großen Dosen aussetzt.

Jemand ruft Peters Namen. Er stolpert auf die Bühne, sein Kopf wie ein Heliumballon. Als er sich vor dem Raum, in dem er nichts als Schwärze sieht, verneigt, verliert er das Gleichgewicht und stolpert nach vorn. Der ganze Saal lacht. Sein Stück spielt er im Sitzen, Schumanns »Von fremden Ländern und Menschen«. Der Begleiter wartet auf ein Zeichen, doch Peter fallen die ersten Töne nicht mehr ein. Seine Arme sind wie Pudding. Irgendwie finden die Hände sich zurecht. Er dudelt das Stück herunter, zu schnell, zu laut, und lange bevor er am Ende angekommen ist, laufen die Tränen. Der Applaus ist das Zeichen, dass er von der Bühne laufen kann, blamiert.

Er landet auf der Toilette, kotzt sich die Seele aus dem Leib. Die Aufsteck-Fliege ist besudelt, als er wieder herauskommt und sich seiner Mutter stellt. Die drückt seinen Kopf an ihre Brust und sagt *Petey, so was musst du nie wieder machen.*

Er reißt sich los, entsetzt. *Du verstehst das nicht. Ich* muss *spielen.*

Er bekommt den zweiten Preis in seiner Altersklasse – einen Violinschlüssel aus Zinn, den seine Eltern neben die Baseballtrophäe der Junior-B-Liga 1948 seines Bruders auf den Kaminsims stellen. Drei Jahrzehnte später wird er das Ding in Zeitungspapier gewickelt auf dem Dachboden seiner Mutter wiederfinden, ein Jahr nach ihrem Tod.

Ich hatte diese Melodie sechzig Jahre lang gehört. Unser Musikgeschmack verändert sich so wenig. || Was wir am Ende der Kindheit mögen, wird auch auf unserer Beerdigung gespielt.

Carnegie Elementary, Fisk Junior, Rockefeller High: Peter Els überlebt sie alle, von der Fibel mit Dick und Jane über Gerundien und Partizipien, Pilgerväter und Panzerkreuzer bis zu Stanley und Livingstone, Schienbein und Wadenbein, Basen und Säuren. Er lernt *Hiawathas Kindheit* auswendig, *Ozymandias*, Emma Lazarus' *Neuen Koloss*; die üppig punktierten Rhythmen vertreiben ihm die Öde seiner Spätnachmittage.

Mit zwölf meistert er den mystischen Rechenschieber. Er spielt mit Quadratwurzeln, sucht nach versteckten Botschaften in den Kommastellen von Pi. Er berechnet den Inhalt unzähliger rechtwinkliger Dreiecke und kartiert das Hin und Her französischer und deutscher Armeen über Europa im Laufe von fünf Jahrhunderten. Lehrer ziehen vorüber wie Quintenzirkel, und alle bestehen darauf, dass an die Stelle der Kindheit das Ansammeln von Fakten gehört.

Am meisten mag er seine Musikstunden. Woche um Monat um Jahr erobert er die Klarinette. Die Etüden, die seine Lehrer ihm zu spielen geben, sind der Schlüssel zu immer exotischeren, immer verzauberteren Orten. Offenbar spricht er diese Sprache von Natur aus.

Es ist eine Gabe, sagt seine Mutter.

Ein Talent, verbessert sein Vater.

Auch sein Vater ist besessen von Musik, oder zumindest von ihrer immer getreueren Wiedergabe. Alle paar Monate leistet Karl Els sich neue, bessere Geräte, bis die High-Fidelity-Lautsprecher, die er an seinen Röhrenverstärker anschließt, größer sind als die Hütte eines Wanderarbeiters. Mit Hilfe dieser Apparaturen bombardiert er seine Familie mit populärer Klassik. Walzer von Strauß. *Die lustige Witwe.* Der Mann brüllt, »I am the very model of a modern Major General«, bis ihr friedfertiger Nachbar ihnen mit der Polizei droht. Jeden Sonntagnachmittag, manchmal auch wochentagsabends, hört der junge Peter zu, wenn die Platten sich drehen. Er sucht die immer neuen Harmonien ab, und manchmal findet er Geheimbotschaften, die über dem Getümmel schweben.

Und vom Plattenspieler seines Vaters hört der elfjährige Peter zum ersten Mal Mozarts Jupitersinfonie. Ein verregneter Sonntagnachmittag im Oktober, zäh dahinfließende Stunden quälender Langeweile; wer hätte sagen können, wo die anderen Kinder waren? Saßen oben und hörten Radioshows, spielten Astragal oder Mikado oder Flaschendrehen in Judy Breyers Keller. Tief in Sonntagsöde versunken arbeitet Peter sich durch die väterliche Langspielplattensammlung auf der Suche nach dem Heilmittel für seinen ewigen Schmerz – ein Mittel, das irgendwo in diesen bunten Papphüllen verborgen sein muss.

Drei Sätze der 41. Sinfonie verstreichen: Schicksal und edles Opfer, Sehnsucht nach der verlorenen Unschuld und ein Menuett so elegant, dass er vor Langeweile beinahe vergeht. Und dann der Schlusssatz mit seinen vier bescheidenen Noten. Do, re, fa, mi: eine halbe, durcheinandergeratene Tonleiter. Zu einfach, als dass man von Komposition sprechen könnte. Aber dieses Ding schießt hinaus in die Welt wie eine afrikanische Antilope, ein Antilopenbaby, das aus dem Schoß der Mutter purzelt, noch nass und kann doch schon rennen.

Der junge Peter stützt sich auf die Ellenbogen, in die Falle gelockt mit einer Erinnerung aus der Zukunft. Die durcheinandergewürfelte halbe Tonleiter gewinnt an Masse – ein Sog, der andere Melodien in sein Schwerefeld zieht. Stimmen und Gegenstimmen spalten sich ab und vervielfältigen sich in einem kosmischen Fangspiel. Nach zwei Minuten öffnet sich unter dem Jungen eine Falltür. Das Erdgeschoss des Hauses verschwindet, darunter klafft ein Loch. Junge, Plattenspieler, Lautsprecher, das Zweiersofa, auf dem er sitzt: alles steht still, schwebt auf dem Strom des Klanges, wie er sich in den Raum ergießt.

Fünf Stränge breiten sich wie ein Virus aus, infizieren die Luft mit unbändiger Freude. Bei dreieinhalb Minuten wird Peter von einer Hand ergriffen, die ihn hoch über den Bretterzaun seiner Tage erhebt. Er steigt auf in einer wirbelnden Lichtsäule, blickt hinunter in den Raum, in dem er die Musik hört. Wortloser Frieden erfüllt ihn beim Anblick seines zusammengesunkenen, lauschenden Leibs. Und Mitleid mit jedem, der dieses Scheuklappenleben für die Wirklichkeit hält.

Sechs Minuten Staunen, und die fünf galoppierenden Melodien stellen sich zur fünffachen Fuge auf. Melodielinien bilden Echos, umspielen einander, enthüllen, wohin die Musik vom allerersten do an unterwegs war. Das fünfsträngige Geflecht ist zu dicht, er kann nicht alles heraushören, was dort geschieht. Der Klang umhüllt ihn, und Peter steckt in all dem mittendrin, ein kleiner, doch entscheidender Teil von allem.

Als die Stille ihn wieder absetzt, glaubt er nicht mehr an diesen Ort. Benommen streift er den Rest des Nachmittages umher. Das Elternhaus bestreitet, dass da gerade etwas geschehen ist. Die Platte ist sein einziger Beweis, und die nächsten drei Tage lang schabt Peter das Vinyl ab, setzt immer wieder die Nadel auf die gleiche Stelle. Selbst sein Vater schnauzt ihn an, dass er endlich mal was anderes hören soll. Jeden Abend schläft er unter der Kaskade dieser Noten ein. Er möchte sein ganzes Leben damit verbringen, dieses großartige Uhrwerk auseinanderzunehmen und die feinen Rädchen wieder zusammenzusetzen. Dieses Gefühl der Klarheit wiederzuerlangen, der Gegenwart, des *Hierseins*, so flirrend und vielfältig, so vornehm und groß wie ein Planet in den Weiten des Alls.

Jupiter lockt, doch jeder Besuch ist ein klein wenig zaghafter als der vorhergehende. Binnen eines Monats gibt Peter es auf, sitzt von neuem auf der unerbittlichen Erde fest. Er hastet durch die Zimmer, schlägt die Türen dieses zweistöckigen Ranchhauses. Wütend tritt er in die Pedale, fährt mit seinem Rad die Straßen ab, Häuser eins wie das andere genau wie bei sich zu Hause, Straßen, die sich umeinanderwinden wie die Linien eines Daumenabdrucks. Musik sickert zu den Küchenfenstern heraus, Melodien so aromatisch wie Ochsenbrust mit Kohl. Aber dafür hat Peter jetzt keine Geduld mehr. Sein Ohr hat sich erhoben und ist anderswohin gegangen.

Er verliert den Anschluss an seine Umgebung. Versteht nach diesem Erlebnis die Vergnügungen der anderen nicht mehr. Sport kommt ihm wie eine Kinderschaukel vor, Filme sind ihm entschieden zu klamaukig, der Lärm der Autos macht ihn krank. Er hasst die graue, falsche, zweidimensionale Pappdeckelwelt des Fernsehens, obwohl er sich einmal, um sich in Trance zu versetzen, eine halbe Stunde lang davorsetzt und den Schirm mit dem statischen Rauschen anstarrt, eine Botschaft aus dem Weltall. Und selbst als er abschaltet, starrt er noch in das immer kleiner werdende Periskop im Mittelpunkt des Schirms, eine Pforte zu jenem Ort, an den er nicht mehr zurückkann.

Mit dreizehn hat Peter Els mit dem ganzen aerodynamischen Achtzylinderrummel Amerikas nichts mehr gemeinsam. Es kümmert ihn nicht mehr, wem seine Vorlieben peinlich sind. Er braucht nichts außer seiner Mathematik und seinem Mozart, Sternkarten für die Rückkehr zu jenem fernen Planeten.

An einem endlosen Juninachmittag – Peter ist inzwischen vierzehn Jahre alt – entführen Bruder Paul und dessen Freunde ihn und zerren ihn in den Partykeller, binden ihn an einen Barhocker und zwingen ihn, sich Singleschallplatten auf einem tragbaren Plattenspieler so groß wie ein Überseekoffer anzuhören. *Maybellene. Earth Angel. Rock Around the Clock.* Sie flößen ihm Hits ein, überzeugt, dass sie aus diesem Spinner doch noch einen normalen Menschen machen können. Sogar von Schocktherapie ist die Rede.

Jetzt mach doch mal, Mann. Sperr die Ohren auf, und hör dir das an.

Peter versucht es. *Der ist gut*, sagt er. *Toll, der gleitende Bass.*

Er gibt sich Mühe, begeistert zu klingen, doch die Bande durchschaut ihn. Die nächste Nummer: *The Great Pretender.* Ein mitreißender Song, zum Mitsingen, chinesische Wasserfolter nach dem ersten Refrain.

Was ist denn jetzt schon wieder falsch, Armleuchter?

Es ist überhaupt nichts falsch. Nur dass … Er schließt die Augen und zählt auf, eins um eins: *Tonika. Subdominante. Dominante. Die müssten mal ein paar neue Akkorde lernen.*

Klar doch. Stimmt was nicht mit denen, die sie haben?

Die sind vollkommen in Ordnung für alle, die mit diesen dreien zufrieden sind. Aber was bedeutet schon »in Ordnung«, wenn man die Ewigkeit gehört hat?

Hier geht's nicht um Akkorde, schnauzt Paul ihn an.

Diese Musik kommt nicht voran, Paul. Sie dreht sich im Kreis, wie Wasser an einem Abfluss.

Dreht …? Bist du taub oder was? Ein verklärter Ausdruck kommt in die Augen seines Bruders: das Hämmernde, Bohrende, der Sex der frühen Rockmusik. *Hörst du das nicht? Das ist Freiheit, du vertrockneter Haufen Kacke!*

Peter hört nur harmonisches Gefängnis.

Das Tribunal legt *Blue Suede Shoes* auf. Peter zuckt mit den Schultern: Warum nicht? Schmissiger Spaß für billiges Geld. Die Weigerung, sich beeindrucken zu lassen, bringt seinen älteren Bruder in Wut. Er hebt den Arm, um dem Deppen eine Magic-8-Kugel an den Kopf zu schmeißen. Doch ein ekstatischer Backbeat reißt ihn mit, und er ruft, *Hör dir das an. Jeeesus! Kann Musik besser sein?*

Er schnickt die Kanonenkugel durch den bassdröhnenden Kellerraum. Peter fängt sie, senkt den Kopf zum Lesen und schaut, was der Plastikwahrsager auf diese Frage antwortet:

KONZENTRIERE DICH UND FRAGE NOCH EINMAL.

Mein Leben lang habe ich geglaubt, ich wüsste, was Musik ist. Aber ich war wie ein Kind, das seinen Großvater für Gott hält.

Ein Junge stapft durch das flache Wasser am Ufer eines sommerlichen Sees. Himmel und Kiefern in allen Richtungen, das Stimmengewirr der Verwandtschaft. Bleischwer lasten die Ferien auf der Luft, und wieder einmal unternimmt Peter erste Versuche in Sachen Leben.

Es mag Spätnachmittag sein, aber noch Stunden bis zum Sonnenuntergang. So weit im Norden, so nah an der Sonnenwende, hängt die Sonne ganze Tage in ihrem Zenit, bis sie sich auf den Weg in Richtung Dämmerung macht. Der See füllt sich mit badenden Kindern – es ist Elsfest, die jährliche Sause, zu der ihr abtrünniger Zweig der Familie nur selten den Weg findet. Das Südufer dieses nördlichen Sees ist ganz in Elsenhand. Dreißig Meter draußen tummeln sich Kinder auf einer auf leeren Ölfässern schwimmenden Holzplattform wie Ameisen auf einem Zuckerwürfel. Am Ufer fischen Onkel Bierflaschen aus einer eisgefüllten Zinkwanne und öffnen sie am Henkel der Wanne. Tanten und Schlimmeres liegen auf einer Strandtuchstraße zum Sonnenbad. Else in allen Richtungen. Nicht einmal Peters Vater kann alle aus der Sippschaft beim Namen nennen. Eine winzige russische Bombe – sogar eine konventionelle –, und mit den Elsen wäre es aus.

Zum Mittsommer gibt es eine kristallklare Melodie, die Peter schon seit Tagen bis zum Umfallen geübt hat. Heute ist er bereits im ersten Morgenlicht aufgestanden und hat Stunden damit zugebracht, in seinem Versteck oben auf dem Hügel mit der Klarinette von Evette & Schaeffer, die sein Vater bei einer Haushaltsauflösung für ihn entdeckt hat. Als er zu den anderen unten am See stieß, war die Sommermelodie tief in seinem Hirn eingebrannt.

Seine Klarinette ist das eine, was Peter mit auf eine Mondfahrt nehmen würde, auf eine einsame Insel oder ins Gefängnis. Seine Finger spüren die Noten – selbst hier, im Wasser des sommerlich schwappenden Sees, übt er noch. Er kann Crescendi und Riffs blasen, Läufe in einem Tempo, in dem er sich unbesiegbar vorkommt. Spielen ist wie ein mathematischer Beweis – *quod erat demonstrandum.*

Die Musik unter seinen Fingern ist in diesem Sommer die neue Hymne im Staat seiner Sehnsucht. Im folgenden Monat wird er damit sein Debüt in der Stadt geben, zusammen mit zwölf älteren Musikern. Dieses Stück ist überall, im Hüpfen des Wassers, im Geschnatter auf dem Floß. Er liebt diese Tanzsuite wie er seine Mutter liebt, die am Ufer dieses nördlichen Sees in ihrem schlabbrigen einteiligen Badeanzug mit Röckchen liegt, in dem sie aussieht wie eine ponchiellische Flusspferd-Ballerina. Er kennt seine Musik besser als seinen Vater, der Dienst als Bademeister tut, Lucky Strike in der einen Hand, Carling Black Label in der anderen, und das Streitgespräch der Els-Onkel dirigiert.

Peter könnte nicht sagen, warum die Suite eine solche Macht über ihn hat. Doch irgendwie bilden die ersten paar Noten, wie die Strahlen des Sonnenaufgangs über einem Gebirge im Osten, das Fundament für alles, was kommt. Am Ende kehren all diese Variationen zu ihrem Ursprung zurück, gegen ein altes Kirchenlied der Shaker gesetzt, und es entsteht ein Klang größer als jedes Land. Er kommt nicht dahinter, wieso diese einfache Reprise eine so großartige, so erschütternde Auflösung hervorbringt. Er weiß nur, dass das Stück sogar diesen sonnenheißen Nachmittag voraussagt, diesen belebenden Seewind. Peter hat versucht, es nachzuahmen, hat seine eigenen Akkorde auf einem frischen Blatt Notenpapier festgehalten – die Bleistiftskizze eines Jungen, in der das ungläubige Staunen zum Ausdruck kommen soll, von dem ihm immer wieder schwindelt, sooft er dieses Stück, diese Offenheit hört.

Er wird diese Musik zu Tode lieben. Noch ein paar Jahre, dann wird er über ihre Gefühligkeit die Nase rümpfen, die ergreifenden Harmonien verspotten. Wenn man erst einmal dermaßen geliebt hat, ist Verachtung die einzige Zuflucht. Erst wenn es zu spät ist, wird Peter begreifen, dass er sein Leben lang nur ein Einziges wollte: ein Ohr so zu rühren, wie diese Variationen ihn gerührt haben.

Doch der Soundtrack aus den Kehlen von Dutzenden jüngerer Cousins und Cousinen, das ist eine andere Sache. Einer nach dem anderen klettern sie auf das Floß, wackeln mit den besenstieldünnen Hüften, brüllen *I'm all shook up!* und machen Hechtsprünge ins Wasser. Die Älteren spielen ein Spiel, das sie Abplatschen nennen, bei dem jeder untergetaucht wird, der es wagt, einen orangeroten Wasserball anzufassen. Schrille Schreie durchschneiden die Luft. Peter hält sich an der algenbedeckten Leiter des Floßes fest, gibt gut acht, dass seine Finger unter Wasser in Sicherheit bleiben. Stechfliegen groß wie Kolibris knabbern an seinem Nacken.

Er sieht zu, wie Cousine Kate aus Minnesota manisch ihre Schneise in diesen Schwarm schlägt. Wer hätte gedacht, dass so viel Überraschung auf zwei nackten Beinen stehen kann? Peter hat ihren Namen mit Kugelschreiber tief drin auf die Sohlen seiner All Stars geschrieben, und keiner außer ihm wird je wissen, dass das Wort dort versteckt ist. Er hat von ihren Hüften geträumt und ihren Kniekehlen. Jetzt ist sie überall zugleich in dieser Wasserbalgerei, konspiriert, kollidiert, schießt wie der Blitz durch die Luft, klettert wieder zurück auf die Plattform, zieht einen heruntergerutschten Träger hoch, als hätte ihre Aprikosenbrust nicht gerade in die Sonne geschaut. Ihre Mayday-Rufe lassen Peters Herz schneller schlagen, und der Rhythmus ihrer strampelnden Beine passt zur Ballettsuite, die in seinem Kopf pulsiert. Ihr Lächeln verrät, dass sie in Gedanken schon bei der nächsten Eskapade ist, bevor die aktuelle vorüber ist.

Am Ufer, wo die Grillfeuer zischen, führen die Els-Patriarchen ihre eigene Schlacht. Peter hört ihre Worte sogar noch durch das Geschrei der Balgereien am Floß. Von Sonnenstühlen und Mah-Jonggtischen rufen die Frauen ihren Männern zu, dass sie's gut sein lassen sollen. Mal was runterschlucken oder noch besser runterspülen. *Hey Mabel – Black Label!* Peters drei Lieblingstanten – zwei echte und die Freundin von einer; jeden Abend singen die drei am Lagerfeuer, lassen die Zeiten aufleben, in denen sie als Verschnitt der Andrews-Sisters auftraten und ihre Seidenstrumpf-Sextakkorde einmal sogar den Chor für niemand Geringeren als Sinatra abgaben – legen aus vollem Halse los: *Ac-Cent-Tchu-Ate the Positive.* Die Hälfte des Els'schen Tabernakelchors stimmt ein: *Don't mess with Mister In-Between.*

Aber der Herr dazwischen ist überall, mischt sich in alles ein. Die Männer sind bei der Tagespolitik angelangt. Sie wissen, was in Korea los war. Peters Vater – managt die Maklertruppe einer Versicherung, von ganz unten hochgearbeitet, erbeutete Nazifahne im Trimm-dich-Raum in seinem Keller – erklärt, die Amerikaner hätten sich an beiden Ufern des Yalu hinaufbomben sollen. Else jeglicher Couleur heben empört die Bierflaschenlanzen. *Hör sich einer diesen Kerl an! Der hat nicht mehr alle Tassen im Schrank!*

Ein Juchzer der ranken Kate vertreibt alle Politik. Sie macht einen Sprung vom Floß, beschreibt einen Bogen in der Luft, mit einem Freudenschrei in Cis, ein Geschoss, das mit tödlicher Präzision in der Mitte eines Rings von Pittsburgher Vettern einschlagen wird.

Als Peter sein Ohr wieder Richtung Ufer richtet, marschieren die Erwachsenen auf der blutbefleckten Landkarte eben in Ungarn ein. Onkel befinden, grundlos die Russen herauszufordern wäre Selbstmord gewesen. *Grundlos?*, brüllt Peters Vater. *Wir haben diese Leute angestiftet, und dann haben wir sie im Stich gelassen.* Doch die anderen sind in der Überzahl; selbst der Chor aus sonnenbadenden Tanten schnaubt verächtlich.

Die Onkel wechseln von Ungarn nach Hause zurück, angetrieben von der familientypischen Streitlust. Sie geraten sich wegen der Omnibusse im Süden in die Haare, dem schwarz-weißen Schachspiel um die Seele der Nation. Karl Els piekt seinen Bruder Hank mit einer Bierflasche in die Brust und sagt, die Schwarzen hätten eher Anrecht auf Nordamerika als die Weißen. Onkel fuchteln mit den Armen, verwerfen ihn, den ganzen kranken Familienzweig. *Ach, geh doch, und wiegle die Neger im Kongo auf.*

Hässliche Worte kommen vom Ufer herüber, Worte, die auf der Verbotsliste stehen. Peters Mutter weint. Ihr Mann schnauzt sie an, sie soll endlich erwachsen werden. Es sieht ganz so aus, als solle es dem Elsfest nicht besser ergehen als dem Weltgeschehen. Peter sucht den See nach Hilfe ab. Seine hundert Cousins und Cousinen handeln gerade die Regeln für ein Wasserballspiel aus. Seine Mutter sitzt in ihr Frotteetuch gewickelt und schluchzt. Sein Vater nimmt einen Zug von einer Zigarette, die er mit der hohlen Hand beschirmt. Peter wirft seinem Bruder Paul einen Blick zu, und der feuert einen Warnschuss zurück. Paul ist noch nie so gut angekommen wie heute, und er wird nicht zulassen, dass die Party jetzt zu Ende geht. Am anderen Ende des Floßes dreht sich die kleine Schwester Susan, schon da geradezu süchtig nach Schwindelgefühlen, in ihrem Schwimmreifen immer und immer wieder im Kreis.

Die Musik bricht ab. Seine Mutter geht am Wasser entlang, sucht ihre Sachen zusammen und stopft sie in die Strandtasche. Peter gleitet von seinem Platz auf der schleimigen Leiter, im Begriff, zum Strand zurückzuschwimmen. Doch eine Stimme von hinten packt ihn.

He, Lakritzstange. Komm mal her.

Cousine Kate, glatt und schimmernd wie alle Meeressäuger, strahlt ihn mit einem umwerfenden Lächeln an. Sie fordert ihn heraus, wie sie es in Peters privatem Kino schon hundertmal getan hat. Aber sie wartet nicht auf eine Antwort, schwimmt einfach nur zur geheimen Grotte auf der abgewandten Seite des Floßes. Peter folgt im Sog ihres Kielwassers. Endlich beginnt das große Abenteuer seines Lebens, und die Melodie entwickelt sich genau so, wie er sie geübt hat.

Er nähert sich ihr, da wo sie schwebt, mit einer Hand am Floß.

Lakritzstange. Magst du mich?

Er nickt, und sie stürzt sich über das Wasser auf ihn. Sie packt ihn mit den Beinen an der Brust und zieht. Ihr ganzes Gewicht hängt an ihm, und beide tauchen sie in die Tiefe. In der wassergrünen Wolke schmiegt sich ihr Körper um den seinen. Ihre Zunge findet den Weg in seinen Mund, und er schmeckt Seewasser. Ein Oberschenkel trifft ihn hart in der Leiste. Schmerz schießt seinen ganzen Körper hinauf, doch mit ihm eine Faser schärfster Lust. Er befühlt ihre glatte Haut, bekommt einen heruntergerutschten Träger zu fassen. Sie reißt sich los, taucht wieder an die Luft. Auf dem

Weg nach oben trifft ihn ihr Fuß im Gesicht, und er bekommt Wasser in die Nase. Er lernt das Dunkel dessen kennen, was nach dem Leben kommen mag. Wasser dringt ihm in die Luftröhre, er ertrinkt.

Im Auftauchen stößt er an eine schleimige Masse. Er ist unter dem Floß herausgekommen. Stößt sich an grünverschmierten Ölfässern. Sein Kopf pocht, ringt nach Luft. Er stößt seitwärts vor, sucht verzweifelt nach einem Weg ins Freie, aber er verfängt sich in der tangverschlungenen Ankerkette.

Endlich kommt er frei. Er taucht auf, spuckt Algen, sucht Halt am Floß und ringt nach Luft. In der Nähe lachen zwei Cousins aus Kalifornien darüber, das Komischste, das sie den ganzen Tag über gesehen haben.

Er sieht wieder klar. Hält Ausschau nach Cousine Kate. Sie ist weit weg, hüpft in den Wellen und schmettert ein Lied für die Schar ihrer Bewunderer. *Come smoke a Coca-Cola, drink ketchup cigarettes. See Lillian Russell wrestle with a box of Oysterettes.*

Seine Mutter ruft vom Ufer her. *Petey! Alles in Ordnung?*

Ein kalifornischer Cousin ruft, *Das weiß nur sein Friseur!*

Peter winkt; alles in Ordnung. Seine Lungen pressen weiteres grünes Wasser aus. Die Luft füllt sich mit einem Kreischen, das als Gelächter gilt. Vielleicht ist er tot, überlegt er, stößt immer noch mit dem Kopf gegen die Unterseite des Floßes. Sein Vater steht wichtig am Ufer und bläst seine Bademeisterpfeife. *Alle an Land zum Abzählen. Hopphopp.*

Schwester Susan hört ihn nicht. Sie will ihren ganzen Schwimmreifen auf einmal unter Wasser drücken. Bruder

Paul, der seine kurze Regentschaft als König des Floßes genießt, ruft zurück: *Noch fünf Minuten!*

Von wegen fünf Minuten! Jetzt sofort! Mit seinem Vater feilscht man nicht.

In Wirklichkeit ist jede Auseinandersetzung mit dem Mann eine Feilscherei gewesen, seit ihrer frühesten Kindheit. Einige unruhig gewordene Tanten rappeln sich von ihren Strandlaken auf und zählen ihre Sprösslinge. Eine weitere ruft vom See aus nach ihren Töchtern. Überall wird gerufen, und widerwillig macht sich die gesamte Kinderschar bereit, ans Ufer zu schwimmen; wieder einmal müssen sie den Launen der Erwachsenen nachgeben.

Dann, auf ein unsichtbares Zeichen – ein Wechsel der Windrichtung, eine Wolke vor der Sonne –, beschließt die gesamte Gruppe, sich zu weigern. Die Anführer entdecken eine entscheidende Schwäche in der Forderung vom Ufer. *Wir kom-men!*, rufen sie im Falsett, halb Kompromiss, halb Hohn. Sie schwimmen zurück zum Floß, bilden einen Burggraben, den kein vom Bier besäuselter alter Mann überqueren kann. Karl Els bläst noch einmal seine Pfeife – zwei scharfe Triller ins Leere.

Ein Pittsburgher Offizier schnaubt: *Denkt der, er kann herschwimmen und uns einzeln rausholen?*

Kates hünenhafter Bruder Doug lacht verächtlich von seinem Horst am Floßrand. Ein dunkler Haarsaum reicht ihm von der Höhlung des Brustbeins bis hinunter zum Nabel. Mit diesem Fell herrscht er über das ganze Floß. *Soll er mal probieren.* Sein Grinsen gibt zu verstehen, dass ihm alles Menschliche in all seiner Vielfalt am Arsch vorbeigeht.

Karl Els ruft seine Söhne nun mit Namen. Paul beobachtet den Mann, der am Ufer festsitzt, Peter beobachtet Paul. Zu viele Sekunden vergehen; das Leben wird nie wieder in Ordnung kommen. Selbst wenn sie jetzt nachgeben, wird die kleinste vorstellbare Strafe entsetzlich sein.

Peter schämt sich für die Blamage seines Vaters. Eine gescheiterte Ein-Mann-Regierung, verspottet von einem See voller Kinder … Nur die kurze Strecke zum Ufer, und Peter könnte den Mann noch retten, ihm helfen, so zu tun, als sei die Ordnung der Dinge unverändert geblieben.

Pauls höhnisches Grinsen lähmt ihn. Auch Kate bannt Peter mit ihrem Blick, droht mit bodenloser Verachtung, falls er nachgibt, verspricht Lohn, wenn er durchhält. Alle Welt will seine Loyalität.

Peter tritt Wasser und betrachtet seinen Vater. Er möchte dem Mann gerne sagen: nicht der Rede wert. Ein Sommerspiel. Etwas, das in der Luft liegt – schon im nächsten Moment vorbei. Er ist gelähmt in seiner Unschlüssigkeit. Wie einfach wäre es, jetzt hinaus auf den See zu schwimmen, bis er nicht mehr schwimmen kann. Doch Peter hüpft nur auf dem Wasser, schwerelos zwischen dem Floß der Rebellen und dem gebieterischen Ufer. Die Musik in seinem Kopf, die Shakermelodie, die er noch zwischen Algen geübt hat, zerstreut sich zu Lärm. Er wird hier auf der Stelle weiterpaddeln, ein einsames Kind, wird mit stockdünnen Armen wedeln, mit seinen Beinchen strampeln, bis seine Kräfte aufgezehrt sind und er untergeht.

Der Tag zersplittert zu eisigen Scherben. Sein Vater, puterrot geworden, schwankt, lässt Zigarette und Bier fallen. Er stürzt vornüber ins Wasser. Aber er schwimmt nicht. Leute kommen gelaufen, Rufe, Verwirrung. Onkel im Wasser, sie zerren die um sich schlagende Masse wieder ans Land. Sein gebrochener Vater presst sich die Hand an die Brust, an die Wand einer Hütte gelehnt, aschfahl, blickt triumphierend die Menge an und wartet, was sie nun sagt. Die Menge steht dort am Strand wie versteinert, alle Häupter gesenkt. Zu spät schwimmt Peter an Land, so kräftig er kann. Aber er traut sich nicht zu dem bleichen Mann hin, er hat Angst vor ihm, und gleich darauf haben sie seinen Vater schon im Auto und sind unterwegs zum Arzt.

Musik sagt die Vergangenheit voraus, erinnert an die Zukunft. Dann und wann werden die beiden eins, und allein mit der simplen Gabe eines kreisenden Lauts entziffert das Ohr das ganze verworrene Kryptogramm. Ein gleichbleibender Rhythmus, ewige Gegenwart, schon ist man frei. Doch nach ein paar Takten schließt sich der Mantel der Zeit wieder um uns.

Der letzte, tödliche Herzanfall kam eine Stunde später, in einer Landklinik, wo der einzige Mediziner mit seinem Regal mit Verbandsstoffen, Zungenhölzchen und Desinfektionsmitteln nichts anderes für Karl Els tun konnte, als ihn weiterzuschicken, mit einem Krankenwagen in die Stadt. Unterwegs starb er, meilenweit fort von allem, blies immer noch seine Bademeisterpfeife und ließ einen Sohn zurück, der von seiner Mitschuld am Tod des Vaters überzeugt war.

Im mittleren Lebensalter verbrachte Peter Els Jahre mit der Komposition einer Oper, der Geschichte einer gescheiterten ekstatischen Rebellion. Jahrelang sah er die Prophezeiung des Weltendes in diesem Werk. Erst mit siebzig, als alter Mann, der seinen Hund begrub, erkannte er es schließlich als das, was es war: eine Kindheitserinnerung.

Crumb: ›Musik ist ein System von Proportionen im Dienste eines spirituellen Impulses.‹ Mein spiritueller Impuls war eben zufällig kriminell.

Els klopft die Erde von sich ab, geht zurück ins Haus und sucht etwas, das er zum Begräbnis seines Hundes spielen kann. Bei Mahlers *Kindertotenliedern* hält er inne: fünf Lieder, fünfundzwanzig Minuten. Dieser Zyklus konnte Fidelio um den Verstand bringen, früher, als sie noch klein war. Bei den ersten Takten stimmte sie ein, ein Gesang wie in den Herbstnächten bei Vollmond, wenn sie in den Park gingen.

Ein wenig rührselig ist die Wahl schon. Es ist ja nicht so, als ob ein Mensch gestorben ist. Nicht Sara, der Anruf um drei Uhr morgens, den er sich nicht einmal gut genug ausmalen kann, um ihn zu fürchten. Nicht Paul oder Maddy oder ein Schüler von ihm. Nicht Richard. Nur ein Haustier, das überhaupt nicht verstand, was geschah. Nur ein alter Hund, der ihm allzeit Freude gemacht und immer treu gewesen war, ohne jeden vernünftigen Grund.

Er und Fidelio besuchten oft gemeinsam imaginäre musikalische Begräbnisse – vorgezogene Totenfeiern aus schierem Klang. Nichts belebte mehr als düstere Musik, die Freude eines Probelaufs, die Chance, die Phantasie dem Tod ebenbürtig zu machen. Aber heute, das ist keine Probe. Er hat die eine Partnerin verloren, die jeden Abend die selben alten Stücke neu anhören konnte, immer wieder zum ersten Mal. *Ein Lämplein verlosch in meinem Zelt! / Heil sei dem Freudenlicht der Welt!*

Die Aufnahme steht im Regal; die Prophezeiung ist hundert Jahre alt. An diesen fünf Liedern hatte Els gelernt, was Musik konnte. In dem halben Jahrhundert seither ist er durch jede musikalische Revolution zu ihnen zurückgekehrt. Keine Musik würde je wieder so geheimnisvoll sein, wie diese es gewesen war, an dem Tag, an dem er sie entdeckt hatte. Aber am heutigen Abend kann er noch einmal zuhören, kann ihren wilden Tönen lauschen, wie ein Tier es täte.

Während er die Scheibe aus der Plastikschachtel holt, stellt er eine kleine Berechnung an: Jemand, der als Achtjähriger Schumanns eben gedruckte *Kinderszenen* gehört hätte, hätte mit fünfundsiebzig der Uraufführung von Mahlers *Kindertotenliedern* beiwohnen können. Vom Frühling der Romantik zum Winter der Moderne binnen einer Lebensspanne. Das war der Fluch der Schriftlichkeit: Wenn man Musik erst einmal aufschrieb, dann war das Spiel schon halb vorüber. Sobald sie auf dem Papier stand, setzte der Wettstreit ein, hinter jeden Trick zu kommen, der sich in den Regeln der Harmonie verbarg. Zehn kurze Jahrhunderte hatten alle verfügbaren Neuerungen verbraucht, jede vergänglicher als ihre Vorgängerin. Der Tag musste kommen, an dem dieser immer schneller rasende Karren vor die Wand fuhr, und Els hatte das Glück gehabt, dass er den Augenblick des Aufpralls miterleben konnte.

Als Peter Mahlers Lieder zum ersten Mal hörte, war seine eigene Kindheit längst gestorben. Sie endete mit dem Herzanfall seines Vaters, dem Aufstand am Floß. Über lange Zeit beschwichtigte nichts so gut Peters Schuldgefühle wegen dieses Tages als die besten Aufnahmen aus der Sammlung seines Vaters: die Jupitersinfonie, die *Eroica*, die *Unvollendete*. Ein- oder zweimal öffnete die Musik noch die Tür zu einer reineren Welt, gleich neben der gelegen, die er kannte. Dann gab seine Mutter sämtliche Schallplatten seines Vaters weg, sämtliche Kleider, jedes Stück, das der Erinnerung Gewalt über die Gegenwart gab. Ohne die Kinder auch nur zu fragen, verschenkte sie die Musik an einen Wohltätigkeitsbasar.

Viel zu früh heiratete Carrie Els neu, einen Schadenssachbearbeiter aus dem Büro seines Vaters. Ronnie Halverson nahm auf seine sanfte Art das Elshaus in Besitz, ein massiger, gutmütiger Mann, dessen müde Witze und unaufgeregte Moral so unerschütterlich waren wie der Tod. Am Samstagvormittag, wenn er für alle Omeletts und Kartoffelpuffer briet, füllte er das Haus mit Bigbandklängen, und er verstand nie, warum sein begabter Stiefsohn aus der wohlig swingenden Freiheit von Woody Herman und Artie Shaw nicht heraushören konnte, wie eine gut gespielte Klarinette klang. Peter schloss Frieden mit dem Eindringling, machte seine Hausaufgaben, trug seine Zeitungen aus, übte, spielte im örtlichen Jugendsymphonieorchester, lächelte zurück, wenn ein Erwachsener ihn anlächelte, und schrieb furiose, rachedürstende Tutti für empörtes Orchester in ein spiralgebundenes Notenheft, das er zwischen Matratze und Bettlatten versteckte.

Mit fünfzehn entdeckte er seine Liebe zur Chemie. Die Formelsprache von Atomen und Orbitalen war sinnvoll auf eine Art, wie man sie sonst fast nur in der Musik fand. Chemische Gleichungen zu lösen, das war, als ob einem ein Tangramspiel gelang. Die Symmetrien, die sich in den Spalten des Periodensystems verbargen, hatten etwas von der Größe der Jupitersinfonie. Und noch dazu konnte man mit so etwas seinen Lebensunterhalt verdienen.

Und dann, am ersten Tag des Abschlussjahrs, sah Els am anderen Ende des vollbesetzten Versammlungsraums Clara Reston, und er begriff, dass sie von einem Planeten kam, der noch weiter draußen lag als sein eigener. Mit schmerzlicher Lust hatte er sie im Jahr zuvor im Highschoolorchester sitzen sehen, herausgeputzt hinter ihrem Cello in Musselinrock und einem dünnen Rippstrickpullover, den die Schule hätte verbieten sollen, hatte sie mit einem Lächeln, als sei nichts dabei, ihren Bogen über die Saiten gezogen. Zart gebaut, aufrecht wie eine Buchstütze und mit Haar, das ihr bis unter die Knie reichte, sah sie aus wie eine Tolkien'sche Elfe. Und sie spielte das blödsinnigste Arrangement der Landeshymne wie die erste Melodie, die Apolls Lyra je hervorgebracht hatte.

Er betrachtete Clara am anderen Saalende in einer Trance der Bewunderung. Und als habe er sie mit seiner Willenskraft dazu bewogen, hob sie den Blick, fing den seinen auf, neigte ihr nobles Haupt, wusste alles. Ihr Blick sagte: hast ja lange genug gebraucht. Und mit diesem Blick wurde aus dem Morgen seines Lebens stürmischer Mittag.

Zwei Tage später kam sie in der Aula zu Peter hin und stellte sich mit der Fußspitze auf seinen rechten Fuß. *He*, sagte sie. *Was hältst du von Zemlinskys Klarinettentrio?*

Er hatte noch nie von Zemlinsky gehört. Sie bedachte ihn mit einem Lächeln, das zu verstehen gab, dass die Liste von Dingen, von denen er noch nie gehört hatte, sehr lang war.

In der nächsten Woche hatten sie Stimmen, damit sie

vom Blatt spielen konnten. Sie brauchten zwei Stunden allein für das Andante. Nur sie beide – es gab an der Schule keinen Klavierspieler, der das Stück hätte spielen können. Der Satz begann mit einer langen Solopassage für Klavier, und Peter hätte gedacht, dass sie die einfach überspringen. Aber Clara bestand darauf, dass sie dasaßen und die Takte abzählten, in denen sie beide schwiegen. Sie konnte das Geisterklavier hören, als stünde es im Raum und spielte mit ihnen. Und es dauerte nicht lange, da hörte er es auch.

Nach dieser Methode studierten sie ein Dutzend Stücke – Trios, Quartette, Quintette –, und ihre beiden Partien erhoben sich über der Stille der abwesenden Instrumente. Wenn sie ein Stück durchgespielt hatten, hörten sie sich als Nächstes eine Aufnahme davon an.

Er saß neben ihr und lauschte, und nach und nach hörte er die gedämpfte Botschaft, die er seit jeher unter der Oberfläche der Töne vermutet hatte. Und wenn er Clara beim Hören zusah, dann wusste er, dass sie einen Schlüssel besaß, den er nicht kannte.

Wenn ich Musik höre, sagte sie zu ihm, *dann kann ich überall sein.*

Bald lauschten sie an zwei oder drei Abenden gemeinsam. Und nicht lange, da wurde aus dem Musikhören eine andere Art von Spiel.

Im November, als Clara ihn für reif genug befand, gab sie ihm schließlich die *Kindertotenlieder*. Els wusste, wer Mahler war, aber er war der Musik immer aus dem Weg gegangen. Er nahm die vorherrschende Meinung über den Mann für bare Münze: zu langatmig, zu banal, zu neurotisch, zu viele Märsche und Ländler und Wirtshauslieder. Wie Clara noch als Teenager ihre Liebe zu diesem damals kaum gespielten Komponisten entdeckt hatte, erfuhr Peter nie. Denn als sie die Nadel erst einmal auf die Rille zum ersten dieser fünf abgrundtiefen Lieder gesenkt hatte, drängten sich wichtigere Fragen auf.

Sie hörten es sich in Claras Zimmer an, die Tür einen Spalt offen, damit der Anstand gewahrt blieb, während eine Etage tiefer ihre Eltern das Abendessen machten. Ein Novemberabend 1959: die ersten künstlichen Monde der Erde zogen am Himmel über ihnen ihre Bahn. Die Platte drehte sich, die chromatischen Wanderungen des Liedes begannen, und Peter Els hörte Musik nie wieder wie zuvor.

Während sie lauschten, stand Clara über ihn gebeugt. Ihr vier Fuß langes Haar, seit ihrem sechsten Lebensjahr von keiner Schere mehr berührt, weil sie, wie sie versicherte, solchen Schmerz dabei empfand, umhüllte ihn wie ein Zelt in der Einöde. Errötet, verwirrt, die Miene ein wenig düster, knöpfte sie die rosa Seersucker-Bluse auf und steckte seine Hand hinein. Und sie saßen stockstill, ihr Blut pochte, ineinander verschlungen, lauschten den gedämpften Rot- und Rostrottönen sterbender Kinder.

Die Geschichte sollte Peter besser im Gedächtnis bleiben als seine eigene Kindheit: Wie im ersten Jahr des neuen Jahrhunderts Mahler der Rastlose, der dreifach Heimatlose – als Böhme in Österreich, als Österreicher unter Deutschen und als Jude auf der ganzen Welt – nach einem schweren Blutsturz, hervorgerufen durch Überanstrengung, zusammenbrach. Nur eine rasche Operation rettete ihm das Leben. Während seiner erzwungenen Ruhe beschäftigte er sich mit einer Sammlung von Friedrich Rückert, über vierhundert

Gedichte, die dieser für seine beiden kleinen, im Abstand von nur zwei Wochen an Scharlach gestorbenen Kinder verfasst hatte.

Die Gedichte waren aus Rückert nur so herausgeströmt – zwei oder drei am Tag – Tausende drängender, ungeschliffener Strophen. Manche waren Totgeburten. Manche waren erfüllt von einer unnatürlichen Ruhe. Manche waren im Abgedroschenen untergegangen, andere nur mit sich beschäftigt in einer muffigen Gruft. Rückert schloss sie weg, nur für seinen eigenen Gebrauch. Kein einziges wurde zu seinen Lebzeiten veröffentlicht.

Selbst gerade knapp dem Tode entgangen, las Mahler diese Gedichte wie ein verlorenes Tagebuch. Sieben seiner dreizehn Geschwister waren gestorben, bevor sie zwei Jahre alt waren. Sein geliebter jüngerer Bruder, dahingerafft gerade an der Schwelle zur Jugendzeit. Und hier hatte er einen Führer durch das Land all dieser Tode gefunden. Der einundvierzigjährige Hagestolz verschlang diese Gedichte, Hunderte, wie ein von Trauer überwältigter Vater.

Die Lieder nahmen Gestalt an, Beschäftigungen auf dem Krankenlager. Dann kam Mahlers stürmische Ehe mit seiner Kindsbraut Alma Schindler. In rascher Folge zwei gesunde Kinder. Als Mahler im Sommer 1904 die Arbeit an den Liedern wiederaufnahm, war seine Frau entsetzt. Sie konnte nicht begreifen, dass er den Tod von Kindern in Musik fasste, wo er nur Augenblicke zuvor seinen eigenen Töchtern einen Gutenachtkuss gegeben hatte. *Um Himmels willen, fordere das Schicksal nicht heraus!* Aber das Schicksal herauszufordern war die Aufgabe der Musik.

Els geht in die Küche, gießt sich einen Single-Malt in ein

Marmeladenglas und geht damit ins Wohnzimmer. Er setzt sich in den Eames-Sessel, schiebt den Schemel weg, macht zu seinen Füßen Platz für den Hund. Er entspannt sich, schließt die Augen, hört Clara flüstern. *Diese Lieder sind die Totenglocke der Tonalität.* Wo bekam eine achtzehnjährige Jungfrau, Autodidaktin, solche Sprüche her? Els, ahnungsloses, wenn auch begabtes Landei, hatte ihr geglaubt. Er hatte sie geliebt, für diese begierigen, begeisterten Phrasen. Und ihre waren die ersten Mädchenbrüste gewesen, die er berührt hatte.

Ein Druck auf die Fernbedienung, und die Musik beginnt. Und ein letztes Mal hört Els in den kargen ersten Tönen die Ankündigung eines Todes. Der Tod eines Kindes, das er sein Leben lang neu erwecken wollte.

Anfangs nur ein Hauch von Frost auf einer Fensterscheibe. Oboe und Horn stecken ihre Grenzen ab, gemeinsam und doch jeder für sich. Die dünnen Fäden wandern, ein vorsichtiges Duett aus kargen Quart- und Quinttönen.

Die Sängerin setzt ein, zögernd, das Fagott gibt einen Fingerzeig. Sie sieht einen Mann erschöpft nach schlafloser Nacht, einen Vater, der nichts mehr hat, das er behüten kann. *Nun will die Sonn' so hell aufgehn …*

Die Sonne erhebt sich, doch die Melodie versinkt. Die Orchestrierung, die nostalgischen Harmonien: alles verpackt in die vertrauten Töne des späten neunzehnten Jahrhunderts, doch man spürt den kommenden Fiebertraum schon. Fagott und Horn schaukeln eine leere Wiege. Knappe, gedämpfte Violen und Celli über einer tremolierenden Harfe. Die Melodie oszilliert zwischen Dur und

Moll, Fröhlich und Finster, Frieden und Kummer, wie die alte Hexe und die bezaubernde junge Frau, die in der fragilen Tuschzeichnung um die Oberhand ringen. Die Stimme singt: *Als sei kein Unglück die Nacht geschehn!*

Nerven laufen in dem voller werdenden Orchester zusammen, dem sich nun Klarinette und Bassklarinette zugesellt haben. Dann die Killernote, der Effekt, für den Els, hätte er ihn selbst ersinnen dürfen, seine Seele gegeben hätte. Das Ensemble verebbt zu zwei Pianissimotönen auf dem Glockenspiel, dann nochmals zwei. Ein Kinderspielzeug, ein Grabgeläut, ein Licht in der Nacht, all das in nur vier leisen, klingenden hohen ds.

Die umeinandergeschlungenen Oboen- und Hornmelodien kehren zurück, gefärbt nun mit kleinen, unerwarteten Varianten. Die Sängerin setzt wieder ein, versichert, dass der Tod nicht mehr ist als ein Makel auf einem allseits strahlenden und einladenden Tag. Aber da geht sie zu weit: Als die aufgebrochenen Echos des Eröffnungsduetts wiederkehren, nun überschattet von dem gnadenlosen Glockenspiel, geraten die Töne allmählich in Unordnung. Die Linien spuken umeinander in Quintparallelen, verharren wie eine einsame Gestalt, die schaukelnd in der Ecke sitzt und sich den Ärmel in den Mund stopft.

Der Vers beginnt von vorn, doch die Melodie entgleitet in eine Leere, ein Anderswo. Jetzt hebt sich die Stimme, wo sie sich zuvor senkte, kommt in Konflikt mit der gespiegelten umgekehrten Oboenmelodie. *Du musst nicht die Nacht in dir verschränken, musst sie ins ew'ge Licht versenken!* Gerade das müht sich die Sängerin zu tun. Die Worte wollen zur Erlösung vordringen, die Musik geht unter im

Gegenteil davon. Doch das ganze Ensemble kündet von der Hoffnung, dass der Tod selbst ein strahlendes Licht sein möge, freundlicher, als man sich überhaupt nur vorstellen kann.

Bei der vierten Wiederkehr des instrumentalen Zwischenspiels wird das Lied rasend, und das zwanzigste Jahrhundert beginnt. Das Orchester legt sich mit einer hektischen Ekstase ins Zeug, Windstöße durch chromatische Crescendi und Decrescendi, es schüttelt alle Mitte ab, verankert nur noch durch den tiefen dröhnenden Orgelpunkt im Horn.

Die Raserei hat ihren Höhepunkt überschritten. Flöte und Oboe versuchen noch einmal zu den ersten Takten zurückzufinden, doch jetzt hetzt das Glockenspiel sie mit seinen Schlägen vor sich her. Eine kleinlaute Stimme sagt: *Ein Lämplein verlosch in meinem Zelt.* Die Noten bestimmen für ihre Nachfahren den Weg: aufwärts ins Licht, über die Streicher, die die Waffen strecken, die hohltönende Harfe. Aber das Lied, ins Stolpern gekommen, fängt sich wieder. Die Stimme schweigt, die Melodie wird getragen auf den Wellen des Orchesters. Zwei Takte zu spät kommt die Sängerin wieder hinzu – *Heil!* – und begrüßt das Freudenlicht des Morgens. Das Orchester gehorcht, widmet sich mit aller Macht der Erlösung. Aber im letzten Moment sackt es dann doch in Molltöne zurück. Das letzte Wort kommt vom Glockenspiel, das die letzte Note der Sängerin drei Oktaven höher wiederholt, ein Lichtschein von einem Ort, den weder Kummer noch Trost erreichen können.

Diese Lieder mit achtzehn zu hören, mit der Hand auf Claras Brust, das war, als sei er von der Achter-Buntstiftbox zum Regenbogenset mit 64 Farben aufgestiegen. Jetzt mit siebzig, allein im Haus mit einem Glas Scotch, das er nicht angerührt hat, hört Els in den Tiefen dieser Lieder immer noch den Keim zu einer Freiheit, die noch nicht fertig mit ihm ist.

Warum hatte bodenloser Schmerz etwas so Erhebendes? *Der Tag ist schön! O, sei nicht bang!* Über die Jahrzehnte hatte er viele Theorien gelesen, die erklären wollten, warum traurige Musik den Zuhörer aufbaute – die Antikörpertheorie, die Zufluchtstheorie, Schattenboxen, Bewältigung durch Aneignung. Mahler selbst sprach von Mitleid für eine Welt, die eines Tages solche Lieder anhören müsse. Und doch hat dieser Zyklus Els das Leben in einem Maße versüßt, das sich nicht in Worte fassen lässt.

O, sei nicht bang, der Tag ist schön! Sie machen nur den Gang zu jenen Höh'n!

Els lässt seinen Scotch kreisen und hört sich auch die anderen vier Lieder noch an. Seine liebsten Passagen strahlen und verlöschen. Das zweite Lied in ständig wechselnden Tonarten und Metren, immer zwischen Klarheit und Verschleierung. Das dritte mit einer Triosonate wie von Bach, in der die unsteten Schritte der Mutter erklingen: *Wenn dein Mütterlein tritt zur Tür herein, mit der Kerze Schimmer, ist es mir, als immer kämst du mit herein, huschtest hinterdrein …* Und der Schluss dieses Liedes, die widerspenstige Kadenz auf der Dominanten: er kennt sie auswendig, und trotzdem schaudert ihm, wenn die Musik Anlauf dazu nimmt. Jemand hat sich diese Akkorde einfallen lassen. Jemand kannte den Ton falscher Hoffnung noch.

Das vierte Lied, in strahlendem Es, war immer wie der

erste echte Funken Licht in dem ganzen Zyklus. Aber heute Abend ist es ein schlurfender Volkstanz mit einem Hauch Klezmer. *Sie machen nur einen weiten Gang. Sie sind uns nur vorausgegangen. Der Tag ist schön.* Die letzten Takte steigen zu strahlenden Höhen auf, die Musik strebt fast selbst jenen fernen Sonnenhügeln zu, von denen die Verse sprechen, zusammen mit zwei kleinen Kindern, die nicht daran denken, sich umzudrehen und zu winken.

Dann das Unwetter. Ist es ein Anzeichen von Depression, dass er das Unwetter am meisten mag? Der Nervenkitzel des Blitzschlags, des Krankenwagens, der Sicherheit, die sich in ihre Bestandteile auflöst. Jetzt endlich das ganze Orchester – die gequälten Streicher, die gebeutelten Bläser –, alle fachen den Sturm an. In den Zwischenspielen zwischen den Strophen kennt der Sturm kein Halten mehr: erst gar nichts, dann vier Takte, dann acht. Die Stimme wird schärfer – *in diesem Wetter, in diesem Wetter, in diesem Wetter* –, lauter mit jedem neuen Einsatz, vom gleichförmigen d zu e zu g. *In diesem Wetter, in diesem Braus, nie hätt' ich gesendet die Kinder hinaus!*

Schuldbewusst klagt der Überlebende sich an. Die Musik findet den Sturm im Verstand des Sängers, genau wie in *Peter Grimes*, einem weiteren Werk, das Els von Clara in diesem Jahr der wunderbaren Entdeckungen zu hören bekam. Dieser Sturm ist nicht der, der die Kinder holt; es ist ein späteres Unwetter, lange nach jenem Tag. *In diesem Wetter, in diesem Graus, nie hätt' ich gelassen die Kinder hinaus; ich sorgte, sie stürben morgen, das ist nun nicht zu besorgen.*

Zweiundfünfzig Jahre lang hat er sich das angehört, und Els kann immer noch nicht sagen, wie es gemacht ist. Wie die Noten mit einer derartigen Präzision Zweifel und Hoffnung zum Ausdruck bringen. Die Erleichterung, wenn man aufgibt. Kummer zu groß, als dass die Aussicht auf ein Leben nach dem Tode ihn wettmachen könnte. Ein Lied, das seiner eigenen Tradition den Tod prophezeit. Aber diesmal, seiner eigenen Kadenz bereits nah, hört Els die Voraussage nicht mehr, die in diesen Liedern steckt, ihm bleibt nur die Erinnerung daran, wie er sie entdeckt hat, am Ende seiner Jugend. Wie Clara ihn gestreichelt hat, der Sturm der Achtzehnjährigen.

Als die Lieder verklungen waren, erzählte Clara, wie es weitergegangen war. Wie zwei Jahre nach der Uraufführung Mahlers fünfjährige Tochter Maria ebenfalls an Scharlach gestorben war. Wie die gebrochene Frau des Komponisten sich mit einem anderen eingelassen hatte. Wie Mahler kurz darauf selbst gestorben war, an krankem Herzen, mit fünfzig. Und drei Jahre weiter: der Krieg, der Tod einer Generation, der Zusammenbruch des absurden Kaiserreiches, dessen Ende die Musik lange vorausgesagt hatte …

Und die nächste Folge hörte Peter bald darauf: Wie die Halbschwester der toten Maria, Manon, die Tochter Almas von dem Mann, mit dem sie Mahler betrogen hatte, drei Jahrzehnte später an Kinderlähmung starb. Wie Alban Berg die tote Schwester mit seinem Violinkonzert wieder zum Leben erweckte, einem atonalen Pesthauch, der in einem schrillen Bach'schen Choral endete. Wie Musik die Trennungslinie zwischen Prophezeiung und Erinnerung verwischte.

Els wickelt sich in den Wirbel des Wetters, spürt noch einmal dessen Wahn. *Man hat sie getragen hinaus. Ich durfte nichts dazu sagen.* Der irrsinnige Sturm hält inne. Er verweilt in einem Diminuendo; Klarinette, Kontrafagott und Harfe schwinden zum Nichts. Und hier brach Clara mitten in den Zärtlichkeiten ab und packte ihn. Auf dem Arm des alten Mannes erscheint Gänsehaut, da wo der Geist eines Mädchens ihn ergreift.

Dann das Glockenspiel, das Todesurteil, das drei Lieder lang geschwiegen hat, so lange still, dass das Ohr die Prophezeiung von Lied eins vergisst. Kinderspielzeug, Totenglöckchen, ein Licht in der Nacht. Eine Glocke aus dem Stockfinsteren; ein Schreck, doch keine Überraschung. Ein Klang, der weiß, dass Hoffnung Einfalt wäre.

Hörst du das?, haucht Clara, ihre Stimme so gleichmütig wie die der Sängerin jetzt ist. *Eine Spieluhr. Aus dem Kinderzimmer.*

Die Musik wird klebrigsüß. Binnen eines Herzschlags ist das Unwetter vorbei, und der Himmel hellt sich in alle Richtungen auf. Die Sängerin sagt: *Sie ruh'n als wie in der Mutter Haus.* Doch alles an der gespenstischen Spieluhr sagt: *Das bildest du dir ein.*

Nach jener ersten Begegnung las Els jahrelang alles, was er über die *Kindertotenlieder* finden konnte. Selbst mit Artikeln auf Deutsch rang er sich ab. Jede dieser Deutungen versicherte, das letzte Lied ende mit dem Trost des Jenseits. Er aber wusste mit vollkommener Gewissheit, dass das nicht stimmte. Mehr als das geschah in diesen letzten Takten, und jeder konnte es hören; man musste nur zuhören. Lange Zeit suchte er nach jemandem, der ihm bestätigte, dass dieses letzte Wiegenlied der Spieluhr den Trost widerrief. Jahre vergingen, die Aufsätze türmten sich auf, und schließlich kam Els zum einzig möglichen Schluss: Musik sagte nur das, was das Ohr ertragen konnte.

Hör dir das an, sagte Clara. *Mit so einem Tod fängt alles an.*

Mahler an Bruno Walter: ›Wie dunkel das Fundament, auf dem unser Leben ruht!‹

Er schaltete den CD-Spieler aus und rief seine Tochter an. Blödsinn, solcher Aberglaube. Aber einfach nur zur Sicherheit, und es sprach ja nichts dagegen. An der Pazifikküste war es drei Stunden früher; sie würde längst bei der Arbeit sein, sich für morgen früh vorbereiten. Vor drei Tagen hatten sie telefoniert. Aber das war vor drei Tagen gewesen.

Sara war Vizepräsidentin der Forschungsabteilung der zweitgrößten Datenauswertungsfirma im Nordwesten. Sie entwickelten Techniken, mit denen Reklame ihrer Zielgruppe durchs Netz folgen und ihre Gedanken lesen konnte. In ihrer Freizeit nahm sie an Triathlonwettbewerben teil. Ihr Geschenk an sich selbst zum vierzigsten Geburtstag war das Überleben einer doppelten Olympiastrecke auf Hawaii gewesen. Sie gehörte zum Direktorium von zwei Museen. Ihre Urlaube verbrachte sie mit Arbeit für eine Hilfsorganisation, die ausgemusterte Supercomputer nach Afrika schaffte. Sie war nicht verheiratet, sie war nicht einmal single; mit Männern, die keine Angst vor ihr hatten, stimmte meist etwas nicht.

Els hatte nur ihre Voicebox am Apparat. In einem anderen Leben, Ende der Siebziger, als Sara noch ein Kind war und Els in aller Form ihr Vater, hatte er erschrocken aufgelegt, als er einen Freund anrief und zum ersten Mal eine Maschine antwortete. Es dauerte Jahre, bis er seine Antworten aufs Band nicht mehr brüllte – Nachrichten wiederholte, seinen Namen buchstabierte, sich in seinen Improvisationen verstrickte oder verlegen schwieg. Heutzutage erschrak er, wenn am anderen Ende ein Mensch war.

Hier ist dein Vater, sagte er zur Maschine. *Ruf mal zurück.*

Er war noch nicht einmal ans andere Zimmerende gekommen, da klingelte es schon.

Was ist los?

Fidelio, antwortete er. *Sie ist tot.*

Eine Pause, die die ganze Leitung in Besitz nahm. Über Jahre hatte Els den Studenten seiner Kompositionsklasse eingehämmert, dass Pausen das wertvollste Werkzeug im Repertoire eines Komponisten waren. Der negative Raum, der kleine, vieldeutige Hüpfer vor dem *Heil*. Die Augenblicke des Schweigens, über die die Töne keine Macht hatten.

Und wie?

Ein Schlaganfall, glaube ich. Ich habe keine Autopsie machen lassen.

Das tut mir leid, sagte sie. *Der Hund war gut für dich.*

Wieder eine langgezogene Fermate, der einzige Laut, den er zustande brachte. Schließlich sagte sie, *Kommst du zurecht?*

Sara?, zwang er sich. *Ich habe überlegt. Im Schattigen Hain sind Plätze frei.*

Du spielst jetzt Golf?

Es ist eine geschlossene Anlage, südlich vom College.

Geschlossene Anlage.

Eine Eigentümergemeinschaft. Du weißt schon. Sie haben eine Bar und ein Restaurant. Sogar einen Fitnessraum.

Du willst in ein Pflegeheim ziehen?

Kein Pflegeheim. Eine Gemeinschaft von Rentnern. Die Pflege kommt nur, wenn man sie braucht.

Bist du verrückt?

Du hast doch gesagt, dir gefällt es nicht, wenn ich allein lebe.

Da habe ich gemeint, dass du das Hinterzimmer vermieten oder eine Freundin engagieren sollst. Nicht in eine Todesfalle mit Bedienhilfe ziehen.

Das Haus hier hat tausend Treppenstufen. Du willst doch nicht, dass ich falle und mir die Hüfte breche.

Bitte. Kein Mensch fällt und bricht sich die Hüfte. Das war nur Panikmache, in den Neunzigern im Fernsehen. Du bist gerade mal siebzig. Siebzig ist nicht der Rede wert. Siebzig ist das neue fünfundvierzig.

Weißt du noch – du konntest nie einschlafen, wenn du nicht gehört hattest, wie Antonius den Fischen predigt.

Bleib beim Thema. Du brauchst so was nicht. Du bist jung. Gesund. Ich kann dir einen neuen Hund besorgen.

Wie geht's deiner Mutter?, fragte er.

Sie ist auf Facebook, Dad. Du kannst ihr Freund werden.

Was hörst du dir dieser Tage so an? Er hatte sich immer darauf verlassen, dass Sara ihm erzählte, was in der Welt der echten Musik vor sich ging.

Was ich höre? Sie lachte. *Ich höre Bloomberg. Wenn ich Zeit dazu habe. Versprich mir, dass du nirgendwo hinziehst.*

Er versprach es ihr.

Schade um Fidelio, sagte sie. *Das war ein guter Hund.*

Sie ist nur ausgegangen, wollte er ihr sagen, bald wird sie wieder nach Hause gelangen.

Ich finde einen anderen für dich. Gleich heute Abend kümmere ich mich drum. Wie findest du Border Collies?

Er konnte ihre Tastatur klappern hören; sie hatte mit der Suche schon angefangen, bevor er Gute Nacht gesagt hatte.

Ich wollte mir weismachen, dass Musik der Ausweg aus aller Politik ist. In Wirklichkeit ist sie nur ein anderer Zugang dazu.

Die Polymerasekettenreaktion in dem Thermozykler, den er für ein paar hundert Dollar im Internet gekauft hatte, lieferte eine gute Ausbeute. Unglaublich, was sich in dem nur einen Viertelfingerhut großen Reagenzglas abspielte: DNA-Abschnitte spalteten sich in ihre einzelnen Stränge, durcheinanderwirbelnde Basen lagerten sich an die freigelegte Matrize an, DNA-Stränge verdoppelten sich wieder und immer wieder, bis ihre Zahl ins Unermessliche ging. Die schieren Fakten waren genug, um einen an Gott glauben zu lassen.

Die Materialien bezog Els von ein, zwei Onlineshops – was er zwei Jahre zuvor noch für vollkommen unmöglich gehalten hätte. Einer hieß Mr. Gene, fast wie ein Ramschladen oder Gebrauchtwagenhändler. Über diese beiden Internetseiten konnte er alle möglichen maßgeschneiderten Materialien beziehen, ohne dass es ihn ein Vermögen kostete. Biologie im Do-it-yourself-Verfahren: der jüngste Trend der

Heimindustrie. Ein Computer, eine Kreditkarte und ein bisschen Geduld, und schon konnte man ein Lebewesen nach eigenen Wünschen basteln.

Leben in seinen Grundbestandteilen, die sinnlose Überfülle, der verschwenderische Umgang mit den chemischen Signalen: nie würde er einer verrückteren Kunstform begegnen, nicht bis zu seinem Tod. Bei der Arbeit ging ihm eine Briefzeile Mahlers an seine treulose Alma nicht aus dem Sinn: *Daher führt uns das Alleinsein zu uns selbst, und von uns zu Gott ist es nur ein Schritt …*

Er ging spät zu Bett und wachte bald nach dem Einschlafen wieder auf. Zum Glück brauchte er nicht mehr viel Schlaf. Als am nächsten Morgen die Sonne aufging, war es fast, als sei über Nacht überhaupt nichts geschehen.

Früher hatte ich gehofft, ich könne Tausende von hochfliegenden Werken schaffen. Aber sie blieben alle am Boden. || Bis auf dieses eine. Das erhob sich in die Lüfte und ist jetzt allüberall, milliardenfach.

Am Morgen nach dem improvisierten Begräbnis standen um kurz nach elf zwei Männer in marineblauen Anzügen vor der Haustür, der eine mit einer Kunstledermappe in der Hand. Sie sahen aus wie nachgemachte Zeugen Jehovas. Bis zum Wahlkampf war es noch Monate hin, und für Spendensammler waren die beiden zu gut angezogen. *Jemand musste Peter Els verleumdet haben.* Die Zeile schoss Els durch den Kopf und schlüpfte ihm über die Lippen. Er hatte den

Mund immer noch zu einem Lächeln verzogen, als er dem allzu adretten Duo die Tür öffnete.

Sie reichten ihm Visitenkarten: Coldberg und Mendoza, Joint Security Task Force. Coldberg rieb sich die Fingernägel der rechten Hand mit dem Daumen. Mendoza hatte einen winzigen Rest Eidotter im Mundwinkel.

Mendoza sagte: *Wir haben polizeiliche Informationen über Bakterienkulturen in diesem Haus.*

Verstehe. Els wartete auf die Frage.

Coldberg zupfte sich am Ohr, als suche er nach einem winzigen Kopfhörer, den man ihm in einem Augenblick der Unachtsamkeit gestohlen hatte.

Trifft das zu?, fragte Mendoza.

Ja, sagte Els. *Das trifft zu.* Jede Menge Bakterien im Haus.

Dürfen wir hereinkommen?, fragte Coldberg.

Els neigte den Kopf zur Seite. *Es ist ein Hobbylabor. Ich stehle keine Patente.*

Der Beamte fragte erneut. Els trat zur Seite und sah zwei Paar Halbstiefel über die Schwelle treten.

Beim Anblick des Hinterzimmers blieb Mendoza stehen. *Wofür sind die ganzen Geräte?*

Jetzt war es an Els, verblüfft zu sein. *Das wissen Sie nicht?*

Wir sind keine Wissenschaftler, Mr Els. Allem Anschein nach sind Sie hier der Experte.

Els zeigte ihnen das PCR-Gerät. Er versuchte zu erklären, wie es funktionierte – die zyklische Wiederholung von Denaturierung und Hybridisierung –, aber das Interesse der beiden erlahmte rasch.

Coldberg zeigte auf ein Gerät. *Ist das da Ihre Zentrifuge?*

Ich habe sie aus einer Salatschleuder gebastelt. Und den

Reiskocher habe ich hergerichtet, dass ich damit Wasser destillieren kann.

Und was ist das da drüben, das mit den Drähten?

Das dient zur Gelelektrophorese. Das ist … damit kann man feststellen, wie groß die Moleküle sind.

Die Moleküle?

Die DNA-Abschnitte. Oder was es sonst noch so gibt.

Sie arbeiten mit DNA.

Die Frage war so naiv, dass Els lachen musste. *Das ist heute doch nichts Besonderes mehr.*

Was ist da hinter der Tür?

Bevor Els sie aufhalten konnte, betraten die beiden Agenten den Reinraum und verunreinigten seine Sterilkammer.

Coldberg fuchtelte mit einem dicken schwarzen Stift. *Wo haben Sie das alles her?* Ein Hauch von Bewunderung in seiner Stimme.

Els sagte es ihm. Es gebe nichts – absolut nichts –, was man nicht von einem dienstfertigen Fünf-Sterne-Verkäufer beziehen könne.

Wie viel hat Sie das gekostet?

Weniger als Sie denken. Es ist erstaunlich, was man bei Auktionen praktisch umsonst bekommt. Die ganzen pleitegegangenen Biotech-Neugründungen … Die Universität von Pennsylvania hat eine Reihe voll funktionsfähiger Oszilloskope verschleudert, bloß weil sie bereits zwei Jahre alt waren. Ich habe einen Brutschrank im Wert von dreitausend Dollar für zweihundertneunzig bei eBay ersteigert. Das Gefriergerät war der größte Posten, ob Sie es glauben oder nicht. Alles zusammen hat weniger als fünftausend Dollar gekostet.

Fünftausend?

Els zuckte mit den Schultern. *So viel wie eine Mittelmeerkreuzfahrt. Oder ein Großbildfernseher vor fünf Jahren. Natürlich können die Reagenzien ganz schön ins Geld gehen, je nachdem, wo man sie kauft.*

Das Wort ließ Mendoza aufhorchen. Els bereute, dass er es gesagt hatte. Aber er hatte kein Gesetz übertreten. Jedenfalls keins von Bedeutung.

Was für Reagenzien benutzen Sie?, fragte Mendoza.

Els zählte einige auf. Coldberg zog einen Schreibblock aus seiner Mappe und sagte an die Spitze seines Stifts gerichtet, *Was für Bakterien haben Sie im Haus?*

Momentan? Serratia marcescens. *Das ist ein bewegliches, stäbchenförmiges, anaerobes Bakterium.*

Coldberg bat ihn, den Namen zu buchstabieren. Mendoza fuhr auf dem Labortisch mit dem Finger über die Oberseite einer Mikrotiterplatte mit vierundzwanzig Näpfchen.

Ist es krankheitserregend?, wollte Coldberg wissen.

Els blieb ganz starr; nahm sich zusammen. *Nichts für ungut, aber diese Dinger sind überall in Ihrem Badezimmer. Der Fugenmörtel in Ihrer Dusche. Der Kalkrand in Ihrem Toilettenspülkasten …*

Sie kennen meine Frau nicht, sagte Mendoza.

Coldberg starrte seinen Partner an, dann wandte er sich Els zu. *Ist es schädlich für Menschen?*

Was war das nicht?

Es kann Infektionen auslösen, ja. Harnwege. Bindehautentzündung. Aber man muss sich schon anstrengen, um sich damit zu schaden. Früher hat man es in Schullabors eingesetzt, in meiner Kindheit. Die Army hat es über San Francisco versprüht.

Wann war das?

Weiß ich nicht. Vor fünfzig Jahren?

Sie sind nicht in der Army, sagte Coldberg. Allmählich sah Els, dass er wohl doch in Schwierigkeiten steckte.

Coldberg schwenkte seinen Stift wie einen Laserpointer. *Was genau haben Sie mit all dem vor?*

Die Frage, die eigentlich schon einige Zeit zuvor hätte gestellt werden sollen, hing in der Luft. Els zeigte auf die Pipetten in einem Wandhalter, den er aus Küchenklammern gebaut hatte. *Ich beschäftige mich mit Zellbiologie. Es ist ein Hobby. Im Grunde hat es eine Menge Ähnlichkeit mit der Kochkunst.*

Sie sind kein Biologe?

Els schüttelte den Kopf.

Aber Sie manipulieren die DNA eines schädlichen Organismus?

Ich … Na ja, wenn Sie so wollen.

Warum?

Es gab Dutzende von guten Gründen, aber keiner davon würde diesem Duo einleuchten. In dem Jahr, in dem Els zur Welt kam, hatte niemand auch nur eine Ahnung, woraus ein Gen bestand. Jetzt gab es Menschen, die Gene gestalteten. Über den Großteil seines Lebens hatte Els die bedeutendste Errungenschaft seiner Zeit ignoriert, die Kunstform einer Zukunft, in der alles möglich war und die er nicht mehr erleben würde. Jetzt wollte er zumindest einen kurzen Blick erhaschen. Milliarden von hochkomplexen Chemiefabriken in einem Fingerhut: bei dem Gedanken bekam er eine Gänsehaut, so wie früher von Musik. Das Labor gab ihm das Gefühl, dass er noch nicht tot war, dass es noch nicht zu spät war zu lernen, worum es im Leben wirklich ging.

Er sagte nichts. Coldberg griff nach einer Petrischale. *Wo haben Sie gelernt, Mikroorganismen zu manipulieren?*

Ach, wissen Sie, Genetik ist gar nicht so schwierig. Viel leichter als Arabisch zu lernen.

Die beiden Beamten hielten einen Augenblick lang inne. Coldberg hörte mit Schreiben auf.

Wo haben Sie Arabisch gelernt?

Ich kann kein Arabisch, sagte Els. *Das war nur ein Beisp –*

Und was ist das da?

Coldberg zeigte auf eine gerahmte Manuskriptseite an der Esszimmerwand: Halbkuppeln mit einer Reihe von kleineren Halbkuppeln darunter, wie die gekehlten Bögen einer Moschee von Sinan. Jede Nische schmückten elegante arabische Schriftzeichen.

Els drückte zwei Finger gegen die rechte Schläfe. *Das ist ein osmanisches Manuskript aus dem sechzehnten Jahrhundert; es zeigt eine alte Form der Notenschrift.*

Coldberg zückte sein Mobiltelefon und begann zu fotografieren.

Mendoza fragte: *Haben Sie gestern Abend bei der Notrufzentrale angerufen?*

Els nickte.

Ihr Hund ist gestorben? Die Polizei hat Ihnen gesagt, Sie sollen beim Veterinäramt anrufen?

Els schloss die Augen.

Beim Veterinäramt ist kein Anruf von Ihnen eingegangen.

Herr im Himmel, sagte Els. *Glauben Sie, ich habe meinen Hund mit Nervengas getötet?*

Wo ist der Kadaver?, fragte Mendoza.

Der Kadaver. Das Beweisstück. *Ich habe ihn hinter dem Haus begraben.*

Sie waren darauf hingewiesen worden, dass Sie das nicht dürfen.

Da haben Sie recht, sagte Els.

Sind sie hier drin?, Coldberg wies mit dem Kinn auf den Inkubator.

Els dachte über die Frage nach. Er ging hinüber zu dem Brutschank. *Richtig behandelt sind sie harmlos.* Er war im Begriff, die Tür aufzumachen. Wusste selbst nicht, was er vorhatte. Vielleicht einen Behälter mit Zellkulturen öffnen und daran schnüffeln. Demonstrieren, dass das Bakterium keine größere Gefahr darstellte als die meisten Haustiere.

Die Beamten stießen ihn beiseite. Mendoza schob seinen massigen Körper zwischen den Inkubator und den schwächlichen siebzigjährigen Komponisten. Coldberg näherte sich von hinten. Els erstarrte.

Coldberg schloss den Brutschrank mit einer fleischigen Hand. *Den würden wir gern mitnehmen.*

Els stand da und versuchte zu begreifen, was das bedeutete.

Wollen Sie damit sagen, dass ich …? Haben Sie einen Durchsuchungsbefehl oder so was?

Nein, sagte Coldberg. *Haben wir nicht.*

Ist das legal? Wirft man mir etwas vor?

Nein. Tut man nicht.

Alle warteten. Die Beamten bewegten sich nicht. Ihre Zurückhaltung überraschte Els. Offenbar hatte er ein Recht, sich zu weigern; eins, bei dem er es bereuen würde, wenn er Gebrauch davon machte.

Die Stromzufuhr sollte nicht unterbrochen werden, sagte Els.

Die Beamten warteten. Els verschränkte die Hände im Nacken und nickte.

Coldberg und Mendoza zogen den Stecker, umwickelten den Brutschrank mit Klebeband und schafften ihn nach draußen. Els trat zur Seite und hörte die Glasröhrchen mit den Kulturen klirren, als der Inkubator an ihm vorbeigetragen wurde. Bis diese beiden Operettenkomparsen den Kasten im Hauptquartier der Anti-Terror-Einsatzkräfte hatten, würde von den Kolonien nicht mehr viel übrig sein.

Sie kamen vorbei an den Nebelkammerschalen, dem über zwei Meter hohen Gestell mit den sinister wirkenden abgesägten Ballonflaschen, dem Musikinstrument, das der Hobo-Outsider Harry Partch ersonnen hatte. Die Beamten setzten den Inkubator kurz ab, damit Coldberg weitere Fotos machen konnte. Els pochte an die Glocken, die in schauerlichen mikrotonalen Intervallen erklangen. Das beruhigte niemanden. Die Beamten trugen den Inkubator zum Kofferraum ihrer schwarzen Limousine. Els folgte ihnen nach draußen.

Wir möchten Sie bitten, die Stadt für ein paar Tage nicht zu verlassen, sagte Mendoza.

Els stand in der Auffahrt und schüttelte den Kopf. *Wo um alles in der Welt sollte ich hingehen?*

Partch zum Klavier: ›Zwölf schwarz-weiße Käfigstäbe zwischen uns und der Freiheit der Musik.‹ Ich habe ein Instrument ohne Stäbe entdeckt.

Er saß am Esszimmertisch, wie betäubt. Er musste etwas unternehmen, aber es gab nichts, was den geringsten Nutzen versprach. Er überlegte, ob er eine Bekannte anrufen sollte, Kathryn Dresser, die als Verfassungsrechtlerin am College arbeitete. Aber Hausfriedensbruch war nicht ihr Fachgebiet, außerdem kannte Els sie nicht gut genug dafür. Er war immer ohne Anwalt ausgekommen, sogar bei seiner Scheidung. Wenn er jetzt einen Anwalt einschaltete, würde er sich vorkommen, als habe er etwas ausgefressen.

Am liebsten wäre er vor Gericht gegangen. Aber der Ruf nach Gerechtigkeit würde ihn nur ins Unrecht setzen. Auf den Visitenkarten von Coldberg und Mendoza stand eine Adresse in einem Regierungsgebäue in Philadelphia, eine allgemeine E-Mail-Adresse und eine Telefonnummer. Mehr Informationen hatte er nicht. Er hatte zwei Fremde ins Haus gelassen und, ohne viel zu fragen, zugesehen, wie sie mit seiner Laborausrüstung verschwanden.

Er konnte nicht abschätzen, wie gefährlich ihm die Sache werden konnte. Vielleicht war die Beschlagnahmung ja eine routinemäßige Vorsichtsmaßnahme. Am besten verhielt er sich ruhig und wartete ab, wie sich die Sache entwickelte. Sollten die Leute vom Einsatzkommando ihn und Serratia, das Bakterium seiner Wahl, doch überprüfen. Sollten sie sämtliche Informationen durchstöbern, die man im Laufe von siebzig Jahren über ihn gesammelt hatte, und sehen, dass er zeit seines Lebens nicht einmal eine Verwarnung wegen Geschwindigkeitsüberschreitung bekommen hatte. In neun oder zehn Tagen, lang genug, um ihn dafür zu bestrafen, dass er durch einen falschen Alarm wertvolle öffentliche Ressourcen vergeudet hatte, würden sie den Inkubator zurückbringen, ramponiert und ohne Inhalt.

Heute würde er nichts mehr geregelt bekommen. Die Arbeit der letzten paar Tage ruiniert. Els vertrieb sich die schlechte Laune damit, dass er im Garten die verblühten Osterglocken abschnitt und die frühen Taglilien teilte. Er setzte die Hälfte der blauen Glockenblumen, die das ganze Beet unter dem vorderen Erkerfenster einnahmen, auf Fidelios Grab. Nächstes Jahr im Frühling, um diese Zeit, würden sie sich dort sehr schön machen.

Als er nichts mehr umpflanzen konnte, ohne Schaden anzurichten, ging Els ins Haus und setzte sich an den Computer. Dort suchte er die Do-it-yourself-Bioseiten in seinen Favoriten ab, um zu sehen, ob die Amateurforschergemeinde Ratschläge für solche Situationen hatte. Auf einer Seite hieß es, in jüngster Zeit habe die Zahl der Gerichtsverfahren zugenommen. Der Link führte zu einer Basisgruppe, die sich für das Recht des Bürgers auf eigene Forschung einsetzte.

Ein paar Klicks später überflog Els ein Rezept für die Gewinnung von Rizin aus den Samen des Wunderbaums. Botulin aus allen erdenklichen Kosmetika, Ebola von einem halben Dutzend hilfsbereiter Sekten. Nach fünfzig Minuten im Netz hätte er sich am liebsten selbst verhaftet.

Aber in einem Punkt waren sich sämtliche Hobbygenetiker einig: Jedermann konnte für weit weniger als fünftausend Dollar eine prachtvolle Seuche herstellen, ohne dass er dafür DNA spleißen musste. Das Problem war die Verbreitung der Seuche. Ein Link führte zum anderen, und schon bald war Els gefangen im Labyrinth der Anthrax-Anschläge und der damit verbundenen, byzantinisch anmutenden Verschwörungstheorien – all den Geheimnissen, die diese sieben mit Sporen verseuchten Briefe umwitterten. Er hatte die Geschichte bereits ganz vergessen gehabt – eins der umfangreichsten Ermittlungsverfahren aller Zeiten. Stoff für eine erstklassige CNN-Oper.

Von den Anthrax-Anschlägen gelangte er zum Sarin-Attentat auf die Tokioter U-Bahn im Jahr 1995. Zwei weitere Klicks führten ihn von Tokio auf ein Dach in der Stadt Miyako, von wo er beobachtete, wie sich Autos, Lastwagen, Lagerhäuser und Wohnblocks in Treibholz auf dem Rücken einer grauen Welle verwandelten, auf ihrem Weg landeinwärts durch nichts aufzuhalten. Ein ganzes Stadtviertel löste sich aus seiner Verankerung und wurde von den tosenden Wassermassen mitgerissen. Els konnte den Blick nicht abwenden, bis das mit einem Handy gedrehte Video einen Schwenk machte; eine Wand aus schäumendem Wasser rollte auf die Kamera zu, und das Bild wurde schwarz.

Als der Film abgelaufen war, ließ Els den Blick über die lange Liste verwandter Videos gleiten: *Jüngster Augenzeugenbericht. Tonband zeichnet unheimliche Geräusche auf. Die dramatischsten Aufnahmen. Überlebende berichten von entsetzlichen Zuständen.* Einige dieser Clips waren eine Million Mal angeklickt, andere ein- oder zweimal. In einer einzigen Nacht, ein Karussell der Katastrophen.

Unter den Hunderten von Zwei-Minuten-Clips, genau zwischen *Tsunami schlägt zu* und *Japan will Kraftwerk erhalten,* hatte ein gigantischer automatischer Sortieralgorithmus einen makabren Fehler begangen. Vielleicht hatte auch ein Mensch den Link dort eingeschleust, einen sadistischen Scherz zum Thema Katastrophe: ein Video, das sich am Tag des Erdbebens wie ein Virus verbreitet hatte und in den wenigen Tagen seither von 62 700 312 Betrachtern gesehen worden war. Els klickte es an und wurde die Nummer 62 700 313.

Auf diesen Klick füllte sich das Zimmer mit einem munteren, tonhöhenkorrigierten und umwerfend sonnigen kleinen Lied. Auf Els' Bildschirm wachte eine dreizehnjährige Sängerin auf, ging zur Bushaltestelle, stieg zu ihren Freundinnen in ein Cabrio und fuhr mit ihnen zu einem Haus in der Vorstadt, wo Teenager der oberen Mittelschicht eine Party feierten. Während er den Clip ansah, kamen in der Anzeige zehntausend weitere Betrachter hinzu. Els klickte den Song weg und machte sich auf die Suche nach Erklärungen. Das Web wimmelte nur so von Parodien, Erwiderungen, Tributen, Coverversionen, Huldigungen, Analysen und Meldungen über diese Kuriosität, die die Welt erobert hatte.

Er blickte auf. Es war lange nach Mittag, und er war sehr hungrig.

Das libanesischen Meze-Restaurant am Campus war gut besucht. Aber das Untertauchen in der Menge war genau das, wonach er sich nach seiner morgendlichen Begegnung mit dem Gesetz jetzt sehnte. Überall Geräusche – klirrende Eiswürfel in Krügen, das Scharren von Besteck auf Porzellan, der diffuse, murmelnde Chor der Gäste, die einander Klatschgeschichten erzählten – wie eins von diesen verrückten Stockhausen-Stücken, in einer Versuchsapparatur für Feuerwerkskörper komponiert. Trink deinen Wein mit gutem Mut, denn dein Werk gefällt Gott.

Els bat um einen Tisch in der Mitte des Raums. Maddy hatte ihm immer vorgeworfen, dass er im Grunde ein extrovertierter Mensch sei. *Du bist der Thomas Merton der Musik. Am liebsten würdest du in einer Klause mitten auf dem Times Square leben, unter einer großen Leuchtreklame mit der Aufschrift »Einsiedler«.*

Els lächelte über den Tadel, auch wenn er schon Jahrzehnte zurücklag. Er stellte sich vor, seine Frau säße ihm gegenüber und schüttelte den Kopf über die Klemme, in die er geraten war. Sie hatten einen Handvoll Jahre zusammengelebt und waren sich von Jahr zu Jahr immer ein klein wenig unerklärlicher geworden. Und doch scherzte er manchmal mit ihrem Geist oder fragte sie nach ihrer Meinung zu dem jüngsten merkwürdigen Zwischenfall. Einst war Maddy von seinem unbezwingbaren Drang, Musik zu machen, begeistert gewesen; am Ende wunderte sie sich nur noch darüber. Amateur-Genomforschung hätte sie für vollkommenen Irrsinn gehalten.

Du hasst die Öffentlichkeit nicht, Peter. Du brauchst sie. Du willst, dass die Leute dich aus deiner Höhle zerren und dich zwingen, ihnen etwas vorzuspielen.

Einmal, mit Ende zwanzig, in der Blüte seiner virtuosen Freiheit, schrieb er einen hermetischen, harmonisch gewagten Liederzyklus für Klavier, Klarinette, Theremin und Solosopran zu Texten aus Kafkas *Beim Bau der Chinesischen Mauer*. Das dritte Lied lautete:

Es ist nicht notwendig, dass du aus dem Haus gehst.
Bleib an deinem Tisch und horche.

Horche nicht einmal, warte nur.
Warte nicht einmal,
sei einfach nur still und allein.

Anbieten wird sich dir die Welt zur Entlarvung,
sie kann nicht anders,
verzückt wird sie sich vor dir winden.

Die Lieder wurden zweimal aufgeführt, im Abstand von sieben Jahren, jedes Mal vor einem Dutzend ratloser Zuhörer. Das war die Art von Musik, die Els schrieb: mehr Personen auf der Bühne als im Publikum. Irgendwann in den späten neunziger Jahren, nach dem Desaster seines dreistündigen Historiendramas *Der Strick des Voglers*, vernichtete Els die einzigen Exemplare vieler seiner Partituren, darunter auch den Liederzyklus *Beim Bau der Chinesischen Mauer*. Die kryptische Musik existierte jetzt nirgendwo mehr, außer in seinen Ohren. Aber er konnte sie immer noch hören, selbst im lauten Betrieb des Restaurants. Er hatte vergessen, wie sperrig und unheimlich der ganze Zyklus gewesen war, wie unerbittlich düster und prophetisch. Er bedauerte, dass er die Komposition zerstört hatte. Heute wüsste er, wie er die Lieder aufhellen könnte. Ihnen Luft zum Atmen verschaffen. Ein bisschen Licht; ein wenig Luft.

Er erhob sein Wasserglas und prostete dem Geist zu, der ihm am Tisch gegenübersaß: *Schuldig im Sinne der Anklage.* Niemand in dem lärmenden Raum hörte ihn.

Zu Hause hatte er kein Labor mehr, mit dem er sich am Abend die Zeit vertreiben konnte. Er schaltete den riesigen Flachbildfernseher an, den Sara ihm zum siebzigsten Geburtstag geschenkt hatte, damit er mit dem Gewaltmarsch der technischen Entwicklung Schritt halten konnte. Auf dem leuchtenden, hochauflösenden Bildschirm bewegte sich eine radioaktive Wolke auf den größten städtischen Ballungsraum der Erde zu, genau wie in den schlimmsten Katastrophenfilmen seiner Jugend.

Els schaltete um zu einer Dokumentation über Tiere im Westen der USA. Die Musik – ein bedeutungsschwangeres pentatonisches Mäandern – ging ihm auf die Nerven, und er schaltete nochmals um. Mit einem Klick landete er in einem Pferch voller Models in String-Bikinis, die mit riesigen Schaumstoffhänden aufeinander einschlugen. Er schaltete den Apparat aus und schwor sich, ihn morgen aus dem Zimmer zu schaffen, wie er es dem Arzt in der Klinik für Schlafstörungen schon vor Monaten versprochen hatte.

Das Buch auf seinem Nachttisch ging an der Stelle auf, an der er am Abend zuvor mit Lesen aufgehört hatte. Er machte jeden Abend auf der linken Seite Schluss, oben am Ende des ersten Absatzes – eine von tausend lächerlichen, aber nützlichen Angewohnheiten, die er von Madolyn übernommen hatte. In solchen Gewohnheiten war seine Frau immer noch so gegenwärtig, er konnte gar nicht glauben, dass sie nun schon viermal länger getrennt waren, als sie je zusammen gewesen waren.

Els lag auf dem Rücken in dem riesigen Bett und versuchte, sich Maddys Gesicht vorzustellen. Ihre Züge waren für ihn wie eine heitere Etüde aus einem anderen Jahrhundert, eine von denen, an deren Melodien er sich nur erinnern konnte, wenn er sich jedes einzelne Intervall vergegenwärtigte.

Er griff zu dem aufgeschlagenen Buch, und wieder einmal, wie an so vielen Abenden, zwang er seinen Verstand, zur Ruhe zu kommen und zu lesen. Es dauerte eine Weile, bis er den richtigen Rhythmus gefunden hatte. Das Gefühl, sich auf ein Anderswo zu konzentrieren, erfüllte ihn mit tiefster Freude: der Freude, die Welt mit fremden Augen zu sehen. Doch nach ein paar Abschnitten warf ein Satz ihn aus der Bahn und ließ ihn abdriften, eine Schwachstelle ein Stück weiter vorn, in der Mitte der rechten Seite, die mit Bedeutung aufgeladene Beschreibung eines Manns und einer Frau, die an einem Juliabend eine Straße in Boston entlanggehen; in einem nebelhaften Dacapo wanderten seine Augen immer wieder im Kreis, stießen an die Begrenzung des rechten Randes, machten kehrt und glitten erneut die Zeile entlang, folgten dem Text, wurden langsamer, verloren den Halt auf der Zahnradbahn rutschiger Nebensätze, unternahmen eine neuerliche Anstrengung, bis sein verschwimmender Blick endlich wieder Halt fand – der Mann, die Frau, ein Augenblick bedauerlicher Wahrheit an der Promenade –, dann strauchelte er erneut und war wieder gefangen in dem strudelnden Nebel.

Schließlich, nachdem er sich wer weiß wie oft im Kreis

gedreht hatte, erwachte er wieder aus seiner Trance. Und vor Els' jetzt klar sehenden, wenn auch ungläubigen Augen bezogen die Worte auf der Seite Stellung und erstarrten, wie Soldaten auf einem Exerzierplatz; es gab weder einen Mann noch eine Frau, keinen Abend und kein Boston, keinen intimen Gedankenaustausch, nur einen bulgarischen Autor, der die geheimnisvollen Kräfte von Menschenmassen beschrieb.

Er legte das Buch beiseite, schaltete das Licht aus und drückte den Kopf tiefer ins Kissen. Als es dunkel war, fühlte er sich sofort hellwach. Die Bodendielen des Zimmers knackten und krachten wie bei einem Feuergefecht, und der Ofen erschauderte wie großes Kriegsgerät.

Ich wählte meinen Wirt aus einem ganz naiven Grund: Er hatte eine schillernde Vergangenheit. Die Farbe, in der er schillerte, war rot.

Von dem versunkenen Urkontinent der Liebe waren nur ein paar verstreute Inseln übrig geblieben. Und von Clara Reston, die achthundert Jahre altem Conductus lauschte, als seien es die Kurznachrichten, erinnerte er sich nur an weniges, was nicht in ein fünfminütiges Studentenlied gepasst hätte. Aber sie hatte aus Els einen Pilger des Ohrs gemacht. Vor Clara hatte ihm kein Musikstück wirklich etwas anhaben können. Danach hörte er überall Gefahr.

Die Komponisten, zu denen Els mit siebzig zurückkehrte – Perotin, Bach, Mahler, Berg, Bartók, Messiaen,

Schostakowitsch, Britten –, waren genau die, die Clara ihm mit neunzehn ans Herz gelegt hatte. Aber auf dem langen Weg von der Exposition zur Coda hatte er sie allesamt verraten. Es gab Zeiten in seiner Jugend, da wollte Els nur eines schreiben: ein Stück so perfekt, dass Clara starr vor Reue wäre. In seinen mittleren Jahren hatte er nichts anderes gewollt, als ihr etwas zurückzugeben für all das, was er ihr verdankte.

Er wunderte sich nie darüber, dass sie keine Freunde hatte. Sie hatte früh und ganz allein den Sprung ins Erwachsenenleben gemacht, lange bevor er selbst die Vertreibung aus dem Reich der Jugend kommen sah. Manchmal fragte er sich, ob es in ihrem Leben ein düsteres Familiengeheimnis gab, das sie so früh hatte reifen lassen. Sie kannte das Konzert des Lebens mitsamt den Aufsätzen im Programmheft auswendig, lange bevor die Aufführung begann. *Peter! Das wird dir gefallen.*

Sie bewarb sich an der Universität von Indiana und wollte bei Starker Cello studieren, an Amerikas führender Ausbildungsstätte für Streicher. Ohne einen Augenblick zu zögern, machte der junge Peter es ihr nach. Er hatte nicht einmal eine Alternative, für den Fall, dass sie ihn nicht nahmen. Ein Studium mit Musik als Hauptfach hätte sein Stiefvater ihm nicht finanziert; sowjetische Wissenschaftler bedrohten gerade die schiere Existenz des Landes, und in Ronnie Halversons Augen hatte jeder halbwegs intelligente Achtzehnjährige die Pflicht, für die Gegenoffensive zu arbeiten. Also begann Els tief im Mittleren Westen der späten fünfziger Jahre mit dem Studium der Naturwissenschaften. Bessere Dinge für ein besseres Leben, und alles mit Chemie.

Das erste Jahr war eine Offenbarung. Zusammen mit vierhundert anderen Chemiestudenten saß er im Hörsaal, während der Dozent Tafel um Tafel mit geheimnisvollen Botschaften aus einer im Inneren der sichtbaren Welt schlummernden vollschrieb. Die praktische Tätigkeit im Labor – titrieren, ausfällen, isolieren – war, als erlerne man ein schwieriges, doch faszinierendes neues Instrument. Die Materie barg zahllose Geheimnisse, die nur darauf warteten, dass man sie lüftete. Wenn er aus dem Labor kam und nach Kampfer, Fisch, Malz, Minze, Moschus, Sperma, Schweiß und Urin stank, sog Els das berauschende Aroma seiner eigenen Zukunft ein.

Er studierte auch weiterhin Klarinette. In seinem zweiten Semester bestand er ein Dutzend Wettbewerbe und errang sich einen Platz im besten Studentenorchester. Die anderen Holzbläser konnten nicht begreifen, warum er seine Zeit mit Reagenzgläsern und Erlenmeyerkolben vergeudete. Clara zuckte nur mit den Schultern und erklärte ihn für verrückt. Manchmal sah sie von ihrem Platz bei den Celli auf der anderen Seite des Orchesters zu ihm herüber; nachsichtig lächelnd wartete sie darauf, dass er herausfand, was sie längst wusste.

Für Els war die Chemie der lang verkannte Zwilling der Musik: Mischungen und Modulationen, Spektralmusik und Spektroskopie. Die Struktur langer Polymere erinnerte ihn an komplizierte Webern'sche Variationen. Die seltsam geformten Orbitale, die die Aufenthaltswahrscheinlichkeit des Elektrons an einer bestimmten Stelle im Atom beschreiben – Hanteln, Donuts, Kugeln –, kamen ihm vor wie Zeichen einer avantgardistischen Notenschrift. Die Formeln der physikalischen Chemie erschienen ihm wie kunstvolle göttliche Kompositionen.

Neben Kursen zu Struktur und Analyse belegte er insgeheim das Wahlfach Komposition. Wenn er die Harmonien von Chorälen austüftelte oder einen bezifferten Bass aussetzte, hatte das etwas von Algebra. Er schrieb Menuette im Stil von Haydn und Da-capo-Arien nach dem Vorbild von Bach. Zu ihrem zwanzigsten Geburtstag überraschte er Clara mit *Happy Birthday* à la spätem Beethoven. Zum Neujahrstag 1961 schenkte er ihr sein bis dahin raffiniertestes Stück: eine Version von *How about You?* im Stil eines Brahms-Intermezzos. Clara überflog die Noten, schüttelte den Kopf und lachte über etwas, das für jeden außer dem Urheber selbst so offensichtlich war.

Ach, Peter. Für einen klugen Jungen bist du so was von einfältig. Komm. Lass es uns spielen.

Er bemühte sich, Clara seine Haltung zu erklären. Er könne seinen Abschluss machen und hätte dann einen Job in der Industrie so gut wie sicher; trotzdem könne er weiter so viel Musik machen, wie für Körper und Seele gut war. Aber sie sah ihn nicht an, starrte mit ihrem verstörenden Feldmesserblick über Horizont und Erdkrümmung hinaus in eine Zukunft, die sie sehen konnte und er nicht.

Sie verbrachten jede freie Minute zusammen. Clara besorgte ihnen Kommissionen für Musikkritiken im *Daily Student*. Unter dem Anagramm Entresols priesen sie Dutzende von neuen Aufnahmen, als seien sie Adam und Eva, die den Tieren ihre Namen geben. Ihre Freunde – diejenigen, die nicht entsetzt die Hände über dem Kopf zusammenschlugen über diesen abtrünnigen Zweipersonenstaat – nannten sie die Zygote. Während die Besten und Klügsten sich mit Sit-ins für die Bürgerrechte einsetzten, verschanzten Peter und Clara sich im Vorführraum der Musikbibliothek, verfolgten in der Partitur von Strauss' *Vier letzten Liedern*, wenn Elisabeth Schwarzkopf *Im Abendrot* sang: *Wir sind durch Not und Freude gegangen Hand in Hand …*

Clara hatte die Nase vorn bei ihren Entdeckungen, sie war die Stöberin. Sie servierte Els ihre Beute zum Essen: verrückte Madrigale von Gesualdo oder brillante Hornpassagen aus Tondichtungen des späten neunzehnten Jahrhunderts. Sosehr Peter sich auch bemühte, mit ihrem wachsenden Repertoire Schritt zu halten, Clara war ihm stets einen Schritt voraus und fand mehr.

Sie sangen ganz nah beieinander, direkt in den Mund des anderen, bogen die Noten zu ganz knappen Dissonanzen. Das Sägeblatt dieser Töne schnitt ihnen geradewegs ins Hirn. Sie hatten einander noch nie nackt gesehen. Doch die Art, wie sie die Schwingungen ihrer Schädeldecken miteinander teilten, war mindestens so intim wie Sex.

Clara wusste, was sie wollte, und schwankte nie. Das Studium bei Starker verlangte viel – Woche für Woche brachte der Mann sie zum Weinen, aber er weckte etwas in ihrem Kopf und ihren Händen, das sie wie ein Engel spielen ließ.

Einzig die Musik hatte für Clara die Macht, die Lüge des täglichen Lebens abzustreifen. Sie hätte nicht genau sagen können, wer Adenauer war, und verstand nicht, womit Glenn eine Konfettiparade verdient hatte. Aber in ein paar Takten der *Großen Fuge* steckte für sie mehr unverfälschte Wahrheit als in den Schlagzeilen eines ganzen Monats. Die Kraft ihres musikalischen Platonismus gab ihr Macht über

Peter. Er hatte Ahnungen – sie hatte Überzeugungen. Die beiden waren nie ebenbürtige Gegner. Ein Lächeln über seine sonntäglichen Kirchgänge, schon schwor er von einer Woche auf die andere dem Glauben seiner Familie ab. Mit kaum mehr als einer gehobenen Augenbraue brachte sie ihn dazu, seinen Bürstenhaarschnitt auswachsen zu lassen oder statt Button-Down-Hemden Pullover zu tragen. Und an einem Abend spät im März, gegen Ende seines zweiten Studienjahrs, trug sie den Kampf um seine Seele mitten hinein ins feindliche Lager.

Sie verabredete sich mit ihm nach Einbruch der Dunkelheit am Ufer des Jordan River. Als er kam, hatte er drei Stunden vergeblicher Arbeit hinter sich, den Versuch, im Labor für organische Chemie eine Unbekannte zu identifizieren. Clara lag auf der feuchten, grasbewachsenen Böschung und verdarb sich dabei die Rückseite ihres blauen Bleistiftrocks. Er streckte sich aus, legte den Kopf auf ihren Schoß, abgekämpft. *Die wollen mich umbringen.*

Sie verzog das Gesicht, weil er so nach Chemikalien roch. Mit zwei Fingern strich sie sein Haar zurück. *Wer will das?*

Alle. Die Alkene, die Alkine, die Paraffine …

Peter? Sie beugte sich über ihn, und die silberne Talisman-Halskette mit der Leier streifte seine Wange. Sie zupfte an dem Anflug von Koteletten, die er jetzt sprießen ließ, eine Anregung von ihr. *Wer hat dir eingeredet, dass du Chemiker bist?*

Also so schlecht bin ich gar nicht. Heute Abend, das war eine Ausnahme.

Und du willst dein ganzes Leben damit verbringen?

Er grub seine Fingerspitzen in die kalte Erde. Die Vorstellung, sein ganzes Leben mit etwas zu verbringen, erfüllte ihn mit einem Gefühl zwischen Staunen und Schrecken.

Willst du deinen Vater damit beeindrucken?

Er löste sich von ihr, stützte sich auf einen Ellenbogen. *Du meinst meinen Stiefvater. Mein Vater ist tot.*

Das weiß ich. Und du weißt, dass man ein Gespenst nicht beeindrucken kann.

Ich will überhaupt niemanden beeindrucken. Ich studiere Chemie. Das ist keine schlechte Art, seinen Lebensunterhalt zu verdienen.

Er hätte gern dazugesagt: Lebensunterhalt für zwei, falls dich das interessiert.

Peter, wir haben 1961. Du bist weiß, du bist männlich, du gehst aufs College. Und du machst dir Gedanken, wie du deinen Lebensunterhalt verdienst? Dafür gibt es Tanzkapellen, Leute, die bei Hochzeiten aufspielen. Kein Musiker, der so begabt ist wie du, ist je in der Gosse gelandet.

Er versuchte es ihr zu erklären: Chemie war etwas Vernünftiges. Die Fragen, die sie stellte, hatten eindeutige, wiederholbare Antworten. Ihre Rätsel waren Bilderrätsel im kosmischen Maßstab. Man arbeitete mit der Materie selbst, schuf ganz neue Materialien, mit denen sich die Qualität des Lebens verbessern ließ …

Aber Clara wollte die Schönheit des Systems nicht sehen. Sie legte ihm den Arm um die Brust. *Und du meinst, keiner löst diese Aufgaben, wenn du es nicht tust?*

Meinst du, keiner spielt Klarinette, wenn ich es nicht tue?

Klarinette? Wer hat denn etwas von Klarinette gesagt?

Der ganze irrsinnige Plan, den sie mit ihm hatte, nahm Gestalt an, umschwirrte seinen Kopf wie die Fliegen. Er scheuchte die Fliegen fort. Sie packte ihn an beiden Handgelenken und drückte ihn an die kalte Erde.

Schluss jetzt mit dem Baukasten, Peter. Die Kinderstube ist geschlossen. Du brauchst nur mit dem Finger zu schnippen, schon hast du eine Komposition. So was nennt man Berufung. Eine Gabe. Du hast keine andere Wahl.

Er saß da und schaute diese junge Platonikerin an, den Kopf schiefgelegt, ganz als lausche er der Stimme seines Herrn. Und dann hörte er sie, wie Seelen, die in einem himmlischen Wartezimmer saßen und warteten, dass sie Gestalt annahmen: all die Formen, die schon da waren, denen aber nur er auf die Welt verhelfen konnte. Die großen Symmetrien, die Formen und Formeln der Chemie, in die er sich zwei Jahre lang vertieft hatte, waren nur ein Vorspiel gewesen. Es stimmte: Er hatte jemanden beeindrucken wollen. Aber dieser Jemand wollte etwas anderes von ihm.

Er legte sich wieder auf ihren Schoß und betrachtete ihr auf dem Kopf stehendes Gesicht. Sie knotete ihren Schal auf und legte ihn sich neu um die Schultern. Die drapierten Arme waren Flügel so weit wie der Nachthimmel.

Diese Kompositionen, die ich schreiben soll, sagte er, schon halb untergegangen in der Flut der schieren Möglichkeiten. *Was meinst du, wie viele es davon gibt?*

Sie beugte sich zu ihm herunter und antwortete ihm. Wie leicht wäre es jetzt, dachte er, hinauszuschwimmen bis in die Mitte des Sees, zu schwimmen, bis er nicht mehr schwimmen konnte.

Während der nächsten fünf Wochen, in denen er eigentlich für das Abschlussexamen hätte büffeln sollen, arbeitete er im Geheimen. Er stahl Stunden vom Labor, von Vorlesungen, sogar von Clara, deren Kopf schwirrte vor uneingestandenen Verdächtigungen. Er schrieb jetzt in blitzschnellen Kürzeln, skizzierte die Musik in kurzen, klaren Strichen, in der Art, in der ein Kind mit dem Buntstift einen Mond kritzeln würde, einen Wald mit schiefen Bäumen, einen Krakel für das Lagerfeuer, und das ganze hieß dann Nacht. Zum Orchestrieren blieb keine Zeit. Das Stück entwickelte sich in der einfachsten Form, Klavier und Stimmen. Aber er hörte jede Zeile in der ganzen Farbenfülle der Instrumente. Die launigen Holzbläser, das anschwellende Blech, ein Floß aus tiefen Streichern, das sie vorantrug.

Er hatte den perfekten Text, eine Stelle aus Whitmans »Gesang meiner selbst«. Clara hatte die Strophe aus dem Gedächtnis rezitiert, bei einem eiskalten Picknick im Cascades Park, beim letzten Aufbäumen des Winters. Sie hatten gemeinsam in einem baumwollenen Schlafsack gelegen, zwischen sich eine Thermosflasche mit heißer Tomatensuppe, frisch gefallene Schneeflocken in ihren Lidern, und sie sprach:

Was denkst du, ist aus den jungen und alten Männern geworden?
Was denkst du, ist aus den Frauen und Kindern geworden?
Sie leben irgendwo und es geht ihnen gut;
Der kleinste Spross zeigt, dass es wahrlich keinen Tod gibt,
Und wenn es ihn je gab, brachte er das Leben voran und wartet
nicht am Ziel, es aufzuhalten,
Und endete in dem Augenblick, als das Leben erschien.

Alles geht weiter und hinaus, nichts scheitert;
Und zu sterben ist anders, als alle meinen, und glücklicher.

Tagelang studierte er diese Verse, horchte auf die Laute, die darin verborgen lagen. Dann wiesen die Phoneme und Betonungen ihm den Weg. Note für Note, Phrase um Phrase erlebte er das Picknick im Schnee noch einmal neu: Die Sonne, tief am Himmel, schien durch die kahlen Äste einer Eiche, machte Hoffnung auf die Zukunft, und das vor Kälte zitternde Mädchen mit der Thermosflasche, den Cellistinnenfingern in den Fausthandschuhen forderte ihn heraus mit dem langgezogenen Singsang ihrer Worte, ihr Gesicht hungrig, bleich, amüsiert, eins, das schon wusste, was aus all den jungen Männern wurde, die alten warnte, ja nicht zurückzuschauen. Jeder Takt, den er schrieb, veränderte diejenigen Takte, die er bereits geschrieben hatte, und bei allen spürte er schon, wie die ungeformten Geräusche kommender Jahre sie ihrerseits verändern würden.

Der Bleistift flog über das leere Blatt, und Els brauchte nichts weiter zu tun, als zu lauschen und jede Note an ihren vorbestimmten Platz zu bringen. *Sie leben irgendwo und es geht ihnen gut.* Er hätte ewig so weiterschreiben können; er schrieb einfach nur, für niemanden. Er wählte nicht, er entdeckte, als habe er ein Dutzend verschiedener Versuchsreihen in Gang, um eine Unbekannte zu finden, die durch die Magie der Chemie am Boden des Reagenzglases ausgefällt wurde, greif- und wägbar.

Das Lied nahm Gestalt an. Er konzentrierte seine Willenskraft aufs äußerste. Die Angst verlor allen Halt, und jener Strom des Wohlbefindens, den er einige wenige Male im

Leben gespürt hatte, als er der Jupitersinfonie zuhörte oder auf Mahler gestoßen war, floss in ihn ein. Ein Baukran größer als ein Redwoodbaum holte ihn aus dem steinigen Wassergraben, in dem er gelegen hatte, und hob ihn auf die Aussichtsplattform eines Leuchtturms. Das Schlimmste, was geschehen konnte, wenn er sein Leben fortwarf, erwies sich ihm nun als Segen. Halte nur still, warte ab, horche, und die Welt wird sich dir öffnen.

Die Struktur des Stückes war denkbar einfach: eine triolengetriebene phrygische Tonfolge in den hohen Stimmen, in deren Untergrund sich Arpeggien in die Gegenrichtung bewegten, in langen, langsamen Wellen. Jeder neue Ansatz führte die sich abzeichnende Figur in höhere Register. Die Mischung wandelte sich zu etwas Archaischem, einer Volksmelodie, wie Ethnologen sie in entlegenen Bergdörfern zum Untergang verurteilter Königreiche fanden, Melodien, die sie mit in die dekadente Hauptstadt brachten und mit ein paar eigenen Harmonien ausschmückten.

Er stahl von Mahler, das gewiss: die verwischte Grenzlinie zwischen Dur und Moll. Die wackligen Tonarten, die sich gegen Ende in wildes Durcheinander auflösten. Ein wirbelnder Walzer, eine Blaskapelle in der Ferne. Langsamer Anstieg, der von einem Moment auf den anderen zusammenklappt, nur um im Aufatmen des nächsten Taktes neu aufzusteigen. Jeder einzelne Bestandteil war durchaus vertraut. Aber alles als Ganzes, das hatte es so nicht gegeben, bevor Peter es niederschrieb.

Als er sich dem Höhepunkt näherte, ging ihm auf, dass er ihn weit vorn bereits angelegt hatte, im Ausgangsmaterial der ersten Zeilen. Eine Figur aus vier Tönen, aus den ursprünglichen Triolen abgeleitet, erhob und erweiterte sich zu einer fünftönigen, und daraus entstand der Überschwang der vollständigen, himmelstrebenden, siebentönigen Gewissheit:

Alles geht weiter
Weiter und hinaus
Hinaus, nichts scheitert…

Dann kam die Verwandlung in der letzten Phrase, diejenige, die schon auf ihn wartete, als er danach griff, fast als habe er sie die ganze Zeit über dort gesehen.

Er kritzelte dieses Stück auf einem Stutzflügel in einem Übungsraum der Musikalischen Fakultät, und es bereitete ihm ein solches Vergnügen, dass er staunte, dass es nicht verboten war. Clara hatte recht: Es war ihm vorbestimmt, diese Art Arbeit zu tun, selbst wenn seine Werke für niemanden auf dieser Welt, lebendig oder tot, einen Wert hatten. Peter sah es vor sich, sein verpfuschtes Leben: wie er seinem Stiefvater die verlorenen Investitionen zurückzahlte, sich mit Jobs zum Mindestlohn durchschlug, vor leeren Sälen spielte, die Handvoll Zuhörer feindselig und gleichgültig. Beschwipst davon, dass er diesen Erstling hervorgebracht hatte, erblickte er die Zukunft, und er kannte sie noch von früher.

Wochenlang feilte und formte Els, und er sah alles: die jungen Männer und die alten, die Frauen und Kinder, die niemanden außer ihm brauchten, um sie hinaus in die Welt zu holen. Er wagte den Schritt ins Leere und spürte keine Furcht. Er hatte nicht einmal den Eindruck, dass er eine

Wahl hatte. Die Chemie starb einen leichten Tod. Aber dieser Tod war anders, als man je gedacht hätte, und glücklicher, als selbst ein alter Mann von siebzig sich vorstellen konnte.

Zum Semesterende überraschte er Clara mit einer Reinschrift. Sie saß auf dem Fußende des Bettes in ihrem Wohnheimzimmer, unter einem Poster mit dem Bild des jungen Casals, las und nickte schweigend. Als sie aufblickte, sahen ihre feuchten Augen beinahe furchtsam aus. Aber sie lächelte dazu, ein Lächeln, das alles prophezeite. *Nun gut*, sagte sie. *Bravo. Zugabe.*

Pythagoras, der die Mathematik der Harmonien entdeckte, entdeckte auch mein Bakterium: *Serratia marcescens.* || Es sah aus wie Blut, das aus altem Essen hervorsickerte.

Claras Lohn wartete beim Jahresabschlusskonzert auf ihn. Das Programm war eine Art Friedensangebot im Kalten Krieg: Borodin, Rimski-Korsakow, Strawinskys *Feuervogel.* Els mochte es alles, selbst die abgewetzte Exotik. Etwas war mit seinem Gehör geschehen, und in diesem Monat kam ihm alles, von Machaut bis zum Mickymaus-Marsch, wie ein Meisterwerk vor.

Orchesterspiel, das war, als säße man im Parlament. Jede Fraktion hatte nur ihr eigenes Timbre im Kopf, doch unter dem Dirigentenstab ballten sich überraschend alle Kräfte zu einer. Von seinem Platz im Mittelpunkt der Holzbläser blickte Els nach links, über die Kante seines Notenständers, am Dirigenten vorbei, wo er Clara im Profil sah, zweiter

Platz, das Cello eingebettet in die Vertiefung ihres langen schwarzen Konzertrocks, die weiße Seidenbluse an den Brüsten gespannt, wenn das Instrument bebte und atmete. Sie spielte selbst wie ein Feuervogel, ihr graziler Hals an den ihres Instrumentes geschmiegt, und der Arm, der den Bogen führte, zeichnete die liegende Acht, das Unendlichkeitszeichen in die Luft. Als unter Säbelhieben Koschtscheis Höllentanz begann, blickte Clara über die Schulter und ertappte ihn dabei, wie er sie ansah. Und als stünde es auf den Notenlinien vor ihm, begriff Els, was für ein Tanz auf ihn wartete, später in der Nacht, wenn die Musik vorüber war.

Was hatten sie bis dahin miteinander gemacht? Unerhörte Sachen. Verbrechen gegen die Welt ihrer Eltern, in denen Els sprachlos die Verschlagenheit seiner Lust verfolgte, hilflos in den Fluten lutherischer Schuld. Aber das war die frühe Kennedyzeit. Seine eigene Tochter hatte sich durch Schlimmeres gekichert, bevor sie sechzehn war. Keine Dreizehnjährige, die auf sich hielt, würde es im Jahr 2011 in den Verlautbarungen auf ihrer Social-Network-Seite auch nur als Sex ansehen.

Nach dem Konzert fand Els Clara im Probenraum für das Orchester, wo sie eben ihr Cello in dessen Sarg steckte. Von russischer Musik und sündigen Gedanken war sie so atemlos, dass sie kein Wort hervorbrachte. Ihre Absichten für den Abend standen ihnen so sehr in den gespannten Gesichtern geschrieben, dass Peter sicher war, die Concierge von Claras Wohnheim würde sie beide zum Verhör festhalten, als sie sich dort hineinschlichen, um von ihrer reichen Zimmergenossin den VW Käfer zu borgen. Sie hatten kein bestimmtes Ziel. Clara saß selbstvergessen auf dem Beifahrersitz, noch in ihren Konzertkleidern, Füße auf dem Armaturenbrett, dem Schicksal offen, von der Schwerkraft befreit. Die Hände, mit denen Peter das Lenkrad umklammert hielt, zitterten. Sie kamen an die Steinbrüche draußen vor der Stadt, ließen den Wagen an einem dichten Kiefernwäldchen stehen und gingen in das tiefe Dunkel.

Clara verfing sich im Gestrüpp, sie zog die hochhackigen Schuhe aus und trug sie in der Hand. Tief in dem Wäldchen kam sie auf ihn zugestakst und hauchte: *Zeit, dass wir ernst machen.* Ihre Zungenspitze folgte ihren Worten ins Innere seines Ohrs.

Sie zog den plissierten Konzertrock hoch bis über die Hüften und setzte sich auf ihn. Ihre Seidenbluse öffnete sich, und ihr knielanges Haar umhüllte ihn mit einem Botticellischleier. Sie ließ ihn eindringen mit einem seltsam schrillen Schrei glückseligen Verrats, den er die nächsten vierzig Jahre lang immer wieder mit den verschiedensten Instrumentationen wiederzugeben versuchen würde. Sie packte ihn an den Schultern und drückte ihn in die Nadeln: Sind wir uns einig? Er umschlang ihren Hals, zwang sie, ihn anzusehen. Er nickte.

Als sie ihn nahm, pulsierte ein gleißendes Licht in seinen Schläfen. Der Gedanke durchzuckte ihn, dass es ein Schlaganfall war, aber das nahm er in Kauf. Zwei weitere Blitze, dann sah Els wieder klar. Das Gleißen erwies sich als starke Taschenlampe, die den Wald absuchte. Am Waldrand spähten zwei Polizisten zu den Fenstern des geparkten Käfers hinein.

Seine Beine zuckten; er wollte Clara abschütteln. Aber bevor er sich aufrappeln und sich ergeben konnte, hatte sie ihn wieder fest an den Boden gedrückt. Ihre Augen waren wild, verschwimmend. Ihre Lippen sagten etwas. Verschwörerisch, pianissimo. *Nicht bewegen.*

Zweimal rief ein Beamter: *Hallo?* Els zuckte, Clara drückte ihn wieder nach unten.

Nicht. Bewegen.

Ein Lichtstrahl huschte direkt neben ihnen durchs Gras. Els, unter Clara festgeklemmt, wurde schlaff. Seine Haut hörte ihren Pulsschlag über den ganzen Körper. Jetzt bebte sie, der stumme Mund offen, und Els brauchte mehrere Herzschläge lang, bis er begriff, was dieses Beben bedeutete. Lampenstrahlen huschten durch den dunklen Wald. Noch einmal rief eine Stimme, jetzt schon weiter weg. Endlich gaben die Polizisten auf, stiegen wieder in ihren Streifenwagen und fuhren davon. Peter und Clara lagen da, aneinandergepresst wie der Tod, auf dem nächtlichen Waldboden, von Kälte geläutert. Der ganze finstere Wald redete, und nichts sprach ein Wort.

Blut, das aus Brot rann, gab bei der Belagerung von Tyros den schon geschlagenen Truppen Alexanders die Kraft zum Sieg.

Achtzehn Monate vergehen: drei kurze Kammerwerke, zwei kleine Liederzyklen. Ein junger Mann frierend in einer Telefonzelle vor dem Büro der Studentenzeitung. In der Tasche ein zerknitterter Luftpostbrief auf blauem Zwiebelpapier, der zwei Wochen gebraucht hat, bis er bei ihm ankam. Die Welt ist gerade um ein paar knappe Takte an der

Vernichtung vorbeigeschrammt. Silos für Nuklearraketen auf einem Luftaufklärerfoto von einer verarmten tropischen Insel: Peter Els hat andere Sorgen.

Das Luftpostblatt ist mit einer dünnen, elfenhaften Schrift beschrieben. »Peter, mein Lieber. Nicht dass Du denkst, ich sei leichtfertig hier im alten England, aber es scheint, dass das Leben kompliziert geworden ist.«

Er hat mit seinem Anruf bis lange nach Mitternacht gewartet, wo es billiger ist. Auf der anderen Seite der Erdkugel ist jetzt Morgen. Kein Telefon im Studentenheim; er musste mit einer Handvoll Münzen zu dieser Zelle gehen. Den menschenleeren Campusstraßen nach zu urteilen, ist der Atomschlag bereits gekommen und vorbei. Die Luft ist so mörderisch kalt, dass seine Hand an dem metallenen Telefongehäuse kleben bleibt, als er zum Wählen den Handschuh auszieht.

Sie antwortet halblaut, gedämpft, es braucht eine Weile, bis ihre Stimme die Länge des Transatlantikkabels zurückgelegt hat. *Peter*?

Er brüllt *Hallo* in die Sprechmuschel, und das Echo seiner eigenen Stimme kehrt zu ihm zurück, ein einstimmiger Kanon.

Vom ersten Ton an geht alles schief. Sie reden, als spielten sie Tandemschach. Er fordert Klarstellung, dann Erklärungen ihrer Klarstellung, dann kommentiert er ihre Erklärungen. Seine Quartermünzen verschwinden in schwindelerregendem Tempo in dem Schlitz, und er hört sich Sachen sagen wie *Also als Erstes, ich brülle nicht.* Eine Wochenmiete, dann die zweite, die dritte verschwinden, und er hat immer noch nicht verstanden, was die vergnügte Frau am anderen Ende ihm sagt und was er mit einem wertlosen Musikabschluss in Komposition machen soll, Zweitfach Chemie, ohne das einzige Publikum, das zählt. Er fragt sie, was anders geworden ist, und sie antwortet: nichts.

Das heißt, alles ist zu Ende? Gestorben?

Ihr Schweigen sagt, dass selbst ein früher Tod vielleicht besser ist, als er denkt.

Im Hintergrund läuft Musik, ein Plattenspieler in einem kleinen Zimmer im Steinbau eines mittelalterlichen Klosters am anderen Ende der Erde. Mahler zum Frühstück, und auch wenn sie es abstreitet, weiß er, dass sie nicht allein ist. Die Ohren eines neuen gelehrsamen Schülers.

Doch selbst hier in dieser Telefonzelle, wo sein Atem an den Scheiben gefriert, in dieser sublunaren Kälte, kommen ihm Melodien in den Sinn – Mittel, Formen, auf die er nie aus eigenen Kräften gekommen wäre. Seine geschwollenen, schon gräulichen Finger fuchteln mit dem Aerogramm. Er möchte etwas aufschreiben, das ihm später, nach dem Ende des Konzerts, beim Erinnern hilft, doch die tauben Finger können den Stift nicht mehr halten.

Es war also alles gelogen, sagt er. *Es bedeutet überhaupt nichts.*

Ihre Stimme wird zur Engführung. *Peter. Das muss passieren. Es ist etwas Gutes, für uns beide.*

Das wär's dann also.

Sei doch nicht so dramatisch. Wir sehen uns wieder. Das Leben ist nicht so –

Erst im zweiten Anlauf gelingt es ihm, den Hörer wieder auf die Gabel zu bringen. Die Finger sind zu schwach, um die Zellentür zu öffnen, den Weg in die Freiheit. Irgendwie schafft er es doch noch und ist wieder unterwegs, über die eisglatte Straße, keine Menschenseele in Sicht. Er geht ganz aufrecht, sein Rückgrat steif vom Schock der gefrorenen Nacht. Er atmet aus, und Luft friert an seiner Oberlippe fest. Er atmet ein, sie kristallisiert an seinen Lungenwänden. Er muss nur sechs Häuserblocks weit gehen. Nach dem zweiten denkt er: das schaffe ich nicht. Er überlegt, ob er einfach an die erstbeste Haustür klopfen soll. Aber er wäre erfroren, bevor jemand aufmachte.

Er gelangt zu seiner Wohnung, verschafft sich mit eisigen Klauen Einlass. Die Finger sind leblos; bis er endlich drin ist, ist sein Gesicht taub. Selbst das eiskalte Wasser aus dem Hahn brennt wie Feuer. Von dem Zittern hat er sich den Rücken verrenkt. Er kriecht ins Bett und bleibt die nächsten sechzehn Stunden lang dort.

Wieder aufgestanden, stürzt er sich in die Arbeit. Nichts außer einem neuen Stück kann ihn jetzt retten – etwas Munteres, Brutales, Gnadenloses.

Musik, wird er in den nächsten fünfzig Jahren allen erzählen, steht nicht für etwas. Sie *ist* etwas. Und in all diesen Jahren, vierundfünfzig Werke lang, von Fragmenten für Soloflöte und Tonband bis zu vollem Orchester und fünfstimmigem Chorgesang, wird seine Musik immer wieder um dieselbe belebte Geste kreisen: eine drängende, stolpernde Vorwärtsbewegung, die, binnen ein und desselben Taktes, zwischen der Tonart der Hoffnung und den atonalen Hieben des Nichts oszilliert.

Wir werden nicht alle entschlafen, wir werden aber alle verwandelt werden; und dasselbe plötzlich. *Wir sehen uns wieder.* Aber du wirst nie wissen, wann. Man musste nur diesen schwebenden, uneindeutigen Rhythmus hören, das Versprechen, dass alles möglich war, und das Ohr war schon auf dem Weg zur Freiheit.

Das Wunder der Messe von Bolsena, 1264: Ein gefallener Priester sah bei der Kommunion, wie Blut aus der Hostie auf sein Gewand tropfte. || Glaube wiederhergestellt.

Die Nacht war kurz und unruhig, und die wenige Zeit der Bewusstlosigkeit half Els nicht viel. In der schlimmsten Episode seiner Traumsuite musste er Schostakowitschs drittes Streichquartett vor einem öffentlichen Tribunal verteidigen. Die Ankläger warfen dem Stück vor, es sei elitär, verantwortungslos, formalistisch und voller verschlüsselter Misanthropie. Els versuchte den Richtern zu vermitteln, wie reichhaltig diese Musik war, wie angefüllt mit grandiosem Schrecken. Doch das Tribunal nahm diese beiden Dinge nur noch in die Liste der Anklagepunkte auf.

Dann richtete der Staatsanwalt die Anklage gegen Els selbst. Er brachte Briefe an Clara und Maddy vor, in denen Els sich dazu bekannte, dass er bestimmte Arten von Musik gerade deswegen mochte, weil die meisten Leute sie wertlos und hässlich fanden. Noch während er zusah, wurde er zum Angeklagten, und Geschworene aus dem gesamten Internet überhäuften ihn mit Schmähungen und Verachtung. Els wand sich in seinem Traum, und keuchend wachte er auf. Selbst das Erwachen in seinem geschändeten Haus war eine Erleichterung.

Joint Security Task Force: eine Bundesbehörde. Im ganzen Land hatte es seit einem halben Dutzend Jahren keine ernstzunehmende Bedrohung mehr gegeben. Ein Rentner in einem Bastlerlabor, und das in einem Collegestädtchen auf dem Lande, das war das Äußerste, was sie zu bieten hatten.

Er schwang sich aus dem Bett und versorgte seinen Körper. Im Bad beschloss er, dass er doch ein paar Erkundigungen einholen würde. Er würde eine Mail an die Kollegin in der Rechtsabteilung schreiben. Oder, sicherer: er würde sie in ihrem Büro aufsuchen und alles erläutern. Dann würde er die Nummern auf der Karte anrufen, die er von Mendoza und Coldberg bekommen hatte, und sehen, dass er die Sache in Ordnung brachte. Wenn man mit Bürokratie zu tun hatte, brauchte man nichts weiter als die Geduld eines Tieres und die Einfalt eines Heiligen. Beides konnte er spielen, eine Zeitlang zumindest.

Aber zuerst sein Montagsritual: der Spazierweg am Crystal Brook, anschließend Blaubeerpfannkuchen. Dann konnte er noch ein paar Anrufe erledigen, bevor er zu dem Vormittagskurs ging, den er einmal pro Woche im Schattigen Hain gab, »Meilensteine der Musik des zwanzigsten Jahrhunderts«, für Leute so alt, dass sie selbst schon zu Meilensteinen geworden waren.

Viel zu spät im Leben hatte Els gelernt, dass die beste Zeit für konzentrierte Arbeit die Zeit unmittelbar vor Sonnenaufgang war. Seine größte Kunst bestand dieser Tage in den zwei Stunden Spaziergang, bevor die Nachbarschaft erwachte. Wenn er seine Beine bewegt hatte, war er guter Dinge. Wäre er auf diese Technik schon in jungen Erwachsenenjahren gekommen, hätte er vielleicht schon vor langer Zeit eine große Zahl fröhlicher, spielerischer Werke geschaffen, die ihm selbst gefallen und anderen Freude gemacht hätten.

Er stieg in seine Sportkleider – weite graue Arbeitshosen und ein braunes Waffelpiquéhemd – und trank seinen Tee wie gewohnt in glücklicher Stille. Dann nahm er den Fiatschlüssel von seinem Haken an der Hintertür und rief den Hund. Der Hund antwortete nicht.

Typisch amerikanisch, eine Meile zu fahren, um drei zu gehen. Als er am Parkplatz des Crystal-Brook-Parks anlangte, nahm der Himmel eben seinen ersten Pfirsichton an. Ein Mädchen oder eher eine junge Frau drehte bereits auf der Asphaltpiste ihre Runden. Wildblumen bedeckten den Boden, in diesem Zündflammenlicht gerade nur zu erahnen. Weiße Schneeglöckchen, gelber Eisenhut und ein beinahe indigoblauer Krokusteppich erstreckten sich längsseits einzelner anderer Blüten, deren Namen Els nicht wusste, auch wenn er sie schon seit Jahrzehnten jeden Frühling sah. Lächerlich, wie die Morgenluft nach Möglichkeiten roch.

Sofort als er in Bewegung kam, verlor das Debakel des Vortags an Gewicht, schien ihm bewältigbar. Coldberg und Mendoza kamen ihm jetzt eher wie Schulze und Schultze, die tolpatschigen bowlertragenden Inspektorzwillinge bei Tim und Struppi vor. Hundert Schritt hinter der Joggerin kam er in Trab und begann mit seinem eigenen kleinen Trippelpfad zum Parnass. Immer wieder ertappte er sich dabei, wie er sich nach Fidelio umsah, als sei der Hund irgendwohin davongelaufen.

Der Park hätte ein Landschaftsbild aus dem siebzehnten

Jahrhundert sein können. Nichts verband Els mit der Gegenwart, nur die Joggerin. Sie trug einen Sport-BH und Shorts aus einem schimmernden, intelligenten Hightech-Material. Sie lief wie ein Anatomievortrag. In Els' Jugend wäre eine Frau, die so wenig anhatte, in einer Stadt wie dieser wegen Erregung öffentlichen Ärgernisses eingesperrt worden. Sie schien Els auf eine surreale Weise begehrenswert. Zum Glück empfand er dieser Tage kein Begehren mehr.

Als er an den Mittelweg kam, überrundete sie ihn. Er legte ein wenig an Tempo zu, joggte eine Weile hinter ihr her. Ein siebzigjähriger Mann verfolgt im Morgengrauen ein halbnacktes Mädchen durch den Wald: eine Szene geradewegs aus einer mythologischen Barockoper. Die glitzernde Gestalt vor ihm verschwand wieder in der Ferne, spottete Trägheit, Niedergeschlagenheit, müßigen Gedanken und Metaphern.

Weiße Drähte führten von ihrem Handgelenk zu ihren Ohren. Jogging und die tragbare Jukebox: das größte musikalische Paar seit Tonband und V8. Wenn diese Frau in Els' Alter kam, würden gedankengesteuerte Player ins Hörzentrum des Gehirns genäht sein. Und keine Sekunde zu früh, denn bis dahin war das ganze Land taub.

Els ging durch den Kopf, dass Mahler vom MP3-Player begeistert gewesen wäre, von dessen Nummernrevue. Seine Sinfonien, durchsetzt mit Kneipenmusik und Tanzweisen, waren wie eine vulgäre Playlist. Das fünfte *Kindertotenlied* hatte seine mörderische Spieluhr, und das *Lied von der Erde* war von einer der allerersten in China aufgenommenen Phonographenwalzen inspiriert. Echte Komponisten fürchteten sich vor den neuesten Aufnahmen des Massenmarktes nicht. Sie nutzten sie. Aber wie nutzte man anderthalb Millionen neuer Songs pro Jahr?

Einmal hatte Els Monate damit zugebracht, Tonbänder mit der Rasierklinge zu zerschneiden und die Stücke neu zusammenzukleben. Er hatte einen Computer programmiert, ein Streichquintett zu schreiben, unter Verwendung von Zufallsgeneratoren und Markow-Ketten. Als er so alt gewesen war wie diese Joggerin, hatte er geglaubt, digitale Technik könne die Kunstmusik vor dem lebendigen Begräbnis im Konzertsaal retten. Jetzt waren es die Konzertsäle, die Rettung brauchten.

Er tauchte unter die hohen Bäume, deren Zweige das Licht der aufgehenden Sonne wie in einem Schleppnetz fingen. Hundert Bäume, alle zur gleichen Zeit in den Park gekommen, schickten sich nun in einem langen Largo auch an, alle gemeinsam zu gehen. Jeder Sturm brachte mittlerweile einen neuen Hünen zu Fall. Der Park würde ganz anders aussehen – sonniger, harmloser –, wenn die Zeit kam, zu der auch Els diese Gegend verließ.

Die Göttin achtete nicht auf Bäume. Ihre Knie hoben sich wie zwei Kolben, hoch und klar. Ein leichter Schweißfilm bedeckte ihre olivbraunen Glieder. Durch die Bäume erhaschte Els einen Blick auf ihr Profil. Ihr Gesicht, konzentriert, doch abwesend, war auf eine Zeit gut ein oder zwei Stunden in der Zukunft gerichtet. Schon wieder näherte sie sich in einer Runde von hinten, rief ein munteres, cyborgmäßiges *Danke*, wenn er sie vorbeiließ.

Eine blecherne Wolke Backbeat aus den Ohrhörern schleppte sie noch hinter sich her. Die Geschmacksnote ihres Genusses konnte Els nicht ausmachen. Dieser Park, diese ersten Frühlingsblumen, die fünfzehn Grad warme, aus dem Paradies gestohlene Luft bezogen für sie ihre Farbe von unsichtbaren Instrumenten, die niemand hören konnte außer ihr.

Sie preschte vor ihm wieder davon, streckte von Zeit zu Zeit den linken Arm aus und fasste sich damit ans rechte Handgelenk, wie beim komplizierten Überhandgriff einer Chopin-Etüde. Els ging auf, was sie da machte: Sie löschte Songs.

Am bewaldeten Teichufer im Süden sammelten sich die Frühlingsgäste. Els versuchte zu zählen, wie viele verschiedene Vogelstimmen es waren, aber etwa bei der elften verlor er den Überblick. Neue, überraschende Musik, die sich von allen Konventionen der Menschen fernhielt: das, wonach er sein Leben lang gesucht hatte, war hier zu finden; man musste nur hinhören.

Zu seiner Linken krächzte eine Krähe in den Ästen einer zerzausten Kiefer. Ganz in der Nähe hob etwas Kleines zu einem Triller an: ein unsichtbarer Solist, der die Melodie von Grund auf neu erfand, wie es schon Millionen Jahre, bevor Menschenohren es hörten, geschehen war. Els trottete dahin, fühlte sich leicht in dem lärmenden Durcheinander des Morgenchors. In einer Lichtung kam die Joggerin wieder in Sicht, immer noch mit dem gnadenlosen Verwerfen von Musikstücken beschäftigt. Im Schnitt war es eine halbe Minute zwischen den Griffen – Richterin und Geschworene eines Femegerichts. Alle paar Dutzend Schritte endete das Sie-hören-jetzt im Mülleimer der Geschichte.

Gewiss waren auf ihrem Player Tausende von Titeln, aufgeschlüsselt nach Künstler, Jahr, Genre und Hörerbewertung. Ein paar Menüklicks, und sie konnte Kultusministerin ihres eigenen souveränen Staats der Wünsche sein. Und doch wies sie zwanzigmal so viele Bewerber ab, wie sie einließ. Die Erklärung ging Els erst nach einer weiteren Viertelmeile auf: Shuffle – das Monte-Carlo-Spiel, seit dessen Erfindung Musik nie wieder dasselbe gewesen war. Sie ließ Tausende von Titeln Revue passieren wie zufällige Speed-dating-Kandidaten. Wellen von Musik brandeten in wildem Durcheinander über sie hin – das Spiel des Zufalls, für sie eine Selbstverständlichkeit.

Sie umrundete die Südostecke des Parks, Richtung Highschool, schnippte Songs weg wie die Demiurgin der Evolution. Sie war auf der Suche nach etwas, nach der perfekten Klangdroge. Und der Medizinschrank war bodenlos: das Lachgas einer Bigband aus den Vierzigern, ein Highball aus blechlastigen Showtunes, das Heroin der Punks, Techno-Ecstasy, Folksongs wie ein Päckchen Tabak, die Haschischtrance eines Pali-Gesanges, das Koffein eines karnatischen Ragas, kokainselige Tangos …

Ein Player gefüllt mit ihrem persönlichen Vorrat, und trotzdem brachte das Zufallsprinzip Dutzende von Songs hintereinander an die Oberfläche, die sie nicht wollte. Vielleicht war es auch Streaming in einem mobilen Breitband – 3- oder 4- oder 5-G oder bei welcher Generation das Rennen an jenem Morgen angekommen sein mochte. Eine Serverfarm am anderen Ende des Planeten pumpte einhundert Millionen Tracks Musikkonserven in ihr Blutdruckmesser-Armband, und keiner davon passte. Aufgabe des Geschmacks war es, den irrsinnigen Sturzbach menschlicher

Kreativität auf ein Maß einzudämmen, das sich verarbeiten ließ. Aber die Aufgabe des Appetits war es, nie mit dem Geschmack zufrieden zu sein. Wie viele Melodien brauchte ein Mensch? Noch eine mehr. Die nächste neue.

Das falsche Bakterienblut besteht in all diesen Fällen aus einem Pigment namens Prodigiosin. || Nach dem lateinischen *prodigiosus* – seltsam, bemerkens- oder staunenswert – ein Wunderding.

Die Sonne war aufgegangen, das Viertel erwachte. Einen Häuserblock entfernt hörte man das Dröhnen der Autoreifen auf dem Asphalt. Els kam um die Südwestecke des Parks und passierte die Einfahrt eines Pseudotudorhauses, wo ein Mann in blauen Sweathosen und T-Shirt – Schwerkraft: Mehr als nur eine gute Idee – eben zwei Plastikmülleimer von der Größe einer Mercury-Raumkapsel an den Rinnstein schob. Der Mann winkte Els zu, als kennten sie sich. Els winkte zurück, für den Fall, dass es stimmte.

Er würde sehen, was er im Internet herausbekommen konnte. Vielleicht hatte die Bürgerrechtsvereinigung eine Hotline. Coldberg und Mendoza hatten keinen Durchsuchungsbefehl. Das musste doch bedeuten, dass sie seine Rechte verletzt hatten.

Die Göttin näherte sich wiederum von hinten, ihre Schritte synchron mit dem neuesten Beat, der durch die dünnen weißen Drähte kam. Eine Improvisation auf der persischen Tar als Heilmittel gegen die Melancholie. Eine ukrainische Totenklage. Jede Melodie, die je entstanden war, Teil ihrer bunten Flut, bereit, wenn die zehn Sekunden kamen.

Els trat beiseite ins Gras, als sie vorüberschoss. In den Zweigen über ihm war die Luft immer noch erfüllt vom Gesang der Vögel. Was liegt an? Lass das fallen, lass das fallen, heb auf, heb auf. Geht's gut, geht's gut, geht's gut, gut, gut? Komm doch hier rüber zu mir. Unordentliche Rhythmen, die über jede Notenlinie hinausreichten, die Els für sie zeichnen konnte. Wenn es eine große, umfassende Regel gab, die diese Rhythmen zusammenhielt, dann war Els ein zu grob gestricktes, zu alt gewordenes Wesen, um sie zu hören. Es war ein Lärm, als hätte man sämtliche Mittelschulen des Ortes gleichzeitig mit einem Exemplar von GarageBand losgelassen. Um Überfluss machte sich hier keiner Gedanken. Die Laute sprudelten über ihn hinweg, energisch, klar und frisch.

In all diesem Durcheinander plötzlich ein Signalton. Drei starke Töne, ein absteigender Dreiklang in Dur, dann ein Tonika-Riff in punktiertem Rhythmus:

Sol, mi, do-do-do-do-do-do …

Etwas nicht größer als eine Kinderfaust brachte einen Ton hervor, so kräftig wie alles, was ein kleiner Mozart gespielt hätte, bevor er es mit in den Irrgarten der Rokokovariationen genommen hätte. Els suchte die Bäume ab, aber der Dieb hielt sich versteckt. Vielleicht hatte der Vogel die Töne bei einem spielenden Kind gehört oder im Sommer aus einem vorbeifahrenden Cabrio. Vögel waren große Nachahmer. Mozarts zahmer Star machte gern das Thema des G-Dur Klavierkonzerts nach, KV 453. Der australische Leierschwanz imitierte Verschlussgeräusche von Kameras, Autoalarmanlagen und Kettensägen so getreu, dass man sie für echt hielt.

Mit zwei kurzen Justierungen der Tonhöhe ließ der Vogel ein weiteres absteigendes Arpeggio folgen, wie der Witzbold Beethoven, der sich wieder mal über das Publikum lustig machte:

Fa, me, do-do-do-do-do-do-do …

Gut denkbar, dass der Vogel *Eureka* gezwitschert hätte, oder er hätte mit einem Zweig im Schnabel einen Zirkel auf den Erdboden gemalt. Ein Großteil der Musik des zwanzigsten Jahrhunderts war der falschen Idee aufgesessen, dass die diatonische Tonleiter willkürlich und verbraucht sei, Bestandteil jener bankrotten Erzählung, die zu zwei Weltkriegen geführt hatte. Und jetzt saß dieses gefiederte Ding dort zwischen den Zweigen, sang seine Dreiklänge und verspottete ihn. Der Drang der Evolution saß tief in seinem Inneren, Dekaden von Millionen Jahren alt.

Els erschrak, als er wieder die Göttin hinter sich hörte; er konnte sich überhaupt nicht vorstellen, dass sie binnen so kurzem schon wieder eine Runde gelaufen war. Sie sah ihn starr unter den Bäumen stehen und hielt an. Zog sich die weißen Kabel aus den Ohren.

Alles in Ordnung? Ihr Akzent – schwer, nasal, mid-atlantisch – kam geradewegs aus Philly.

Els zeigte nach oben. Die Vögel antworteten ihm, eine

perfekte Phrase. Die Augenbrauen der Göttin senkten sich; ihre Lippen zuckten.

Eine Weißkehlammer! Sie öffnete den Mund weit, und eine klare, strahlende Altstimme erscholl. *Der arme Sam Peabody-peabody-peabody …*

Der Vogel antwortete, und die Stimmenimitatorin lachte.

Ich danke Ihnen, sagte Els. *Den kannte ich bisher nicht.*

Ach, was liebe ich diesen Vogel. Im Frühling warte ich, dass er kommt.

Sie wandte sich ab, drehte sich auf dem Absatz, als hätte sie ihren Lauf nie unterbrochen.

Warten Sie, sagte Els. Der eine Vorteil des Alters: man konnte alles fragen und keiner erschrak. Er hob beide Hände und zeigte damit auf die Ohren. *Was hören Sie da?*

Sie hätte ohne ein weiteres Wort davonjoggen sollen. Aber die jungen Leute wussten, dass das Leben von nun an und für alle Zeiten in einem Goldfischglas gelebt wurde, und sie wollten es so. Vermutlich wurden die Namen der Tracks auf ihre Social-Network-Seite gebeamt, noch während sie sie verwarf.

Die Ohrstöpsel baumelten auf ihrer Schulter wie ein verletztes Insekt. Sie fasste sie mit den Fingern.

Ich sehe ein paar neue Sachen durch. Tagging für später.

Ich hoffe nur, Sie haben auch eine Abteilung »früher«?

Sie legte die Stirn in Falten. Gesang kam von den Bäumen. Sam probierte einen neuen Dreiklang aus. Freude lenkte das Mädchen ab, und sie vergaß die Frage.

Als sie den Blick wieder senkte, sah sie Els grinsen. *Warum überhaupt etwas anderes hören, wenn man das hören kann?*

Die Göttin lachte, weil sie den Scherz nicht verstand.

Sie haben eine schöne Stimme, sagte Els. Was er sagen wollte, war: Wert, dass man jedes Frühjahr darauf wartet.

Das Gesicht der Joggerin rötete sich vor Freude. *Danke.*

Sie machte Anstalten weiterzulaufen. Zu gern hätte Els sie zurückgehalten. Fausts Abschiedsgruß ans Leben: Verweile doch, du bist so schön. Aber das würde er ja dieser Tage am liebsten zu allem sagen. Sie lächelte, steckte die Knöpfe wieder ins Ohr, winkte, warf noch einmal einen Blick hinauf in den Baum, zu dem unsichtbaren Künstler. Dann begab sie sich wieder auf den Joggingpfad und verschwand, wie so vieles, was Els an diesem schicksalhaften Morgen als selbstverständlich nahm, für immer.

Prodigiosinzellen töten Pilze, Protozoen und Bakterien. Sie können vielleicht sogar Krebs heilen. Ihr Rot ist die Farbe der Möglichkeit.

Es ist 1963, Els' letzter Monat auf jener riesigen Musikantenfarm, die auf den Kornfeldern Indianas Musiker anbaut. Den ganzen Winter über hat er bei Karol Kopacz studiert, und jetzt ist es Frühjahr, sein letzter Mai als Undergraduate. Der alte Klangfarben-Kopacz: ein Pole aus Argentinien, ein verwittertes Schreckgespenst aus der Zeit jener Kulturgiganten, die im Krieg ihr Leben gelassen haben und in der Neuen Welt Auferstehung feierten, die marmornen Wächter einer untergegangenen Kunst. Soweit Els weiß, hat Kopacz dem Publikum seit zwanzig Jahren keine neue Note mehr zu hören gegeben. Der Mann scheint sich nicht das Geringste mehr aus Musik zu machen, obwohl er mehr davon versteht als die meisten anderen vom Atmen.

Els sitzt im Büro seines Mentors in einer Ecke der alten Musikalischen Fakultät. Jede Oberfläche von Karol Kopacz' Höhle, auch der Stutzflügel, ist über und über mit Sachen bedeckt: längst vergilbten Büchern und Papieren, einzelnen Notenblättern, Schallplatten, deren Weg sich schon lange von dem ihrer Papphüllen getrennt hat, tanzenden Shivas in Messing, einem durchlöcherten Bandoneon, einer Oud ohne Saiten, vergessenen Tellern mit Sandwiches und einem gerahmten Foto von einem beinahe gutaussehenden jüngeren Mann, dem Strawinsky den Arm um die Schulter gelegt hat – ein Bild, das aufzuhängen er sich nie die Mühe gemacht hat. Gänge führen durch dieses Durcheinander von der Tür zum Schreibtisch, vom Schreibtisch zum Klavier, vom Klavier zu dem Zweiersofa mit dem rissigen Lederpolster, wo verschüchterte Kompositionsstudenten sitzen und Woche für Woche ihre Prügel beziehen.

Alle sieben Tage bringt Peter Els dem Mann das Beste, was seine Grünjungenseele hervorgebracht hat. Kopacz sitzt schweigend da und studiert Els' Noten. Dann schmeißt er ihm die Blätter wieder zu und sagt Dinge wie *Jede Menge Verkehr, keine Polizisten* oder *Zu viele Gipfel, nicht genug Täler.* Noch Tage später wettert Els gegen die leichtfertige Art, mit der dieser Mann seine Arbeit abtut. Aber ist erst einmal ein Monat vergangen, ist er jedes Mal ganz seiner Meinung.

Heute hat Els ein lächerlich hochtrabendes Stück für Soloklavier mitgebracht. Es fühlt sich frisch, frech und jung an, ganz wie Kunst sein soll. Dieses Stück riskiert alles, überschäumend vor Geist und vor Liebe.

Sein Professor sieht sich den ersten Takt an und schneidet eine Grimasse. *Was soll das sein?*

Es ist eine kompakte chromatische Phrase, in der alle zwölf Töne der westlichen Musik enthalten sind, und zwar zweifach. Els hat diese Idee von Henry Cowell gestohlen, der sie vermutlich von Skrjabin hatte, und der hatte sie zweifellos von jemand noch älterem.

Gehen Sie ans Klavier, kommandiert Kopacz. Peter tut wie ihm geheißen. Er mag zwar ein junger Wilder sein, aber er ist ein zaghafter.

Spielen Sie eine Note.

Els steckt den Finger aus. *Welche …?*

Der alte Mann legt sich die graue Hand über die Augen, als habe das Jahrhundert des Völkermords ihn schließlich doch noch eingeholt und es bliebe kein Ort mehr, an den er noch fliehen kann.

Peter spielt einen Ton.

Danke, sagt sein Mentor, ganz der Charmeur. *Was hören Sie?*

C?, probiert Peter. Verzweifelt sucht er nach der richtigen Antwort. *Zweigestrichenes c. Großes c.*

Ja doch, poltert Kopacz. *Was noch? Noch mal!*

Verwirrt spielt Peter den Ton noch einmal.

Und? Heilige Muttergottes. Hören Sie doch hin.

Els probiert ein weiteres Mal. Er versteht es nicht. Es könnte ein Nebelhorn bei Nacht sein. Es könnte das Sirren des Heizkörpers in seinem Zimmer sein, als er noch klein war. Es könnte die erste Note des ersten Präludiums im ersten Buch des *Wohltemperierten Klaviers* sein. Er drückt noch einmal, fester, sagt aber nichts.

Sein Lehrer lässt den Kopf hängen, ein Seufzer beklagt den Untergang der Kultur. *Hören Sie doch hin*, fleht er. *Bleiben Sie bei dem Ton.*

Els tut es. Der Sturm der Heizung in dem Gebäude verebbt; er hört ihn, jetzt, wo sie abschaltet. Er vernimmt die harschen Laute von zwei Leuten, die sich streiten. Am anderen Ende des Flurs spielt jemand das Adagio aus der *Pathétique.* Jemand anderes malträtiert vier Takte aus Elgars Cellokonzert, bis es klingt wie Fluxus. Ein Sopran übt rasche chromatische Läufe, in Comics gern ein Bild der Seekrankheit. Etwas, das sich anhört wie eine große Pappschachtel, stößt in Sechssekundenintervallen gegen die Backsteinwand. Draußen vor dem Fenster flirten zwei junge Leute leise auf Spanisch. Häuserblocks entfernt bahnt eine Sirene sich einen Weg zu jemandem in Lebensgefahr. Während all dem sitzt Karol Kopacz zusammengesunken an seinem Schreibtisch, das Gesicht in den Händen vergraben, ertrinkt in bitterer Musik.

Els blendet ihn aus, konzentriert sich auf das, was er hört. Er konzentriert sich, bis der Ton, den er immer wieder anschlägt, sich auffächert. Naheliegend; was soll er sonst schon tun, jetzt, wo Els nicht mehr davon ausgeht, dass es nichts anderes zu hören gibt.

Ich höre auch das dreigestrichene c.

Er macht sich auf Beschimpfungen gefasst. Doch sein Lehrer stößt einen Triumphschrei aus.

Danke. Vielleicht funktionieren Ihre Ohren ja doch. Was hören Sie noch?

Erleichterung wird wieder zu Panik. Das Spiel ist noch nicht zu Ende. Aber da Peter nun auch das g über der c-Oktave hört, eine perfekte Quinte, die strahlt wie ein Sonnenstrahl, der durch eine Wolke bricht, muss er auch das noch sagen.

Weiter, kommandiert der alte Pole. Jetzt ist das Spiel aus seiner Deckung heraus. Oberhalb der perfekten Quinte eine perfekte Quarte. Das ist etwas, das Els noch nie vorher wirklich begriffen hat: Oberhalb jedes Tons schwebt das Doppelte davon, dann das Dreifache und immer so weiter die Ganzzahlreihe entlang.

Damit hat er die Landkarte; er weiß jetzt, welche Inseln dort zu erwarten sind, weiter draußen auf See. Er hält den Atem an, konzentriert sich. Bald hat er den Eindruck, er kann das c über dem g über dem c über dem originalen c durchs Ohr geistern hören. Er behauptet es, sieht dann beifallheischend seinen Lehrer an. Mit gebeugten Fingern malt Kopacz träge Ellipsen in die Luft: nicht aufhören.

Noch weiter oben verbirgt sich eine große Terz, dann eine kleine und noch weiter darüber folgt die gesamte Naturtonreihe. Els kennt die Reihenfolge; es wäre nicht schwer zu schummeln. Aber er ist ja noch ein Anfänger in seinem eigenen Leben, noch ganz mit Idealismus geschlagen. Er würde keinen Ton anführen, den er nicht tatsächlich hört.

Jetzt begreift Els, dass selbst ein Neugeborenes Anspannung und Auflösung spüren muss, die Spannungen dieser Folge verborgener Tonhöhen, die das Ohr entdeckt, ohne es zu wissen. Einen Takt oder zwei lang liebäugelt er mit dem Abfall vom Glauben; vielleicht sind ja die Regeln der Harmonie doch nicht einfach nur eine Zwangsjacke aus willkürlich gesetzten Konventionen. Er schlägt die Taste noch fester an. Jetzt übertönt das Klavier die angehenden Instrumentalisten in den anderen Räumen. Er strengt seine Ohren an, will das e über dem dritten c hören, ganz hoch oben im Regenbogen dieses einzelnen Tons. Doch je länger er horcht, desto mehr verschmilzt dieser Ton mit dem wütenden Gesumme der Neonröhren.

E, sagt Kopacz ihm halb versonnen vor. *Noch ein g. Darüber ein b.* Peter kann nicht sagen, ob der Mann wirklich behauptet, dass er diese Töne hört, oder ob er wie ein Hochenergiephysiker lediglich deren theoretische Existenz konstatiert. Doch hörbar oder nicht, sie sind allesamt da: jeder Ton der Tonleiter. Süße Schönheit, schneidende Dissonanz, die Palette für alles von schwülstiger Verführung bis zur Totenmesse, und Peter hat sein ganzes Leben lang nichts als den Grundton davon gehört.

Kopacz hält Els' Komposition mit der Linken in die Höhe. Mit wedelnden Fingern schnippt er mit der rechten Hand dagegen. *Wie viele geschäftige kleine Noten brauchen Sie denn, und sollen sie alle gleichzeitig tönen? Nehmen Sie ein einzelnes c, dann haben Sie alles.*

Peter schaut seinen Lehrer finster an, doch der bemerkt es nicht. Stattdessen streicht er sich das wirre Referendum seines weißen Haars zurück. Er lässt sich wieder in seinen wackligen Bauhausstuhl sinken und kommandiert *Jetzt cis.*

Als die Glocke zum Unterrichtsende läutet, kommt ihr Klang Peter Els wie der Tristan-Akkord vor. Er wirft die Partitur seines zappligen Klaviervorspiels in den grünen Müllcontainer hinter der Musikalischen Fakultät, in dem schon Gipskartonstücke, ein zertrümmerter Schreibtisch und Stöße von Altpapier liegen. Er zieht sich in seine Zelle im Wohnheim zurück und bleibt erst einmal dort. Von hinter dem Haus der Studentenvereinigung flutet, *call and response* via Megaphon, der Soundtrack einer Demonstration über Dunn Meadow. Sprechchöre fordern Freiheit, und für Els' Ohr klingen sie wie flammende Volkslieder, die nach Orchestrierung geradezu schreien.

Er arbeitet bis spät in die Nacht, tilgt aus seiner Handschrift allen überflüssigen Pomp und Glitter. Er lässt das Telefon klingeln, dessen surrendes Geräusch jetzt für ihn ein Parfait aus Tonhöhen ist. Unbeantwortet verhallt das Klopfen an der Tür wie Paukenschläge. Gedämpft kommt die Freude zweier just in dieser Woche neu erschienener LPs durch die Hohlblockwände, zwei vollkommen unterschiedliche Platten, die beide die Welt verändern und noch Jahrzehnte später sehnsüchtige Erinnerungen wecken sollten. Er hört diese Laute, wie Debussy zum ersten Mal ein Gamelanorchester gehört haben muss.

Das Quietschen seiner Schreibtischschublade wird zum Tongemälde, die Angel seiner Zimmertür singt wie ein Heldentenor. Vorübergehend zieht Els' Musik sich in eine verblüffende Einfachheit zurück. Aber zwei Monate später ist er wieder der alte Obskurantist, die Lehre vergessen oder, besser gesagt, in einem ganzen Spektrum von Obertönen versteckt, die sein Ohr nicht hört.

Im Jahr 1906 gurgelte M. H. Gordon im Londoner Parlament mit Serratia und rezitierte danach Shakespeare. || Ein Experiment, um zu erforschen, ob Bakterien mittels Rede über die Luft verbreitet werden.

Wieder in seinem Fiat auf der Rückfahrt widerstand Els der Versuchung, das Radio einzuschalten. Nicht dass die Nachrichten ihm noch Angst machten – bis der Weltuntergang kam, würden wir uns alle längst daran gewöhnt haben. Aber die Fahrt dauerte nur fünf Minuten, und alles, was er in der Zeit über die libysche Flugverbotszone oder die Ausbreitung der Fukushima-Wolke erfahren konnte, war eine weitere Zersplitterung seines Verstands nicht wert. Zwei Jahre zuvor war er zum ersten Mal auf einen Bericht über chronische Konzentrationsstörungen gestoßen, er konnte sich nicht mehr erinnern, wo. Seitdem hatte er es sich zur Regel gemacht, Medien niemals in geringeren Dosen als fünfzehn Minuten wahrzunehmen.

Der Bericht über diese achtunddreißig Jahre lang geführte Längsschnittstudie hatte ihn erschüttert. Zwei Wissenschaftler, einer davon inzwischen tot, hatten dreizehntausend Tage mit der zermürbenden Befragung ihrer Versuchspersonen zugebracht. Die Studie war eher gründlich als elegant. Aber die schieren Daten sprachen für sich. Binnen knapp vier Jahrzehnten hatten die Vertreter jeder demographischen Gruppe der Vereinigten Staaten im Durchschnitt ungefähr ein Drittel ihrer »anhaltenden Konzentrationsspanne« eingebüßt. Die beiden Forscher – die Namen wusste Els nicht mehr – dokumentierten ein deutliches Nachlassen der Fähigkeit, Ablenkungen auszublenden und sich auf einfache Aufgaben zu konzentrieren. Das ganze Land litt an Konzentrationsstörung. Die Leute konnten einen Gedanken nicht mehr annähernd so lange im Kopf, ein kurzfristiges Ziel im Auge behalten wie noch wenige Jahre zuvor, damals in den letzten Tagen des analogen Zeitalters.

Eine Woche lang machte die Geschichte noch die Runde in den Blogs. Dann wurde die chronische Konzentrationsstörung Opfer ihrer eigenen Symptome. Der rapide Rückgang von Phytoplankton-, Fisch- und Honigbienenbeständen, Bettwanzen und Cyberwürmer, Fettleibigkeit und Killergrippe: das Leben war so reich an Bedrohungen, dass man keiner von ihnen mehr als ein paar Minuten Aufmerksamkeit zugestehen konnte. Doch Els lief es bei der Studie kalt den Rücken hinunter, genau wie an dem Tag, an dem er zum ersten Mal die Liste der hundert häufigsten Suchbegriffe las, die Leute bei der weltgrößten Suchmaschine eingaben. Von da an zog er die Stille jeder Art von Hintergrundgeräusch vor.

Von Stille umgeben fuhr er zurück nach Hause. Schon bevor er in die Linden Street einbog, merkte er, dass etwas im Gange war. Anfangs dachte er, sein Nachbar habe einen weiteren Herzinfarkt erlitten. Zwei cremefarbene, fensterlose Lieferwagen standen in Els' Auffahrt. Daneben auf dem Grünstreifen langgestreckt eine Limousine. Sein Haus war umgeben von gelben Absperrbändern; wie in Laufschrift surrte in schwarzen Großbuchstaben unablässig KEIN ZUTRITT im Wind.

Männer in weißen Hauben und Schutzkleidung schleppten Laborausrüstung aus seinem Haus. Ein Trio in Straßenanzügen regelte den Verkehr. Coldberg stand auf der obersten Stufe der Betontreppe, machte spastische Bewegungen auf seinem Telefondisplay. Durch die Lücke zwischen den Häusern war zu sehen, wie zwei weitere Schutzanzüge in der hintersten Ecke des Els'schen Gartens Fidelios Grab öffneten.

Els parkte das Auto am Bordstein, seine Hände rangen mit dem Lenkrad. In Europa hätte die Szene der Schluss einer Skandalinszenierung von *Boris Godunow* sein können. Männer in aufgeplusterten weißen Raumanzügen verstauten seine Besitztümer in Kunststoffbehältern, die sie beschrifteten, fotografierten und in die Lieferwagen schoben. Trotz ihrer Kapuzen und Handschuhe bewegten sie sich gewandt und zielstrebig, wie Imker, die sich nicht um Bienen, sondern um biologische Bedrohungen kümmerten. Einer der kapuzentragenden Infanteristen machte sich an Els' digitaler Laborwaage zu schaffen. Ein anderer hielt seinen Computerturm im Arm, als rette er ein Kleinkind aus einem brennenden Haus. Auf dem Rasen vor dem Haus stand eine Kiste mit Reagenzgläsern. Darauf lag, in einem großen verschlossenen Plastikbeutel, Els' arabischer Notendruck aus dem sechzehnten Jahrhundert.

Der Trupp räumte sein Haus aus wie in einer schlechten Reality-Show im Fernsehen. Els hätte aus dem Auto stürzen und die Eindringlinge anbrüllen sollen. Stattdessen saß er nur da und beobachtete das Unfassbare wie durch einen Dunstschleier. Die nicht mehr ganz junge Stewardess aus dem Haus gegenüber stand in ihrem Garten und fotografierte mit dem Handy, bis einer der Männer im Straßenanzug zu ihr hinüberging und dafür sorgte, dass sie es bleiben ließ. Vom Ausgrabungskommando im Garten kam ein Triumphschrei. Els sank tiefer in den Fahrersitz und hielt sich die Hände vors Gesicht. Der Mann im Anzug ging wieder zum Haus, und Els steuerte den Fiat vom Bordstein zurück auf die Fahrbahn.

Er musste nachdenken. Er bog mehrfach links ab und

umrundete so den benachbarten Häuserblock. Vor seinem geistigen Auge sah er das Innere des Hauses, ein Bild der Zerstörung wie nach einem Bombenangriff: verstreute CD-Hüllen auf dem Boden, Bücher durchgeblättert und achtlos beiseitegeworfen, die Nebelkammerschalen zertrümmert, Laborausrüstung und Chemikalien konfisziert und in hundert beschrifteten Plastikbeuteln verstaut. Bilder und Papiere, Entwürfe für unvollendete Kompositionen, alles durchwühlt von Sturmtruppen in weißen Overalls.

Nach vier weiteren Abbiegungen war er wieder auf der Taylor Street in Richtung Linden. Aus einem halben Block Entfernung sah er, wie ein Mann im Schutzanzug auf seinem Dach mit einer Stange im Schornstein stocherte. Ein anderer untersuchte plastikverpackte Proben aus einem der Lieferwagen mit einem tragbaren Messgerät. Im Garten kratzten zwei Männer Lehm von der Patchworkdecke seiner Exfrau und füllten ihn in Reagenzgläser. Zu ihren Füßen stand eine große Plastikbox mit einem schmutzig braunen Etwas darin. Fidelio.

Els hielt an dem Stoppschild an der Ecke. Er brauchte Zeit. Er hatte nicht gegen das Gesetz verstoßen. Coldberg und Mendoza hatten keine Anschuldigungen gegen ihn erhoben. Sie hatten ihn nur gebeten, sich zur Verfügung zu halten. Er brauchte eine Stunde, in der er zur Ruhe kommen und sich eine Geschichte zurechtlegen konnte. Der Fiat nahm den Weg über die Kreuzung und geradeaus weiter.

Er fuhr einfach aufs Geratewohl. Um das statische Knistern in seinem Kopf loszuwerden, schaltete er das Radio an. Ein mit dem Emmy ausgezeichneter Schauspieler hielt seine Exfrau als Geisel in deren Wohnung in Aspen fest. Els fand sich am westlichen Rand des Campus wieder. Er könnte das Auto abstellen, zu Kathryn Dresser gehen und ihren juristischen Rat einholen. Aber sie würde ihm nur raten, genau den Behörden zu vertrauen, die gerade grundlos sein Haus verwüsteten.

Rechts von ihm lag die Geschäftsstraße von Campustown, und er bog ein. Studenten tauchten vor seinem Auto auf wie bewegliche Ziele in den unteren Levels eines Computerspiels. Die Straße stank nach Bratfett. Er hatte seit dem Abend zuvor nichts gegessen. Er hielt an einer Parkuhr, die noch vierzig Minuten anzeigte, und einen kurzen Augenblick lang kam ihm der Tag wie ein Glückstag vor.

In der Ecke eines Cafés, Filiale einer Kaffeehauskette, widmete er sich seinem Frühstück: aufgeschäumte Mandelmilch und ein Blaubeermuffin so groß wie eine kleinere Ottomane. Von der Anspannung war sein Waffelpiquéhemd schweißdurchtränkt. Aus den Lautsprechern des Raums drang ein dröhnender, hypnotischer, überarrangierter, aufgeblasener, unwiderstehlicher Strom der Lust. Der Groove wiederholte immer wieder dieselben drei Töne – Tonika, kleine Terz und Tritonus –, wozu ein Sänger schmachtende, anspielungsreiche Worte in wechselnden, unregelmäßigen Rhythmen raunte.

Am besten stellte er sich den Behörden. Seine durchwühlten Habseligkeiten würden beweisen, dass er unschuldig war. Aber die Leute von der Joint Security hatten seine Notizbücher, seine Tagträume von modifizierten Bakterien. Sie hatten seinen Computer, inklusive Cache und Browserverlauf. In ein paar Stunden würden sie wissen, welche Internetseiten er am Nachmittag zuvor besucht hatte – die

Anleitungen für die Herstellung von Rizin; die Milzbrand-Seiten.

Wieder zurück auf der sonnigen Straße kam ihm der Campus fremd und abweisend vor. Studenten in Shorts und T-Shirts, mit schmucken Tattoos auf den entblößten Körperteilen, wichen ihm aus und schrieben dabei weiter SMS, ohne von ihren Handys aufzublicken. Els nahm den Fußweg zur Musikalischen Fakultät. Ein kleiner, redseliger, allzeit freundlicher Dozent für Violine kam ihm entgegen und winkte. Es war Irrsinn hierherzukommen; Els machte kehrt und floh.

Er ging rasch zurück zum Auto und fuhr zu einem Geldautomaten auf der anderen Seite des Campus. Der Bildschirm des Automaten drohte ihm mit verschiedenen Möglichkeiten. Els hob zweihundert Dollar ab. Wie schnell würde man diese Transaktion zurückverfolgen können? Eine Videokamera hinter der milchigen Glasscheibe starrte ihn an, und er strich sich den Pony aus der Stirn.

Er fuhr drei Blocks weiter zur öffentlichen Bibliothek. Abgesehen von Müttern mit kleinen Kindern, anderen Ruheständlern und Obdachlosen war sie zu dieser Tageszeit leer. Er setzte sich in die Nische mit den Zeitschriften im Erdgeschoss, um seine Gedanken zu ordnen. Zwei Monate zuvor hatte er an genau dieser Stelle einen Artikel über neue Bestimmungen des Patriot Act gelesen. Darüber, dass die Regierung auch ohne Beweise das Recht hatte, Bürger auf unbegrenzte Zeit festzuhalten. Alles, woran er sich jetzt noch erinnern konnte, war der Ausdruck »festhalten bis zum Beweis der Unschuld«.

In ein paar Stunden würden alle Bescheid wissen. Els

ging hinauf zu den Regalen im ersten Stock. Er stand vor den Bänden zu den Biowissenschaften, fuhr mit dem Finger über die Buchrücken und ließ die Titel Revue passieren, die er in den zwei Jahren seit Beginn seiner Phase als dilettierender Biochemiker ausgeliehen hatte. Die Memoiren des führenden Wissenschaftlers, der das sowjetische Programm für biologische Waffen geleitet hatte. Eine Sozialgeschichte der Seuchen. Ein Buch mit dem Titel *Der Evolution entkommen*. Mit ein paar Klicks in den richtigen Datenbanken konnte ein Ermittler jedes belastende Buch ausfindig machen, das Peter Els in den letzten zehn Jahren gelesen hatte.

Unwillkürlich entfuhr ihm ein Stöhnen. Das Geräusch ließ einen aschgrauen Bibliothekar mit den Händen eines Tänzers aufblicken, der an dem Aufsichtsplatz am oberen Ende der Treppe saß.

Alles in Ordnung?

Ja, sagte Els. *Entschuldigen Sie.*

Er stieg wieder in sein Auto und fuhr los. Als er zur Linden Street kam, sah er die Wagen des örtlichen Nachrichtensenders schon aus zweieinhalb Block Entfernung. In Panik bog er wieder links in die Taylor Street ein. Der Tatort schrumpfte hinter ihm zu einem Nichts.

Forscher haben Serratia in Krankenhäusern versprüht, um die Ausbreitung von Bakterien durch den Luftzug zu studieren. || Biologiestudenten haben ihre Hände hineingetaucht, um zu sehen, wie die Erreger durch Berührung weitergegeben werden.

Clara hatte ihm erzählt, wie Mahler der jungen Alma Schindler das Manuskript für das Adagietto der Fünften Sinfonie kommentarlos zugesandt hatte. Alma schickte es zurück, versehen mit dem einen Wort: »Ja«. Nur Wochen später heirateten sie. So hätte es auch bei Peter und Clara sein sollen. Doch dann ging Clara mit einem Musikstipendium nach Oxford und eroberte dort in rascher Folge gleich drei Männer, neben denen Peter dastand wie ein Kandidat beim Talentwettbewerb.

Clara machte sich nie die Mühe, Els den Rest von Mahlers Liebesgeschichte zu erzählen. Erst als Alma in Gustavs Leben trat, stieg seine Musik zu echter Verzweiflung hinab. Streit, Lügen, Verrat, Tod. All die stoische Entschlossenheit der frühen Lieder und Sinfonien – *Was mir die Welt erzählt* und so weiter – stürzte kopfüber in abgrundtiefes Elend. Adorno nannte Mahler einen »schlechten Jasager«. Als Alma in sein Leben getreten war und die beiden einander bis aufs Blut quälten, konnte Mahler nichts anderes tun als immer wieder dieses Wort sagen, mit schwindender Überzeugung und immer weniger Grund. Und bei seinem eigenen freien Fall lauschte der junge Peter weiter der Musik, bis weit über den Punkt hinaus, an dem ihr armseliges und verzweifeltes *Ja* ihm noch helfen konnte.

Die U. S. Army machte mit Serratia jahrzehntelang Biowaffentests: San Francisco, die New Yorker U-Bahn, Key West. || Aber ich werde als Verbrecher hingestellt.

Bis zu dem Augenblick, in dem Els zu mitternächtlicher Stunde in jener Telefonzelle stand und eine Fremde auf einem anderen Kontinent anflehte, wobei ihm die Münzen an den Fingern festfroren, hatte er in der Art eines eigenen *Ja* nichts gehabt, das der Rede wert war. Dann ging Clara fort, und die wahre Musik kam. Eins jener obskuren Tauschgeschäfte, wie sie Operngestalten mit geheimnisvollen Fremden abschließen. Vom Augenblick an, in dem die Frau mit den vier Fuß langen Haaren Peter einem einsamen Leben im öden Mittelwesten überließ, sprudelten die seltsamsten, lebendigsten, ansteckendsten Schöpfungen nur so aus ihm hervor.

Jedes dieser Stücke war eine Botschaft an die jetzt fremd gewordene Frau. *Alles geht vorwärts und nach außen, nichts verfällt.* Wenn auch nur das kleinste seiner Manuskripte je mit einem bleistiftgekritzelten Ausrufezeichen zurückgekommen wäre, wäre Els zwei Tage später in Heathrow gewesen, die Melodie des Transatlantikfluges im Ohr, bereit für jede Hoffnung, mit der Clara ihm winken mochte.

Stattdessen machte er sich allein auf den Weg und schlug sein neues Lager in jenem kleinen Darmstadt in der Prärie auf. Champaign-Urbana in den frühen Sechzigern: eine Insel im Archipel der Interstate-80-Avantgarde, Nährboden für musikalische Mutationen, in allen Richtungen über Hunderte von Meilen umgeben von nichts als Mais und Sojabohnen und dem ländlichen, gottesfürchtigen Amerika. Genau der Ort für sechs weitere Studienjahre.

Es war der Anbruch eines Goldenen Zeitalters in dieser fortschrittlichen Wildnis. Die Pioniere, die dort Komposition lehrten – Hiller und Isaacson, Johnston, Gaburo, Brün,

Hamm, Martirano, Tenney, Beauchamp –, stellten neue Regeln so schnell auf, wie sie sie brechen konnten. Das berüchtigte Festival der modernen Künste und das erste elektronische Tonstudio in Amerika machten aus der Szene dort eine einzige Party. Der Zauber der Mathematik und die Anziehungskraft geladener Teilchen: Els kannte den Ort, noch ehe er überhaupt dort angekommen war.

Dieser experimentierfreudige Vorposten am Rande der endlosen Maisfelder schien ihm wie ein neues Wien. In den ersten fünf Tagen als graduierter Student lernte Els mehr Komponisten kennen als in den zweiundzwanzig Jahren zuvor. Von einem Tag auf den anderen warf sein Ohr alle Bedenken über Bord, und er spürte eine unstillbare Lust auf Dinge, die er noch kurz zuvor gefürchtet hatte. Er schloss sich einer Gruppe an, die persische Dastgahs hörte und analysierte. Er besuchte Vorträge über Musik und Informationstheorie. Musik und den Gesellschaftsvertrag. Musik und Physiologie.

Dann: eine Lektion. In der sechsten Woche seines Seminars zur Formanalyse der Musik des zwanzigsten Jahrhunderts berichtete er atemlos von einem Konzert mit Barbers *Einsiedlerliedern* am Abend zuvor. Seine Kommilitonen johlten. Verblüfft wandte sich Els an den Professor.

Ein großartiges Werk, finden Sie nicht auch?

Der Mann unterdrückte ein Lachen und sah sich nach der versteckten Kamera um. *Gewiss, wenn Schönheit Ihnen immer noch etwas bedeutet.*

Els fühlte sich gedemütigt. Am Stammtisch für die älteren Semester bei Murphy's wetterte er gegen den Dozenten, aber niemand schlug sich auf seine Seite. Als er in der darauffolgenden Woche eine Aufnahme der Lieder aus der Musikbibliothek auslieh, fand er sie banal und vorhersehbar.

Später im selben Semester sollte er von Thomas Mann die Wahrheit zu hören bekommen: Die Kunst war ein Krieg, ein aufreibender Kampf. Und man taugte nicht lange dafür. In der Musik ging es nicht darum, dass man lernte zu lieben. Es ging darum zu lernen, was man aufgeben musste und wann. Selbst das prachtvollste Stück würde schließlich zum Opfer in diesem nie endenden Krieg.

Der Gedanke machte Els krank. Kurz überlegte er, ob er ganz aufhören sollte. Er blieb bis mittags im Bett, malte sich aus, wie er an die Ostküste zurückging, Böden ausfegte oder die Post austrug. Er konnte auch einen neuen Anlauf mit der Chemie nehmen. Aber die Ungewissheit zwang ihn zurück auf den Campus. Ungewissheit und der Drang, das zu hören, was diese johlende Bande hörte.

Ende November saß er im Formanalyse-Seminar, starrte auf die spitzen Schuhe des Professors, der Carters *Variationen für Orchester* umtänzelte, da flog die Tür zum Seminarraum plötzlich auf. Ein höherer Doktorand der Musikalischen Fakultät kam hereingestürzt und rief nur: *Sie haben ihn umgebracht! Sie haben ihn umgebracht!* Das alte, verpönte Kompositionsprinzip: alles wiederholen. Die Züge des Boten waren so verwaschen wie ein schlechtes Polaroidfoto, und mit der rechten Hand zeichnete er seltsame, gnostische Zeichen in die Luft. *Den Präsidenten*, hauchte er. *Mit einem Kopfschuss.*

Jemand japste: *Gütiger Himmel.* Els sah den Professor an und wartete auf ein Zeichen, doch das Gesicht des Mannes war vor Schrecken starr. Die Kommilitonin am Tisch hinter Els weinte, ein Geräusch wie das Röcheln eines Automotors. Jemand rief: *Holt ein Radio!* Jemand legte Els den Arm um die Schulter, eine letzte unbeholfene Geste der Unschuld. Und in seinem Inneren hörte der angehende Komponist – drei Teile Furcht und ein Teil Nervenkitzel –, als hätte ihn einer von ihnen laut ausgesprochen, den Satz: macht, was ihr wollt. Von nun an ist alles erlaubt.

Man trägt zehnmal mehr Bakterienzellen mit sich herum als menschliche. Ohne ihre Gene wäre man tot.

Nach den Weihnachtsferien kehrte Els mit einem einsätzigen Oktett ins College zurück – Cello, Violine, Viola, Klarinette, Flöte, Horn, Trompete und Posaune. Musik für unerforschte Zeiten. Das Stück hatte gelehrt, ja beschaulich begonnen, aber während der Arbeit war etwas damit vorgegangen. Die Linien verlangten mehr Raum, mehr Spiel, mehr Spannung und mehr Licht. Das Ding wurde dämonisch, so unerbittlich und mechanisch wie die Rock-'n'-Roll-Songs, zu deren Bewunderung ihn sein Bruder einst gezwungen hatte.

Er brachte eine Gruppe Musiker aus den höheren Semestern zusammen und überredete sie zum Üben, bis er eine brauchbare Aufnahme im Kasten hatte. Er fand, das Stück war stark genug als Eintrittskarte für die Kurse sämtlicher Alphatiere der Fakultät – der Männer, die sich tagelang im Studio für experimentelle Musik einschlossen und selbst die

Naturwissenschaftler des Nordcampus an Sorgfalt und formeller Perfektion noch übertrafen.

Für den pädagogischen Vatermord hatte Els sich Matthew Mattison ausgesucht. Mattison, ein Arbeiterjunge aus Lakehurst, trug Lederjacke, Dreitagebart und offene Krawatten, die aussahen wie Streifen von Jackson-Pollock-Bildern. Der Mann war ein Derwisch aus dunkler Energie, knapp vierundvierzig, doch seine Musik war in einem Dutzend Ländern aufgeführt worden; Els fand, er war der Archetyp für die Statue eines Bilderstürmers in einem Museum der nahen Zukunft. Seine neueste fünfundzwanzigminütige Bravournummer war ein kontrapunktischer Sprechgesang für Virtuosenchor, aufgebaut auf dem Satz »Ja und, wenn's so ist?«

Mattison lud Els zur Besprechung des Oktetts zu sich nach Hause ein. Er sollte zu einem leibhaftigen Komponisten ins Haus kommen – unglaublich. Zweimal stolperte Els auf den lockeren Platten des unkrautüberwucherten Wegs zur Haustür.

Das Treffen begann um acht Uhr abends und dauerte bis eins in der Nacht. Und in diesen fünf Stunden scharfer Worte und Widerworte musste Els einen Begriff von Musik verteidigen, von dem er nie auf den Gedanken gekommen wäre, dass jemand ihn je verteidigen müsste.

Els genoss ein Streitgespräch wie jeder andere junge Rebell auch. Er und Clara waren einmal eine ganze Nacht aufgeblieben und hatten versucht übereinzukommen, welche drei Klavierkonzerte die richtigen für den Atombunker der letzten Tage waren. Aber Mattison wollte Krieg. Gleich zu Anfang ging er zum Generalangriff über, nicht nur auf das Oktett, sondern auf sämtliche Grundlagen, die für Els selbstverständlich gewesen waren. Es sei billig von Els, sich hinter einer Melodie zu verstecken, die das Publikum beim Rückweg vom Konzert vor sich hin summen könne. Dieses Metrum, so gleichmäßig, dass sich dazu seilspringen ließ, diese mitreißenden Akkordfolgen. Warum er seinen Zuhörern nicht gleich eine Kitschpostkarte schicke?

Das Vorderzimmer, in dem dieser Schlagabtausch stattfand, war beinahe kahl bis auf drei Sessel aus Holzbohlen, von Schweden für Schaufensterpuppen gebaut. Auf einem Blumenständer am Fenster stand ein Goldfischglas, gefüllt mit kobaltblauen Murmeln. In der Mitte des Raums ruhte auf einem schmiedeeisernen Würfel ein Surfbrett aus dünnem Glas, ein Couchtisch, der nie eine Couch gesehen hatte, geschweige denn eine Illustrierte oder eine Tasse Kaffee. Auf einem Wandsims stand eine Skulptur aus Schrauben und Muttern und Unterlegscheiben, etwas, das aussah, als habe ein Ingenieur einen besseren Elefanten konstruieren wollen. Mit Klebeband an die Wand geklebt waren Ausdrucke auf billigem Papier – radiale Stränge aus schwarzen Linien, hergestellt von dem gigantischen Computer der Universität von Illinois. Drei Jahre später würde jedes Kind in Amerika mit Spielzeug-Spirographen ganz ähnliche Bilder produzieren.

Stundenlang ging die Schlacht zwischen Els und Mattison um die Grundprinzipien, und während all der Zeit bot der Lehrer seinem möglichen Schüler nichts zu essen oder zu trinken an. Eine Zeitlang hielt der Schüler sich tapfer. Doch dann, in die Enge getrieben, gab Els nach.

Geht es bei der Musik denn nicht darum, die Zuhörer zu rühren?

Mattison lächelte. *Nein. Bei der Musik geht es darum, die Zuhörer aufzuwecken. All unsere überkommenen Gewohnheiten zu brechen.*

Und Tradition?

Echte Komponisten schaffen ihre eigene.

Dann wäre Gustav Mahler also kein echter Komponist gewesen?

Mattison blickte zur Decke des kahlen Zimmers und fuhr sich mit dem Fingerknöchel über die Bartstoppeln. Fünfundvierzig Sekunden lang dachte er über diese Frage nach – die halbe Länge des Scherzos in Els' Oktett.

Ja. Ich müsste sagen, dass Gustav Mahler kein echter Komponist war. Ein Verfasser von Liedern vielleicht. Aber er saß in der Vergangenheit fest.

Es war mehr als spät. Els wischte sich über den Mund und sagte nichts. Er hörte Dinge, Dinge, die aus großer Ferne näher kamen, leise und drängend und elektrisch.

Wenn Sie bei mir studieren wollen, sagte Mattison, *schreiben Sie Ihr erstes Stück über das Stoppschild am Ende der Straße hier.*

Els sah sich in dem kahlen Zimmer um. Die weißen Wände reflektierten das Licht des papiernen Lampenschirms, machten ein kubistisches Bouquet daraus. Lange Zeit saß er da und lauschte der Zukunft. Dann wandte er sich wieder seinem nächsten Lehrer zu und sah ihn mit zusammengekniffenen Augen an. *Schön. Aber ich schreibe es in C.*

Das Leben ist nichts anderes als gegenseitige Ansteckung. Und jede ansteckende Botschaft verändert die Botschaft, die sie ansteckt.

Der Krieg zwischen Peter und Matthew Mattison ging über Jahre, ohne die kleinste Hoffnung auf einen ehrenhaften Frieden. Sie kämpften nicht einfach nur um Els' unschuldige Seele, sondern um die schiere Möglichkeit von Musik. Woche um Woche versuchte Els, den wagemutigen Erfindergeist von früher wiederzubeleben, ihm neu die alte Schärfe zu verschaffen. Und Woche für Woche tat sein Mentor diese Versuche als hübsche Gefühlsduselei ab.

Das Wildeste, das Els zu schaffen wagte, war zu zahm für Mattison. Und es dauerte nicht lange, bis Mattisons ewige Forderung nach Neuem alt wirkte. Trotzdem brachte die unablässige Auseinandersetzung Els viel über Theorie und Harmonielehre bei, auch wenn Mattison beides noch so verächtlich zu alten Hüten erklärte. Auch über das menschliche Ohr lernte Els eine Menge, darüber, was es hörte und was es nicht hörte. Vor allem aber lernte er, wie man aus Kunst eine Waffe machte.

Els wuchs unter diesen Attacken, er bekam Muskeln. Schließlich öffnete sich ihm die unwirtliche Landschaft, in die Mattison ihn drängte, in ihrer kalten Pracht. Und wie der Geschäftsmann, der eines Freitags merkt, dass es ihm Spaß macht, sich als Frau auszustaffieren und zu einem Club in einem finsteren Keller am anderen Ende der Stadt zu fahren, freundete Peter Els sich mit seiner Panik an, glücklich bei dem Gedanken, dass er absolut alles machen konnte, was er wollte.

Über Jahre war die schwierigste Frage die gewesen, ob er sich für Schönberg oder für Strawinsky entscheiden sollte. 1966 kamen ihm beide alt und schrullig vor. Die irrwitzigen Europäer der Nachkriegszeit, amerikanische Popballaden, Tonband, Reklamejingles, knorrige Mikrotöne rangelten alle miteinander in einem einzigen großen Erlaubt-ist-was-gefällt. Doch je größer die Wahl, desto mehr wollte jede Schule von Els einen Exklusivvertrag. Das ging ihm eines Abends in einer Bar auf dem Campus auf, während aus der Jukebox Dylans *Desolation Row* heulte, eine Neuauflage des alten Kampflieds der Bergarbeitergewerkschaft *Everybody's shouting: »Which Side Are You On?«* Auf wessen Seite stehst du?

Er sah keinen Grund auf der Welt, warum er sich für eine bestimmte Seite entscheiden sollte. Aber er begriff jetzt – lächerlich spät –, wie die Hackordnung funktionierte. Wer ein großes Konzept hatte, bekam auch die großen Auftritte. Die formalistischen Zwölftöner waren die Größten. Und jetzt, wo im ganzen Land Doktorandenprogramme in Komposition aufgelegt wurden, brauchte man, um an die Gelder zu kommen, ein Prinzip so klar wie Physik. Und so ging Els auf, wie die Wahl aussah: strahlend kontra streng, methodisch kontra mitreißend.

Solange er konnte, operierte Els zwischen den Lagern so verstohlen wie ein Schweizer Diplomatenkurier. Aber der Krieg sagte: beziehe Stellung, oder sei verachtet von allen. Und es dauerte nicht lange, bis Els an dem Krieg Gefallen fand.

Es war ein unverschämtes Glück, dass er gerade in diesen revolutionären Zeiten am Leben war. Noch einmal hatte die Musik Dinge, für die sie eintreten konnte, Utopien, die sie nährte, Götter, die das Stürzen wert waren. Seit der Ars Nova des vierzehnten Jahrhunderts oder der Entdeckung der Sonaten-Allegro-Form am Ende des achtzehnten hatte es für Anfänger keine bessere Zeit mehr gegeben.

Und Anfänge gab es überall, man musste nur zugreifen. Eines Samstags, als er in der Gefrierabteilung des Supermarkts Fertigmahlzeiten für die nächste Woche zusammenraffte, hörte Peter, wie ein Mädchen, höchstens zehn, in rosa Shorts, geblümter Folklorebluse und Flip-Flops, das sich von dem kalten Dunst einer geöffneten Eistruhe umwehen ließ, etwas vor sich hin summte. Diese Melodie sprang Els an wie das Destillat eines Magnificats. Zwei manische Monate lang verarbeitete er das Lied dieses Mädchens zu dem zwanzigminütigen *Verzückung* für Kammerorchester, Sopran und vier Tonbandgeräte. Die sechs Töne, dieses Bruchstück einer vor sich hin gesummten Melodie, kombiniert und neu kombiniert, verlangsamt, beschleunigt, in allmählich entstehende Rhythmen gepackt, in antiphonischen Phrasen gesungen, blühten zur Phantasie auf.

Mattison verwarf das fertige Stück als dekorativ. Johnson lobte die Virtuosität, hätte sich aber doch etwas stärker von konventionellen harmonischen Gesten Befreites gewünscht. Hiller fand es faszinierend, doch nicht zu Ende gedacht. Und Brün fragte, was denn ein solches Stück für den Aufbau einer gerechteren Gesellschaft leiste.

Els steckte die Nörgeleien seiner Lehrer weg und machte sich an die Rache. Ganze Nächte verbrachte er im elektronischen Studio, zauberte Töne aus dem Theremin hervor, schnitt und klebte Tonbänder, lernte programmieren. Mit dem Computer konnte man jeden vorstellbaren Ton schaffen, jede Amplitude, jede Klangfarbe, jede Dauer, und heraus kam das Spektrogramm des frühen Raumzeitalters. Doch die Allmacht stimmte Els traurig. Er sehnte sich nach den umständlichen, unberechenbaren Bahnen irdischer Instrumente.

Insgeheim wandte er sich dem abgenutzten Vokabular der alten Meister zu, suchte nach übersehenen Anregungen, wollte dahinterkommen, wie sie es einst fertiggebracht hatten, dass den Menschen sich die Eingeweide zusammenkrampften, dass der Teil in ihrem Körper in Bewegung kam, der sich für eine Seele hielt. Etwas in ihm konnte einfach den Glauben daran nicht aufgeben, dass der Schlüssel zu einer neuen Verzauberung nach wie vor dadurch zu finden war, dass man zurück in die Zukunft ging.

Picasso: ›Kunst ist gefährlich. Kunst ist nicht unschuldig.‹ Ellington: ›Wenn Kunst aufhört, gefährlich zu sein, braucht man sie nicht mehr.‹

Es gab Frauen in diesen Jahren, die eine spröde und zynisch, die andere fröhlich und laut. Jede hatte ihre Musik, aber keine war Clara, die Peter jetzt mit solcher Inbrunst hasste, dass kaum noch Raum in ihm für eine andere Regung blieb. Auch unterhaltsame Männer gab es, Freunde, deren aberwitzige Ideologien einen Monat oder zwei lang wie für ihn gemacht schienen. Und er vervollkommnete in dieser Zeit, wichtiger als alles andere, seine Technik: der größte Chemiebaukasten, den sich ein Junge überhaupt wünschen konnte.

Mit der irrsinnigen, doch unerschütterlichen Logik des Kalten Krieges bewahrte ihn das Komponieren vor den Dschungeln Südostasiens. Nichts war den Männern in den Marmorpalästen an der Ostküste wichtiger, als die Kommunisten in jedem nur erdenklichen Stellvertreterkrieg zu schlagen: Sport, Schach, spektakuläre Bauwerke, sogar in den Höhenflügen der Kultur. Deshalb wurden angehende Komponisten von der Einberufung zurückgestellt. Außenministerium und CIA schickten die Besten unter Els' Kollegen sogar auf Konzerttourneen nach Thailand, Argentinien, in die Türkei, überallhin auf der Welt, wo die Ideologien wetteiferten.

Damals, in seinem ersten Jahr als graduierter Student, hatte Els im Fernsehraum der Illini Union mitten in einer aufgeregten Studentenmeute gesessen, die sich auf dem großen, an der Wand befestigten Schwarzweißfernseher mit dem körnigen Bild und der Antenne wie Kaninchenohren die Beatles in der Ed-Sullivan-Show ansah – der Raum elektrisiert von ihren mitreißenden Septimakkorden. Als er mit der Arbeit an seinem Portfolio für die Dissertation begann, hatte ein großes Feedback-Loop ihn gepackt. Jeder stahl aus den Taschen der anderen: Die Fab Four stahlen für *Sgt. Pepper* von Stockhausen; Andriessen und Berio arrangierten Lennon und McCartney. Ein paar brillante Monate lang durchflochten sich Hoch- und Populärkultur, Furchtsam und Furchtlos, Grob und Feinsinnig in einem komplexen Kontrapunkt. Doch zu der Zeit, zu der Els von der Schule abging, stolperten die Götter auf einem Dach in London umher, suchten den Weg nach Hause und fanden ihn nicht mehr.

Drei Jahre lang lebte Peter in einer Absteige für ältere Semester in West Urbana – einem großartigen alten Kasten, American Gothic der Jahrhundertwende, unterteilt in Wohnungen, jede mit ihrer eigenen Feuertreppe, ein Dutzend Briefkästen wie zur Festnahme im Eingang aufgereiht. Dort setzten ihn im Herbst '66 seine Hausgenossen in einen Ohrensessel und fütterten ihn mit Haschkeksen und einem Marathon-Musikprogramm, von dem es ihm später vorkam, als habe es Tage gedauert. Zu Anfang das *Wohltemperierte Klavier.* Tonfolgen explodierten in Peters Verstand wie die verschlungenen Treppen in einem Labyrinth von Piranesi. Projektile, für die es keine Worte gegeben hätte, lösten sich aus dem Fluss der Musik und begaben sich auf ihre eigene Bahn. Diese verselbständigten Linien bildeten ihrerseits – in den überraschenden Intervallen, die sich im Übereinandergleiten ergaben – nie gehörte Melodien, Airs gefaltet in andere Airs oder darin verborgen wie kryptische Kreuzworträtselfragen, der Schlüssel in einem weiteren falschen Hinweis versteckt. Es war ein Geflecht von erschütternden Dimensionen – zwei Minuten Beweis dafür, dass Rhythmus göttlichen Ursprungs war.

Wer spielt da?, rief er mit einer Erregung, dass die anderen grölten vor Lachen.

Er war enttäuscht, als er erfuhr, dass es Gould war. *Bei Gould höre ich überall den Kontrapunkt. Gebt mir Richter.*

Das geheime Geflecht war immer noch da, selbst in der Watte von Richters Pedalspiel.

Nach sechs weiteren solchen Hasch-Ausflügen, sorgfältig in Notizen dokumentiert, kam die Ernüchterung. Die Weisheit des Pot war etwas Privates. All die großartigen Erkenntnisse waren im Gehirn des Berauschten gefangen, und wenn er wieder nüchtern war, kamen sie ihm wie ein Witz vor. Was Els suchte, sollte greifbarer, leichter weiterzugeben, apriorischer sein – haltbare Wunder, die sich im gleichen Augenblick über ganze Räume voller Zuhörer ergossen.

Dann in einer Sommernacht anderthalb Gramm *P. cubensis*, und Els schwomm senkrecht, bewegte sich allein durch die Kraft der Gedanken in Sphären, die sich als Staubfäden reinen Lebens zu erkennen gaben, die weiter und tiefer hinausreichten als die bloße Welt. Die Sterne sprachen in Mustern so strahlend, dass er sie sein Leben lang übersehen hatte. Diese Sphäre war die schiere Musik, der entfesselte Jupiter, ein unendliches, sich immer wieder selbst erneuerndes *Jetzt*, in dem das Hirn hätte leben können, wäre es nicht so gnadenlos für das Hier gemacht.

Die Musik hat mehr Menschen umgebracht als Serratia zu allen Zeiten.

Babbitt stellte die Frage dem Land mitten ins Gesicht: *Wen interessiert, ob ihr zuhört?* Sein Manifest machte die Runde, fand mehr Leser, als seine Musik Zuhörer hatte. Die Musik wusste Dinge; sie hatte ihren immer größer werdenden Werkzeugkasten, nicht anders als die Chemie. Wenn man wirklich eintauchen wollte, bis auf den Grund, dann musste man die Sprache lernen.

Das Unglaubliche an jener Zeit war, wie viele Menschen es noch gab, für die diese Reise der Mühe wert war. Zuhörer saßen stundenlang in düsteren Sälen, einer Black Box, und hörten sich Cluster von abstrusen Blip- und Blieplauten an. Selbst im ländlichen Illinois gab es Scharen davon – wach, energiegeladen, hip, einfallsreiche Forscher in schreienden Streifen und Karo und mit Koteletten in den Umrissen von Idaho –, Leute am Ufer eines neuentdeckten Amerikas des Klangs.

Mitten in dieser Blütezeit erschien der heilige Kobold in der Stadt. Er kam in diese Kornwüste wie der Apostel Paulus in die Einöde von Lystra. Der Zufall des I Ging führte Els zu John Cage. Aber Zufall war nichts anderes als Ordnung, die man noch nicht erkannt hatte. Das hatte der heilige Kobold selbst geschrieben: alles, was existierte, war mit allem anderen verbunden.

Andererseits hatte der Mann auch geschrieben, und zwar vielfach in vielerlei Variationen: *Ich habe nichts zu sagen, und das sage ich.*

Musik ist Bewusstsein, das durch das Ohr hereinweht. Und nichts versetzt uns in größeren Schrecken als Bewusstsein.

Er wäre gern nach Hause gegangen, hätte gern die Sportsachen ausgezogen, sich geduscht, zu Mittag gegessen. Doch Kamerateams umkreisten sein Haus, und Laboranten autopsierten seinen Hund auf Biotoxine. Am Nachmittag würde sein Gesicht überall in den Lokalnachrichten zu sehen sein. Sein Leben lang war Peter Els der Ruhm versagt geblieben. Jetzt müsste er nur nach Hause fahren und den Leuten zuwinken, dann wäre er der berühmteste lebende Komponist Amerikas.

Sein Verstand war schieres Geräusch. Els fuhr ziellos weiter, nahm immer wieder Abbiegungen, hatte stets den Rückspiegel im Blick. Das Einkaufszentrum, in dem er seine Lebensmittel kaufte, kam in Sicht. Er bog ein. Die fünf zugehörigen Geschäfte kamen ihm wie die Kulisse zu einer komischen Operette vor: Sonnenstudio, Schlankheitsstudio, Nagelstudio, Billigbrillen, Zahnbehandlungen sofort.

Els saß in dem geparkten Wagen, die Arme vor der Brust verschränkt. Schließlich holte er sein Handy aus dem Handschuhfach. Er hatte Sara versprechen müssen, immer eines dabeizuhaben, für den Fall eines Unfalls. Allerdings hatte sie nicht daran gedacht, ihm auch das Versprechen abzunehmen, dass es aufgeladen blieb. Nichts regte sich, als er den grünen Anrufknopf drückte; auf dem briefmarkengroßen Display spiegelte sich nur sein eigenes Gesicht. Er wühlte zwischen den Büchern und CDs auf dem Rücksitz nach dem Autoadapter, aber er fand ihn nicht.

Etwas in der Art einer Raumfähre bog in die Parkbucht neben ihm. Das Trittbrett lag auf halber Höhe der Fiat-Fenster. Stampfende Basswellen drangen durch die Karosserien beider Fahrzeuge und ließen Els' Körper vibrieren wie das Band eines Vitamaster-Massagegeräts. Windschutzscheibenzerschmetternde Subkulturen waren rund um diese akustische Gewalt entstanden: dB-Duelle, Videos, auf denen die Schallwellen das Haar der Frauen fliegen ließen. Taubheit als Preis der Ekstase: als Komponist musste man diesen Tauschhandel bewundern.

Der Motor des Vans wurde ausgeschaltet, der Schallangriff brach abrupt ab, und der Parkplatz schien unter der plötzlichen Leere zu schwanken. Ein Mann um die dreißig mit kurzgeschorenen Haaren, in Arbeitshemd, Chinos und Sandalen stieg aus und schaute auf dem Weg zum Supermarkt auf seinen Einkaufszettel. Er sah aus wie die typischen Gäste der abstrusen Shows, an denen Els vor Jahrzehnten mitgearbeitet hatte, in leerstehenden Sweatshops in SoHo.

Ein Blick auf die Uhr am Armaturenbrett riss Els aus seinen Gedanken. In diesem Moment versammelten sich acht Leute mit vier Füßen im Grabe im großen Gesellschaftsraum des Schattigen Hains und erwarteten, Notizblock in der Hand, den Referenten zum neunten Musikvortrag der Saison. Meilensteine der Musik des zwanzigsten Jahrhunderts. Er hatte ja nun weiß Gott Grund, die Sitzung ausfallen zu lassen. Wenn die Kursteilnehmer in der Nacht im Schlaf starben, ohne dass sie seinen Vortrag über die klassische Musik im Zweiten Weltkrieg gehört hatten, würden sie die Abschlussprüfung trotzdem bestehen.

Eine verwüstete Telefonzelle, seit Jahren tot, stand auf dem Parkplatz des Einkaufszentrums. Im ganzen Land waren die öffentlichen Telefone verschwunden. Er überlegte, ob er im Supermarkt fragen sollte, ob ihn jemand telefonieren ließ, aber es schien ihm nicht ratsam, nicht an diesem Morgen.

Er musste zu einem Anwalt. Er musste eine Erklärung aufsetzen, etwas, das diese wenigen, unbedachten Experimente rechtfertigte, die jetzt kriminell wirkten, selbst in seinen eigenen Augen.

Er startete den Wagen und lenkte ihn in Richtung des umzäunten Seniorenparks. Wenn jemand dort schon die Nachrichten gehört und die Polizei gerufen hatte, dann war das eben das Finale des Stücks. Dann hatte er zumindest alle Ziele erreicht, alle Verpflichtungen erfüllt, ganz wie es in der Partitur stand.

Sei dankbar für alles, was noch weh tut. Dissonanz ist eine Schönheit, die bisher nicht von Vertrautheit zerstört ist.

Els stand im korallenroten Foyer des Schattigen Hains vor dem geschwungenen Empfangstisch. Sein Puls ging *presto*, und er fühlte sich so flüchtig wie ein Fahndungsfoto auf Beinen, wie jemand mit einem Gurt aus gelbem Absperrband schräg über der Brust. Aber die Rezeptionistin begrüßte ihn wie einen alten Freund.

Er eilte durch den Empfangsbereich und krampfte sich jedes Mal zusammen, wenn einer der markenzeichengeschmückten Angestellten vorüberkam. Eine Frau mit der Silhouette des Buchstabens *f*, der sich gegen starken Gegenwind stemmt, schnitt seinen Bug. Eine andere hüpfte neben ihm her, mit einer kleinen Sauerstoffflasche in einer gehäkelten Schlinge um die Schulter. Der Ort hatte etwas von einem Ensor'schen Karneval, und Els war nur ein weiterer Mime in diesem monströsen Umzug. Fleisch, locker geworden von Schwerkraft, krampfadrige Glieder im Ringen mit

Aluminium-Gehwagen und Schottendecken, Altersfleckenkontinente, die auf Ozeanen bleicher Gesichter schwammen, Lächeln, das löffelbreite Zahnlücken entblößte, zu Sehnen verdorrte Hälse, die aus farbenfrohen Polokragen lugten, Köpfe von knochigen Kuppeln gekrönt: und alle so gebannt vom Alter wie ein Kind, das zum ersten Mal Schneeflocken sieht.

Els' Zuhörer warteten auf ihn im großen Versammlungsraum. Zwei saßen in Ohrensesseln an dem unechten Kamin, testeten ihr Gedächtnis mit einem Satz Flashcards berühmter Gemälde und fluchten dabei wie sizilianische Schauerleute. Sechs weitere saßen auf Sofas beiderseits des nierenförmigen Couchtischs, tief in ein Streitgespräch darüber verstrickt, ob Bäume die Umwelt verschmutzten. Sie steckten in bunten Trainingsanzügen und Imitaten von Markenturnschuhen – Sporttag auf einem gestrandeten Ozeandampfer. Sie selbst nannten sich die Q-Tips. *Weiß an beiden Enden, in der Mitte ein Stock.*

Alle lebten auf, als Els eintrat. *Sie sind spät dran*, sagte jemand. *Die Kultur wartet.* Ein anderer sagte: *Und welche Katastrophe haben Sie uns diesmal zum Hören mitgebracht?*

Schwer atmend lehnte Els sich an die Wackersteinwand. In dem überheizten Raum stank es nach Handdesinfektionsmittel mit Blumenaroma. Triclosan: Bakterienkiller in hundert Konsumartikeln, vermutlich krebserregend, Brutmittel für Superbakterien. Aber *das* Laboratorium machte keiner zu.

Was ist mit Ihnen passiert?, fragte Lisa Keane.

Els zuckte mit den Schultern, immer noch in Arbeitshosen und Piquéhemd. Sie hatten ihn nie legerer als in oxfordblauem Button-Down gesehen. *Bitte um Verzeihung. Mein Vormittag war ein wenig … avantgardistisch.*

Sie taten seine Entschuldigungen ab. Offenbar hatte niemand etwas gehört. Auf dem Flachbildfernseher hinter den Sofas steckte ein berühmter Ideologe, Ehebrecher und Steuerhinterzieher, der unter seinem Namen landesweit Markenartikel verkaufte, zur Unterhaltung von dreißig Millionen Menschen Nadeln in die Leistengegend einer Voodoopuppe des Präsidenten. Die nächsten Lokalnachrichten kamen um zwölf. Bis dahin hatte Els Zeit.

Könnten wir …? Els machte eine Handbewegung in Richtung Bildschirm und drehte einen imaginären Knopf, obwohl es in der nördlichen Hemisphäre schon seit Jahren keine Fernsehgeräte mit Drehknöpfen mehr gab. William Bock, technischer Keramiker im Ruhestand, sprang von dem Zweiersofa auf und schaltete das Gerät ab.

Els schaute zu dem großen Fenster hinaus auf ein Grüppchen Kiefern. Deutlich hatte er das Gefühl, er sei in einen jener allegorischen Romane aus Mitteleuropa geraten, die Clara ihm seinerzeit immer ans Herz gelegt hatte. Diese Bücher hatten ihn jedes Mal mit einer beklommenen Hoffnung erfüllt, einem Gefühl irgendwo zwischen Sich-Verlieben und Im-Sterben-Liegen. Er sah sich in dem Raum um, betrachtete seine Genossen in der Gebrechlichkeit auf ihrer späten Suche nach kulturellen Grabbeigaben. Ein wenig Erleichterung kurz vor der Ziellinie, Entspannung vom endlosen Entertainment der Gegenwart.

Es war ein schrecklicher Morgen. Ich habe mich zu Hause ausgeschlossen. Und meine Notizen sind, fürchte ich, im Haus. Können wir es an einem anderen Tag machen?

Wellen der Enttäuschung liefen durch den Raum. Violinen piccolo und pizzicato.

Sie wollen uns nicht mehr?

Sich ausgeschlossen? Da wird es Zeit, dass Sie ein Zimmer bei uns buchen.

Wir sind alle da, sagte Lisa Keane. *Lassen Sie uns wenigstens die Musik hören. Den Vortrag brauchen wir nicht unbedingt.*

Sie brauchten auch die Musik nicht unbedingt. Doch das Muster war so alt wie der Tod. Eine plötzliche Wendung in dem alternden Leib auf der Zielgeraden, das Bedürfnis nach einem ernsthafteren Klang. Els kannte es aus jedem Klassikkonzert, in dem er je gewesen war: Jeder einzelne im Publikum war alt. Auditorien eine See mit Schaumkronen. Jahrelang hatte er geglaubt, diese Unheilbaren seien die Überlebenden aus einer anderen Zeit, Kinder jenes hoffnungslosen Ideals der frühen Radiozeit, der kulturellen Erziehung. Doch die Jahre vergingen, die Alten starben und neue Alte traten an ihre Stelle. War es eine Veränderung in dem verlöschenden Verstand, ein neues Metrum, das diesen Geist nach etwas anderem suchen ließ als dem Dreiminutensong? Glaubten die alten Leute, *Klassik* sei der Schlüssel zum Trost auf dem Sterbebett, zu einem Pardon in der elften Stunde?

Das tut mir leid, sagte er, *aber ich habe keine einzige Scheibe mit. Der Stapel liegt in meinem Wohnzimmer, oben auf dem Vortragsmanuskript.*

Klaudia Kohlmann, die pensionierte Krankenhaustherapeutin, die Els zu diesen Auftritten überredet hatte, hievte sich aus ihrem dicken Polstersessel, kam zu ihm hin und holte ein schwarzes Täfelchen aus ihrer Inka-Schultertasche. Sie hielt diese Waffe wie einen Phaser, mit dem sie ihn annihilieren wollte. Er nahm das Kästchen und erweckte es mit einem Antippen zum Leben, unter den Augen der acht Leute, die gekommen waren, um die nächste Episode der Abenteuer einer unablässig sterbenden Kunst zu hören.

Els starrte das kleine schwarze Rechteck an. Wie der Zünder in einem Actionfilm besaß es nur einen einzigen Knopf. Er drückte ihn, und auf dem Bildschirm erschien eine weiß gewandete Gestalt in einem kleinen Ruderboot vor dem Hintergrund eines Felshangs mit Zypressen.

Er berührte dieses Wunderding noch einmal. Alle Musik, die je aufgenommen worden war – tausend Jahre Musik –, ruhte in seiner Hand. Els sah sie an, diese Schläferzelle geriatrischer Gelehrsamkeit, die auf das versprochene Bonbon wartete. Er überlegte, ob er ihnen sagen sollte, dass die Joint Security Task Force hinter ihm her war und er jetzt dringend wegmusste. Er blickte wieder auf das Kästchen und tippte den Schirm an. Zwei weitere Menüs huschten vorüber, dann kamen ein geduldiges Eingabefeld und eine winzige Tastatur.

Els glaubte zwar schon lange nicht mehr an eine historische Kontinuität, aber er hatte der Gruppe die größeren Meilensteine des vergangenen Jahrhunderts in mehr oder weniger chronologischer Reihenfolge vorgestellt. Er hatte sie von Debussy zu Mahler geführt, von Mahler zu Schönberg, hatte ihnen gezeigt, wo im Kind immer noch die Anlagen des Vaters steckten. Er hatte ihnen den Aufruhr bei der Uraufführung des *Sacre du printemps* beschrieben. Er hatte ihnen den *Pierrot lunaire* vorgespielt, dieses Flüstern am Rande des mondbeglänzten Abgrunds. Er hatte sie mit in die Gräben des Weltkriegs genommen, in rasendem Tempo war es durch die beschwingten Zwanziger und Dreißiger gegangen, er hatte ihnen Futurismus und freie Dissonanzen gezeigt, Ives und Varèse, Polytonalität und Klangcluster und die vereinzelten Versuche, zu einer Ausgangsnote zurückzufinden, die für alle Zeit weggebombt war. Und doch war der harte Kern seiner Zuhörer jede Woche wieder da und wollte mehr.

Die Gruppe folgte seinem Bericht, als sei es eine alte Fortsetzungsgeschichte im Radio – *The Perils of Pauline* –, ein Wettrennen zwischen Triumph und Katastrophe, das jedes Mal spannend bis zur letzten Minute blieb. Und immer wieder merkte Els, dass er im Laufe der Sitzung schummelte. Er suchte aus dem Beweismaterial immer nur die guten Sachen aus, genau wie die Leute von der NASA, als sie ihre goldene Scheibe auf die Reise Milliarden von Lichtjahren durch das Weltall schickten und bei den Nachbarn einen guten Eindruck machen wollten.

Auf diese Weise war er mit seinen acht Schülern jetzt in seinem eigenen Geburtsjahr angelangt. Und heute hatte er ihnen ein Stück vorstellen wollen, das bewies, dass eine Katastrophe unter Umständen ein größerer Glücksfall sein konnte, als je jemand gedacht hätte.

Kohlmann reichte ihm ein Kabel zur Lautsprecheranlage des Raums.

Komm. Lass uns nicht hängen.

Els tippte, auf Englisch, in das Suchfenster: F-O-R.

Eine Drop-Down-Liste sprang immer schon vor, bevor

er den nächsten Buchstaben eingab, wollte seine Wünsche voraussagen. Ganz oben auf der Liste standen die Hauptverdächtigen: *Howlin' for You. Three Cheers for Sweet Revenge. For All We Know.* Ganz unten auf der Liste: bei dieser Liste gab es kein Unten.

Er fügte drei weitere Buchstaben hinzu: T-H-E. Auch die Liste mit der engeren Auswahl war immer noch unendlich. *Ain't No Rest for the Wicked. Sing for the Moment. For the First Time.*

Els tippte weiter: E-N-D. Die planetengroße Auswahl verengte sich nun auf einige Dutzend Kandidaten. *For the End. Waiting for the End. Ready for the End of the World.* Zwei weitere Buchstaben – O-F –, und da war es, in der Mitte der Drop-Down-Liste, in einem Dutzend verschiedener Aufnahmen: *Quartet for the End of Time*, das Quartett für das Ende der Zeit.

Mit all meiner Musik habe ich nie etwas anderes gewollt, als durch die Mauer der Gegenwart einen Tunnel zu bohren in die Ewigkeit.

Der letzte Frühlingstag des Jahres 1940. Nazis strömen in Frankreich ein. Direkt hinter der löchrigen Maginotlinie verhaftet die Wehrmacht im Wald drei Musiker auf der Flucht. Henri Akoka, ein in Algerien gebürtiger trotzkistischer Jude, drückt sich noch bei der Festnahme die Klarinette an die Brust. Etienne Pasquier, angesehener Cellist und einst ein Wunderkind, ergibt sich ohne Gegenwehr.

Der dritte im Bunde, der Organist und Komponist Olivier Messiaen, ein Mann mit schwachen Augen, Vogelkundler und frommer Mystiker, der in Farben hört, hat in seinem Bündel nur das Wichtigste dabei: Taschenpartituren von Ravel, Strawinsky, Berg und Bach.

Noch wenige Tage zuvor haben die drei Franzosen in einem Militärorchester in der Zitadelle von Verdun gespielt. Jetzt treiben die Deutschen sie mit vorgehaltener Waffe, zusammen mit Hunderten weiterer Gefangener, zu einem Lager bei Nancy. Sie sind tagelang unterwegs, ohne etwas zu essen oder zu trinken. Mehrfach klappt Pasquier vor Hunger zusammen. Akoka, ein großherziger, willensstarker Mann, zieht den Cellisten wieder hoch und sorgt dafür, dass er auf den Beinen bleibt.

Schließlich kommen die Gefangenen auf einem Innenhof an, wo Wasser ausgeteilt wird. Sie streiten sich um das Wasser. Verzweifelte Menschen prügeln sich um einen Schluck Wasser. Der Klarinettist findet Messiaen fernab von dem Gerangel sitzen, in eine Partitur aus seinem Bündel vertieft.

Sieh dir das an, sagt der Komponist. *Sie prügeln sich um einen Schluck Wasser.*

Akoka ist Pragmatiker. *Wir brauchten nur ein paar Gefäße, dann könnten wir es verteilen.*

Die Deutschen sammeln die Gefangenen wieder und treiben sie weiter. Am Ende langt die Kolonne an einer Stacheldrahtumzäunung an, auf offenem Feld. Dort irren die drei Musiker zusammen mit Hunderten anderen durch den Sommerregen. Ihr Land ist verloren. Die gesamte französische Armee ist geschlagen, gefangen oder tot.

Der Regen hört auf. Ein Tag vergeht, dann ein zweiter. Es

gibt nichts anderes zu tun, als unter dem trüben Himmel zu warten. Der Komponist holt eine Klarinettenstimme hervor, gerettet, als die Zitadelle gestürmt wurde. Akoka spielt es vom Blatt, mitten auf einem Feld voller Gefangener. Pasquier, der Cellist, dient als menschlicher Notenständer. Das Stück, »Abgrund der Vögel«, entstand aus Messiaens Nachtwachen als Soldat, wenn im Morgengrauen das erste Zwitschern des Tages zu einem morgendlichen Orchester anschwoll. Es vertreibt den Gefangenen die Zeit.

Henri Akoka ist ein gutmütiger Witzbold, der gern sagt, *Ich gehe jetzt üben*, wenn er ein Schläfchen macht. Aber diese Musik verunsichert ihn. Unmögliche Crescendi, der Tumult freier Rhythmen: es ist anders als alle Musik, die er je gehört hat. Sechs Jahre zuvor hatte Akoka den *premier prix* am Pariser Konservatorium errungen. Jahrelang hat er im Orchestre National de la Radio gespielt. Aber dieses Stück ist das schwierigste Solo, das ihm je begegnet ist.

Das werde ich nie spielen können, brummt Akoka.

Doch, das wirst du, versichert ihm Messiaen. *Wart's nur ab.*

Frankreich fällt, während sie proben. Riesige Hakenkreuzfahnen sind am Arc de Triomphe drapiert. Hitler hüpft aus einem Mercedes und schreitet die große Treppe des Palais Garnier hinauf, die erste Etappe seines privaten Parisausflugs.

Fünf Wochen lang leben die Musiker auf dem umzäunten offenen Feld. Nach der Schande des Waffenstillstands werden sie ins Stalag VIII–A gebracht, einem Lager auf einem fünf Hektar großen Gelände außerhalb des Görlitzer Stadtteils Moys, in Schlesien. Dort muss sich das Trio, drei von dreißigtausend Gefangenen, bei der Aufnahme entkleiden. Ein Soldat mit einer Maschinenpistole will den Tornister des Komponisten konfiszieren. Der nackte Messiaen wehrt ihn ab.

Der rasche Zusammenbruch Frankreichs trifft die Deutschen unvorbereitet. Stalag VIII–A ist nur auf einen Bruchteil der Zehntausende eingestellt, die hereinströmen. Die meisten leben in Zelten; das Trio hat Glück und kommt in einer Baracke unter, wo es zumindest Toiletten und irdene Öfen gibt. Essen ist knapp: Malzkaffee zum Frühstück, ein Teller Wassersuppe zum Mittagessen, zum Abendessen eine Scheibe Schwarzbrot mit einem Klecks Schmalz. Der Cellist Pasquier bekommt einen Posten in der Küche, wo er immer wieder Bissen stiehlt und mit seinen Kameraden teilt. Der Mann, der neben ihm arbeitet, wird wegen des Diebstahls von drei Kartoffeln hingerichtet.

Abends legt Messiaen sich schwach und hungrig schlafen. Halb verhungert hat er Visionen in pulsierenden Farben: große Eruptionen orangeblauer Lava, Flammen von einem fremden Planeten. Wenn er erwacht, ist wieder alles grau; Arbeit, Hunger, Monotonie.

Akoka muss sich die Pritsche jetzt mit einem weiteren Gefangenen teilen: einem grimmigen Pazifisten namens Jean Le Boulaire. Er war an der Front gewesen, als die französische Armee sich im Mai in Panik auflöste. Er schlug sich nach Dünkirchen durch, wo ein Fischerboot ihn nach England brachte. Von dort kehrte Le Boulaire nach Paris zurück, gerade rechtzeitig zum nächsten, endgültigen Zusammenbruch. Akoka macht seinen neuen Zellengenossen, der Geige spielt, mit dem Lagerleben vertraut und stellt ihn seinen Freunden vor. Le Boulaire kennt Messiaen von seinen Tagen am Konservatorium. Und so wird aus dem Trio ein Quartett.

Die Zehntausende von Gefangenen von Stalag VIII–A legen ihre Bücher zu einer kleinen Bibliothek zusammen. Sie gründen eine Jazzband und ein winziges Orchester. Sie bringen eine Zeitung heraus, *Le Lumignon,* die Kerze. Jeder Artikel wird bis zur Unkenntlichkeit zensiert, doch das Schreiben ist ein Mittel gegen die zermürbende Langeweile der Tage.

Die Musiker werden dünner, sie büßen Haare und Zähne ein. Messiaens Finger sind von Frostbeulen geschwollen. Akoka hält es nicht mehr aus und will fliehen. Er denkt sich einen Plan aus, wie er an den Wachen vorbeikommen könnte. Er hortet Proviant und organisiert einen Kompass. Er sagt dem Komponisten, alles sei für einen Ausbruch am folgenden Tag bereit.

Nein, sagt Messiaen. *Gott will, dass ich hier bin.* Entmutigt gibt Akoka seinen Plan auf.

Die Deutschen schicken Pasquier in die Steinbrüche von Strzegom. Doch ein Lagerverwalter begreift, dass es sich um den Cellisten des berühmten Trios Pasquier handelt, und gibt ihm eine andere Aufgabe. Auch die anderen Musiker bekommen etwas mehr zu essen und etwas weniger schwere Arbeit. Krieg ist Krieg, aber für die Deutschen ist Musik Musik.

Einer der Lagerkommandanten, Karl-Albert Brüll, steckt Messiaen dann und wann ein Extrastück Brot zu. Hauptmann Brüll besorgt sogar Notenpapier: frische Seiten mit makellosen Notenlinien, irgendwo aus dem Chaos des Krieges gerettet. Er schenkt Messiaen diese Blätter, zusammen mit Bleistiften und Radiergummis. Wer weiß, warum? Schuldgefühle, Mitleid, Neugier. Er will die noch ungeborene Musik des Feindes hören. Er will wissen, was für eine Art Töne ein Mann wie Messiaen an einem so höllischen Ort hervorbringt.

Brüll befreit Messiaen von aller Arbeit und steckt ihn in Einzelhaft. Er postiert eine Wache am Eingang zur Baracke, damit er nicht gestört wird. Und Messiaen, der sich schon damit abgefunden hatte, dass er nie wieder im Leben komponieren würde, taucht wieder ein in die Welt der geordneten Laute. Er braucht nichts Weiteres – nur Noten, die sich Ton um Ton zu einem obskuren Ganzen zusammenfügen. Der Sommer stirbt, der Herbst folgt ihm in den Abgrund, und die Notenblätter füllen sich: ein Quartett, das keine Jahreszeiten mehr kennt.

Töne wirbeln hervor aus Messiaens unterernährten Träumen. Er verarbeitet den Fall Frankreichs, den Triumph der Nazis, die Schrecken des Lagerlebens. Eine Vision in acht Teilen nimmt Gestalt an – ein Blick auf das Weltende für Violine, Klarinette, Cello und Klavier, befreit aus den Zwängen des Metrums und voller Regenbogen.

Nach der Erinnerung bearbeitet Messiaen zwei Stücke, die er in einem anderen Leben geschrieben hat, vor dem Krieg. Hinzu fügt er Laute aus einer erinnerten Zukunft. Hier in diesem Lager mitten im verwüsteten Europa strömen die Noten aus ihm hervor wie die Lichtgestalt in der Offenbarung des Johannes:

> Und ich sah einen andern starken Engel vom Himmel herabkommen; der war mit einer Wolke bekleidet, und ein Regenbogen auf seinem Haupt und sein Antlitz wie die Sonne … Und der Engel, den ich sah stehen auf dem Meer und der Erde, hob seine Hand gen Himmel und schwur bei dem Lebendigen von Ewigkeit zu Ewigkeit, der den Himmel geschaffen hat und was darin ist, und die Erde und was darin ist, und das Meer und was darin ist, dass hinfort keine Zeit mehr sein soll …

Akokas Klarinette ist das einzige anständige Instrument im ganzen Lager. Die Kommandanten besorgen eine armselige Violine und ein baufälliges Klavier, bei dem die Tasten sich zwar drücken lassen, aber nicht jedes Mal zurückkommen. Hunderte von Gefangenen lassen den Hut umgehen und sammeln 65 Mark, mit denen Pasquier ein Cello kaufen kann. Zwei bewaffnete Aufseher fahren mit ihm zu einem Laden in der Innenstadt von Görlitz, wo er ein abgeschabtes Instrument mitsamt Bogen findet. Als Pasquier am Abend damit ins Lager zurückkehrt, bestürmen ihn die Gefangenen. Er spielt für sie Solostücke von Bach, den Schwan aus dem *Karneval der Tiere, Les mignons d'Arlequin* – alles, was er noch im Gedächtnis hat. Gefangene, die sich nichts aus Musik machen, bedrängen ihn, dass er die ganze Nacht spielt.

Das Quartett probt im Waschraum des Lagers. Jeden Abend um sechs verlassen sie ihre Arbeitsplätze und sitzen vier Stunden lang eng gedrängt beisammen. Der Winter kommt, animalisch und grausam; die Temperaturen fallen bis auf minus 25 Grad. Gefangene sterben an Erschöpfung,

Unterernährung und Kälte. Aber die Deutschen geben den vier Musikern Holz, damit sie ein Feuer machen und sich die Finger wärmen können.

Messiaen trainiert die drei anderen für die Welt, die er geschaffen hat. Das Stück ist zu schwer für sie; selbst Pasquier, der Virtuose, hat Mühe. Messiaen macht es ihnen am Klavier vor, aber die drei straucheln im Dickicht der Rhythmen. Mit der Musik hat Messiaen sich von den Zwängen des Metrums befreit, vom dumpfen Pochen des Herzschlags und dem Ticken der Uhren. Seine Linien laufen im Zickzack, sie wollen die Gegenwart bezwingen und der Zeit ein Ende machen.

Das Werkzeug für diesen Ausbruch kommt von überallher. Etwa von den Versfüßen der Griechen – Kretikus und Antibacchius. Nordindische *deśītālas*. Rhythmische Palindrome, rückwärts und vorwärts gelesen gleich. Strawinskys abgehackte Synkopen. Mittelalterliche Isorhythmen – gewaltige metrische Zyklen innerhalb von Zyklen. Zeitweise verschwindet das Metrum ganz, macht Platz für die Freiheit eines Vogels.

Aber die Spieler kommen nicht vom Boden. Großgeworden mit zahmem, gleichmäßigem Takt, stolpern sie im Chaos der Freiheit. Die raschen Unisonofolgen, das wilde Anschwellen lassen sie straucheln. *Du musst diesen Ton halten, bis dir die Luft ausgeht*, sagt Messiaen. *Der Ton muss weiter werden.* Er fordert lächerlich hohe Töne, brutale, hektische Läufe. In die Partitur schreibt er Anweisungen wie *infiniment lent, extatique* – unendlich langsam, ekstatisch. Er will einen Klang, weicher als ein Bogen ihn produzieren kann, er will jede Farbe, die sich aus diesem Holz kitzeln lässt, von schrillen Schreien bis zu beklemmendem Schweigen, und er besteht darauf, dass jeder manische Rhythmus perfekt sein muss. Die armselige Geige, das Fünfundsechzig-Mark-Cello, das verstimmte Klavier mit den hakenden Tasten, die Klarinette, die geschmolzen war, weil sie am heißen Ofen gestanden hatte: zu viert mussten sie den Engel und den Glanz des Neuen Jerusalems hervorbringen.

Die vier Musiker proben mit froststarren Fingern. Monatelang nehmen sie sich dieselben unmöglichen Passagen immer wieder vor. Die gemeinsame Arbeit an dieser fiebernden Musik, über so lange Zeit, während sich über Schlesien der Winter senkt und ihr Lager sie mit einem Leichentuch des Todes bedeckt, verändert die vier Männer. Ihre Spieltechnik dringt in neue Bereiche vor. Der gleichmütige Agnostiker, der finstere Atheist, der messianische Christ und der trotzkistische Jude kauern über den Stimmen dieses störrischen Stückes, im trüben Licht im Waschraum eines Gefängnisses, und finden durch die Kraft ihrer Konzentration die Antwort der Vogelstimmen auf den Krieg.

Das Lager druckt Programme für die Uraufführung:

Stalag VIII–A Görlitz
PREMIÈRE AUDITION DU
QUATUOR POUR LA FIN DU TEMPS
D'OLIVIER MESSIAEN
15 Janvier 41

Gegen alle Regeln gestattet der Lagerleiter sogar den Gefangenen aus der Quarantäne den Besuch. Etwas geht vor in der Abgeschiedenheit dieses Gefängnisses –, fernab von den Schrecken der Front, den Rudelangriffen, dem Wüstenkrieg, den Bomben auf London, der ununterbrochenen Aufrüstung des maschinellen Mords in einem Maßstab, den kein Mensch begreifen kann. Die Welt, die nach dieser kommt, gibt ihr Debüt.

Der Tag beginnt wie Hunderte vor ihm. Muckefuck bei Sonnenaufgang. Am Vormittag die Routinearbeiten, die den Verstand benebeln. Mittags Kohlsuppe, nachmittags weitere Zwangsarbeit. Am Abend eine weitere Tasse Muckefuck, eine Scheibe Brot, ein Klecks Quark. Kein Bote kommt und bricht die Tore dieses immerwährenden Grabes auf.

Das Konzert beginnt um sechs, in Baracke 27, dem improvisierten Lagertheater. Auf Erdboden und Dach liegt der Schnee einen halben Meter dick. Der düstere Saal ist voll besetzt, ein paar hundert Gefangene verschiedenster Nationalität, aus jeder Schicht, jedem Beruf – Ärzte, Priester, Geschäftsleute, Arbeiter, Bauern … Manche haben noch nie im Leben Kammermusik gehört.

Die Zuhörer sitzen eng zusammengedrängt auf den Bänken, in grauschwarze Mäntel gewickelt. Der ganze Raum ist erfüllt von gefrorenen Atemwolken, Wolken aus verdorbenem Gedärm, ausgestoßen von unterernährten Menschen in schmierigen Lumpen. Was an diesem schneidend kalten Abend an Wärme in der Baracke vorhanden ist, kommt von diesen ausgemergelten Leibern. Patienten aus der Krankenstation werden auf Tragen gebracht. Die deutschen Offiziere, allesamt Musikliebhaber, nehmen ihre Vorzugsplätze in den vorderen Reihen ein.

Das Quartett schlurft auf die behelfsmäßige Bühne in

zerschlissenen Jacken und flaschengrünen tschechischen Uniformen. Holzpantinen sind die einzigen Schuhe im Lager, in denen ihre Füße fünfzig Minuten lang aufgetaut bleiben. Messiaen tritt an die Rampe, seine Hosen viel zu breit. Er erklärt den Zuhörern, was sie gleich zu hören bekommen. Er erläutert die acht Sätze, je einer für die sechs Schöpfungstage, einer für den Tag der Ruhe und einer für den letzten Tag. Er spricht von Farbe und Form, von Vögeln, von der Apokalypse und von den Geheimnissen seiner rhythmischen Sprache. Er spricht von dem Augenblick, in dem alle Vergangenheit und alle Zukunft zu einem Ende kommen werden und die Endlosigkeit beginnt.

Die Gefangenen husten und werden unruhig auf ihren Bänken. Die ersten verhärteten Gesichter blicken misstrauisch. Niemand versteht, wovon diese Vogelscheuche schwadroniert. Pasquier streichelt sein Cello. Le Boulaire hat seine Geige an sich gedrückt. Akoka, die Klarinette im Schoß, sitzt da und betrachtet seine Kameraden mit dem letzten Lächeln eines Witzbolds.

Der Vortrag ist zu Ende, die Musiker setzen ihre Instrumente an, und die kristallene Liturgie beginnt. Am Anfang stehen zwei Vögel mit einem Gesang vor Sonnenaufgang, ein Gesang, den sie schon gesungen haben, lange bevor es Menschen gab. Aus der Klarinette spricht eine Amsel, die Violine ist die Stimme der Nachtigall. Das Cello zieht Schleifen wie ein Schlittschuhläufer, ein fünfzehntöniger Zirkel aus gespenstischen Harmonien, und das Klavier schraubt sich derweil durch einen Rhythmus von siebzehn Werten, aufgeteilt zu einem Muster aus neunundzwanzig Tönen. Wollte dieses Sternensystem den gesamten Kreis seiner ineinandergeschachtelten Umdrehungen vollführen, würde es vier Stunden brauchen. Doch der Satz dauert gerade einmal zweieinhalb Minuten – ein Spänchen zwischen zwei Ewigkeiten.

Ein Klangschimmer, wie es in Messiaens Programmnotiz heißt. Ein Strahlkranz aus Trillern, der sich hoch oben in den Bäumen verliert ... die harmonische Stille des Himmels. Doch bevor die benommenen Gefangenen sagen können, was sie hören, ist der Morgen schon vorbei.

Dann erscheint der Engel, einen Fuß auf dem Land, einen auf dem Meer, und verkündet das Ende der Zeit. Strahlende, klirrende Töne, eine rasche Folge von Doppelgriffen. Violine und Cello, im Gesang vereint, entfernen sich so weit von diesem Lager, wie die Phantasie nur reichen kann. Aus dem Klavier rieselt ein Wasserfall aus Tönen. Ein Fanfarenstoß, dass das Publikum zusammenzuckt. Keiner könnte sagen, was um alles in der Welt diese vier Musiker da machen.

Musik schwebt zwischen den dichtgepackten Reihen, durch die im Schnee versunkene Baracke, über die letzte Windung des Stacheldrahts, der dieses Lager abschließt, hinaus. Der Satz ist zu Ende, Husten überall. Vor Kälte steife Zuhörer regen sich auf den Bänken, dann beginnt der dritte Satz. Dies ist eine Neufassung der Fantasie für Soloklarinette, die Akoka auf jenem freien Feld bei Nancy vom Blatt gespielt hatte, vor so langer Zeit. Der Abgrund der Vögel. *Der Abgrund ist die Zeit*, erklärt Messiaen, *mit ihrer Düsternis und Erschöpfung. Die Vögel sind das Gegenteil von Zeit. Sie sind unsere Sehnsucht nach Licht, nach Sternen, nach Regenbogen und nach jauchzenden Liedern.*

Der Klarinettist, der einmal in der Hauskapelle einer

Tapetenfabrik gespielt hat, spielt sich nun in die Zukunft. Er zwitschert und trillert. Seine Crescendi wachsen von Stille zum Ohrenbetäubenden, wie eine Luftschutzsirene, die ihre letzte Warnung abgibt. Dieses Lied verlangt eine übermenschliche Beherrschung. Noch mehr verlangt es dem Publikum ab, das sich in dem Gaslicht allmählich in zwei Gruppen scheidet: Die einen hören einen Ausweg, die anderen hören nur Lärm.

Der vierte Satz, ein kleines Spieldosentrio, dauert neunzig Sekunden. Er könnte ein Leichtgewicht aus der Vorkriegszeit sein, ein Spaß aus den Tagen, in denen die größte Bedrohung der Zivilisation noch die Rocklänge war. Selbst die Ewigkeit braucht einmal ein Zwischenspiel.

Bomben gehen an diesem Abend im Süden Englands nieder. Der Ring um Tobruk schließt sich. Die schweren Panzerschlachten in Nordafrika ruhen für ein paar Stunden, vom Dunkel aufgehalten. In Berlin, zwei Fahrtstunden in nordwestlicher Richtung, ist Hitlers Stab noch bei der Arbeit, letzte Vorbereitungen für den Einmarsch in Jugoslawien und Griechenland. Doch hier in der Baracke 27, Stalag VIII–A, auf halbem Wege durch Messiaens Fiebertraum, spinnt das Violoncello eine Melodie. Es reitet auf den Wellen des Klaviers, das geduldig durch endlose Modulationen wandert. Jeder Akkordwechsel drängt das Duo zu einer neuen Farbe.

An jedem anderen Ort würde dieser Satz acht Minuten dauern. Doch hier in dieser Baracke, wo der Wind durchs Gebälk pfeift und die Scheiben zugefroren sind, angefüllt mit Menschen, die noch Jahre hier zubringen werden, die in diesem Loch sterben werden und dabei nicht einmal mehr ein Bild von Zuhause vor Augen haben, geht der Taktschlag zwischen zwei wandernden Akkorden über Stunden verloren. Für manche ist diese pulsierende Phrase um ein weniges weniger tödlich als die Langeweile der Gefangenschaft. Für andere ist es eine Glückseligkeit, die sie nie wiederfinden werden.

Auf der Schuhschachtelbühne legt das Quartett sich jetzt wieder ins Zeug, lässt den »Tanz des Zorns für die sieben Trompeten« los. Alle vier Instrumente scheuchen sich gegenseitig im Kreis, sprunghafte Kadenzen in zackigem Unisono, ein immer schneller werdendes Blindekuhspiel. *Musik aus Stein*, sagt Messiaen, *felsenfester, granitener Klang; unwiderstehliche Bewegung aus Stahl, gewaltige Quader aus purpurner Wut, eisige Trunkenheit.*

Der Engel kehrt zurück, verstrickt in Wolken und Regenbögen. Es hat in dem Stück auch vorher schon erhebende Momente gegeben, aber keine vom Ausmaß dieser Verzückung. Messiaen: *Ich trete durch das Irreale und erdulde ekstatisch ein Turnier, eine karussellförmige Kompenetration übermenschlicher Klänge und Farben. Diese Schwerter aus Feuer, diese orangeblaue Lava, diese plötzlichen Sterne …!*

Als das Ende des Endes schließlich da ist, erscheint es in Gestalt einer Solovioline mit pochender Klavierbegleitung. Auf ihre schiere Essenz reduziert, verharrt die Melodie, zur Reinheit verbrannt im Flammenbecken des Krieges. Aus einer Wolke schimmernder E-Dur-Noten – die Tonart des Paradieses – weist die Violine auf alles, was ein Mensch noch haben mag, nachdem der Tod alles genommen hat. Der Violinton schwillt an; das Klavier steigert sich mit ihr bis zu einer letzten Reglosigkeit jenseits menschlicher Geduld und des menschlichen Ohrs. Der Lobgesang erklimmt neue Höhen, c-moll, durch ein frostiges Minenfeld vielgestaltiger verminderter und erhöhter Noten, erhebt sich wieder zu einem weiteren E-Dur, dann einem weiteren in der Oktave darüber. Ganz am Rande von Griffbrett und Tastatur schaut die Melodie zurück, auf eine verlorene Erde in einer kalten Nacht, wenn es die Zeit nicht mehr gibt.

Als die letzten Noten in der eiskalten Luft verklingen, geschieht nichts. Die Zuhörer sitzen schweigend da, gebannt. Und in der Stille klingen Ehrfurcht und Ärger, Ratlosigkeit und Glück genau gleich. Dann endlich Applaus. Die Gefangenen in ihren Holzpantinen und flaschengrünen tschechischen Uniformen stürzen wieder hinab in die Welt und verneigen sich linkisch. *Und dann,* erinnerte sich Le Boulaire Jahrzehnte später, *jede Menge fruchtlose Diskussionen über dieses Ding, das keiner verstanden hatte.*

Zwanzig Tage nach der Uraufführung werden anderthalbtausend polnische Juden im Stalag VIII–A zusammengetrieben und nach Lublin in die Vernichtung geschickt. Seine französische Uniform rettet Akoka das Leben. Zwei Wochen später wollen Messiaen, Pasquier und Akoka einen Transportzug besteigen, mit Papieren, gefälscht vom selben Hauptmann Brüll, der auch das Quartett möglich gemacht hatte. Ein deutscher Offizier hält Akoka auf: *Jude.* Der Klarinettist zieht die Hose herunter, hofft, dass die nicht ganz vollständige Beschneidung seine Unschuld beweist. Der Offizier verhaftet ihn und bringt ihn zurück ins Lager.

Im März gibt sich Akoka, der Algerier, als Araber aus und kommt in einen Transport, der das Lager verlässt. Er landet in Dinan in der Bretagne. Dort stecken sie ihn wieder in einen Güterwagen Richtung Osten. Er springt aus dem fahrenden Zug hinaus in die Nacht, immer noch mit seiner Klarinette an die Brust gedrückt. Irgendwie schafft er es über die Demarkationslinie nach Marseille, auf Vichygebiet. Dort wartet auf ihn eine Nachricht in der Handschrift seines Vaters, auch sie aus dem Fenster eines fahrenden Zugs geworfen: *Man bringt mich an einen unbekannten Ort.*

Le Boulaire kann Ende 1941 aus dem Lager fliehen, mit Papieren, deren hochoffiziell aussehende Stempel er mit einer geschnitzten Kartoffel gedruckt hat. Kurz nach seiner Flucht erleidet der Geiger einen Zusammenbruch. Er gibt seine Musikerkarriere auf und nimmt einen neuen Namen an, Jean Lanier. Er fängt ein vollkommen neues Leben an, ohne die Last einer Vergangenheit, die er vergessen will. In diesem neuen Leben wird ein angesehener Schauspieler aus ihm, mit einer Rolle im großen Klassiker der Kriegszeit, *Die Kinder des Olymp*. Die Männer, mit denen er am Abend des 15. Januar 1941 gespielt hat, werden ihm vollkommen fremd. Nach einem Schlaganfall in seinen Achtzigern halluziniert er, glaubt, er sei immer noch im Krieg, werde von den Deutschen verfolgt, halte sich in einem tiefen Keller versteckt, traue sich nicht mehr heraus. Jean Lanier, geborener Le Boulaire, stirbt als Kriegsgefangener.

Pasquier kehrt ins besetzte Paris zurück und führt das *Quartett für das Ende der Zeit* dort zum ersten Mal auf. Er spielt es noch unzählige Male in seiner langen Karriere als angesehener Cellist. Bis zu seinem Tode trägt er in seiner Brieftasche stets eine vergilbte Karte bei sich:

Stalag VIII–A Görlitz
PREMIÈRE AUDITION DU
QUATUOR POUR LA FIN DU TEMPS
D'OLIVIER MESSIAEN
15 Janvier 41

Auf der Rückseite des Programms steht eine Botschaft von Messiaen; er ermahnt ihn, er dürfe die Rhythmen nicht vergessen, die Modi, die Regenbogen, die Brücken zu einer anderen Welt.

Messiaen übersteht die Kriegszeit in einer Welt der Klänge jenseits aller irdischen Politik. Er überlebt, schreibt Musik voller gespenstischer Harmonien, voll vom Rhythmus der Vögel. Doch keins seiner Werke wird je mehr Zuhörer finden als das *Quartett.* Dann und wann trifft er sich mit Pasquier und Akoka. Hauptmann Brüll will ihn in Paris besuchen, Jahrzehnte später, doch die Concierge weist ihn ab und erklärt ihm, Messiaen wolle ihn nicht sehen. Tief enttäuscht geht Brüll davon. Noch später versucht Messiaen seinerseits mit dem Deutschen Kontakt aufzunehmen, der ihm Papier und Bleistifte gegeben hatte, dem Mann, der unter großem persönlichen Risiko seine Entlassungspapiere gefälscht hatte. Doch da ist Brüll schon jenseits aller Grenzen der Zeit.

Wenn sich überhaupt ein Grund dafür benennen lässt, dass ich dieses Quartett komponiert habe, schreibt Messiaen später, *dann war es, weil ich dem Schnee entkommen wollte, dem Krieg, der Gefangenschaft, mir selbst entkommen. Der größte Gewinn daran war für mich, dass ich unter dreihunderttausend Gefangenen vielleicht der einzige war, der nicht gefangen war.*

Und über den Abend im Januar 1941: *Nie wieder hat jemand eins meiner Werke mit solcher Aufmerksamkeit gehört.*

Die beste Musik sagt uns: du bist unsterblich. Aber unsterblich bedeutet heute, vielleicht morgen. Ein Jahr noch, mit unverschämtem Glück.

Acht Tage nach jenem winterlichen Konzert im Stalag kommt Peter Els zur Welt. Im Laufe von siebzig Jahren hört er das Stück hundertmal. Er altert mit ihm, und jedes Mal wenn er es hört, klingt es anders. Das Stück, für alle Zeiten eine Woche und einen Tag älter als er, wird vom unverständlichen Rätsel zum verehrten Klassiker. In einer Vorlesung zu Anfang seines Studiums zählt der Professor es unter die drei einflussreichsten Werke des Krieges. Der Freundeskreis, in dem er als höheres Semester verkehrt, nimmt es als selbstverständlich, als etwas, das immer schon da gewesen ist und über das man hinauskommen muss wie über die Töne der Tonleiter – Musik, unwiderbringlich verloren in Legende und Verehrung, zu klassisch für eine Gänsehaut.

Cage: ›Man bezweckt nichts, indem man Musik komponiert, aufführt oder hört.‹ || Das muss man hören, sonst hört man nichts – nicht einmal das, was in Hörweite ist.

Das war die Geschichte, die Els seinen Zuhörern der elften Stunde erzählte, aus dem Gedächtnis, denn sein Manuskript war eben in einer verschließbaren Plastiktüte auf dem Weg zu einem staatlichen Kriminallabor in Philly. Er hörte sich reden, mit einer grotesken Ruhe nach diesem Vormittag, so wie die coolen Gangster, die sich fünf Minuten nach dem Mord in eine Matineevorstellung setzen, gelockt von der Aussicht auf Klimaanlage und Popcorn. Das Intro zum Bericht über seine Festnahme würde sich ganz von selbst schreiben: Terrorist bei Erwachsenenbildungskurs über tote Musik für betagte Zuhörer gefasst.

Er warnte die Gruppe, dass die Spielzeit des Werks fünfzig Minuten betrage.

Klaudia Kohlmann schnalzte mit der Zunge. *In dem Alter? Ich brauche fünfzig Minuten, um mir die Schuhe zu binden.*

Da sage ich nur ein Wort, sagte Will Bock. *Klettverschluss.*

Els ließ unerwähnt, dass eventuell Kriminalbeamte kommen und ihn verhaften würden, bevor das Stück um war. Er drückte den Play-Button auf dem Touchscreen des Telefons und machte es sich dann bequem zu seiner letzten Chance, zu hören, wie Freiheit klang.

Die kristallene Liturgie breitete sich in der Gruppe aus wie Keuchhusten in einer Kinderkrippe. Chris Shield, Pizzeriabesitzer, der gern »Fascinatin' Rhythm« und »Somebody Loves Me« auf dem Klavier des Hains spielte, klammerte sich mit beiden Händen am Konferenztisch fest und zermalmte das Notengewirr mit zusammengebissenen Zähnen. Sonnenstrahlen glitten über die mandelfarbene Decke. Nylonrascheln, gedämpfte Unmutsäußerungen im Flur. Ein

Grauschopf blickte zur Doppeltür des Versammlungsraums herein, hörte einen Moment lang zu und zog sich dann mit einem Lachen wieder zurück.

Fred Baroni, Finanzplaner in unfreiwilligem Ruhestand, ein Mann, der den Kurs besuchte, weil er hoffte, dass er damit die Demenz noch eine weitere Woche in Schach halten konnte, sah Els, als er die pulsierenden Tonketten hörte, mit ängstlichen Augen an. Lasst mich hier, lasst mich einfach am Straßenrand liegen, hier im Schnee.

Als das Intermède kam, hatte Paulette Hewerdine bereits ihr Gesicht in den Händen vergraben. Im Jahr zuvor war ihr ältester Sohn von einem Lastwagen getötet worden, der über die Mittellinie der Schnellstraße geschossen kam. Einen Monat später hatte ihr Mann sich im Bett aufgesetzt, über Kopfschmerz geklagt, und im nächsten Moment war er tot. Jetzt lauschte sie, das Antlitz verborgen, als künde die komplexe Musik den lang erwarteten dritten Schlag an.

Laute erfüllten den Raum, keiner davon real: Regen, der auf das Dach eines Mietshauses prasselt. Ein Mädchen auf einem wackligen Schaukelstuhl. Das Rascheln von Baumwollkleidern in einem Tanzsaal der Kriegszeit. Der Wind über einem Weizenfeld in Nebraska. Ein Stein, in einen Brunnen geworfen, mit einem lange vergessenen Wunsch daran. Heimchen in einem Küchenschrank im November.

Lisa Keane, die sich schon während Els' improvisiertem Vortrag Notizen gemacht hatte, protokollierte nun die Musik. In der Woche, in der sie Ravel durchgenommen hatten, hatte die ehemalige Nonne, die dann Naturwissenschaften an einer Junior Highschool unterrichtet hatte, der Gruppe gestanden, dass die Musik ihr Nordkorea sei – ein Land, über das sie nicht das Geringste wusste und das ihr ein Visum verweigerte. Bei einem durchschnittlichen Meisterwerk hörte sie nicht mehr als andere sahen, wenn sie ein Stück nasse Pappe sahen. Und sie wollte nicht ins Nichts eingehen und nie begriffen haben, was es war, was so vielen Menschen das Leben erträglich machte.

Als er dieses Geständnis der ehemaligen Nonne hörte, wollte Els ihr sagen: fangen Sie nicht hier an, hier wo die Geschichte zu Ende ist. Starten Sie da, wo die Harmonien noch frisch sind, die Sicht klar bis an den Horizont. Aber Lisa Keane war bei Els geblieben, bei der Musik ihres eigenen unglücklichen Jahrhunderts. Und so saß sie da und arbeitete sich mit ihrem Stift über die Seite, wie ein Jakobspilger sich nach Compostela schleppt.

Ein Feuerwerk aus Farben ließ sie innehalten. Sie sah auf. Ja, wünschte sich Els. Das ist es: nichts zu hören außer diesen Quadern aus purpurner Wut, dieser eisigen Trunkenheit. Doch im nächsten Moment begann ihr Stift wieder zu schreiben.

William Bock starrte durch das große Glasfenster nach draußen, wo ein graues Eichhörnchen in einer Spirale den Stamm einer Weymouthkiefer hinaufhuschte. Der Kampf um die Seele der Musik des zwanzigsten Jahrhunderts kam dem einstigen Keramikingenieur wie ein einziger großer Witz vor. Er hörte sich den Messiaen mit ein wenig zur Seite geneigtem Kopf an, wie etwas, das vom Außenposten einer Kolonie auf einem fernen, doch freundlichen Planeten in einem entlegenen Sternensystem am Rande des Universums kam, geradewegs aus *Astounding Stories*, seiner Bibel, dem Science-Fiction-Magazin seiner Kindheit.

Klaudia Kohlmann schmiegte sich an die Musik, die Hand wie eine Eiswürfelzange an die Schläfe gelegt. Sie hatte einen abgeschabten Kasten mit einer Geige unter der Kommode ihrer Wohnung im Hain, auch wenn ihr Gelenkrheumatismus ihr das Spielen unmöglich machte. Genau dieses Instrument hatte sie auf dem Schoß gehabt, hinten im Opel Kapitän P1 ihres Vaters, als sie mit ihrer Familie die Kreuzung Heinrich-Heine- und Sebastianstraße in Berlin überquerte, auf ihrer hastigen Fahrt westwärts, drei Tage bevor die Mauer kam.

Im Alter war sie geschrumpft, und jetzt sah sie aus wie eine Fee im Wartestand. Einst war sie Els' Therapeutin gewesen – bis eine Dummheit das unmöglich gemacht hatte. Die Affäre war kurz gewesen, die gemeinsame Reue darüber lang. Keiner konnte mehr sagen, wessen Schuld dieser Fehltritt in fortgeschrittenen Jahren gewesen war. Später waren sie sich bisweilen bei Konzerten auf dem Campus über den Weg gelaufen, zwei Wiederholungstäter in Sachen Kultur. Einmal hatte er mit ihr im Vorraum des Konzertsaals gestanden, und sie hatte in der zehnminütigen Pause drei Zigaretten geraucht, um genug Nikotin für die zweite Hälfte in ihre Adern zu pumpen, ein reines Rachmaninoff-Programm. *Findest du das nicht schrecklich?*, hatte sie gefragt. *Achtzig Prozent aller Stücke, die in den großen Konzertsälen aufgeführt werden, stammen von immer denselben fünfundzwanzig Komponisten.*

Das würde mich nicht stören, wenn es die richtigen fünfundzwanzig wären.

Sie sog brennende Luft ein und schüttelte den Kopf über so viel Dummheit. Aber auch sie war in ihren späten Jahren rückfällig geworden. Die Musik, die sie liebte, hätte mit jenem Konzert untergehen sollen, 1945 in der Berliner Philharmonie: Beethoven, Bruckner, Brünnhildes Flammentod, während die Bomben niederprasseln und die Hitlerjugend Zyanid verteilt. An jenem Nachmittag saß die fünfjährige Klaudia nur zwei Häuserblocks weit entfernt unter dem Klavier der Familie, ihrem üblichen Bombenschutzdach, und lauschte ihrem Vater, der Hummels Fantasie opus 18 spielte. Jetzt lauschte sie dem *Quartett*, die Finger fest an die Seite des Schädels gepresst, und ihr Ausdruck war der eines Menschen, dem gerade aufgeht, dass er noch etwas Wichtiges zu tun hat, dass aber nicht mehr genug Zeit dafür bleibt.

Innerhalb von fünfzig Minuten gab die Sonne so viel Energie ab, dass die ganze Zivilisation ein Jahr lang Strom genug gehabt hätte. Sechstausend Menschen starben; dreizehntausend wurden geboren. Hundert Tage Video wurden ins Netz geladen, dazu zehn Millionen Fotos. Zwölf Milliarden E-Mails wurden verschickt, acht Zehntel davon Spam. In einem Dutzend ging es um Terrorpläne, echte oder eingebildete. Der Engel kehrte zurück und schwand von neuem – Ewigkeit binnen nur einer Stunde.

Während der letzten *louange* – jenem langsamen Aufstieg der Violine über die oberste Treppenstufe hinaus – saß das Grüppchen alter Leute da, im Zuhören verloren, angespannt gegen den immer schrilleren Ton. Sie waren eine verbotene Sekte, eine Versammlung anonymer Alkoholiker im Kirchenkeller, ein Studierzirkel, der für die unvorhersehbaren Fragen des Todes paukte.

Die Musik stieg immer höher hinauf bis ins Nichts, und dann war sie zu Ende. Els schaltete das Kästchen aus und blickte auf. Sein Haus war von gelben Girlanden umgeben, auf denen KEIN ZUTRITT stand. Wie ein Schlafwandler war er quer durch die Stadt gekommen, um diesen Kurs zu geben, statt dass er direkt zur Hauptwache der Polizei gefahren wäre, nur eine halbe Meile von seinem Haus, und sich gestellt hätte.

Tja, hob er an, doch jemand gebot ihm Schweigen.

Lisa Keane hielt eine Handfläche hoch. *Könnten wir einfach …?* Paulette Hewerdine hatte sich drei Finger über den Mund gelegt, kalt erwischt vom Gedanken an eine alte, achtlose Grausamkeit. Shields ließ den Kopf hin und her gehen wie einen Suchscheinwerfer. Jeder klammerte sich noch ein wenig weiter an das selbstgewählte Schweigen.

Bock, der Ingenieur, sprach als Erster. *Heilige Scheiße. Das waren fünfzig Minuten? Jetzt weiß ich, wie ich den Rest meiner Lebensspanne verdoppeln kann.*

Anscheinend wollte keiner mehr weitere Informationen von Els. Fast eine Stunde lang hatten sie einfach nur zugehört. Jetzt mussten sie wieder an die Oberfläche kommen, ganz vorsichtig, damit sie sich nicht an den Ecken stießen.

Alle acht standen sie auf, schüttelten einen jener Mattigkeitsanfälle ab, in deren Vertuschen alte Leute ein solches Geschick entwickeln. Sie grinsten einander an: Was zum Teufel war das? Dann der Redeschwall, die streitlustige Stimmung einer Premiere.

Shields und Keane standen am Serviertisch und diskutierten wie junge Studenten. Bock und Baroni waren schon unterwegs zur Cafeteria, ihre Arme ruderten wie Windmühlenflügel, da berührte Klaudia Kohlmann Els an der Schulter. *Bekommen wir keine Hausaufgaben?*

Ihre Worte rissen Els aus seiner Starre. *Hören Sie*, rief er den Flüchtigen nach, *ich weiß nicht, ob ich nächste Woche kommen kann.* Er deutete auf sein linkes Handgelenk, das schon seit fünfzehn Jahren keine Uhr mehr gesehen hatte. *Wenn Sie bis Mittwoch nichts von mir gehört haben, gehen Sie davon aus, dass ich anderswo festsitze.*

Auch von Cage: ›Der Verstand könnte den Wunsch aufgeben, es besser als die Schöpfung zu machen, und einfach wahrnehmen, was er erfährt.‹

Ein Freitagabend im Winter, Ende '67, Peter auf dem Beifahrersitz eines alten geliehenen Kleinbusses, ein wenig in Panik, denn das Happening hat um acht angefangen – vor einer Viertelstunde – und weder er noch die aufgekratzte Madolyn Corr haben die leiseste Ahnung, wo der Stock Pavilion zu finden ist. Es soll ein Beaux-Arts-Bau sein, Tonnengewölbe, Backstein, bei Tag eine Markthalle für Schlachtvieh, irgendwo bei den runden Scheunen. Aber sie haben allmählich den Eindruck, einen solchen Ort gibt es nicht.

Vielleicht hat Cage sich das alles nur ausgedacht, sagt Maddy. *Würde doch zu ihm passen, oder? Irgend so ein Zen-Koan?*

Els nimmt die Hände vom Gesicht. *Ich glaube, das war ein Stoppschild*, stöhnt er.

Wir schaffen das! In dem schlitternden Kleinbus schaut ihn Maddy von der Seite an und kneift ihm aufmunternd in den Oberarm. *Wir schaffen das!*

Erst vor wenigen Wochen ist dieses selbstsichere, wagemutige, aufgeklärte Mädchen aus dem Norden des Landes mitten in Els' Leben gelandet, und mit einem einzigen abrupten Schnitt war der Schwarzweißfilm neonbunt geworden. Gestern Abend auf dem neuentdeckten Kontinent, ihrem Bett, hatte sie über ihm gesessen, mit einem spöttisch besorgten Gesicht, und hatte seinen Kopf zwischen die Hände genommen wie ein Arzt, der sich eine Wunde besieht. Sie sah ihn mit zusammengekniffenen Augen an und fragte: *Was ist los, Herr Komponist? Was fehlt uns?* Er spürte es selbst, in den Muskeln seines angespannten Gesichts, die Indizien, über die sie lachte – die gefährlichen Aussichten, das fast schon schmerzhafte Staunen, und wie konnte er das alles erklären? Diese wunderbare Verwirrung, die Entdeckung, dass er vielleicht doch noch eine echte Gefährtin in seinem Leben bekam?

Ich bin glücklich, sagte er zu ihr.

Hört sich an, als ob du darüber staunst.

Du hast ein gutes Gehör.

Sie nahm im Dunkeln seine Hand. *Was machst du denn die ganze Zeit mit deinen Fingern?*

Was?

Sie zeigte es ihm, pochte Rhythmen mit dem Mittelfinger auf der Kuppe ihres Daumens.

Ach das! Nervöse Angewohnheit.

Sieht aus wie der Buddha, wenn er eine Handgeste macht.

Seit Jahren hatte er das nicht mehr gemacht, nicht mehr, seit Clara fort war. Bis zu diesem Augenblick hatte er überhaupt nicht bemerkt, dass er wieder damit angefangen hatte. Schlagzeugstücke im Miniaturformat – sie strömten nur so aus ihm heraus, bewarben sich um einen Platz in der Zukunft.

Ich singe.

Herr Komponist, sagte sie und krabbelte auf ihn. *Haben wir denn einen Grund zu singen?*

Das hat er. Und der Grund ist sie und nichts sonst. Sie kann ein ganzes Jahr seiner Ängste davonzaubern, mit einem einzigen amüsierten Schmollmund. Sie sorgt dafür, dass er aus sich herausgeht, Anteil an der Welt um ihn her nimmt, der großen Schnitzeljagd. Sie ist so sicher auf ihrer Bahn, das reicht für zwei.

Ein düsterer Novemberabend, am pechschwarzen Rand des Campus, und Maddy steuert den Kleinbus voller Verstärker und Kabel – er gehört der Band, in der sie singt, fünf Psychedeliker namens Vertical Smile – über die eisglatten Straßen, als lenke sie einen einsitzigen Eissegler auf einem zugefrorenen See im Minnesota ihrer Kindheit. Und während all der Zeit summt sie ganz leise die B-Seite des Byrds-Hits *Eight Miles High*, *Why*.

Gedankenverloren singt sie diesen Song, als murmle ihr Unterbewusstes einen aufgekratzten Rosenkranz. Ihr Summen, das ist der Grund, warum sich der Haken so tief in seinem Fleisch festgesetzt hat. Sechs Wochen zuvor hatte Els ein Kärtchen an das Schwarze Brett der Smith Hall geheftet. *Suche hohe, klare Sopranstimme zur Probe von vier neuen schwierigen Liedern. Darf keine Angst vor dem Unbekannten haben.* Madolyn Corr war die Einzige gewesen, die sich darauf gemeldet hatte. Sie fand sich zur verabredeten Zeit im Probenraum ein, sich ihrer Attraktivität mehr als bewusst:

eins sechzig, Pagenschnitt, Minirock aus grünem Velours. Sie gingen das Stück nach seinen Skizzen durch. Peter mühte sich mit der Begleitung, und Maddy Corr hielt alle paar Takte inne und sagte: *Ich kann mir nicht vorstellen, dass eine Menschenstimme das kann.* Bald trug die Partitur so viele Korrekturen, dass die Lektüre Paläontologenarbeit war.

Sie hatte eine geistreiche, beinahe komische Stimme. Eine angenehme, warme Soubrette, aber ein wenig zu leicht, zu viel Papagena, für seine Borges-Lieder. Was er brauchte, war *spinto*, vielleicht sogar Koloratur. Aber Els war dankbar, dass überhaupt eine Stimme seine Noten traf. Zwei Stunden lang probten sie zusammen, er für sein Stück, sie für den einzigen versprochenen Lohn, Pizza und Bier. Als sie am Ende des vierten Liedes angekommen waren, stand sie am Klavierhocker mit glücklich gerunzelter Stirn, dem Gesicht, das er Jahre später ihr Froschgesicht nennen sollte.

Und?

Und was?

Und was hältst du davon?

Sie dachte zu lange über die Frage nach.

Gruselig irgendwie.

Und das war alles, was sie ihm als Antwort gab – eine Abfuhr, nach der er eigentlich ein für alle Mal die Segel hätte streichen sollen. Er hätte sie mit einem verbindlichen Dankeschön davongeschickt und nie wiedergesehen, hätte er ihr nicht Pizza und Bier versprochen gehabt. Eine halbe Stunden später, als sie auf Pfannenpizza mit Pilzen warteten und nachdem ihnen die kleinen Gehässigkeiten über die Hackordnung an der Musikalischen Fakultät ausgegangen waren, begann sie vor sich hin zu summen, glücklich, doch unbewusst, und ihr Blick wanderte durch das dichtbesetzte Lokal, musterte die Männer. Es war eine kleine viertaktige Phrase, die sie immer wieder von vorn summte, und diese Endlosschleife kam, ohne dass sie es merkte, aus Peters drittem Borges-Lied, der plötzlichen, lyrischen Verkündigung:

Er schrieb sein Werk nicht für die Nachwelt,
er schrieb sein Werk auch nicht für Gott,
denn über die literarischen Vorlieben Gottes
wusste er so gut wie nichts.

Und Peter, der diese Lieder für alle Zeit und für niemanden geschrieben hatte, aber auch damit eine Frau, die ihm vier Jahre zuvor quer über den Atlantik den Laufpass gegeben hatte, einen Stich im Herzen spürte, hätte jetzt einfach nur gern sein Ohr an das Schlüsselbein dieser anderen, wärmeren Frau gehalten und hätte gern gehört, was in ihrem Inneren war und solches Summen wert war.

Hast du später schon was vor?, fragte er.

Kommt drauf an, antwortete sie, den Mund voll mit geschmolzenem Provolone. *Wie viel später?*

Zwei Wochen lang gingen sie spazieren, zwischen den herbstlichen Bäumen, über die Stoppelfelder. Das letzte Oktoberrot leuchtete vor dem Eierschalengelb des Himmels, und nie war Els diese Stadt, die er zu der seinen gemacht hatte, so schön vorgekommen. Maddy Corr erzählte ihm von ihrer neuesten verrückten Idee.

Weißt du, was ein toller Trip wäre? Mit einem Dutzend

Freunden aufs Land meiner Familie in Crow Wing County ziehen und da als Farmer leben. Reiner Sandboden, aber Cranberries würden wachsen. Es ist ein Häuschen dort, eine Scheune. Den Hühnerstall könnte man herrichten. Tagsüber wären wir Farmer, am Abend machen wir unter den Eichen Musik!

Els schüttelte vor Staunen über sie den Kopf. *Hast du denn ein Dutzend Freunde?*

Sie lachte, denn sie glaubte, es sei ein Witz. *Und wie ist das mit dir? Verbotene Tagträume, Herr Komponist?*

Doch Els hatte keine, höchstens den, er hätte Ligetis zwanzigstimmiges mikropolyphones *Requiem* geschrieben, bevor Ligeti es tat.

Maddys Augen bekamen einen leichten Silberblick, wenn er zu lange über harmonische Strukturen redete. Über Musik zu reden interessierte sie nicht, sie wollte sie nur machen. Aber wenn sie da war, konnte Els nicht anders. Er erzählte ihr von jeder Skizze, die in seinen Notizbüchern schlummerte. Sie lachte und spornte ihn noch an. *Weiter so, Champion. Lass mal sehen, was du kannst.*

Sie zeigte ihm ihr neuestes Kunstwerk: einen Quilt, größer als sie beide, Kreismuster aus Azur und Ocker. Sie rümpfte die Nase. *Habe ich von meiner Tante gelernt, als ich zwölf war. Ein spätes Mädchen. Eher ein Hobby für alte Damen, oder?*

Es hatte etwas Magisches: Aus Armut wurde Reichtum, aus Lumpen Pracht. Els zeichnete mit dem Finger die kunstvollen Muster nach, die Monde und Sonnen und Sterne. *Bedeutet es etwas?*

Maddy schnaubte und legte ihm das Ding um die Schultern. *Es bedeutet, dass du nachts nicht frieren musst, es sei denn, du willst gerne.* In dieser Nacht schliefen sie gemeinsam unter dem Quilt, und es erwies sich, dass sie recht hatte. Bald darauf begann sie seine Hemden zu stibitzen und verarbeitete sie in ihrem nächsten, noch prachtvolleren Stück.

Die Nächte mit Maddy entwickelten sich ganz langsam. Mit ein paar wenigen kleinen Schritten zeigte sie Peter die Kadenzen ihrer Lust. Sie bewegten sich auf ihrer Kapokmatratze wie ein einziges, achtgliedriges Wesen. All die Bruchstücke von Els' Leidenschaft fügten sich zu einem Ganzen, wie das mühelose Fugato, das Mozarts Jupitersinfonie prophezeit hatte, damals in seiner Kindheit. Und jetzt, nach Jahren, kam die Art, wie Clara ihn eiskalt fallengelassen hatte, Els plötzlich wie ein Glücksfall vor, ein größeres Glück, als je jemand hätte denken können.

Unwillkürlich erzählte er Maddy Corr von seinen eigenen Tagtraumphantasien. Sie lagen im Bett, der Ort, an dem sie besser miteinander reden konnten als überall sonst. *Ich möchte eine Musik schaffen, die ihre Zuhörer verändert.*

Was für eine Veränderung soll das sein?

Sie sollen über ihre persönlichen Vorlieben hinauskommen. Die Musik soll sie zu etwas führen, das außerhalb ihrer selbst liegt. Er streckte einen Arm in die Luft, die sehnsüchtige Geste eines hoffnungslos Liebenden. *Hört sich das verrückt an?*

Auch sie reckte den Arm, holte mit ihrer Hand seinen Kletteranker wieder zurück auf ihre Brust. *Was verrückt ist, entscheidet man selbst.*

Wie meinst du das?

Diese hunderttausend Friedensprotestler, die das Pentagon zum Schweben bringen wollten?

Da hast du recht, sagte Els. *Das ist verrückt.*

Ist es nicht! Sie quetschte seine Finger zwischen ihren, bis es schmerzte. *Die hätten es geschafft, wenn sie wirklich gewollt hätten. In der Wissenschaft gibt es Dinge, die unwahrscheinlicher sind.*

Er drehte sich zur Seite, legte ihr den Arm über die Hüften. *Sprich weiter*, sagte er. *Ich höre zu.*

Wiederum Cage: ›Was ist der Zweck des Komponierens? … Eine zweckdienliche Zwecklosigkeit oder ein zweckloses Spiel.‹

Vier Wochen später sind Els und diese summende Frau auf Slalomfahrt im Dunkeln, kommen zu spät zum Event des Abends, suchen ein Haus und finden es nicht. Sie haben eine Beschreibung, aber die Art von nutzloser Beschreibung, die Leute aus dem Mittelwesten geben: Norden, Süden, Osten, Westen. *Links* oder *rechts* wäre zu einfach. Als hätte jeder Farmer hier in diesem endlosen Gitternetz der Prärie einen Kompass im Kopf. Maddy am Steuer ist eine Kristallkugel tantrischer Glückseligkeit, immer die Clairvoyante ihres eigenen Lebens. Sie steuert den Kleinbus wie einen Hundeschlitten, und Els wird seinen siebenundzwanzigsten Geburtstag nicht mehr erleben.

Ihr Ohr hört ihn immer, in jeder Tonart. Sie sieht ihn an, fasst ihn am Ellenbogen, lächelt. Der Kleinbus schlittert schräg über die Straße, ein entgegenkommender Wagen weicht auf den Bürgersteig aus.

Du hast Angst, dass wir zu spät kommen? Zu jemandem, der Journalistenfragen mit dem I Ging beantwortet?

Ich will nichts verpassen.

Vor einer Woche hatte Els bei einem Treffen der Student Union mit angehört, wie Cage einem empörten Komponisten gesagt hatte: *Wenn Sie die Schöpfung herumkommandieren wollen, ist das Ihre Sache, nicht meine.* Nun – schuldig im Sinne der Anklage. Die Schöpfung brauchte dringend jemanden, der sie kommandierte. Els hatte geglaubt, darum gehe es beim Komponieren. Aber bei Cage hat die Schöpfung andere Pläne, und Els möchte sie einfach nur verstehen.

Vor drei Monaten, bei der Aufführung von Cages *Konzert für präpariertes Klavier*, sah Els zu, wie der Pianist unter das Instrument kroch und wie er es mit einem Holzhammer traktierte. Jemand im Publikum schrie. Die Witwe eines angesehenen Professors der Musikalischen Fakultät kam auf die Bühne gestürmt und warf Stühle auf den Solisten. Die Polizei kam und zerrte die Witwe fort, die noch rief: *Meine Damen und Herren, da gibt es nichts zu lachen!* Doch jeder rund um Els kicherte und applaudierte, überzeugt davon, dass der ganze Auftritt Teil des Stückes war.

Da!, ruft Els aufgeregt und zeigt auf eine Stelle im Dunkel, wo Grüppchen von Leuten einem in Scheinwerferlicht getauchten Kuhpalast aus gescheckten Backstein zustreben. Der Stock Pavilion. Am Nachmittag war die Halle noch voller Schafe gewesen, die vor einer Preisrichtertribüne durch einen Ring getrieben wurden. Jetzt am Abend ist es der Veranstaltungsort für *Musicircus*, eine Multimedia-Extravaganza inszeniert vom Meister des Zufalls, der im Laufe des letzten halben Jahrs diese Landei-Universität auf jede nur erdenkliche Art in die Hölle geführt hat.

Maddy manövriert den Kleinbus in eine Parknische. Als sie aussteigen, hören sie selbst über den halben Häuserblock hinweg, dass der Pavillon pulsiert. Sie arbeiten sich zu dem umlagerten Eingang vor, wo jedes Mal Donner und Blitz aus dem Gebäude fahren, wenn die Türen sich öffnen. Eine Anzahl benommener Gestalten bringt sich bereits wieder in Sicherheit, kopfschüttelnd, mit zugehaltenen Ohren, unter Flüchen, die nicht jugendfrei sind.

Drinnen ist es purer Dante. In dem höhlenartigen Oval drängen sich die Leute, wildgeworden unter Wasserfällen aus Licht. Bands, Tänzer, Schauspieler sind auf Podesten überall zwischen der Menge zugange. Unten auf der Ausstellungsfläche, zwischen den Ständen für die Viehauktionen, drängeln sich die Zuschauer, schubsen sich, schrecken voreinander zurück, grinsen, ziehen Grimassen, winken, staunen, schreien, verlieren in diesem glücklichen Chaos den Verstand. Alles ist in einem einzigen großen Wirbel in Bewegung, im Uhrzeigersinn, wie Mekkapilger rund um die Kaaba; hier umkreisen sie einen Turm aus Gummiröhren und Bleirohren im Mittelpunkt der Bühne und schlagen alle immer wieder darauf ein.

Maddy klammert sich an Peters Arm. Er drückt sie an sich, und dann stürzen sie sich gemeinsam in das Bacchanal. Über ihnen in dem stählernen Dachstuhl schwebt ein Kranz aus Ballons, von winzigen Ausrufezeichen bis zur Größe von Wetterballons. Ein alter Mann drückt sich an ihnen vorbei, näher als nötig wäre, lächelt Maddy und Els zu, als kenne er ein großes Geheimnis. In der Nähe wird Johlen laut. Els steuert sich und Maddy zu der Stelle, doch bis sie da sind, ist der Tumult schon vor ihnen her weitergewandert. Ein aufgeregter Kelpie rast hin und her, versucht die störrischen Menschen zu etwas wie einer Herde zusammenzutreiben.

Oben auf einem Baugerüst unternimmt eine Sängerin in rotem Samtkleid Anstrengungen, sich mit einem Tänzer auf einer mehrere Fuß entfernten Tanzfläche durch ein hoffnungsloses Duett zu arbeiten. Alles, was sie sich an Signalen zusenden, schluckt dieser Kessel aus Lärm. Gleich daneben säbelt ein Streichquartett an zu Atomen zerstäubten Botschaften für niemanden. Dumpfe Schreie ertönen von einer weiteren Plattform. Els sieht sich danach um und findet eine Vogelscheuche, die mit einer silbernen Flöte gestikuliert, als solle jemand damit erstochen werden.

Maddy weist mit dem Finger: Hoch oben an der Wand am anderen Ende des Pavillons, wie ein sanfter Großer Bruder oder ein übermütiger Vorsitzender Mao, wandelt sich ein riesiges Männergesicht von finsterer Miene zu manischem Lachen und wieder zurück. Eine Filmschleife, und Els schaut gebannt auf die fließenden Wandlungen, drei-, vier-, fünfmal hintereinander. Nichts verändert sich außer der Litanei des heiligen Gnoms, die Els immer wieder neu durch den Kopf geht: *Wenn etwas euch nach zwei Minuten langweilt, versucht es vier Minuten lang. Wenn es euch immer noch langweilt, dann acht. Sechzehn. Zweiunddreißig. Irgendwann kommt ihr dahinter, dass es überhaupt nicht langweilig ist.* Aber Els kommt nie bis zur Acht, geschweige denn zur Sechzehn. Maddy, ausgelassen, zieht ihn tiefer in den Strudel hinein.

Sie sehen sich überall um, ein Pfarrer und seine Frau, die aus Versehen in die routinemäßige Orgie ihrer Gemeinde im finsteren Keller geraten sind. Sie treffen drei Kollegen von der Musikalischen Fakultät, einen Bekannten aus dem Kinoclub, zwei Nachbarinnen aus Maddys Wohnheim, kichernd und völlig aus dem Häuschen. Eine Altistin, die mit Maddy im Universitätschor singt, packt sie von hinten. Sie lehnen sich zurück, damit sie sie hören können. Sie zeigt auf die Tänzer auf den Plattformen über der wogenden Masse. *Das ist Claude Kipnis! Das ist Carolyn Brown!*

Wer sind die?, brüllt Els zurück.

Die Altistin zuckt mit den Schultern. *Berühmtheiten!*

Kinder kreischen, Meteorschweife in dem Gedränge am Boden, jagen niedergegangene Ballons. Auf der Tribüne hinter dem länglichen Viehpferch haben sich ein paar Traumatisierte in Sicherheit gebracht und halten sich die Ohren zu. Etwas in Els möchte ebenfalls fliehen. Aber er muss hier sein, mitten im Bauch dieser Bestie.

Mit jedem neuen Zug, den er von diesem Irrsinn nimmt, füllen sich Els' Adern mit etwas Dunklem, Schwerem. Wenn das Musik ist, dann begreift er sie nicht. Wenn das Komponieren ist, dann ist alles, was er versucht hat, falsch. *Musicircus:* Cages neuester Versuch, der Welt zu sagen, dass Lärm der Mädchenname der Musik ist. Aber jetzt in diesem irrsinnigen Krach weiß Els beim besten Willen nicht mehr, warum das einmal als eine so vielversprechende Idee galt. Der heutige Abend will ihm seine sämtlichen Überzeugungen nehmen, ihn herabziehen zu bloßer Wahrnehmung, an einen Ort ohne jede Sehnsucht, einen Ort des reinen Hörens.

Aber was gibt es zu hören? Weltuntergangslärm. Die Luftschutzsirenen der kommenden Zeit. Die Detonationen von Els' eigenen lächerlich altmodischen Versuchen. Ohrenbetäubende Freiheit.

Dann sieht er Cage, ein paar Schritt entfernt, wie er sich vom Menschenstrom treiben lässt, um ein Streichholz für seine Zigarette bittet, mit einem Zuschauer parliert. Els ist schon öfter in seiner Nähe gewesen, doch noch nie so nahe. Er zerrt Maddy hin zum Urheber dieses Spektakels, zur Begegnung bereit. Doch von Steuerbord kreuzt, gnadenlos und verwegen, direkt vor ihrem Bug eine graue Eminenz ihren Kurs. Eine gebieterische Frau, die Els in jedem beethovenseligen Kammerkonzert gesehen hat, in das er sich hier geschlichen hat; und sie fordert den Anführer dieses Ringelpiez heraus. Sie brüllt den verdutzten Komponisten mit derart mächtiger Stentorstimme an, dass man sie für eine weitere Zirkusnummer halten könnte, die ein Münzwurf der Partitur jetzt fordert.

Mr Cage, sind Sie ein Betrüger?

Cage legt sich die Hand an die Stirn, betrachtet prüfend seine Zigarette, dann hebt er den Blick zu den Lichtern, deren Pulsieren von den schwebenden Ballons in alle Richtungen geworfen wird. Seine Miene hellt sich auf, erleichtert. *Nein.*

Er wirft seine Zigarette auf den Hallenboden und drückt sie mit der Schuhspitze aus. Geradezu andächtig, diese Geste. Lächelnd bahnt er sich einen Weg durch die Menge und kehrt zur Bühne zurück, schließt sich einem Quintett an, das Wasser in verschieden große Schalen gießt und dann darauf pocht, wobei der Rhythmus von einer großen Klavierwalze vorgegeben wird. Els steht vor dieser Plattform, sieht den Kabuki-Mimen zu, wie sie an ihre schwappenden Schalen pochen. Einen Moment lang, in einem Amerika tief in seinem Neokortex, kann er jeden Ton hören, der von diesen stummen Gefäßen kommt.

Ein Gesicht berührt ihn am Ohrläppchen. Strom fließt über seinen Hals, seine Schultern. Maddy schnurrt: *Das reicht, oder?*

Verblüfft dreht er sich zu ihr um. *Ehrlich? Es fängt doch gerade erst an.*

Mit der Hand weist sie in die Runde, ihre Lippen zu einem unergründlichen Lächeln geschürzt. Sie ruft etwas, aber die Worte gehen auf halbem Weg unter. Er beugt sich vor, und sie brüllt noch einmal. *Ich glaube, ich habe es jetzt verstanden, Peter. Du noch nicht?*

Auch dieser Ruf ist eine Art Musik. Sie steht da, den Kopf schiefgelegt, kommentiert mit einem Grinsen all den Schnickschnack ringsum. Die Drumlinhügel ihrer Brüste und der Streifen Haut oberhalb ihrer Hüftjeans sollten eigentlich alles sein, was er an Happening braucht. Aber es ist etwas in diesem Raum, wovon er noch nicht wegkann. Sie zuckt mit den Schultern, fragt ihn mit einem Trippeln ihrer Finger, ob es in Ordnung ist, wenn er zu Fuß zurückgeht, zieht ihn an den Aufschlägen seiner abgeschabten Bomberjacke zu sich und küsst ihn. Der Siebzigjährige neben ihnen nickt; er erinnert sich.

Es ist nicht notwendig, dass du aus dem Haus gehst. Warte nur. Anbieten wird sich dir die Welt zur Entlarvung, sie kann nicht anders.

Zeit löst sich auf. Seine Ohren weiten sich. Je länger Els still steht, desto mehr öffnet sich die Musik. Sein Gehör schärft sich, er erkennt in dem Geplapper Motive. Dixielandposaunen. Ein absteigendes Basslamento, gespielt auf einer bundlosen Fender. Eine psychedelische Neuauflage von *Hand Me Down My Walkin' Cane* hinter dem endlosen Scheppern der Bleirohrskulptur. Puccini, wie er die furiosen elektronischen Permutationen eines Stücks von Matthew Mattison verspottet, dessen altmodischer Bürgerschreckton zahm im Vergleich zu diesem Sturzbach aus irrsinnigem Übermut wirkt. Ives und die durcheinandermarschierenden Blaskapellen, alles wieder von vorn.

Stunden verrinnen. Mitternacht, aber Els hat nicht den Eindruck, dass Leute gehen. Etwas fällt ihm auf, hoch oben auf einer der Tribünen an den Enden der Halle: ein Mann, der dort ganz allein sitzt und dirigiert. Mit exakten Armbewegungen gibt er der Menge Zeichen, ganz wie einst der kleine Peter zu den Toscaniniplatten seines Vaters dirigiert hatte. Er weiß, wer der Mann ist, obwohl sie sich nicht persönlich kennen. Richard Bonner, Doktorand der Theaterwissenschaften, drei Jahre älter als Els. Berühmt als Regisseur des *Sommernachtstraums* im vergangenen Semester – er hatte das Stück in einem Altenheim angesiedelt – und dafür, dass er zu einer Friedenskundgebung auf dem großen Platz in der Uniform eines Sepoys der bengalischen Infanterie, zirka 1850, gekommen war.

Der unsichtbare Taktstock geht nieder. Die Finger des Dirigenten flattern, fordern ein Crescendo. Und die Menge gehorcht aufs Stichwort.

Els verfolgt diese Show-in-der-Show, bis der einsame Impresario, der dieses Schauspiel zusammenhält, merkt, dass er beobachtet wird, und wiederum den Betrachter ansieht. Mit den Fingern zeigt er wie mit zwei Zündhütchenpistolen auf Els und drückt ab, wie ein Sänger aus dem Rat Pack auf der Bühne des Vegas Sands. Dann winkt er Els nach oben; er soll kommen und mit ihm das Spiel aus luftiger Höhe betrachten.

Als Els sich nähert, springt Richard Bonner auf und packt Peters Hand. *Peter Els. Genau der Mann, den ich brauche. Was hältst du davon? Sollten wir alle nach draußen stürzen und uns umbringen?*

Els beschränkt sich auf ein Lächeln, von dem er hofft, dass es kraus wirkt. Der Impresario klopft auf den Sitz neben seinem eigenen und setzt sich wieder. Els begibt sich auf den ihm angewiesenen Platz. Sie sitzen da und sehen zu, hoch oben auf der Tribüne über dem Ende aller Tage. Bonner kann seine Hände nicht stillhalten, er muss dirigieren und gestikulieren. Dann und wann kommt ein illustrierter Kommentar.

Im Lärm des Happenings versteht Els nur ein Viertel von dem, was der Mann sagt. *Unter dem Pflaster liegt der Strand! Das sind die beknackten Jetsons, Mann! Weißt du, woher die Wetterballons kommen? Airforcebasis Chanute. Weißt du, was Chanute sonst noch liefert, für den Dschungel am anderen*

Ende der Welt? Nein, natürlich nicht. Du hältst dich lieber an die Kunst, stimmt's? Die Religion unserer Väter. Leute werden in deinem Wohnzimmer massakriert, und du willst uns immer noch weismachen, dass sogar ein Quickie Schönheit hat.

Die ganze Zeit stopft Richard Bonner Süßigkeiten in sich hinein, die er aus einem halben Dutzend Taschen hervorholt. Zerbröselte Haferkekse in Wachspapier. Kandierter Lakritz aus der violett-weißen Packung. Diese schüttelt er wie Choo Choo Charlie und bietet Els davon an, der jetzt erst merkt, was für einen Hunger er hat. Sie sitzen beieinander, mampfen Süßigkeiten und sehen sich die Spiele an, als kennten sie einander schon seit dem Pleistozän.

Bonner stößt einen tiefen Seufzer aus, die Erleichterung eines Mannes, der endlich sein Zuhause gefunden hat. *Sag hallo zur ewigen Zukunft. Diesen Scheiß muss man einfach lieben.*

Findest du?, fragt Els.

Komm schon, alter Junge. Das ist Kunst.

Kunst ist keine Mobokratie. Sie ist eine Republik.

Das solltest du der Kunst mal sagen. Zu ihrem eigenen Guten.

Die Party liegt in den letzten Zügen, und Els hört, wie seine Stimme ernst wird. Trotzdem lässt er sich darauf ein. Es ist, als stritten er und dieser Bursche sich über diese Frage schon ihr Leben lang.

Menschen können nicht viel Anarchie aushalten. Sie brauchen ein Muster. Wiederholung. Vernünftige Struktur.

Menschen? Die Menschen machen immer das, was die Zeiten ihnen diktieren. Schau dir doch nur dich selbst an, Mann!

Els tut es: langärmeliges Paisleyhemd, grüne Bomberjacke, Schlaghosen aus braunem Cord. Nichts Ungewöhnliches. Bonner ist ganz in schwarzem Jeansstoff und Leder, das, was Els einen Halbstarken nennen würde.

Man kann Leute nicht dazu bringen, dass sie etwas Krankes mögen, beharrt Els.

Na hör mal, legt Bonner nach. *Ich habe dich doch dort unten gesehen, wie du's genossen hast. Es ist nach Mitternacht und du bist immer noch hier.*

Es ist eigentlich überhaupt keine Musik. Es ist ein Irrweg. Eine Eintagsfliege.

Bonner hebt die buschige rechte Augenbraue, eine gehobene Augenbraue wie im Cartoon. *Mann. Eintagsfliegen sind unsere einzige Hoffnung. Freizeit, und die Leute wissen nicht, was sie damit machen sollen, das ist die größte Herausforderung in den Industrienationen. Nach kollektivistischen Asiaten in schwarzen Seidenpyjamas natürlich.*

Wenn der heutige Abend vorüber ist, ist das erledigt. Aus und vorbei.

Lakritzstückchen fliegen aus Bonners Mund. *Du machst Witze! Das wird jedes Jahr neu aufgeführt, wie* Oklahoma *oder* Carousel. *In fünfzig Jahren spielen sie es in schicken Londoner Museen nach.*

Eine Ruhe breitet sich in Els aus. Er und dieser merkwürdige Mann, tief in einem unbekannten Land, einer Zukunft über alles Vorstellbare hinaus. Was wäre das schon für eine Musik, die auf sein Kommando hört? Der Stock Pavilion, diese verschlafene Stadt, diese ganze Versuchsanordnung einer Nation, alle sind sie verrückt vor Aktualität. Doch dieser Überschwang der Anarchie kann ihm nichts anhaben. Er kann das überleben, kann sogar etwas davon gebrauchen, ein neues Lied daraus machen, auch wenn er sich noch nicht vorstellen kann, wie es klingen wird.

Unter den Hieben der Kakophonie nimmt es gewaltige Ausmaße an. Aus den tausend lärmenden Touristen wird ein einziger Organismus, dann eine einzelne Zelle, die Millionen chemischer Signale pro Minute zwischen ihren Organellen fließen lässt. Pläne verstellen uns den Blick auf all die Möglichkeiten. Das Leben wird niemals enden. Der kleinste Klang, sogar das Schweigen, hat mehr zu bieten, als der Verstand je begreifen kann. Arbeit für alle Zeit; Arbeit für niemanden.

Bonners Worte reißen Els aus seiner Trance. *Was ist das Beste an so einem Stück? Dass es vollkommen egal ist, was andere davon halten. Der ganze Planet könnte sagen, das hier ist Betrug. Und der Mann wäre immer noch frei.*

Gegen zwei Uhr nachts werden sie mit den anderen Getreuen aus dem Stock Pavilion gescheucht, denn die Veranstalter des *Musicircus* müssen die Bühne abbauen, damit die Halle um acht wieder leer ist. Um acht Uhr werden wieder die Rinder auf die Schaufläche geführt, und die nächste Generation von Agronomen – die wahren Herren der Zukunft – können lernen, wie man eine hungrige Nation auch weiterhin mit Fleischpastete versorgt.

Bonner und Els landen draußen mitten im mittelwestlichen Winter und machen sich, von schneidendem Wind vor sich hergetrieben, auf den Rückweg über den Campus, und in den Ohren dröhnt es ihnen wie von mit einem Holzhammer traktierten Glaskugeln. Sie debattieren voller Eifer und schlingern und torkeln dabei wie Betrunkene. Unter einer

Laterne an einer Straßenecke bleiben sie stehen, Bonner redet eindringlich, piekst Els zur Betonung mit dem Finger in die Brust. Els erzählt Bonner von seinen Plänen für neue Kompositionen, und das in einer Ausführlichkeit, in der er es bei Maddy noch nie versucht hat. Er will mit kreisenden Tonhöhengruppen eine Vorwärtsbewegung schaffen, ohne dabei klischeehafte harmonische Erwartungen zu bedienen, will aber auch den leblosen Formalismus der seriellen Musik vermeiden.

Du müsstest dich reden hören, Maestro. Immer schön in der Mitte bleiben, was? Aber dann leg den Sicherheitsgurt an, Junge. Du wirst Prügel von beiden Seiten beziehen, bis du grün und blau bist.

Els erzählt Bonner von Maddy, seinem waghalsigen Sindbad-Sopran in dem kleinen Idealistenkörper. Er kommt auf die Borges-Lieder zu sprechen, deren Aufführung im neuen Jahr er und Maddy proben. Bonner ist begeistert.

Ich mache die Choreographie. Die Worte kommen in kleinen arktischen Kumuluswolken aus seinem Mund.

Es ist ein Liederzyklus, sagt Els. *Sie … singt einfach nur.*

Ihr braucht einen Choreographen. Schick mir die Partitur am Montag.

Els fühlt sich verkatert, obwohl er die ganze Nacht über nichts außer Chaos getrunken hat. Draußen vor Maddys Wohnheim verabschiedet er sich von Bonner. Sie reichen sich die Hand, und Bonner legt dabei seinen eigenen um Els' Daumen und macht den Friedensgruß daraus. *Akzeptiere die Dinge, wie sie sind.*

Du bist wirklich ein Außerirdischer, was?, sagt Els zu dem Regisseur. *Von ganz weit draußen. Gib's zu.*

Bonner gesteht es. Mit Gusto. Umarmt seinen neuen Mitstreiter zum Abschied.

Els steigt die Treppe zu Maddys Etage hinauf und vermeidet gezielt die Katzenkacke auf dem ersten Absatz. Maddy schläft fest unter ihrem schönsten Quilt, ein großes Feld aus Sonnen und Planeten. Er weckt sie auf, berauscht von einer Zukunft, die er hören konnte.

Du, sagt die schläfrige Soubrette. Sie drückt ihr Haar in die Kuhle seiner Brust. *Wie spät ist es?*

Zeit für jede Freiheit, die dieses unglaubliche Jahr ihnen bietet. Anfangs ist Maddy träge, aber gibt seinem Drängen nach, so frisch und feurig, jetzt, Stunden vor dem ersten Morgenlicht. Noch in derselben Minute, in der sie über die Ziellinie sind, schläft sie wieder ein. Er liegt da, den Arm um sie gelegt, flirrend vor Hoffnung, kann eine Zukunft gar nicht erwarten, die immer neuer und verblüffender aussieht.

Mit einem Mal ist es Samstagmorgen, von einem Takt auf den anderen. Als es hinter Maddys selbstgenähten Vorhängen hell wird, steht er auf, zieht sich an, überquert auf der Suche nach Frühstück den Platz tiefer in den Campus hinein. Kaffee, Donuts, zwei Apfelsinen und der *Daily Illini*. Beweis für das, was sich nun schon beinahe wie eine kurze kollektive Halluzination anfühlt, in großen Lettern auf der ersten Seite: »Musicircus lässt den Stock Pavilion tanzen«. Darunter noch eine kleinere Schlagzeile: »Johnson fordert ehrenvollen Frieden«.

Er bringt seine Frühstücksbeute nach Hause, zu einer Frau, die gerade erst erwacht. Sie schlägt die Augen auf, sieht ihn an, wie er sich über das Bett ihres Studentenzimmers beugt, lächelt, schlingt ihm die Arme um den Hals. Ein alter Folksong kommt ihm in den Sinn, und er wird noch dreißig Jahre brauchen, bis er Variationen darüber schreibt: *What wondrous love is this, oh my soul?* Was für eine wundersame Liebe ist das doch.

Partch: ›Ich bin zu jedem Gott gegangen, der nach mir pfiff … Der eine Ort, an dem ich ›gern verweilt‹ hätte, lag lange hinter mir.‹

Er setzte sich neben Klaudia auf die Bank vorn an der ovalen Auffahrt des Schattigen Hains. Menschen, die bald tot sein würden, gärtnerten in den Beeten, Blütenstaub puffte in Wolken auf, als wolle es für immer und überall Frühling bleiben. Els' ehemalige Therapeutin, Schwarm seiner späten Jahre, sah ihn an und schnitt eine Grimasse. *Hast du auf dem Bauernhof ausgeholfen?*

'tschuldigung. Mein Fitnessdress.

Du schwitzt wie ein Schwein. Da stimmt doch was nicht.

Er reibt sich das Gesicht. *Bin ein bisschen in Schwierigkeiten.*

Sie sah ihn von der Seite her an. In was für Schwierigkeiten konnte so ein Mann schon kommen? Leichtfertiger Archaismus. Arpeggieren unter Alkohol. Presto in einer Andantezone.

Er erzählte ihr von den Ereignissen des Vormittags. Die Fakten, die er aufreihte, waren so unverständlich wie die Klänge, die er einst produziert hatte.

Sie schüttelte den Kopf. *Sie haben dein Haus durchwühlt?*

Eine Einheit in Schutzanzügen, gelbes Absperrband rings um seinen Rasen: ein Phantasiegespinst. In Wirklichkeit hatten die Agenten es auf jemand anderen abgesehen. Jemand Gefährlichen.

Die Polizei durchwühlt dein Haus, und du kommst hierher und hältst deinen Vortrag.

Ihr habt alle gewartet. Ich konnte sonst nirgendwo hin.

Ich verstehe das nicht. Ein Labor? So eine Art großer Chemiebaukasten?

Er hätte es ihr gerne erklärt: In einer einzigen Zelle gab es die unglaublichsten synchronisierten Sequenzen, Notenspiele, neben denen die h-moll-Messe klang wie ein Liedchen, zu dem man mit dem Sprungseil hüpfte.

Was hast du denn da bloß gemacht?

Er hatte eine DNA-Kette nehmen, fünftausend Basenpaare lang, fertig im Internet bestellt, und sie dem Plasmid einer Bakterie einimpfen wollen.

Ich wollte etwas über das Leben erfahren, sagte er.

Klaudia starrte ihn an, als hätte die nette neunzigjährige Teppichstickerin aus der Wohnung ihr gegenüber unter dem Bett eine Schachtel mit Medaillen der Hitlerjugend hervorgezogen.

Warum machst du das, Peter? Sie hatte diese Frage oft gestellt, damals, als sie so tat, als ob sie seine Therapeutin sei.

Warum Musik schreiben, die keiner hören wollte? *Damit ich nichts Unanständiges tue.*

Sei nicht albern. Was sollte das werden?

Nach allem, was Els wusste, würde die fremde DNA-Kette

neben dem historischen Repertoire des Bakteriums weiterexistieren, sich still verhalten und überhaupt nichts tun. Wie die beste Konzeptkunst würde sie zwischen den Millionen von Gewerben, denen auf dem Markt nachgegangen wurde, nie wahrgenommen werden. Mit Glück würde diese falsche Botschaft sich bei den Zellteilungen ein paar Generationen lang replizieren, bis das Leben dahinterkam und den Trittbrettfahrer abschüttelte. Oder aber sie hielt sich an Bord, setzte zufällige Veränderungen in Gang und blieb für immer.

Nichts, sagte Els. Nennen wir es komponieren. *Wollte nur etwas beweisen.*

Was wolltest du beweisen?

Jetzt spielte es ja wohl keine Rolle mehr.

Bist du ein Terrorist?

Er warf den Kopf in den Nacken. Klaudia musterte ihn. *Und? Bist du einer?*

Er wandte den Blick ab. *Ach, wahrscheinlich schon.*

Von wem weißt du, wie man Zellen modifiziert?

Ich halte mich nur an die Rezepte.

Wo hast du so viel praktisches Wissen –

Ich habe eine Vorlesung gehört. Vier Lehrbücher gelesen. Fünfzig Stunden Anweisungsclips angeschaut. Das ist alles gar nicht schwer. Anscheinend merkt überhaupt niemand, wie einfach das geht.

Aus einem anderen Leben hört er sich einem staatlichen Agenten sagen: *Einfacher, als Arabisch zu lernen.*

Wie lang machst du das schon?

Er senkte den Kopf. *Vor zwei Jahren habe ich angefangen. Ich … hatte nichts anderes zu tun. Stieß auf einen Artikel über solche Bio-Bastler. Ich wollte nicht glauben, dass es Leute gab, die in ihrer Freizeit in der Garage Genome veränderten.*

Und ich kann nicht glauben, dass es Leute gibt, die in ihrem Keller Giftschlangen großziehen. Aber deswegen will ich noch lange nicht mitmachen.

Er konnte es ihr nicht sagen: Er hatte seinen Beruf verfehlt. Mit Naturwissenschaften hätte er Karriere machen sollen, die Musik war das Hobby. Er hatte die Geburt der Biotechnologie miterlebt, einer völlig neuen Kunstform. Er hätte ein sinnvolles Leben führen können, seinen Beitrag leisten zu dem einen wirklich schöpferischen Unternehmen seiner Zeit. Gerade eben lernten die Genwissenschaften, Partituren von unbeschreiblicher Schönheit zu lesen. Els wollte das noch hören, bevor das Licht in seinem Zelt erlosch.

Kohlmann sah ihn an, wie sie es Jahre zuvor getan hatte, als er sie dafür bezahlte, seine namenlosen Ängste zu vertreiben. *Bist du übergeschnappt?*

Der Gedanke ist mir bisweilen gekommen.

Und du hast dir nicht vorgestellt, dass so was die Behörden ein klein wenig nervös machen könnte, so nahe beim Basislager von Dschihad-Jane?

Ich hatte ja keinen Dschihad im Sinn.

Klaudia stöhnte, presste sich die Handflächen auf die Augen. *Peter – hättest du nicht Bridge spielen können wie wir anderen auch? Kurse in Erwachsenenbildung?*

Ein Zittern in ihrem spindeldürren Unterarm, und Els begriff: sie litt an Parkinson. Seit anderthalb Jahren sah er sie jede Woche, und es war ihm nie aufgefallen. Sie hatten in all der Zeit über nichts anderes geredet als über *Sacre* und *Pierrot*.

Ich brauche jetzt eine Zigarette, sagte sie. *Schon eine Viertelstunde über die Zeit.*

Du rauchst? Seit wann rauchst du?

Jetzt sei nicht pampig. Zwanzig Jahre lang habe ich es geschafft, nicht zu rauchen, weil ich mir versprochen hatte, dass ich mit fünfundsiebzig wieder anfangen darf.

Klaudia zündete sich eine Zigarette an und nahm einen gewaltigen Zug. Sie saßen schweigend da, ein Windhauch fuhr über sie her. Am Himmel über ihnen löste sich ein Kondensstreifen langsam auf. Mit einem Seufzer blies sie den Rauch wieder aus.

Sie haben dein Haus auf den Kopf gestellt, aber dich haben sie nicht zu fassen bekommen. Sind das solche Armleuchter?

An jedem anderen Tag der Woche wäre ich da gewesen. Aber montags bin ich immer schon vor Sonnenaufgang aus dem Haus.

Aber die müssen geglaubt haben … Sie betrachtete eine schwer zu entziffernde Aufschrift auf ihren Fingernägeln. *Wenn du davonläufst, machst du die Sache umso schlimmer.*

Ihre Worte schockierten ihn. Er lief nicht davon. Er saß in einem bewachten Seniorenheim und wartete darauf, dass er unbehelligt nach Hause gehen und sich duschen konnte.

Die Leute von der Task Force haben gesagt, sie werfen mir nichts vor.

Und du meinst, es gibt nicht inzwischen einen Haftbefehl für dich?

Bisher hat mir niemand einen vorgelegt.

Er hatte zwei Möglichkeiten: Er konnte sich stellen, wo immer des Bioterrorismus Verdächtige sich stellten, und im

Niemandsland der Untersuchungshaft verschwinden, oder er konnte sich für ein paar Tage rar machen, bis das FBI dahintergekommen war, dass er nichts anderes tat als das, was Tausende anderer Amateurgenetiker im ganzen Land ebenfalls machten. Bis Freitag würde die Feuerwehrübung vorbei sein.

Das erklärte er Klaudia.

Du könntest genauso gut ein Geständnis unterzeichnen. Sie werden alles zerstören, was von deinem Leben noch bleibt, als Abschreckung für die anderen.

Ich habe kein Gesetz gebrochen. Sie werden ihre Zeit nicht lange mit einem senilen Amateurforscher vergeuden. Die haben echte Terrornetzwerke, auf die sie aufpassen müssen.

Klaudia drehte ihre Zigarette um und betrachtete das brennende Ende. Sie verzog das Gesicht und schüttelte den Kopf.

Was?, fragte er.

Sie hob die Hand, wies auf Gefahren am Horizont. *Hör mal, es ist eine Menge in diesem Land passiert, in der Zeit, in der du auf anderen Planeten warst.*

Er blickte hinüber zum Garten, wo eine tattrige Gärtnerschar die Beete für Tomaten und Kürbisse vorbereitete. Es war ein veritabler Glaubensakt, wenn sie darauf vertrauten, dass sie zur Ernte im Herbst noch da sein würden.

Klaudia zeigte mit der brennenden Zigarette auf ihn wie mit einem Laserpointer. Ihm fiel wieder ein, dass sie ja kein Ehepaar waren.

Jeder ist jetzt ein Feind. Die Schweizer haben Boulez festgehalten, weil er in den Sechzigern mal gesagt hat, Opernhäuser gehörten in die Luft gesprengt. John Adams hat der BBC ge-

sagt, dass sein Name auf einer Liste steht. Die Behörden schikanieren ihn bei jedem Flug.

Du machst Witze. Weswegen?

Wegen Klinghoffer.

Els musste lachen: John Adams' Name auf einer Liste von Staatsfeinden. Eine Ironie jagte die andere, wie die Monde in einem Sonnensystem mit Handkurbel. Einmal hatte er an einer Podiumsdiskussion in Columbia teilgenommen, ein einfältiger Hitzkopf von siebenunddreißig, und gerufen, als Komponist sei man zur Subversion verpflichtet. Die beste Musik, hatte er erklärt, sei immer Bedrohung. Heute wand er sich, wenn er an dieses Manifest dachte. Aber seine Haut kribbelte doch, als er hörte, dass es einem Komponisten gelungen war, auf die Verdächtigenliste der US-Regierung zu kommen.

Adams, sagte Els. *Großartige Musik. Eine Handvoll überragender Werke. Er wird bleiben.*

Klaudia beendete den Liebesakt mit dem letzten Millimeter ihrer Zigarette. *Bleiben?*

Ihre Stimme war vom Sarkasmus schwer. Musik mit ausgeklügelten Harmonien, komplexen Rhythmen? Da konnte man genauso gut einen Arztroman in Mayazeichen schreiben.

Sie wedelte mit der Hand in seine Richtung, ein Papst, der einen Segen zurücknimmt, und erzählte ihm dann von einer Verhaftung von Terroristen in Albany – ein Waffendeal, bei dem sämtliche Waffen dem FBI gehört hatten und sämtliche Terroristen dafür bezahlt worden waren, dass sie sie kauften. Els hörte nicht zu. Er genoss die Idee, dass Kunst – ein Meisterwerk von Adams – immer noch gefährlich sein konnte. Er fühlte sich unverdient ausgezeichnet, weil der Heimatschutz hinter ihm genauso her war wie hinter Adams. In diesem Augenblick durchkämmte irgendwo jemand die Archive nach Hinweisen auf Peter Els, suchte seine Kompositionen ab, um zu sehen, ob er je etwas geschrieben hatte, das die Joint Security Forces auf den Plan rufen würde.

Dann fiel es ihm wieder ein. Er hatte tatsächlich so etwas geschrieben: sein spektakulär gescheitertes Historiendrama *Der Strick des Voglers.*

Ich glaube, ich sollte untertauchen, sagte er. *Ein, zwei Tage. Damit sie Zeit haben, meine Wäsche zu sortieren.*

Ihr Blick ließ ihn gefrieren.

Es ist ja nur … ich habe noch nie gern Handschellen getragen.

Klaudia drückte ihre Zigarette an ihrer Schuhsohle aus und steckte den Stummel ein. Sie suchte in ihrer gestreiften Handtasche und holte ihr Telefon heraus.

Ich nehme an, damit mache ich mich der Beihilfe schuldig. Sie gab ihm das Smartphone, bedeutete ihm mit einer Handbewegung, dass er es mitnehmen solle. *Da ist so ein Navigationsprogramm drin. Es weiß, wo du bist. Ich gebe dir eine Adresse.*

Er nahm das Kästchen und spielte damit. Fuhr mit dem Finger darüber, zupfte daran, tippte mit den Daumen etwas ein, so wie Fidelio gesungen hatte. Er öffnete die Navi-App. Die vormalige Musikbox war nun eine Kompassnadel, die über dem Schattigen Hain, Naxkohoman, Pennsylvania schwebte. Sie diktierte ihm eine Adresse, er tippte. Eine grüne Linie erschien, führte von der Nadel an den Rand des Schirms.

Klaudia Kohlmann schlug sich mit der Hand an die Stirn. *Mist. Du brauchst das Ladegerät.*

Sie stand auf und humpelte in Richtung Haus. An der automatischen Tür drehte sie sich noch einmal abrupt um. *Rühr dich ja nicht von der Stelle.*

Wiederum Partch: ›Ich hörte Musik in allen Stimmen um mich her und versuchte sie aufzuschreiben …‹ Mehr habe ich auch nicht versucht.

Els legte schützend die Hand um den winzigen Bildschirm. Wegbeschreibungen erschienen neben der briefmarkengroßen Karte, zu klein für siebzig Jahre alte Augen. Er hob den Blick, in Richtung der Gartenbeete. Die Luft sirrte wie der Tinnitus, der ihn in seinen Sechzigern so geplagt hatte, dass er sich am liebsten den Gnadentod gegeben hätte. Ein kurzer Triller teilte sich in zwei, eine kleine Sekunde. Das Intervall wurde schmetternd. Noch ein Augenblick, und alles vereinte sich wieder zum Unisono.

Dann wieder dieses Sirren, ein liliputanischer Luftangriff. Aus dem neuen Akkord ergaben sich umso schrillere Intervalle – eine verminderte Terz, die sich zu beinahe etwas wie einem Tritonus steigerte –, eine eisige Schöpfung, etwas von Xenakis oder Lucier, von einem dieser überkandidelten Jeremien, die in der Einöde heulten und die ein Stück weiter als die anderen sehen konnten. Das Sirren erfüllte die gesamte Luft, akustischer Blütenstaub, wie die Triebwerke einer Flotte von interstellaren Raumschiffen, jedes so groß wie eine Vanillewaffel. Bis in die Tiefe war der Raum damit angefüllt, ein Gesang, zu lieblich für Heuschrecken oder Zikaden. Etwas Gewaltiges, Unsichtbares trieb seinen Spaß mit den Harmonien, und Els war wieder ganz der Forscher.

Ein Quartett von Hainbewohnern kam durch die automatische Glastür; einer von ihnen war William Bock. Als er sah, wie sein Lehrer horchend dort stand, blieb der Keramikingenieur ebenfalls stehen und lauschte. *Heilige Scheiße! Was ist das?*

Jetzt begann das Rätselraten, doch keine Theorie hielt sich lange. Kinder, die in der Ferne auf Blechflöten spielten, das Vibrieren des Winds in den Ästen, das Brummen von Transformatoren auf Leitungsmasten, das Murmeln einer Kolonie von Staren, Belüftungen auf den Dächern, der gedämpfte Klang einer Blaskapelle, die Meilen entfernt auf einem Fußballfeld übte.

So standen sie noch da, als Lisa Keane, zum Gärtnern umgezogen, dazustieß, ein Flashmob aus alten Knackern in der Auffahrt, und alle blickten in den Himmel, obwohl dort nichts zu sehen war.

Frösche, erklärte sie ihnen. *Baumfrösche. Singen sich gegenseitig was vor.*

Amphibien, die ihre Experimente anstellten, die unglaublichsten, dissonantesten Refrains ausprobierten: das kam Els nicht abwegiger vor als sein eigenes Leben.

Was für eine Art es ist, kann ich nicht sagen, sagte Keane. *Zwei Dutzend Dialekte in der Gegend hier.*

Was singen sie?, fragte Els.

Ach, das Übliche. Es ist kühl und feucht. Wir leben. Kommt her. Was sollen wir sonst schon singen?

Das war die Frau, die keine Musik rühren konnte. Els schloss die Augen, transkribierte die Töne, Harmonien aus einer Zeit, als die Übertragung einer Botschaft über größere Entfernung die größte Glanznummer des Lebens war.

Wie lange machen sie das schon?

Keine Ahnung. Hundert Millionen Jahre?

Nein, ich meine … wie lange schon dieses Jahr?

Die einstige Benediktinerin überlegte. *Seit einem Monat ungefähr, und fast jeden Morgen.*

Nicht zu glauben!, rief Bock.

Aber schon in der nächsten Minute war das Wunder nicht mehr neu und die Gruppe trottete weiter Richtung Shuttlebus. Bald waren nur noch Keane und Els als Zuhörer dieser schroffen Serenade übrig, und ein gebückter Mann, der sich bewegte wie ein Adler mit gebrochenem Flügel.

Endlich kehrte Klaudia zurück, in der Hand baumelte ein Netzteil. *O je. Was haben wir denn jetzt?*

Els wies in Richtung Baum, auf den wirbelnden Klang. Klaudia blickte ärgerlich.

Ach – schon wieder Natur? Die ist außer Rand und Band.

Baumfrösche, sagte Keane.

Els konnte nur staunen. Es sah ganz so aus, als habe die ehemalige Nonne eine heimliche Schwäche für die Transaktionsanalytikerin.

Okay. Kohlmann kapitulierte. *Baumfrösche. Und … warum genau müssen wir das wissen?*

Lisa Keane fuhr ihr behutsam über den Arm und betrachtete sie mit einem zerknitterten Lächeln. Amphibien würden niemandem mehr lange Sorge machen. Sie winkte zum Abschied und nahm den Plattenweg zu dem kleinen Stückchen Land, auf dem sie ihren Garten bestellte.

Klaudia reichte Els das Netzteil. *Du wirst schon klarkommen. Tue einfach, was die Stimme dir sagt, auch da noch, wo du denkst, sie hat sich vertan. Ihre Wege sind unergründlich, aber die Stimme weiß, was gut für dich ist.*

Els fragte: *Sagst du mir, wohin ich fahre?*

Die Blockhütte meines Sohns in den Alleghenies. Er und seine Horde mögen solche Sachen. Zwischen Giftpflanzen herumgrasen. Sich gegenseitig Zecken voller Krankheitserreger aus der Kopfhaut puhlen. Hat er von seinem Vater.

Ich kann doch nicht einfach im Haus deines Sohns kampieren.

Die sind froh, wenn auch mal ein anderer Verrückter hinkommt. Im Augenblick bahnen sie sich alle vier mit Buschmessern einen Weg durch den indonesischen Dschungel. Du solltest meine Enkelkinder sehen. Das bovine Wachstumshormon.

Du willst doch nicht, dass die Bundesbehörden …

Klaudia schnalzte mit der Zunge und ließ den Finger hin- und hergehen wie einen winzigen Scheibenwischer. *Pfff. Der Schlüssel steckt in einem verlassenen Wespennest im Gebälk über der Hintertür. In dem Kästchen verbirgt sich irgendwo auch ein Telefon. Wenn du in Schwierigkeiten kommst, klickst du das Telefonsymbol an und tippst dann »ich«.*

Ich kann doch nicht dein Telefon mitnehmen.

Ich habe noch zwei.

Aber deine Mails. Deine Musik. Dein Internet.

Schon seit fünf Monaten versuche ich, von dem Ding loszukommen. Du hilfst mir, meine Sucht in den Griff zu kriegen.

Sie setzte sich aufrechter hin, spielte ihm eine Jüngere vor. *He! Hör dir das an. Hörst du das? Kleine Reptilien, und sie singen!*

Els betrachtete das Kästchen in seinem Schoß. *Warum machst du das für mich? Ich meine, wenn man bedenkt …*

Sei still und nimm es einfach. Ich habe Flatrate für alles. Kein Prepaid-Scheiß.

Ich bringe es dir zurück. Dieses Wochenende.

Sie entließ ihn mit einer Handbewegung. *Schön. Und wenn du in der Hütte ankommst – tu mir den Gefallen und nimm eine Dusche.*

Er stand auf und ging zu dem Parkplatz, der ihm nun weit fort schien. Er drehte sich noch einmal zu Kohlmann um. Mit der rechten Hand beschirmte sie ihre Augen.

Und danke, sagte sie.

Er verstand nicht, was sie meinte. *Wofür?*

Sie zeigte mit dem Daumen Richtung Eingang.

Für heute. Ich habe mir dieses Ding schon ein Dutzend Mal vorgenommen, aber bis heute vormittag habe ich nie etwas gehört.

Meine Kulturen kann man jetzt nicht mehr zurückpfeifen. Sie sind da draußen und vermehren sich, wie die Besen des Zauberlehrlings.

Richard Bonner nahm Els' vier hochkünstlerische Borges-Vertonungen und machte eine verrückte Theaternummer daraus. Maddy und das Ensemble – Horn, Oboe, Cello, Klavier und Schlagzeug – mussten noch einmal ganz von vorn anfangen. Zunächst versuchte Els noch, den Schaden zu begrenzen. Bei den Proben blieb er immer in der Nähe seines neuen Freundes, wies auf Dinge hin, die vielleicht nicht realistisch waren. Aber Realismus war Bonners Punchingball. *Lasst uns das mal probieren*, sagte er alle paar Minuten, und wenn Els oder Maddy oder einer von den Instrumentalisten Einwände hatte, dann konterte dieser massige Texaner, Sohn eines Hasspredigers: *Ein kleines Experiment bringt euch um?*

Richard hofierte Maddy auf seine seltsame Art, umgarnte sie, denn er hatte Größeres vor. Els staunte; er hätte gedacht, dass seine vernünftige Freundin, eine Frau, die Quilts nähte, vor der Manie dieses Mannes zurückschrecken würde. Aber Maddy genoss all die Aufmerksamkeiten von Bonner. Er brachte ihr Schmuckstücke – Rokokoschmuck, den kein normaler Mensch sich an den Körper gesteckt hätte: ein lackierter Geckoschädel auf einer Messingnadel. Eine Spange, aus einer toten Zikade gefertigt. Die arglose Maddy steckte sie an und strahlte.

Schau dich nur an!, sagte Richard. *Du siehst aus wie eine brünstige Vestalin.*

Aber sie behauptete sich gut. Einmal, als Richard sie überreden wollte, wie ein Roboter zu gehen, packte Maddy ihn bei seinem beigefarbenen Hemd, ballte den Stoff in der Faust und fragte: *Brauchst du das noch? Da könnte ich was Interessantes draus machen.*

Bei jeder Probe teilte Richard Requisiten aus: Gasmasken, die die Musiker im dritten Song tragen sollten; malaiische Schattenspielfiguren, die sie über ihren Köpfen schwangen; Kalimbas, die Els noch in den Part des Perkussionisten aufnehmen musste. Els betete, dass der Heilsarmee der Vorrat an solchen Schätzen ausging, bevor den Musikern die Geduld ausging.

Am Abend, wenn die anderen längst bei Murphy's saßen, bestand Bonner darauf, dass er und Els sich zusammensetzten und weiter bastelten. Er hatte andere Verpflichtungen – seine Doktorarbeit, Theateraufführungen, vielleicht sogar ein Privatleben, obwohl Els nie eine Spur davon sah. Und trotzdem hatte er für dieses eine Amateurprojekt – das Abschlusskonzert eines anderen – endlose Energie. Els überlegte, ob er Aufputschpillen nahm. Aber Richard brauchte keine Amphetamine. Er hatte seine eigenen Dämonen an Bord – teuflischer Vater, die Mutter hatte sich umgebracht, die kleine Schwester gefangen in epileptischen Anfällen –, die auch noch so viel Arbeitswut nie austreiben würde.

Bonners Pläne für die Borges-Lieder verlangten Kostüme, Filmprojektoren, und es wurde getanzt. Niemand außer ihm sah, was diese ganzen Bewegungen zusammenhielt. Richard zeichnete Maddy die Schritte vor, die er von ihr sehen wollte – spastische Zuckungen, Bewegungen wie Tritte und Hiebe. Er machte es ihr vor, und seine linkischen Schritte sahen so sehr nach schierer Glückseligkeit aus, dass Els wegsehen musste.

Manches, was der Choreograph forderte, war so verrückt, dass Maddy sich weigerte. *Das kann ich nicht.*

Doch, kannst du. Du gewöhnst dich dran.

Ich sähe wie ein Idiot aus.

Du wirst aussehen wie eine Naturgewalt. Wart's nur ab.

Els saß in dem leeren Theater und sah zu, und seine Lieder wurden fremd wie der Tod. Maddy reckte die Arme, hob die Schultern, Heilige und Clown. Els wollte diese beklommene, bedrohte Sopranistin vor einem Schicksal bewahren, das sie sich nie selbst ausgesucht hatte. Aber sie brauchte keinen Beschützer. Das Spiel war bereits verloren, und ihren Untergang wollte sie tapfer ertragen.

Bonner sah in jedem Plié, das Madolyn Corr misslang, ein *objet trouvé*. Für den Mann war einfach *alles* Choreographie. Er stand vor dem geplagten Quintett, die linke Hand an den rechten Ellenbogen geklammert, zwei Finger am Haaransatz, lächelte verschmitzt, als sei die ganze Weltgeschichte nichts weiter als ein einziger großer Treppenwitz – und ihm komme nun die Ehre zu, die Pointe zu präsentieren. Er überflog die Partitur, besah sich die Palette denkbarer Opfer und schlug zu.

Der Schlagzeuger hatte seinen Spaß an Bonners Verrücktheiten; der Mann am Klavier lachte einfach nur. Die anderen drei drohten damit, die Sache hinzuschmeißen. Bonner nahm die Herausforderung an.

Wollt ihr dasitzen, als hätte euch einer einen Besenstiel in den Hintern gesteckt? Euch nicht trauen, mit dem Fuß zu wippen? Ihr habt alle vergessen, woher die Musik kommt. Musik ist Bewegung, *Leute.*

Und murrend besannen die Instrumentalisten sich darauf, dass sie Tänzer waren.

Das Stück war die Art von Charterflug nach Paris, die am Ende in Havanna landet. Doch als es Dezember wurde, hatte Els Gefallen an der Entführung gefunden. Er baute die Partitur aus, wo Bonners chaotisches Theater danach verlangte. Die trockene Komposition begann zu leben, sie atmete, blutete. Zusammen – sie schubsten und zerrten und überrumpelten einander – transponierten die beiden die Noten an Orte, die sie sonst nie erreicht hätten.

Sicher, sie stritten sich. Waren wütend, beleidigt. Wäre weniger dabei herausgekommen, dann wäre diese Anspannung zu groß gewesen. Doch Richard machte selbst aus einem Zweikampf noch ein kreatives Rätselspiel.

Eines eisigen Abends überquerten die beiden den dunklen Platz, erschöpft nach stundenlanger Probe, doch erregt von dem Wunderding, das da unter ihren Händen Gestalt annahm. An der großen Diagonale blieb Richard stehen, fuchtelte dirigierend mit den Armen. *Wie gefällt er dir, dein kleiner kalter Fisch, wie er im großen Ozean schwimmt?*

Els kam ganz nahe heran. *Wie gefällt sie dir, deine ewige Willkür, wenn sie endlich mal eine Form annimmt?*

Der Choreograph reckte sich zum pockennarbigen Mond. *Maestro. Wir sind ein ziemlich gutes Team, findest du nicht auch? Mir scheint, die Hälfte aller Schwierigkeiten dieses Lebens wäre verflogen, wenn einer von uns beiden eine Muschi hätte.*

Els schreckte zurück. Er rutschte auf dem glatten Schnee und wäre gestürzt, hätte Bonner ihn nicht am Ellbogen gepackt. Bonner gab Els einen Klaps auf den Hinterkopf und lachte laut.

Ja, schon gut! Schau mich nicht so an, Mann. Passt dir irgendwas nicht?

Mit einem Fingerschnippen dekretierte Richard den Fortgang der Parade. Nach hundert Metern Schweigen, an denen er sich sichtlich weidete, packte er Els zum zweiten Mal. *Hör mal, Maestro. Ich freue mich für dich, dass* sie *eine hat. Und eine großartige, da habe ich keine Zweifel.*

Dann ging es wieder um die Kunst – Borges und Brecht und neue Pläne, Unendlichkeit auf diese armselige kleine Bühne zu bringen.

Es liegt Freude in einem Mollton, tiefe Befriedigung, wenn man eine stockfinstere Melodie hört und spürt, dass man ihr gewachsen ist.

Die Aufführung fand Ende Januar statt, einen Tag vor Peter Els' siebenundzwanzigstem Geburtstag. Bonners Bekanntheit sorgte für Zulauf. Die Groupies von Vertical Smile wollten die Leadsängerin hören. Peters Komponistenfreunde stellten sich ein, um zu sehen, ob er eine Konkurrenz war. Mattison saß ganz vorne und wartete darauf, unzufrieden zu sein. Es hatte sich herumgesprochen, dass Patienten aus dem Irrenhaus einen Ausflug machten, und der Saal war gut gefüllt.

Als die Zuschauer allmählich eintrudelten, belegte Bonner einen Platz in der Saalmitte am rechten Gang. Unter höflichem Applaus kamen die Musiker auf die Bühne, und Richard zog sich nach hinten zurück, wo Els bereits saß. Zögernd setzte das Horn ein, im Stotterschritt, das Cello griff die Phrase auf, dann die Oboe. Geduldig spielten diese drei ihr Spiel, zögerten hinaus, während Madolyn in grauer Tunika den rechten Gang hinunterschritt – Kleopatra mit Geckobrosche und einer Zikade im Haar. Ganz langsam näherte sie sich der Bühne, blieb stehen, wand sich, schreckte zurück, floh zu dem Stuhl, den Bonner freigemacht hatte. Das Publikum war verblüfft, doch die Kapelle spielte weiter.

Schnarre und Holzblock schubsten das zögernde Motiv voran; kreisend durchschritt es dissonante Intervalle in Cello, Horn und Oboe. Maddy erhob sich von ihrem Platz, schlurfte zur Bühne, zögerte, verlor wieder die Nerven und setzte sich von neuem. Die Zuschauer kicherten, so nervös, wie sie eigentlich hätten sein sollen.

Im Sturm nahm das Klavier die Stakkatotöne, brach die Töne auf. Alle fünf Instrumente verfielen in eine fließende Melodielinie. Maddy kam mit schnellen Schritten von ihrem Platz, zwang ihren widerstrebenden Leib die Treppe hinauf und in die Bühnenmitte, wo sie, unter dem Schock plötzlicher Willensanstrengung, sang:

Nun ist es so,
ist es so,
ist es so …
Nun ist es so, dass wir unser Leben leben
und alles aufschieben, was sich aufschieben lässt …

Mit einem Aufschlag änderte die Stimmung sich zu Hypophrygisch, einer alten Kirchentonart. Die Instrumente spielten kreisförmige Figuren, Engführungen aus dichtem Material. Dann flammten die Projektoren auf – zwei Strahlen von gegenüberliegenden Seiten des Saals – und hüllten die Sängerin in Farben. Schon fast am unteren Ende ihres

Stimmumfangs sang Maddy eine Legatolinie, verwinkelt wie ein Tunnel in einem uralten Grab:

Vielleicht wissen wir alle in unserem Innersten … dass wir unsterblich sind.

Mit dem Wort *unsterblich* kam vom Klavier eine Reihe strahlender Forteakkorde, dazu ein Furor der Handglocken.

Die drei Melodieinstrumente erreichten in schrillen Arpeggien ihren Höhepunkt und verstummten. Die Projektorlichter gingen aus. Der Klang verebbte in dem Saal, dessen Luftfeuchtigkeit stieg. Ungelenk machte Maddy Handbewegungen über die Köpfe der Zuschauer hinweg. Ihre greifenden Bewegungen, die verzweifelten Blicke sorgten dafür, dass die Hälfte der Anwesenden sich umdrehte, um zu sehen, was dort hinten war. Und dann, über einem Pianissimo von Horn und Oboe, glitt sie durch die vier Töne eines verminderten Septakkords:

Und dass früher …
Früher oder später …
Früher, oder früher oder später …
Später … oder später … später …

Die Projektoren warfen wieder ihren Strahl, und mit ihnen kam ein Tonbandchor antiphonischer Stimmen. Bilder bestürmten die Saalwände, eine Zeitrafferparade, die von Edisons Exekution eines Elefanten bis zu Edward White reichte, wie er an einer fünfundzwanzig Fuß langen Nabelschnur neben der Gemini-Kapsel über der blauen Erde schwebte.

Der Klavierspieler legte die Unterarme auf die Tasten und ließ sie wogen. Horn, Oboe und Cello errichteten eine Corona aus kleinen Sekunden, und der Schlagzeuger machte dazu einen Schwammschlägelwirbel auf einem suspendierten Chinabecken. Auf einem gleichmäßigen Ton in der Mitte ihres Stimmbereichs, wobei sie am Ende der Zeile um drei Stufen höher ging, intonierte Maddy, reglos:

Früher oder später alle Menschen alles tun und wissen werden.

Wer gehörte an diesem Abend zum Publikum? Studenten der Kulturanthropologie in Batik-Kurtas mit Bärten wie Schuhbürsten. Ein Doktor der Philologie, der sich bald darauf seinen Lebensunterhalt damit verdienen sollte, dass er Billigmöbel direkt vom Sattelschlepper verkaufte. Eine langhaarige, glutäugige Frau mit den *Desiderata* an ihrer Badezimmerwand, die jede Nacht hochschreckte in der Gewissheit, dass sie für ihre Taten in der Hölle schmoren würde. Pensionierte Sozialwissenschaftler, überzeugt, dass die westliche Konsumgesellschaft maximal noch zehn Jahre zu leben hatte. Ein Agitator mit einem Verstand wie Feuerzeugbenzin, der später zur Chicagoer Handelskammer ging. Ein Experte für den deutschen Idealismus, der fest daran glaubte, dass das Universum zu Selbsterkenntnis gelangen würde. Ein Atmosphärenforscher, der den Verdacht hegte, dass die Erde sich schon bald langsam zu Tode kochen würde. Ein Ethnomusikologe, der die nächsten vierzig Jahre an dem Beweis dafür arbeiten sollte, dass Musik sich nicht definieren ließ. Alles in allem hundert

Leute, deren Nachfahren einst alles wissen und unsterblich sein würden.

Das erste Lied war zu Ende; die Zuhörerschaft regte sich, hustete. Ein gewisses Kichern lief durch die Reihen rund um Els. Die Frau links von Els beugte sich zu ihrem Begleiter hin und drehte in einer Pantomime eine Kurbel: verrückt. Els sah Richard an. Bonners Antlitz strahlte. Er lachte schrill wie der Bösewicht in einem Melodram und rieb sich die Hände, freute sich schon auf das Fest an Schmähungen, wie nur die Kunst es kennt. Drei weitere Lieder noch; ein stechender Schmerz wie von einer Aderpresse schoss Els in Zehnsekundenintervallen durch den linken Arm.

Das zweite Lied bestand lediglich aus zwei Ideen: einem punktierten trochäischen Puls – ein einseitiges Metronom, das immer nur zur einen Seite ausschlug –, mit seinem eigenen Rhythmus in verschiedenen Intervallen darübergelegt, und einem Kreis von Vorhalten, die in andere Vorhalte übergingen, ohne dass sie je aufgelöst wurden. Maddy straffte und entspannte die Schultern, beugte sich vor, reckte die Arme, wurde zurückgezerrt, schwankte, die Füße fest auf dem Boden, gefangen in einem Körper, der ihr wie der einer Fremden vorkam.

Die Zeit ist ein Fluss, der mich vorantreibt

sang sie, in einer Tonreihe, die floss wie ein Choral. Dann die lyrische Antwort auf diese lange Phrase:

Doch ich bin der Fluss.

Immer, wenn die Musiker pausierten, reichten sie sich, in gemessenen Bewegungen über ihre Köpfe hinweg, bunte Bälle. Bilder bemalten ihre Körper – gedehnte oder gestauchte Uhren, die pulsierende Sinuskurve eines Oszilloskopen, Atomkerne, wirbelnde Galaxien. Die Tonreihe kehrte zurück, in transponierter Umkehr.

Zeit ist ein Tiger, der mich verschlingt

Als Antwort die Kantilene:

Doch ich bin der Tiger.

Beim dritten Couplet breiteten sich die Bilder von den Musikern über die gesamte Rückwand aus: Aufständische in Biafra, Unruhen in Detroit, Bomber in Da Nang und schließlich der junge Che, erst wenige Monate zuvor umgekommen. Maddy bändigte ihre bebenden Glieder und sang, wie es nie jemand zu hören bekommen würde.

Zeit ist ein Feuer, das mich verzehrt. Doch ich bin dieses Feuer.

Die zirkelnden Vorhalte verklangen. Auch die gespenstischen Filmbilder kamen zum Stillstand, verharrten bei einem untergehenden Supertanker, bis das Licht erlosch. Wieder husteten die Zuhörer, rutschten auf ihren Stühlen hin und her, schauten auf Armbanduhren. Els wäre gern unbemerkt entwischt, hätte gern irgendwo tot gelegen, für lange, lange Zeit.

Dann kam das ungestüme Scherzo. Maddy sang, dass man nicht für die Nachwelt singen solle und nicht für Gott, über dessen musikalische Vorlieben so gut wie nichts bekannt sei. Die Musiker reichten eine Phrase aus acht Tönen von einem zum anderen weiter, zauberten jede Art von Kontrapunkt hervor, die Els zustande brachte. Die Tollerei kam zum Höhepunkt, als Sängerin und Musikanten in einem Wutanfall alle zusammen drohten, die Bühne zu verlassen, sich dann aber zur Kadenz doch wieder zusammenrauften.

Jetzt, wo er es hörte, hörte Els die Lüge darin. Er *schrieb* für die Liebe der Zukunft, für die Liebe eines idealen Zuhörers, den er beinahe vor sich sah. Er sah, wie er diese Musik noch ausweiten konnte, sie fremdartiger machen, stärker, kälter, gewaltiger und gleichgültiger, gleich jetzt, sobald das Konzert vorüber war.

Doch im letzten Lied herrschte ein kräftiger Wind, blies den Himmel frei, und alles schien möglich. Maddy konzentrierte all ihre Kräfte, ausgestreckt wie zu ihrem eigenen Begräbnis, endlich im Frieden mit den drei Ausbrüchen zuvor. Jetzt gab es keinen Tanz mehr, und an die Rückwand wurde ein stehendes Schwarzweißbild geworfen, eine Fotografie von ein paar Kieselalgen, eine Handvoll von Mikronen groß, ihre Siliziumdioxidgehäuse kunstvoll wie die Fialen gotischer Kathedralen. Über dem Pulsieren des Klaviers verfielen Cello und Horn in eine Melodie von altmodischer Sehnsucht, wie der Anfang von Schumanns *Mondnacht* auf einem Maskenball. Maddy sang eine langsame, schrittweise ansteigende Phrase, und am Horizont erschien ein blauer Ballon:

Wir sind für die Kunst gemacht …

Im Augenblick, in dem Maddy diese Phrase, diese Ranke, aufgriff, wusste Els, dass sie ihm wertvoll war wie sein eigenes Leben. Klauen packten ihn in den Rippen, er spürte eine Glückseligkeit, die beinahe schon Panik war. Er musste wissen, wie diese Frau sich entfaltete. Er musste Musik schreiben, die sich in ihrer Stimme niederschlagen würde wie Frost auf den Feldern. Sie würden ihre Jahre zusammen verbringen, alt werden, krank werden, in gemeinsamer Umnachtung sterben. Sie hob die Phrase noch um eine weitere reine Quarte:

Wir sind für die Erinnerung gemacht …

Etwas packte ihn am Arm. Richard. Els sah ihn an, doch der Blick des Mannes war fest auf die Bühne gerichtet, als hätte er die melodischen Prophezeiungen nicht allein in den letzten zwei Tagen zwei Dutzend Mal gehört.

Der Klavierspieler brach mitten in einem Ostinato ab, stand auf und ging von der Bühne. Maddy streckte die Hand aus, Handfläche nach oben, konnte ihn aber nicht aufhalten. Das reduzierte Ensemble brachte weiterhin Töne hervor, die sich nun, aufgereiht, als Permutation der zögernden Folge erwiesen, mit der das erste Lied begonnen hatte. Auch der Hornist war nicht mehr bei der Sache; er stand auf, ging hin und her, kletterte vorn an der Bühne in den Zuschauerraum hinunter. Maddy sah ihm nach, legte die Hand an die Wange, konnte ihn nicht zurückrufen. Ratlos sang sie weiter:

Wir sind für die Poesie gemacht …

Das verbliebene Trio wurde seltsam konsonant. Die Oboistin legte ihre Oboe auf dem Notenständer ab und ging. Der Cellist spielte noch eine Weile furchtlos weiter, eine Phrase geradewegs aus der d-moll-Suite von Bach, vom Perkussionisten mit Xylorimbatönen umwebt. Dann fügte aber auch der Cellist sich ins Unvermeidliche, legte sein Instrument ab und spazierte zum Ausgang. Maddy, gedankenverloren, merkte es gar nicht. Sie stand allein auf der Bühne mit dem Schlagzeuger, der wieder seine stotternden Töne auf dem Holzblock produzierte.

Oder vielleicht …

Maddy sang, schüttelte den Kopf im Angesicht dieser unmöglichen Melodie, schreckte zurück, machte eine Armbewegung, als fange sie den Wind mit einem Sieb:

Oder vielleicht sind wir für das Vergessen gemacht.

Der Perkussionist klopfte auf seinem Holzblock einen letzten punktierten Rhythmus. Das Licht auf der Bühne ging aus, und die Zuhörer brauchten fünf schreckliche Sekunden, bis sie zu dem Schluss kamen, dass das Stück vorbei war. Unmittelbar vor dem Applaus hörte Els eine Baritonstimme flüstern: *Alles Betrug.*

Das Klatschen kam aus weiter Ferne. Die Musiker fanden sich wieder ein und verneigten sich. Maddy legte sich die Hände über die Augen und starrte ins Dunkel, wollte die

Schuldigen sehen, sah aber nur Schatten. Bonner zog Els von seinem Sitz hoch, und Els pendelte mehrere Male vor und zurück wie eine wassertrinkende Spielzeugente. Els sah seinen Freund an und sah, dass er das Publikum mit kühlem Amüsement betrachtete.

Leute kamen zu Els, wollten sehen, wer sich diese Unverfrorenheit erlaubte. Sie wollten ganz nahe heran und herausfinden, ob es wirklich ein entlaufener Irrer war. Jemand legte Els den Arm um die Schultern und sagte: *Das war beeindruckend.* Jemand sagte: *Hochinteressant.* Ein anderer: *Ich glaube, es hat mir gefallen.* Els dankte, lächelte, nickte und sah niemanden.

Ein kahlköpfiger Mann in einem seit Jahrzehnten aus der Mode gekommenen Gabardineanzug näherte sich und hauchte ein schwaches Dankeschön. Els wollte ihm die Hand reichen, aber er hielt die seinen in die Höhe, als sei etwas damit nicht in Ordnung. *So etwas bekomme ich nicht oft zu hören*, murmelte er, *etwas so …* Er schreckte zurück vor Dankbarkeit. Eine hünenhafte Frau, die aussah, als käme sie aus einer abgesetzten Herrscherfamilie, krallte sich Els von hinten in die Schulter. Er fuhr herum, und sie fragte ihn mit spanischem Akzent: *Was war das?*

Um ihn her in dem Saal, der sich bereits leerte, streichelten und verführten die Menschen einander. Els lächelte diese majestätische Frau an und sagte: *Es waren ungefähr vierundzwanzig Minuten.*

Ihre Augen schossen Blitze. *Kam mir länger vor*, sagte sie und wandte sich wieder den verbliebenen anderen Besuchern zu.

Mattison löste sich aus einem Grüppchen Verschwörer.

Er grüßte Els mit zwei erhobenen Fingern. *Da haben Sie ihnen zu denken gegeben.* Das größte Lob, das er von seinem Mentor je bekommen sollte.

Els sah Bonner in der verlassenen ersten Reihe sitzen, von wo er auf die leere Bühne starrte. Richard sah ihn nicht an, als Els sich auf den Platz neben ihm setzte.

»Für das Vergessen gemacht«, sagte Richard mit merkwürdig monotoner Stimme. *Erledigt. Wie geht es weiter?*

Els saß da, spielte Kastagnetten auf seinen Daumenkuppen. *Wir könnten eine Tournee machen. Bloomington. Hyde Park. Ann Arbor.*

Könnten wir, sagte Bonner, was so viel hieß wie Nein. All seine Manie der letzten sechs Wochen war zu bloßer Anspannung geschrumpft. Sein Blick war auf eine Folge von Einzeilern geheftet, die er als Projektion vor sich sah.

Zufrieden?, fragte Els.

Was ist das?

Ich sage: Bist du zufrieden?

Und ich frage: Was ist das?

Irgendwo in Bonners Schädel, über große wüste Flächen bis an den Horizont, nahm das nächste Skandalprojekt bereits Gestalt an. Der Saal war leer. Schließlich erhob sich der Komponist und sagte: *Wir sehen uns?*

Richard nickte, doch auf eine andere Frage.

Els ging zu Maddy, die mit dreien der Musiker im Foyer stand. Sie war in Hochstimmung, sie schwebte, konnte gar nicht glauben, dass sie das durchgestanden und überlebt hatte.

Na, sagte sie, als Els herankam. *Das war ein Erlebnis.*

Was sie sagen will, meinte die Oboistin, *ist »Nie wieder«.*

Mir hat es gefallen, sagte der Cellist. *Aber ich finde immer noch, ohne den Feueralarm wäre es schöner gewesen.*

Die Oboistin lachte. *Wisst ihr, was Strawinsky bei der Premiere des* Pierrot *gesagt hat? »Ich wünschte, diese Dame würde den Mund halten, damit ich die Musik hören kann.«*

Das Grüppchen rangelte noch eine Weile um die Seele der Musik, wie Musiker es machen, bevor es weiter zu Bier und Gras geht. Klavierspieler und Hornist hatten schon ein halbes Glas Vorsprung, als die anderen bei Murphy's anlangten. Der Schlagzeuger trommelte auf Els' Schulter.

Wir machen einen drauf. Kommt ihr zwei mit?

Maddy sah Els an, dessen Blick Nein sagte. *Stört es dich, wenn ich gehe?*, fragte sie.

Kann ich vorher noch einen Augenblick mit dir reden?

Wir sind da drüben, rief der Schlagzeuger noch über die Schulter, dann waren die drei verschwunden.

Das war gut, Peter, sagte Maddy. *Diese Lieder haben was. Ich habe Neues gehört, sogar heute Abend noch.*

Els half ihr in ihren langen Wildledermantel. Von hinten fasste er sie an den Oberarmen. *Du warst unglaublich.*

Sie schmiegte sich an ihn. *War ich das?*

Von einem anderen Planeten. Madolyn. Ich liebe dich.

Sie reckte den Hals und lächelte. *Du liebst die Lieder.*

Ich habe heute Abend etwas in dir gesehen. Etwas, das ich vorher nicht kannte.

Nein, sagte sie und wich seinem Blick aus. *Das war gespielt.*

Wir sollten heiraten. Ein Leben lang zusammen sein.

Sie studierte die Partitur, die in den Linoleumboden eingeprägt war, summte wild und doch lautlos.

Irgendwo hinziehen, wo keiner von uns je gewesen ist.

Einen Ort finden und ein Zuhause daraus machen. Abends lesen wir einander vor. Jeder passt auf den anderen auf.

Er versuchte es mit allem, worauf sie ansprechen mochte. Amerika entdecken. Aus den Lumpen des Lebens einen prachtvollen Quilt nähen. Dafür sorgen, dass das Pentagon vom Boden abhob.

Sie nahm die Liste mit Kopfschütteln auf, genau wie sie am Ende des vierten Liedes den Kopf geschüttelt hatte. Sie packte sein Handgelenk, die Klemme eines Lügendetektors, und sah ihm in die Augen.

Komm nach draußen.

Es schneite, füllte die ohnehin schon kniehohen Verwehungen auf. Sie gingen lange Zeit; erst redeten sie, dann wurde eine Art stiller Telepathie daraus. Und um Mitternacht wärmte Peter Els sich im Bett seiner Geliebten auf, und wie Schmerz brannte eine Hoffnung in ihm, die er nie gespürt hatte. Er war siebenundzwanzig, inzwischen zu alt für die Einberufung, und er war verlobt. Die Zukunft hielt Musik bereit, so fein und so klar, dass er nichts weiter tun musste, als zuzuhören und aufzuschreiben.

Sie heirateten zwei Wochen später im Amtsgericht von Urbana. Richard Bonner war der einzige Trauzeuge. Dem Zorn der Familien würden sie sich später stellen. Sonst musste niemand hören, was sie sich versprachen.

Ihr Kleid nähte Maddy selbst, aus aprikosenfarbenem Taft, mit einer Orchidee darangesteckt, für die sie eine Wochenrate von Peters Stipendium ausgaben. Peter trug Batist und Cord. Richard kam in seinem üblichen schwarzen Leder. Er stand Els auch auf der Toilette des Gerichtsgebäudes beim Kotzen zur Seite.

Wenn ich es nicht besser wüsste, sagte Bonner und passte auf, dass Els sich nicht den Kopf am Wasserhahn stieß, *dann würde ich sagen, du hast Lampenfieber.*

Els stöhnte nur.

Wovor fürchtest du dich? Ich nehme an, du siehst sie nicht zum ersten Mal nackt.

Himmel, Richard. Was ist, wenn ich schlecht für sie bin? Wenn das nie hätte sein sollen?

Es muss sein, Maestro.

Was, wenn ich dieser Frau das Leben verderbe?

Oh, das wäre grässlich! Gerade, wo du geschworen hast, deine Kräfte stets zum Guten einzusetzen.

Richard, was stelle ich an?

Du machst einen Sprung, Peter. Zum ersten Mal in deinem Leben. Und das ist etwas Schönes.

Mit einem Papierhandtuch tupfte Bonner Flecken von Els' Kragen, dann zerrte er ihn den Gang des Gerichtsgebäudes hinunter, genau wie die Verdächtigen in blauen Trainingsanzügen und Handschellen, die ebenfalls zur Anklageverlesung gebracht wurden. Maddy packte ihn draußen vor dem Gerichtssaal und schüttelte ihn. *Uns geht's gut, Peter. Richtig gut!* Während der ganzen Zeremonie strahlte sie, und mit jedem neuen Wort provozierte der Richter einen weiteren Kicheranfall. Draußen auf der Straße sang Richard ihnen ein Ständchen durch ein silbernes Kazoo, um das er eine rosa Schleife geschlungen hatte. Bachs *Wachet auf*; eine gute Melodie, fand Els, eine, mit der man noch alles Mögliche machen konnte.

Und selbst die letzte drohende Melodie wird Sie noch um Generationen überleben. Auch diese Gewissheit ist eine Freude.

Das Jahr wird zur Symphonie, einer, die der Zufall schafft. Ein Strauß schlüpfriger Nachtclub-Burlesken. Ein psychedelisches Doppelalbum aus den unglaublichsten Perkussionsstücken. Eines Nachmittags, nach seinem Hörerziehungskurs, erfährt Els von der Tet-Offensive. Nicht lange danach schlägt Johnsons Bombe ein.

Bonner inszeniert eine irre, hektische Version von *Mensch und Übermensch*, zu der Els die Bühnenmusik schreibt. Doch dieser Irrwitz ist eine Bagatelle im Vergleich zu den täglichen Nachrichten: King ermordet. Unruhen in jeder Stadt. Columbia in der Hand der Studenten. Die Schlacht um Paris. Resurrection City mitten in Washington. Warhol schwer verletzt. Kennedy tot.

Bonner wird verhaftet, weil er sich in einer Kneipe auf den Tisch stellt und für den Frieden in einen Bierkrug pinkelt. Els und Maddy stellen die Kaution.

Yippies mischen die New Yorker Börse auf, Sowjets unterdrücken den Prager Frühling, und Els schreibt sechsunddreißig Variationen über *All You Need Is Love* in jedem erdenklichen Stil von Machaut bis Piston. Er und Bonner organisieren vor der Smith Hall, unter dem Fries, von dem aus Bach, Beethoven, Haydn und Palestrina steinern zusehen, ein Play-In dieser *Love Variations*. Hundert Akteure wechseln sich in einer Nonstop-Performance ab.

Hier geht etwas vor. Nicht mehr lange, und das Weltei

zeigt die ersten Risse. Auch Els' Musik öffnet sich, denn sie soll zum Ausdruck bringen, was vorgeht. Er und Bonner richten am Turn-In-Your-Draftcard-Day ein Kabarett im Innenhof der Illini Union ein. Es ist eine Show aus Weill- und Eisler-Nummern unter dem Titel *I'm a Stranger Here Myself*.

Am Silvesterabend zerrt Bonner das alte Ehepaar zu einem Mitternachtspicknick hinaus in die eisige Kälte, weit draußen in South Farms unter den Sternen. Zu dritt sitzen sie auf dem stahlharten Boden, essen kalte Linsen, Sardinen auf Sellerie und gefrorene Cremeschnitten.

Ein Mahl für Irrsinnige und Heilige, verkündet Bonner. Ganz Olympier, lehnt er sich auf den Ellenbogen zurück. *Wer hätte gedacht, dass jemand wie wir solche Freunde haben kann?*

Dampfwolken stehen ihnen vor den Mündern, als sie, eng aneinandergedrängt, auf das zu Ende gehende Jahr trinken. Maddy gießt Champagner in spitze Papiertüten. Bonner besteht darauf, dass sie anstoßen. Schampus schwappt aus den aufgeweichten Flöten auf die gefrorene Erde.

Darauf, dass wir die Vergangenheit schlafen legen, ist Richards Trinkspruch.

Und die Zukunft wecken, sagt Els.

Darauf, dass wir im schönen Jetzt bleiben, fügt Maddy hinzu, bereits im Aufbruch.

Sie finden eine Pappschachtel, die der Wind über die verschneiten Felder bläst, und machen einen Schlitten für drei daraus. Sie fahren die einzige geologische Formation in zweihundert Meilen Umkreis hinunter, die man einen Hügel nennen könnte. Anschließend zerreißt Bonner die Schachtel in drei Teile und reicht jedem ein Stück.

Hebt die gut auf. Wir treffen uns wieder, hier oben auf dem Hügel, in fünfzig Jahren.

Maddy lacht. *Uhrenvergleich.*

Auf dem Rückweg in der Kälte, sein Stück Pappe an die Brust gedrückt, zwischen Ehefrau und schwärmerischem Freund, hört Els Musik in seinem Kopf, ein Stück wie das, von dem Schumann sprach – das, das er hörte, als er in den Wahnsinn verfiel – *Musik, so herrlich, mit so wundervoll klingenden Instrumenten, wie man auf der Erde nie hörte.* Üppige, verflochtene Harmonien, die unvorbereitet in einen Neapolitaner übergingen, naive Tonfolgen wiederentdeckt, und die Melodie scheint ihm so zwingend, dass er weiß, sie wird am nächsten Morgen auf ihn warten, wenn er sich hinsetzt, vor sich ein frisches Blatt Notenpapier.

Doch als Peter am Neujahrsmorgen erwacht, denkt er nicht einmal mehr daran, dass er dieses Stück gehört hat. Als es ihm wieder einfällt, einige Tage später, ist es zum Transkribieren zu spät. Nur schemenhafte Umrisse sind geblieben, körperlose Musik, die auf etwas Großartiges gerade außerhalb der Reichweite verweist.

Am liebsten habe ich immer die Melodien für die gemocht, die auf anderen Frequenzen hören.

Auch später im Frühling sind sie noch ein Trio, ziehen durch die kuppelgekrönte Assembly Hall, diesen grottigen Saal wie ein Atompilz, den Cage und Hiller mit weiterem fröhlichen Höllenlärm füllen. Sieben elektrisch verstärkte Cembali wetteifern mit fünfzig Mono-Tonbandgeräten und 208 per FORTRAN generierten Bändern aus Mozart, Beethoven, Schumann, Gottschalk, Busoni und Schönberg, alles in kurze Folgen wie Gensequenzen zerstückelt und nach Zufallsprinzip rekombiniert. Bonner und die beiden Els, alle drei in leuchtenden Overalls (die die benommenen Besucher gratis bekommen) betrachten mit offenen Mündern den Stonehenge-Zirkel aus Schaumstoffwänden, auf die sechs Dutzend Projektoren Tausende von Dia- und Filmbildern werfen. Draußen sind weitere Riesenwände rund um das Gebäude aufgestellt, eine Viertelmeile im Umfang. Sie machen aus diesem monumentalen Bau eine gigantische fliegende Untertasse, zum Auftanken auf der Erde gelandet, einer Verschnaufpause in diesem galaktischen Hinterwald.

Haschdunst steigt von der Menge auf, die sich auf der leeren Fläche im Mittelpunkt niedergelassen hat. Leute lagern dort oder ziehen umher. Das ist Musik, muss Els sich immer wieder ins Gedächtnis rufen. Musik, die am Ende einer tausendjährigen Forschungsreise angelangt ist.

Zu viel, sagt Maddy. *Mir platzt der Kopf.*

Bonner reckt die Arme in die Luft, jongliert mit unsichtbaren Monden. *Das hätten wir auch gekonnt, mit ein paar Dollar mehr.*

Aber Els begreift diese Show nicht. Cage, Hiller, die Armee der Gläubigen, die *HPSCHD* auf die Bühne gebracht haben, sind in der Freiheit verschwunden. Sie weigern sich, für ihre Zuhörer Entscheidungen zu fällen. Komposition ist kein Ziel mehr; alles, was jetzt zählt, ist Bewusstsein, diese flackernde, unbeständige Gegenwart, Eintauchen in die ungefilterte Realität. Und diesen Sprung, den wird Els nie machen können. Jedenfalls scheint es ihm so mit achtundzwanzig.

Lachend sieht Maddy sich in der fliegenden Untertasse um. Im Abfall sucht sie nach interessanten Textilien. Els folgt in der Glücks-Flutwelle seiner Frau. Inzwischen hat sie eine Jahreskarte beim Festival des Irrsinns, zu dem Els sie nun seit zwanzig Monaten schleppt. Ihm gefällt es, wie sie sich beharrlich weigert, zu mögen oder nicht zu mögen, sich nicht auf diese Sentimentalitäten einlässt, die nichts mit dem Hören zu tun haben. Ihr Staunen über die Vielfalt der menschlichen Sehnsüchte macht auch aus Peter wieder einen Beobachter seines eigenen Lebens. Er bleibt immer in ihrer Nähe; Richard ist ein Poster kaufen gegangen, zu einem Preis, den das I Ging bestimmt.

Maddy summt vor sich hin, ein Stückchen Mozart, das sie aus dem Durcheinander gefischt hat. Mozart, der Mann, der das musikalische Würfelspiel erfunden hat, vor gerade einmal zweihundert Jahren.

Peter, sagt sie und sieht dabei nicht ihn, sondern ein Bild des Krebsnebels an. Er weiß, was sie sagen will, bevor sie es sagt. Irgendwie ist sie merkwürdig in den letzten paar Tagen, eine ängstliche Erregung, die auf den richtigen Augenblick wartet. Was soll es sonst sein? Nichts anderes ist groß genug, dass sie es so lange vor ihm geheimhält.

Peter? Wir bekommen Gesellschaft.

Er bleibt stehen, horcht, lauscht, hört durch all diesen Lärm eine kleine hohe Stimme.

Peter?

Bist du sicher?

Sie zeigt die Handflächen, hebt die Schultern, lächelt.

Wann?

Weiß nicht. Dezember? Wir finden es raus. Peter? Mach dir keine Sorgen. Wir schaffen das. Wir schaffen es! Das können wir. Jeder kann das.

Er zuckt, ein Widersprechen. *Nein, ich meine … Das ist unglaublich. Wir zwei? Machst du Witze?*

Sie muss über ihn lachen, wie er da steht, überwältigt, seine Augen wie ferne Planeten. Und so findet Richard sie ein paar Augenblicke später.

Lachgas?, fragt Bonner. *Wird irgendwo Lachgas ausgeteilt?*

HPSCHD – harpsichord, das Cembalo – dauert fast fünf Stunden. Mehrere tausend Menschen spazieren hindurch. Zwei Monate darauf spazieren Menschen auf dem Mond. Vier weitere Wochen, und eine halbe Million Menschen versammelt sich auf einem Farmgelände im Staate New York zu einem Wochenende aus Regen, Schlamm und Musik. Zu dem Zeitpunkt haben die drei Champaign-Urbana bereits verlassen – die Els ziehen nach Boston, wo Maddy eine Stelle als Gesangslehrerin an einer elitären Junior Highschool gefunden hat, Bonner nach Manhattan zu einem Leben im Elend und immer wieder neuen unbezahlten Arbeiten in Experimentaltheatern.

Und am ersten Wintertag lernt Els seine blubbernde, kichernde, brüllende, lachende, quengelnde Tochter kennen; er hält ihren winzigen Fuß zwischen den Fingern, ein Wunder so groß, dass er es nicht begreifen kann. Dieses vollkommene, funktionstüchtige Geschöpf, aus eigenen Kräften gewachsen, sich selbst Unterhaltung genug, das Unglaublichste, was man sich nur vorstellen könnte; nie wird er etwas komponieren, das es an schierer Unfassbarkeit mit ihr aufnehmen kann.

Was denkst du, ist aus den jungen und alten Männern geworden? Was denkst du, ist aus den Frauen und Kindern geworden?

Els folgte der Stimme. Er tat wie ihm geheißen, bis hin zu dem abstrusen zwanzigminütigen Umweg über Clarion. Das Spielzeug fand seine drei geosynchronen Satellitenleuchtfeuer in zweiundzwanzigtausend Meilen Höhe und ermittelte per Triangulation den einen Fleck auf Erden, an dem Els sich befinden konnte. Dann sah es eine digitalisierte Datenbank von acht Millionen Meilen Straße durch und führte Els an den einen Fleck auf Erden, an den er gelangen wollte. Sich von Maschinen den Weg weisen zu lassen war ein kindischer Luxus. Und die Stimme fand ihren Weg und setzte ihn schließlich an der Türschwelle des Kohlmann'schen Sommerhauses ab, gerade im letzten Tageslicht.

Das verlassene Wespennest hing genau da, wo Klaudia es beschrieben hatte. Els holte den Schlüssel hervor, schloss auf und betrat einen Raum, in dem es nach Natur und Erholung roch. Die Blockhütte war innen mit altmodischen Paneelen aus Zedernholz verkleidet, ausgestattet mit gepolsterten Kiefernmöbeln aus den Fünfzigern. Das ganze Haus wirkte, als habe jemand überstürzt die Flucht ergriffen. Fußballhemden und Hightech-Turnschuhe kreuz und quer. Etliche Lichter brannten, und Els schaltete sie alle aus; erst dann setzte er sich, um seine Gedanken zu sammeln.

Er fand Nüsse und Haferflocken in der Speisekammer, ein Dutzend Äpfel im Obstfach des Kühlschranks. Er nahm sich ein Glas Chardonnay und aß gefrorenen Rührkuchen. Die Waschmaschine stand in einem Arbeitsraum hinter der Küche. Er zog Hose, Piquéhemd und muffige Unterwäsche aus. Dann stellte er sich in dem rustikalen Badezimmer unter die Dusche, nackt, schlaff, rot vom heißen Wasser, und wartete auf Erklärung.

Gestärkt und gewaschen brauchte er nun nichts weiter mehr als Schlaf. Doch der Schlaf stellte sich nicht ein. Er wühlte in den Besitztümern seiner unbekannten Wohltäter, auf der Suche nach Zerstreuung. Zeitschriften gab es zuhauf – alte *Smithsonians* und *Outdoors*, auch einzelne Exemplare von Publikationen, die man wohl als Fachzeitschriften werten musste – offenbar gab es nichts, woran sich nicht das Wort *magazine* hängen ließ (er fand Postillen für Hobbyuhrenbauer und holistische Geistheiler), und es gab immer genug Interessierte, dass die Veröffentlichung sich lohnte.

Lesen war unmöglich. Das Einzige, was Els noch fertigbrachte, war Hören. Im Wohnzimmerregal standen drei Dutzend CDs – Futter für die Fahrt, im Ferienhaus gelassen mit alten Brettspielen und auseinanderfallenden Rätselheften. Selbstgebranntes mit Ella Fitzgeralds Verve Songbooks, They Might Be Giants, Sonic Youth, Nirvana und Pearl Jam, ein bisschen Emo, Alben von Wilco, Jay-Z, den Dirt Bombs, den Strokes und Rage Against the Machine. Es hatte Zeiten gegeben, da hatte Els sich aus Furcht vor dieser Sturzflut musikalischer Formen in die Ecke gedrückt, eine *Missa solemnis* als Schutzschild in die Höhe gehalten. Jetzt brauchte er den Schrecken und die wütenden Träume, den Stil und die Zerstreuung, so viel hemmungslose Neuigkeit, wie die in die Jahre gekommene Jugendindustrie sie noch liefern konnte.

Er fand eine Scheibe von einer Gruppe namens Anthrax, als hätte ein echter Bioterrorist sie hier versteckt, um ihn zu belasten. Er sah sich im Haus um, nach etwas, worauf er sie abspielen konnte. In der Küche stand ein Ghettoblaster im Stil der Neunziger. Er steckte die Scheibe in den Schlitz, und mit dem ersten Rahmenschlag ging ein Luftangriff nieder, Zeichen, dass das Ende der Welt gekommen war. Ein vehementer, motorischer Rhythmus in den Trommeln trieb virtuos parallel gebaute Passagen in Gitarren und Bass voran. Der Song kam daher wie ein entlassener mehrfach zum Tode verurteilter Schwerverbrecher. Die melodische Machete drang ohne weiteres durch Els' Haut. Man brauchte nicht viel Phantasie, um sich ein Stadion mit sechzigtausend Leuten vorzustellen, die Feuerzeuge schwenkten und den Furor kollektiver Kraft genossen. Die Botschaft dieser Musik lautete, dass man nur eine einzige Chance hatte, es durchs Leben zu schaffen, und das einzige Verbrechen war es, diese Chance an die Furcht zu verlieren.

Vor vielen Jahren hatte Els einen Schwur getan: Er wollte vor keiner Kunst davonlaufen; jede Nummer sollte spielen können, bis sie zu Ende war. Er sah zum Fenster hinaus, über den Schotterweg, durch ein Birkenwäldchen, kleine Überbleibsel gewaltiger, verschwundener nordischer Wälder, und hörte sich diesen putzigen Weltuntergang an. Die Band bestand schon Els' halbes Leben lang, bediente jenes Bedürfnis nach Anarchie, das den Leuten in die Zellen eingeschrieben war. Er überlegte, welches Mitglied dieser Mittelschichtsfamilie aus Naturfreunden sich wohl solche Musik anhörte. Wohl kaum die Mutter, obwohl der Witz bei der Musik ja gerade war, dass man nie wusste, welche Gestalt die Sehnsüchte der Menschen annahmen.

Der Song war eine einzige fröhliche Presslufthammergewissheit der Tonika. Um Überraschung ging es nicht, und das Muster, das in den ersten vier Takten angelegt war, trieb die Melodie in einem Feuersturm voran. Doch nach der zweiten Minute entwickelte sich ein Ableger, eine Halluzination in Mollparallele, die über dem Hämmern schwebte, und mehrere Noten lang kam es Els vor, als hätte die Band in einem Anfall wahrer Anarchie Chopins e-moll-Prélude – »Erstickungsanfall« – in den Zementmixer geworfen, so wie Lady Gaga das *Wohltemperierte Klavier* zitierte.

Els hielt die Scheibe an, doch den Chopin hörte er weiter. Vier Takte mit einer am Ende leicht abgewandelten Stimmführung, dann begannen sie wieder von vorn, eine endlose, jammervolle Schleife – einer jener hübschen Klangfetzen, die einen epileptischen Anfall ankündigten. Aber der Ursprung dieses Klangs war irgendwo im Haus. Er suchte drei Zimmer ab, bevor er es fand: Klaudias Smartphone. Das Kästchen, das ihn hierher geführt hatte.

Auf dem Display stand etwas: »Eingehender Anruf Kohlmann, K.« Er drückte auf das Bildchen zum Annehmen und hielt sich das Portal zur weiten Welt ans Ohr.

Du bist der Star in jeder Nachrichtensendung, sagte Klaudia, die sarkastisch sein wollte und doch nur ängstlich klang.

Ja, sagte Els. *Ich habe die Aufnahmewagen heute Morgen gesehen.*

Klaudia sagte: *Google dich mal. Die Clips sind schon eingestellt.*

Wie nicht anders zu erwarten. Emeritierter Musikprofessor flieht vom Schauplatz eines Antiterroreinsatzes. Sprecherin des Verrata College: »Wir sind entsetzt.«

Was noch?, fragte Els. *Du klingst –*

Deine Bakterien. Du hast gesagt, sie sind harmlos.

Etwas wie ein Lallen in seinem Hirn. *Ich habe gesagt, dass diese Bakterienform im Allgemeinen nicht gefährlich ist.*

Sturmtruppen drangen in die Blockhütte ein, von der Küche her. Els legte das Telefon weg und lief hin, um die Attacke abzuwehren. Er hatte an dem Ghettoblaster die Pausentaste gedrückt, und das Gerät hatte beschlossen, dass die Wartezeit vorbei war. Er suchte die Auswurftaste und fand sie im Terror des Lärms nicht. Er riss den Stecker aus der Wand, dann kehrte er zum Schlafzimmer und zum Telefon zurück.

Bin wieder da. 'tschuldigung.

Meine Güte – was war das?

Die Musik deines Enkels.

Oh. Mit uns ist es aus, oder?

Was wolltest du über meine Bakterien sagen?, fragte Els.

Neunzehn Krankenhauspatienten überall in Alabama sind mit deinem Erregerstamm infiziert. Laut Seuchenschutzbehörde gibt es neun Tote.

Eine lange Pause – der Klang des Terrors, wie er sein würde, wenn er erwachsen war.

Meine Bakterien? In Alabama?

Klaudia las es ihm von einem Bildschirm vor: *Serratia marcescens. Das waren sie doch, oder?*

Darauf gab es nichts zu sagen, und Els sagte es.

Das FBI möchte mit dir reden.

Das … Was ist denn das für eine Verrücktheit? Das FBI hat der Presse gesagt, welche Bakterien ich züchte?

Aber er wusste ja genau: heutzutage war jeder die Presse. Jeder wusste alles, noch im Augenblick, in dem es geschah.

Die Journalisten glauben, ich …? Aber so blöd können sie doch nicht sein. Hingen diese Patienten vielleicht zufällig alle am Tropf?

Google es, sagte Klaudia. *Ich bin sicher, das macht das FBI auch gerade.*

Jesus, stöhnte Els.

Und ruf mich an. Sie können dich doch nicht mit meinem Telefon orten, oder?

Zum Thema Telefon, sagte er. *Chopin?*

Was soll ich sagen? Irgendwie hat das was. Könntest du das bei meiner Beerdigung spielen?

Er versprach es. Aber er hatte seine Zweifel, ob eine Zuhörerschaft mit chronischer Aufmerksamkeitsstörung die Geduld dafür hatte.

Ein Freund sagt: ›Ich habe gerade das seltsamste Lied aller Zeiten gehört.‹ Laufen Sie fort oder laufen Sie hin?

Er setzte sich nach draußen, hinter die Hütte an den Rand eines Ahornwäldchens, den Kopf über das Kästchen gebeugt. Im Dunkeln, nur mit dem Lichtschein des Displays auf seinem Gesicht, las er die Meldungen. Neunzehn Fälle in Alabama, neun gestorben. Neun von hunderttausend Amerikanern, die jedes Jahr durch Krankenhausinfektionen starben – mehr als durch Autounfälle und Mord zusammen. Die Öffentlichkeit, die in Daten erstickte, hätte die Geschichte vielleicht nie mitbekommen. Er hatte dafür gesorgt, dass sich nun mit Zufall Panik machen ließ.

Alle infizierten Patienten hatten Infusionen bekommen. Alle sechs Krankenhäuser lagen im Großraum Birmingham. Alle bekamen die Infusionsbeutel vom selben Lieferanten. Entweder hatte jemand durch Unachtsamkeit eine Partie verseucht, oder Amerika stand von neuem unter Beschuss. In normalen Zeiten hätten die meisten Leute sagen können, was wahrscheinlicher war. Aber die Zeiten würden nie wieder normal sein.

Els'Augen gewöhnten sich an den Schirm, der einzige helle Fleck in all dem Dunkel. Er gab seinen Namen ein und fand Studentenbewertungen über sich als Lehrer, erfuhr, dass seine vergessene Kammersymphonie vor kurzem in Brüssel aufgeführt worden war, fand alte Geschichten über die Uraufführung von *Der Strick des Voglers* im Jahr 1993. Als er nach der Epidemie in Alabama forschte, las er von einer gigantischen Methanglocke unter der schmelzenden Tundra, die gewaltige Mengen genau jenes Treibhausgases an die Atmosphäre abgab, das dessen Freisetzung verursachte.

Reporter spekulierten darüber, warum wohl ein emeritierter Musikprofessor in seinem Hinterstübchen menschliche Krankheitskeime manipuliert hatte. Nachbarn bescheinigten, dass er ein stiller und höflicher Mensch gewesen sei, obwohl eine ihn distanziert fand und ein anderer auf die Misstöne hinwies, die zu allen erdenklichen Zeiten aus seinem Haus gekommen seien. Die Joint Security Task Force ließ verlauten, dass sie über laufende Ermittlungen keine Auskünfte geben könne, aber für jeden Hinweis auf den gegenwärtigen Aufenthaltsort von Peter Els dankbar sei.

Aus der Operette war eine Opera seria geworden. Er hatte keine andere Wahl. Er musste nach Hause fahren und Dinge erklären, und sei es auch nur, um zu verhindern, dass das aufgestachelte Land von neuem die Nerven verlor. Aber er hatte ja Coldberg und Mendoza schon alles erklärt, und trotzdem waren sie über sein Haus hergefallen. Nun gaben die Infektionen in Alabama ihnen recht. Wieder einmal hielt eine Bedrohung die wacklige Demokratie zusammen. Els musste bestraft werden, im richtigen Verhältnis zu dem Maß, in dem er die kollektive Phantasie bediente.

Von hundert Metern weiter schimmerten die Fenster des Nachbarhauses bernsteinfarben zwischen den dichten Ahornstämmen. Aus dem Unterholz drangen von überallher Rufe und Alarmschreie, *Visions fugitives* der Tierwelt. Seine unbedachte Flucht hatte ihn eingeholt, und Els schlief dort im Liegestuhl unter den Bäumen ein. Der smarte Schirm wurde dunkler, schaltete sich ab, dann fiel ihm das Kästchen aus den Händen. Irgendwann in der Nacht wachte er wieder auf, und als er merkte, wo er war, stolperte er ins Haus und in ein weiches Bett. Gegen Morgen hörte er in einem Schlaf voller Seuchen wieder das e-moll-Prélude. Doch erst als es hell war – ein strahlender, frischer, unschuldiger Tag, wie der erste Schöpfungstag –, fand er das Telefon wieder; es lag im Gras wie vom Himmel gefallen.

Es gibt keine Sicherheit. Nur Vergesslichkeit.

Selbst in seiner trocken gewordenen Erinnerung sind die Bostoner Jahre frisch und grün. Els und Maddy fahren mit einem großen Mietlastwagen ihre vereinten weltlichen Besitztümer quer durch Ohio und Pennsylvania bis vor die Tür ihrer Dreizimmerwohnung in den Fens. Eine Queensize-Matratze tragen sie auf den Köpfen die Treppe hinauf. Els ist besorgt um seine schwangere Frau, lässt sie alle paar Stufen innehalten und Atem schöpfen. Sie lacht ihn für seine Ängste aus. *Ich bin schwanger, Peter. Nicht krank.* Die Begeisterung, mit der sie ihr Nest baut, gibt ihr sogar Energie für drei.

Für Maddy ist es nur eine kurze Straßenbahnfahrt nach Brookline zu New Morning, der freien Privatschule nach dem Vorbild von Neills Summerhill. Die blauäugige Schulversammlung hatte ihr den Posten gegeben, weil sie in ihrer Bewerbung versichert hatte, ausgiebige Beschäftigung mit der Musik könne in jedem Kind schöpferische Talente wecken. Als der Labor Day naht, sieht man ihre Schwangerschaft schon. Ihre progressiven Arbeitgeber tun begeistert.

Während die immer rundlichere Maddy den Kindern beibringt, sich durch dissonante Chorwerke zu singen und sich mit Orff'schen Instrumenten in die Freiheit zu hämmern, nimmt Els Gelegenheitsarbeiten an. Er gibt privaten Klarinettenunterricht. Er verdingt sich als Notenkopist. Er schreibt Konzertkritiken für den *Globe* zu fünfzig Dollar das Stück.

Abends sehen sie sich im Seniorenprogramm Hollywoodfilme der Dreißiger an, auf einem winzigen Schwarzweißfernseher, dessen Zimmerantenne sie mit Alufolie verstärken. Maddy näht Quilts, Peter schaut Partituren durch, und Barrymore sagt zu Trilby: »Ah, du bist schön, meine künstliche Liebe! Aber es ist nur Svengali, und er spricht zu sich selbst …«

Eine Woche nach Halloween findet er eine Anstellung, die seine kühnsten Träume übersteigt: Aufseher in Mrs Gardners nachgemachtem venezianischen Palast, dem Kunstmuseum nur eine halbe Meile den Fenway hinunter. Zu Fuß ist er in ein paar Minuten dort. Er bekommt Geld dafür, dass er den ganzen Tag lang reglos im spanischen Kreuzgang steht oder im Gotiksaal oder der chinesischen Loggia, wo er Bilder bewacht und in Gedanken seine Musik komponiert. Diese Tage stiller Meditation tragen zu seiner Entwicklung als Komponist genauso viel bei wie all die Jahre als höherer Student. Ein Jahrzehnt lang hat er sich mit komplizierten, kunstvollen Formen beschäftigt. Jetzt hört er – einfach, mächtig, unerschütterlich – den Fluss unter seinen Füßen murmeln.

Ganze Nachmittage verbringt er vor Vermeers *Konzert*, lauscht den stillen Harmonien dieses Trios. Das gesenkte Haupt, die gebeugten Finger der Sängerin lenken in dieser fernen Zukunft die gefrorenen Töne der Musik zu keinem anderen Zuhörer, nur zu ihm. Nicht lange danach werden auch diese Musikanten für immer verschwinden.

Richard Bonner schreibt von Zeit zu Zeit Briefe aus dem Loft in SoHo, in dem er illegal haust. Ein paarmal ruft er sogar an, obwohl er sich ein Ferngespräch selten leisten kann.

Er ist immer entweder voller Überschwang, voller neuer Projekte, oder er ist bereit, den Knopf zu drücken, der die Menschheit in Staub auflöst. Einmal lässt er Els eine kleine Kommission zukommen – ein Zweiminutenstück für eine Installation in einer Kunstgalerie. Els bekommt keinen Penny dafür, aber es ist sein erster Beitrag zur New Yorker Szene.

Der Dezember kommt und mit ihm ein Schnee, der ganz Boston lahmlegt. Maddy ist hochschwanger; mit gerecktem Becken stemmt sie eine Kugel vor sich her. Als die Wehen einsetzen, ist der Nachbar mit dem Auto nirgends zu finden. Peter läuft auf die Straße, hält einen vorbeikommenden Buick an und bittet um eine Krankenhausfahrt.

Und schon ist die kleine Sara da, ein zerknautschtes Bündel Staunen. Sie rücken zusammen in ihrem verschneiten Kokon: zwei Eltern, die sich über einen winzigen Heuler beugen, der in jeder Stunde anders ist als in der Stunde zuvor. Zwei Monate lang komponiert Els überhaupt nichts; er ist ganz Windel, Körbchen, Rückenklopfen, damit dieser lebende Windbeutel rülpst. Seine Tochter quäkt und kräht, und mehr Konzert braucht er nicht. Maddy hockt in der Wohnung, träge, benommen, vereinnahmt von diesem Parasiten, der sie zum hirnlosen Wirt macht. Alle drei sind sie ganz mit Leben beschäftigt. Selbst mitten in der Nacht aus dem Schlaf gerissen, findet Els dieses Leben prachtvoller als jede Kunst. Diese sechs Wochen – die erfülltesten, die er je kennen wird. Aber nach ein paar kurzen Takten ist das Vorspiel um. Als Washingtons Geburtstag kommt, dirigiert Maddy bereits wieder den Chor in New Morning.

Peter nimmt sich im Museum frei, bleibt zu Hause und betreut sein kleines Mädchen. Wenn Maddy am Abend von der Arbeit nach Hause kommt und Sara mit Haut und Haaren verschlingt, ist Els schiere Sorge. *Vorsichtig, du machst ihr Angst. Wasch dir vorher die Hände!*

Die Nacktschnecke kommt dahinter, wie sie sich bewegen kann, schiebt sich mit vier schwabbeligen Gliedmaßen über den Boden. Ihre Lippen plappern und blubbern, das Summen ihrer Mutter in Embryoform. Peter nimmt sein Mädchen überallhin mit, in einer Schlinge vor seiner Brust. Den ganzen Tag lang singt er ihr etwas vor. Abend für Abend singt er sie in den Schlaf, und sie summt mit und greift nach den Tönen, die in der Luft über ihr schweben. Kinderlieder, Wiegenlieder: brauchte ein Mensch denn je mehr Musik als das?

Von Anfang an hat sie ihren eigenen Kopf. Es gibt nichts, was sie nicht in den Mund steckt. Was sich nicht essen lässt, kann nur eine Herausforderung sein. Und Sara gibt nicht nach. Sie ist als Dirigentin geboren, und die Welt ist ihr Orchester. Den riesigen Erwachsenen weist sie mit dem Zeigefinger ihren Platz zu: *Du dahin – ich hierhin!* Das Leben ist ein Puzzlespiel, und man schiebt die Klötzchen, bis die Lösung, die selbst dieser Kleinkinderverstand schon mit solcher Klarheit kennt, gefunden ist.

Ihre Eltern finden es lustig, wie sie Karajan mimt, jedenfalls die ersten paar hundert Mal. Dann anstrengend. Dann macht es ihnen allmählich Angst. An einem besonders schlimmen Abend, nach zweistündiger Schlafengehens-Zermürbungsschlacht, liegen Maddy und Peter zusammengesackt beieinander, erschöpfte Zombies. Die Luft riecht nach Baby – nach Ausgespucktem und Talkumpuder. Peter blickt hinauf zur schrundigen Stuckdecke, ein Notensystem, das er nicht lesen kann.

Einen Willen hat sie.

Maddy lässt sich rücklings aufs Bett fallen. *Und sie findet auch jedes Mal einen Weg.*

Spielt auf mir wie auf einer Stradivari.

Auf mir auch. Wie hat sie das so schnell gelernt?

Sieh dir uns an. Es gab eine Zeit, da war das Anstrengendste, was es an Arbeit gab, ein Stipendiumsantrag.

Maddy seufzt; die Soubrettenstimme ist lange verschwunden. *Nicht die Art Leben, auf die du gehofft hast, oder?*

Nein, pflichtet Peter ihr bei, ein wenig überrascht. *Es ist viel besser.*

›Doch jeder Luftzug blies meine Lampen aus. Und wenn ich sie entzünde, vergesse ich wieder alles, was war.‹ (Tagore)

Er beginnt wieder zu schreiben. Einmal eine gekritzelte Geste, dann ein Thema, dann ein paar Takte. Über mehrere Monate skizziert er ein kurzes Scherzo für kleines Ensemble. In der Wildnis der Vaterschaft ändert sich die Musik. Seine kleinen Tricks, seine Charakteristika sind weniger klar umrissen, weiten sich. Er sitzt am elektrischen Klavier in der Schlafzimmerecke und komponiert, und auf der anderen Seite der Wand spielt seine kleine Tochter, klimpert auf ihrem winzigen Xylophon, macht ihn nach, singt die tonlosen Töne der Kleinkinderzeit.

Er geht zu ihr hinüber ins andere Zimmer, und sie blüht auf. Ekstatisch schlägt sie mit den beiden kleinen Hämmern auf die schimmernden Metallplättchen.

Was willst du mir sagen, Sary-Bär?

Bei dem Namen trommelt sie schneller, glücklicher. Töne erschallen – rot, violett, meergrün.

Was war das? Sag's noch mal!

Sie quietscht, schlägt sämtliche Töne des Regenbogens an.

Warte. Ich weiß! Du sagst …

Er hilft ihr beim Halten des Hammers. Sie schlagen die Plättchen gemeinsam an, in der magischen Reihenfolge. Er singt.

Es gab mal ein Mädchen, das hieß Sar-a!

Sie lacht und reißt ihre Hand los, schlägt die Töne an, die sie bereits hört.

Erst war sie woanders, und dann war sie da!

Sie summt laut, hämmert mit Gusto auf so viele Plättchen, wie sie nur trifft.

Da nimmt man sich besser in Acht, o ja!

Ja, kreischt sie: Das ist es. Genau das sage ich.

Er kehrt ins Schlafzimmer zurück, zu seinen eigenen Noten, und stiehlt von ihr, all die Fa-do-sol-la-Fragmente aus tiefstem Inneren. Sie kommt hereingepatscht, will helfen, drückt Tasten für ihn. *Nein, Schatz*, sagt er. *Das ist Daddys Stück.* Aber eigentlich stimmt das nicht. Alles gehört ihr.

Am Ende des Tages hat er den Anfang eines neuen Schlaflieds fertig und probiert ihn, als die Schlafengehenszeit da ist, gleich an ihr aus. Vielleicht ist sie die einzige Hörerin, die das Stück je bekommt. Wer sonst würde sich so etwas anhören? Es ist zu wild für die Milliarden Radiohörer, zu positiv für die Handvoll, die ihre Musik intellektuell will.

Aber seine Tochter mag das Lied, und mehr Publikum braucht er nicht. Mit Sara will er herausfinden, was das Ohr noch alles hören kann, wenn es mit Klängen aus einem glücklichen Anderswo groß wird. Bei seinen unerwarteten melodischen Wendungen kichert sie. Sie verzieht das Gesicht in ratlosem Gefallen. Jetzt ist sie an der Reihe zu fragen, *Was sagst du?* Aber das ist nur Musik an einem Sommerabend, Sportplatzlärm, den die Luft von Fenway Park heranträgt, das Klacken der Schläger, das ferne Tosen der Menge, und dazu ein Wiegenlied, bei dem das Mädchen mit den runden Augen vor unbändigem Vergnügen quietscht.

Außerhalb der Wohnung gibt es Schlangen an den Tankstellen, Rekordinflation, der Nahe Osten stürzt sich wieder einmal in den Abgrund. Aber das, was sie an diesen Tagen drinnen erleben, sind die echten Dramen. Husten. Fieber. Ein Sturz, bei dem sie auf den Couchtisch schlägt und sich die Unterlippe durchbeißt. Zwei kurze Jahre zuvor wollte er Musik komponieren, die alles verändern sollte, wofür Musik stand. Jetzt will er nur noch, dass seine Tochter sich nicht zu sehr verändert und nicht zu schnell.

Wenn er Sara in ihrem Kinderwagen durch die Victory Gardens schiebt, sieht Els mit entsetzlicher Klarheit die Überheblichkeit seiner Zwanziger. Er kann überhaupt nicht mehr begreifen, warum er sich jemals für den vollen Faust-Trip angemeldet hat. Jahrelang hat er sich abgemüht, etwas Anstrengendes, Unverdauliches zu schreiben, als ob Schwierigkeit allein der Schlüssel zu anhaltender Bewunderung sei. Jetzt sieht er, was die Welt wirklich braucht: ein Wiegenlied, so einfach, dass es eine Zweijährige jeden Abend neu dazu bewegen kann, ihre rasenden Abenteuer noch ein weiteres Mal für acht Stunden ruhen zu lassen.

Auf dem Spielplatz beim Kunstmuseum stellt Sara sich hin und singt *This Old Man* zum Himmel. Der Text ist Geplapper, der Rhythmus improvisiert, die Melodie kaum mehr als ein Buntstiftfleck. Aber für Els ist der alte Mann genauso klar zu erkennen wie Gott. Auch die Rebellion ist nur eine Mode, die vergeht, so unbeständig wie alles. Röcke werden kürzer und wieder länger, aber die Gegenwart ist immer wieder neu davon überzeugt, dass sie die Idealform gefunden hat. Die Manifeste von Peters zwanziger Jahren – die Bewegungen, die anarchistischen Experimente, die leichtfertig erstürmten Barrikaden – kommen ihm nun wie die Launen eines ungezogenen Kinds vor: seine Tochter, wenn sie ihr Nachmittagsschläfchen nicht halten will. Wer weiß, was die Akademie jetzt gerade favorisiert? Els ist schon zu lange weg, er weiß nicht mehr, was in Mode ist. Aber er weiß, dass Warm an die Stelle von Cool treten wird, Gefühl an die Stelle von Form, so sicher, wie ein Leitton stets zur Tonika tendiert. Musik, aus frischem Tuch neu zugeschnitten? So etwas gibt es nicht. Der Kaiser wird nie seine Blöße bedecken, er wird nackt bleiben wie Sara, die in der Badewanne plätschert, und wie die Backe-Kuchen-Melodien, die sie immer wieder neu improvisiert.

Dieses Mädchen liebt die Musik. Mit vier erblüht sie im Solfeggio. Mit viereinhalb stolpert sie durch Mozarts Sonatine in C, und ihr vernarrter Vater hört echtes Gefühl darin. Sie spielt ihm vor, auf improvisierten Instrumenten: ein Horn aus einem Stück Schlauch. Haferflockenschachteln mit Gummiringsaiten. Der Ausgang des Stücks ist immer festgelegt, und sie bekommt nie genug davon.

Was sage ich, Daddy?, fragt sie und traktiert mit allen verfügbaren Fingern das Klavier.

Er lauscht. *Du sagst: »Okay, Mom, von jetzt an esse ich auch Grünes.«*

Genau!, ruft Maddy aus der Küche.

Nein!, brüllt Sara und probiert es mit neuen furiosen Akkorden.

Jetzt weiß ich's. Du sagst: »Ich bin müde und will ins Bett.«

Falsch!, ruft sie. *Versuch's noch mal!* Die Töne kommen schroff wie in Els' schroffesten Stücken.

Warte, sagt er und legt den Kopf schief, damit er besser hören kann. *Spiel weiter. Ich komme gleich drauf. Du sagst: »Ich werde geliebt und das Leben ist gut!«*

Die Musik bricht ab, plötzlich verlegen. Sara wendet ihr Gesicht von ihm ab, der Mund zerknittert zu einem schüchternen »Kann sein«.

Fünf Jahre in der Wohnung in den Fens vergehen wie ein Minutenwalzer. Seine Mitstudenten aus Illinois sind in den Musiklaboren der amerikanischen Universitäten untergekommen. Er hört sich ihre gnomischen Bänder an, studiert ihre gnostischen Partituren. Nach wie vor scheint ihm musikalischer Widerstand eine ehrenvolle Aufgabe. Bei Nixon, dem endlosen Krieg, einem Radiospektrum zwischen ödem Selbstmitleid und Reklamegeklingel gibt es mehr denn je, wogegen man Widerstand leisten muss. Aber so viel er auch hört, es sagt ihm nichts.

Dann, spät eines Abends – die Damen schlafen –, bei

einem Schälchen Butterpecan über das flache Küchenradio gebeugt, hört er die gespenstischen Klagelaute von Crumbs *Black Angels* für elektrisches Streichquartett. Dreizehn Bilder aus dem Land der Finsternis, barbarisch, heroisch, systematische Proportionen in den Dienst eines spirituellen Impulses gestellt. Töne aus einer anderen Galaxie. Unendliche Welten des Klangs entfalten sich vor Els, er sitzt wie gebannt. Er weiß nicht einmal, in welche Richtung er sich bewegen *würde*, wenn er sich bewegen könnte.

Gleich am nächsten Abend – der himmlische DJ macht sich einen Spaß mit ihm – ist es George Rochbergs drittes Streichquartett. Rochberg, bisher streng seriell, bringt plötzlich ein Bouquet, das nach lyrischer Konsonanz riecht, bis hin zu schamlosen Imitationen von Beethoven, Mahler und Brahms. Als spendete ein Häretiker den Segen: Ein ernsthafter Komponist gibt auf, wendet sich von den letzten hundert Jahren ab, beschließt, dass es genügt, hübsch zu sein.

Aber wie viel Mut steckt in dieser Kehrtwendung. Els schüttelt den Kopf, so lieblich ist das Finale. Er muss an alte Vergnügungen denken, die plötzlich nicht mehr erlaubt waren; er kann sich jetzt nicht mehr erinnern, weswegen. Das Stück ist bestenfalls naiv, im schlimmsten Falle ist es banal. Aber kantabel, das schon.

Am Schluss liefert der Ansager die Erklärung: Rochbergs junger Sohn, an einem Hirntumor gestorben. Unter den Umständen ergibt die anarchische Tonalität einen Sinn. Erstaunlich ist, dass Rochberg überhaupt in der Lage war, etwas zu schreiben. Wenn Els' Tochter, in tiefem Schlummer auf der anderen Seite der Schlafzimmerwand, etwas zustieße, würde er sein Leben lang keinen Ton mehr schreiben.

Er verliert den Anschluss an die Musik. Allein hier in der Stadt wären jede Woche an Dutzenden von Orten zu beiden Seiten des Charles River großartige neue Werke zu entdecken. Aus der Ferne ist es nicht einfach, zwischen Brahmanen und Bohemiens zu unterscheiden. Els muss das auch nicht mehr; er und seine Tochter wandern Hand in Hand durch den Rosengarten in den Fens, plaudern in einer Geheimsprache miteinander und arbeiten gemeinsam an einer vollkommen neuen Art von Spontaneität.

Komm, wir machen was, sagt er zu ihr.

Was machen wir?, fragt sie.

Er hebt eine abgefallene Blüte vom Erdboden auf. *Wir machen eine Rose, die keiner kennt.*

Sie schmollt, Lippen wie eine Schnecke. *Wie meinst du das?*

Etwas Gutes.

Gut wie?, fragt sie, doch ihr Gesicht ahnt schon die Antwort.

Gut wie langsam, schlägt er ihr vor.

Nein, korrigiert sie. *Gut wie schnell.*

Okay. Gut wie schnell. Etwas, das es noch nie gegeben hat. Du fängst an.

Sie singt ein paar Töne. Er fügt welche hinzu. Sie komponieren im Gehen, und der Tag wird zum Lied, das sie schreiben.

Dieses Spiel wird ihre Litanei. Komm, wir machen was. Was machen wir? Etwas Gutes? Gut wie? Gut wie grantig? Nein: gut wie galant. Gut wie ein Baum. Gut wie ein Vogel.

Einmal erwischt Maddy sie beim Abendessen, wie sie über einen Unsinn kichern, den nur sie beide verstehen.

Was ist nur mit euch zweien in letzter Zeit los? Was habt ihr für ein großes Geheimnis?

Was ist geheim?, fragt Els, und seine Tochter kriegt sich gar nicht wieder ein.

Sara hält übermütig ihren Finger hoch, tippt sich an den Kopf. *Geheim wie gut!*

Maddy schnaubt. *Schön. Wenn ihr wollt.*

Eifersüchtig?, fragt Els.

Maddy steht auf und geht an die Spüle. *Ich hätte ja nicht fragen müssen.*

Sara, erschrocken: *Nein, Mom. Du kannst es wissen. Wir machen Sachen.*

Was für Sachen?

Wir machen Lieder. Lieder, die keiner kennt.

Am Tag nach Weihnachten findet er das Mädchen unter der kleinen, mit Popcorngirlanden und Papierornamenten geschmückten Blautanne sitzen, und sie legt ihre neuen Buchstabenwürfel in Mustern auf dem Fußboden aus. Die Zwischenräume sind alle unterschiedlich, und immer wieder justiert sie daran, bis jeder einzelne stimmt.

Els schaut eine Weile zu, aber er kommt nicht hinter den Code. *Bär? Was machst du da?*

Das sind unsere Lieder, sagt sie zu ihm. *Schau.*

Und sie erklärt ihm, wie das System funktioniert. Die Entfernung zwischen den Klötzen, die Höhe innerhalb der Linie, die Farben wie die bunten Stäbe auf ihrem Xylophon: Sie hat die Notenschrift erfunden. Geheimnisse festgehalten für die ferne Zukunft, für niemanden oder auch für jeden, der es hören will. Els kann den Blick nicht abwenden – von den Klötzen, den Noten, dem Mädchen. Musik, entstanden aus etwas, das wenige Dutzend Monate zuvor nichts weiter war als Sequenzen im Inneren einer einzelnen Zelle.

Für mich sollte Musik das Gegengift zum Vertrauten sein. Dadurch bin ich zum Terroristen geworden.

Wir brauchen eine größere Wohnung, sagt Maddy. *Sie ist sechs. Sie kann nicht mehr länger in einem Wandschrank schlafen.*

Da hat sie recht. Aber als er ihre Wohnung verlässt, in eine größere die Green Line hinunter Richtung Coolidge Corner zieht, da fühlt sich Peter, als treibe ihn ein Engel mit gezücktem Schwert zum Ausgang von Eden.

Sara wird in New Morning eingeschult, wo Maddy jetzt stellvertretende Leiterin für die Künste ist. Quilts werden nicht mehr genäht. Els nimmt wieder eine Teilzeitstelle im Museum an. Er sucht sich mehr Kopistenaufträge, verbringt Wochen damit, die Noten und Ausführungszeichen anderer Takt für Takt auf frisches, wunderbar gedrucktes Notenpapier zu übertragen. Er liebt diese Arbeit, ein Chamäleon, das fremde Farben ausprobiert.

Abends jedoch sitzt Els im Gästezimmer der Wohnung in Brookline, aus dem sie ein Arbeitszimmer gemacht haben, an seiner ersten echten Komposition seit drei Jahren. Bis nach Mitternacht bastelt er daran, himmelhoch jauchzend, zu Tode betrübt. Im Laufe der Wochen nimmt ein neuer Stil Gestalt an, einer, den er erst nach und nach hört. Genau genommen ist der Stil allerdings überhaupt nicht neu. Er weiß noch, wie er ihn für Richard Bonner vor mittlerweile beinahe einem Jahrzehnt beschrieben hat, auf einem dunklen, eiskalten Campus zwischen den Kornfeldern.

Er beschreibt Maddy den Entwurf – ein Stück für Klavier, Klarinette, Theremin und Sopran, mit Texten aus Kafkas *Beim Bau der Chinesischen Mauer.* Das Stück besteht aus Bereichen mutierender rhythmischer Fragmente, gehalten durch feste Intervalle, in ständigen, transponierten Schleifen. Die Intervalle bauen sich zu einem dissonanten Höhepunkt auf, dem dann eine Entspannung in Form einer Art Auflösung folgt. Es gibt keine feste Tonalität, aber die Sequenz treibt das Ohr der Zuhörers doch durch einen Spießrutenlauf aus Erwartung und Überraschung. Das Verfahren kommt ihm wie ein Schritt voran vor, ein Mittelweg zwischen romantischem Schwelgen und sterilen Algorithmen, zwischen Klammergriff des Vergangenen und dem Kult des Fortschritts.

Die Chinesische Mauer nimmt Gestalt an, Stein um Stein. Er spielt Partien für Maddy auf ihrem kleinen vierundvierzigtastigen elektrischen Klavier, möchte, dass sie es vom Blatt singt. Es ist nicht schwer, selbst für eine Stimme, die in den letzten Jahren nicht viel gesungen hat. Und es ist interessant genug, um in einer der Spielstätten für zeitgenössische Musik in Cambridge oder Kenmore gut anzukommen. Sie brauchten nur zwei weitere Musiker – den Klarinettenpart konnte Peter selbst spielen.

Es ist nicht notwendig, dass du aus dem Haus gehst.
Bleib an deinem Tisch und horche.

Horche nicht einmal, warte nur.
Warte nicht einmal,
sei einfach nur still und allein.

Anbieten wird sich dir die Welt zur Entlarvung,
sie kann nicht anders,
verzückt wird sie sich vor dir winden.

Maddy nickt bei diesem Rundgang. Sie lächelt über seine Verbrechen und die raffinierte Art, wie er sie wiedergutmacht. Ihre Augen strahlen vor Erinnerung an Unternehmungen, gemeinsam durchgestanden vor noch gar nicht so langer Zeit. Einen kurzen Augenblick sind ihre Züge wieder die des summenden Mädchens, der Pagenkopf, der für jedes Abenteuer zu haben war. Aber am Ende ist sie wieder stellvertretende Leiterin des Kunstprogramms der New Morning School.

Sehr intensiv, Peter. Ich wünschte, ich hätte die Zeit, es einzustudieren.

Er findet ein paar ausgeflippte Classico-Jazzer vom New England Conservatory, und sie bringen das Stück in einem Abendkonzert in der Brown Hall unter. Das Publikum besteht aus den üblichen Unverbesserlichen, die solche Premieren aufsuchen, immer in der Hoffnung auf Transzendentes, obwohl der Menschenverstand das vielleicht nie zustande bringt. Am Abend der Uraufführung will Maddy nicht mitkommen. *Wir können nicht mit einer Sechsjährigen zu einem zweistündigen Avantgardekonzert gehen. Das bringt sie um.*

Was ist denn anders an ihr als an allen anderen?, fragt Peter.

Seine Frau möchte lächeln, bringt es aber nicht ganz zustande. *Sei mir nicht böse*, sagt sie. *Reicht es, wenn wir uns das Band anhören? Hinterher?*

Sicher, sagt er. *Läuft euch ja nicht weg.*

Wünsch mir Glück, sagt er zu seiner Tochter auf dem Weg zur Tür.

Nein!, antwortet Sara. *Kein Glück ohne mich!*

Das Stück kommt besser an, als Peter gedacht hätte. Er sitzt im Publikum und hört dort tatsächlich, wie die Klarinette sich einen Moment lang aus dem Wabern des Theremins befreit und eine Melodielinie spielt, deren Anmut ihn überrascht. Er hört das Glitzern der Querstände, sieht den Wirbel einer Klaviersequenz, die nach draußen will, die Welt sehen. Ein kribbeliges Ja; durch Zufall befreit. Und dann der gloriose Auftakt, als die Sopranstimme hereinwatet und alles fortspült. Einen Augenblick lang ist da etwas: etwas Gutes. Gute Freiheit. Gutes Wachstum. Die Welt zu seinen Füßen.

Die Seriellen im Publikum grinsen. Die Aleatoriker begreifen nichts. Doch zwei oder drei von denen, die keiner Schule angehören, sind … nun: sie sind gerührt. Eine fiebernde, hagere, rothaarige Frau in schwarzem Strickschal stellt ihn nach der Aufführung, und ihre Augen leuchten.

Es geht um Isolation, nicht wahr? Die Macht der Gleichgültigkeit.

Sie ist eine lüsterne Vampirin, versessen auf alles mit warmem Blut. Els' Hirn sendet Notfallwarnungen an alle Bereiche: nicht sabbern, nicht anstarren, nicht nachgeben. Er kann nicht glauben, dass so eine Frau überhaupt etwas von einem Komponisten will, geschweige denn von ihm.

In der Musik geht *es nicht um etwas*, antwortet er. *Sie* ist *etwas.*

Sie verzieht das Gesicht, gekränkt, und bevor Els erklären kann, was er meint, hat sie schon den Thereminspieler bei der Gurgel und will gezeigt bekommen, wie es funktioniert.

Bei seiner Rückkehr nach Hause hat Peter Telefonnummern in der Tasche, Termine für weitere Aufführungen, sogar die Visitenkarte der Dekanin eines Konservatoriums mit einem halb versprochenen Auftrag. Er zeigt sie Maddy. *Musiker mit Visitenkarten. Wie Kleinkinder mit Autoschlüsseln.*

Sara macht einen Hechtsprung, packt nach dem papiernen Schatz. *Das brauche ich!*

Er hätschelt sein kleines Mädchen, krabbelt wie eine Spinne, dann gibt er ihr die Karte. Er kann sowieso nichts damit anfangen.

Maddy legt Peter beschwichtigend eine Handfläche auf die Brust. Sie hat recht, er ist vollkommen aufgekratzt. Aber seit dem Ende seines Studiums hat er nicht mehr so viel Aufmerksamkeit von Erwachsenen bekommen. Schockierend, als er merkt, wie sehr ihm das gefehlt hat. Der Keim eines Motivs breitet sich in seinem Schädellappen aus, eine alte Prophezeiung, die er irgendwie aus den Augen verloren hatte.

Maddy nimmt die Karte der Dekanin ihrer gehorsamen Tochter wieder ab. Sie mustert sie, aufgeregt. Aber sie summt nicht.

Meinst du, die haben etwas für dich?

Er braucht zwei Takte, bis er begreift. Sie meint: eine richtige Arbeit. Sie macht keinen offenen Vorwurf. Das braucht sie auch nicht. Er hat nicht mehr viel zu ihrer kleinen Kooperative beigetragen, seit Sara in den Kindergarten geht. Es sei denn, man wollte die Stunden zählen, die er das gnadenlos leere Blatt angestarrt hatte, Notenköpfe hierhin und dorthin auf den fünf Linien gesetzt, versucht hatte, eine Symbolsprache wiederzufinden, die niemand verstehen würde, selbst wenn es ihm selbst gelang, hinter ihre Grammatik zu kommen. Das versteht er: Seine Frau hat keinen Grund, in diesen Stunden etwas anderes zu sehen als ein kostspieliges, selbstverliebtes Glasperlenspiel.

Die Tonart war Vergeblichkeit. Musik ohne Sinn und Zweck.
Musik, ein kleines Stück, macht aus all unsren Sorgen Glück.

Bäume, sanfte Hügel, mildes Licht, ein Haus gut bestückt mit Lebensmitteln ließen ihn vergessen, dass er ein Verbrecher war. Am zweiten Morgen wanderte er aufs Geratewohl hinaus in den Staatswald und fand sich auf einem Pfad entlang eines angeschwollenen Bachs. Die Knospen der Bäume brachen eben auf, der Bach bahnte sich einen Weg durch sandiges Erdreich mit der Farbe von Trägheit.

Drei Meilen ging er so, dann fiel ihm die Klemme, in der er steckte, wieder ein. Er malte sich aus, was ihm alles vorgehalten würde. Amtliche Ermittlungen behindert. Sich der Verhaftung entzogen. Krankheitserregende Bakterien gebrütet. Verrückt und auch noch stolz darauf. Während er hier spazierenging, examinierten Experten ihre beschrifteten Tüten auf biologische Gefahrenstoffe und suchten nach Verbindungen zu den Todesfällen im Krankenhaus. Farce, Unglück, Agenten der US-Regierung: ein würdiger Nachfolger zu seinem einen Versuch in puncto Oper.

Er setzte sich auf einen alten Baumstamm, zergangen von Pilzen und Moos. Ringsum zeigten sich zwischen dem Laub vom letzten Jahr die Sprossen neuer Bäume. Das Gurgeln des Bachs in seinem Felsbett klang wie die Dinge, die Peter früher mit computerbearbeiteten Tonbandschleifen produziert hatte.

Ein junges Paar kam den Pfad entlang, winkte einen verlegenen Gruß. Sie sahen ihn nicht an; schuldbewusst, weil sie sich an diesem Werktag vergnügten, statt zu arbeiten. Als ihre Hightech-Jacken wieder im Unterholz verschwunden waren, machte sich in Els eine gewaltige Leere breit. Er fühlte sich so dünn, so abgeblättert, so schillernd wie Blattgold auf einem ruhenden Buddha.

Er stand auf und stolperte den Weg zurück, den er gekommen war. Der Wald war alles andere als wild. Wo sich einst dichtgedrängt Hemlocktannen, Eichen, Buchen und Kiefern bis ans Meer erstreckt hatten, blieben nur noch ein paar gepflegte Inseln aus Traubenkirsche und Ahorn. Die dünne Schicht Erdreich gehörte der Allgemeinheit, doch die Rechte an den Mineralien darunter waren in privater Hand. Inzwischen wurde wieder gebohrt – Fracking, Ölschiefer –, immer aufwendigere Methoden für immer schwieriger zu gewinnende Brennstoffe.

Chopins Präludium begrüßte ihn, als er zur Haustür hereinkam. Das Gerät verstummte, gerade als er es gefunden hatte. Das Display verzeichnete drei entgangene Anrufe von Klaudia, keine SMS-Nachrichten. Sein Finger schwebte über dem Rückrufknopf. Aber er fühlte sich noch nicht stark genug für die neuesten Nachrichten.

Er tippte die Nummer seiner Tochter ein. Die Tasten antworteten – ein Retro-Audio-Gag – mit den alten Mehrfrequenztönen, an denen die kleine Sara solchen Spaß gehabt hatte. Oft hatte er sie in Brookline mit Telefontasten-Melodien zum Lachen gebracht; einmal hatte eine solche Melodie ihn zur Notrufzentrale geführt. Vielleicht steckte dieser jahrzehntealte Fehlalarm noch irgendwo in einer historischen Polizeidatenbank. Noch bis ins achtzehnte Jahrhundert hinein gab es Komponisten, von denen man nichts außer einem Taufbucheintrag wusste. Auch Beethoven hatte keine Geburtsurkunde. Els' Fußabdrücke hingegen waren überall. Noch in dreihundert Jahren würden die Leute wissen, welche Aufnahme des *Rake's Progress* er im Internet gekauft hatte.

Er wollte nur Saras Stimme hören. Als sie zuletzt miteinander gesprochen hatten, da hatte er noch sein Haus gehabt, seine Unschuld, seine Anonymität. Die größte Krise, die er auszustehen hatte, war die Wahl der Musik für das Begräbnis seines Hundes gewesen. Seitdem hatte sein Verstand sich in einen einzigen großen Clusterton verwandelt. Zwei Minuten mit seiner gnadenlos vernünftigen Tochter, danach wäre sein Kopf wieder frei.

Bei der sechsten Zahl von Saras Nummer hielt der Finger inne. Els schloss das Programm, legte das Kästchen weg. Aus dem wenigen, was er gelesen hatte, wusste er, dass es seit dem Patriot Act keinen Datenschutz mehr gab. Wenn die Joint Security Task Force wissen wollte, was er plauderte, dann würde seine Tochter abgehört.

Els griff wieder zu dem Gerät und öffnete den Browser. Er suchte noch einmal. Die Zahl der Treffer für seinen Namen vermehrte sich genauso rasend wie jede virulente Kultur. Der Präsident von Verrata College versprach volle Unterstützung für die Ermittlungen und forderte Els öffentlich auf, sich zu stellen. Der Online-Laden, bei dem Els seine maßgeschneiderte DNA gekauft hatte, behauptete, er habe die Beschaffungsnummer eines Collegelabors angegeben. Das war gelogen; jeder mit einer Visa-Karte hätte alles kaufen können, was er gekauft hatte.

In einem Popkultur-Blog fand er einen Link zu einer Liste mit Büchern, beschlagnahmt im Haus von Peter Els. *Gute Bakterien, böse Bakterien. Seuchen und Menschen.* Jemand hatte diese Titel handverlesen, unter den tausend aus seiner Bibliothek geplünderten Büchern, hatte die Liste auf Angst und Nervenkitzel manipuliert. Coldberg, Mendoza und ihre Freunde schmierten ihn an. Die Regierung hatte seine Hinrichtung auf dem Marktplatz beschlossen.

Er hackte Suchwörter in Kohlmanns Telefon – Els, Serratia, Naxkohoman –, bis ihm aufging (diesmal zu spät), dass jeder Tastendruck für immer in Server-Logs dokumentiert wurde, die vom FBI durchforstet wurden, mit nicht mehr Rechtfertigung, als sie für die Razzia in seinem Haus gebraucht hatten. Irgendwo an der Ostküste – Maryland oder Virginia – und anderswo im Westen – in der Bay Area, nicht weit von Sara – gab es Gebäude, weiß, kastenförmig, vielgeschossig, fensterlos und aus Beton, in denen Leute an

Computerarbeitsplätzen in neonbeleuchteten Nischen saßen und verdächtige Suchanfragen des ganzen Planeten mitlasen, nach Mustern im Strom der Reizworte suchten, einer Liste, die nun auch Els, Serratia und Naxkohoman enthielt. Die Logs vermerkten, von welchem Gerät die Anfrage gekommen war. Und dieses Gerät war über GPS ortbar. Wenn Klaudias Telefon Els zu dieser Hütte führen konnte, dann konnte es auch dem FBI sagen, wo es sich befand.

Els schaltete das Smartphone ab und schob es ans andere Ende der Frühstücksecke. Wenn er die Augen schloss, sah er den Trupp in Schutzanzügen, der das kleine Haus der Kohlmanns tief im Wald in seine Einzelteile zerlegte.

Melodien, die man hört, sind süß, aber die ungehörten sind noch süßer.

Die Bücher, die Els im Regal hatte, erzählten tatsächlich eine geheime Geschichte, allerdings eine, auf die keine Regierung Einfluss hatte. Als er erst einmal auf das unterdrückte Beweismaterial gestoßen war, kamen ihm alle konventionellen Darstellungen des menschlichen Strebens lächerlich vor, als reiner Selbstzweck. Handel, Technik, Nationen, Migrationen, Industrie: in Wirklichkeit hatten bei dem ganzen Drama die fünf Nonillionen mutierender Mikroben dieses Planeten das Sagen.

Ein Jahr Lektüre, und es fiel Els wie Schuppen von den Augen. Bakterien entschieden Kriege, lenkten Entwicklungen, brachten Weltreiche zu Fall. Sie entschieden, wer zu essen hatte und wer hungerte, wer reich war und wer in Elend und Krankheit lebte. Der Mund eines zehnjährigen Kindes beherbergte doppelt so viele Bakterien, wie es Menschen auf Erden gab. Jeder einzelne Mensch war auf zehnmal so viele Bakterienzellen angewiesen, wie er selbst Zellen hatte, auf hundertmal mehr Bakteriengene als Menschengene. Mikroben bestimmten die Expression des menschlichen Genoms und regulierten den Metabolismus ihres Trägers. Sie *waren* das Ökosystem, in dem wir lebten. Wir mochten tanzen gehen, aber sie bestimmten, was gespielt wurde.

Nach einem kurzen Kursus zum Thema Leben im wahren Maßstab wusste Els: die Menschheit würde ihren Kampf Hygiene kontra Infektion verlieren. Im Augenblick verschanzte die menschliche Rasse sich noch hinter den Barrikaden, umgeben von Illegalen, Schläferzellen aus jedem erdenklichen Stamm. Zwei Jahrhunderte lang hatten die Menschen von einer keimfreien Welt geträumt, und ein paar Jahre lang lebten sie sogar im Glauben, die Wissenschaft habe die Eindringlinge besiegt. Jetzt lauerte die Ansteckung vor den Toren, die Wiederkehr der Unterdrückten. Mehrfachresistente toxische Stämme erhoben sich wie wütende Kolonialvölker und überrannten die Außenposten ihrer Herrn. Und auf Wegen, die Els immer noch nicht so ganz verstand, hatten die zwei Albträume, in denen die hysterische Gegenwart lebte – Bazillen und der Dschihad –, in ihm einen gemeinsamen Protagonisten gefunden.

Keine der Websites, die von Peter Els' geplünderter Bibliothek berichteten, erwähnte die anderen Bücher in seinem Besitz – Kampfschriften der letzten hundert Jahre, die den totalen Krieg gegen das Publikum wollten. Boulez' *Orienta-*

tions, Schönbergs *Harmonielehre,* Messiaens *Technique de mon langage musical.* Dieser Krieg war lange vorüber, und die Kämpfe bedeuteten nun nur noch den Toten etwas. Wenn der Körper aus allen Richtungen von unsichtbaren Kräften attackiert wurde, warum sollte man sich da um etwas so Flüchtiges wie die Seele Gedanken machen?

Ist es schlimm, wenn man weiß, dass jedes Musikstück, so raffiniert es auch sein mag, sich in eine eindeutige riesige Zahl verwandeln lässt?

Es klopft an der Tür, und davor steht Richard Bonner, auf der Schwelle der Wohnung in Brookline, die sich sofort anfühlt wie ein bürgerliches Puppenhaus.

Was gibt's zum Abendessen?

Peter steht nur da und starrt. Dann schließen sich aber doch seine Arme um das Gespenst. *Lieber Himmel, Richard! Was machst du denn hier?*

Wenn du mich nicht mehr magst, kann ich auch gehen.

Doch schneller, als Els beiseitetreten kann, stürmt der Choreograph ins Haus. Die Andeutung eines Auftakts, und schon flirtet Bonner mit seiner Frau, zieht seiner Tochter an den Zöpfen, bringt sie dazu, dass sie bellt wie ein Seehund, kritisiert die Kunstwerke an den Wänden, arrangiert die Flohmarktmöbel um, damit es besser aussieht.

Beim Anblick seines alten Freunds steigen gewaltige Regenbögen in Els auf, und er ist wieder zu allem bereit. Aus heiterem Himmel ein Sommercamp, tausend dringende

Projekte, die seine Mitarbeit brauchen. Mit Jahren Verspätung trifft die neue Dekade ein. Richard ist da, und wenn Richard da ist, dann wird alles möglich.

Maddy ist ärgerlich, hinter ihrem konfusen Lächeln. *Du hättest uns Bescheid sagen können. Dann hätte ich dir ein richtiges Essen gekocht.*

Bonner drückt seine Stirn an die ihre. *Sag Hott, wenn sie denken, du sagst Hü. Die zweite Regel der Schöpfung.*

Und was ist die erste?, fragt Els und spielt für diese geplagte Seele gern den Stichwortgeber.

Sag Hü, wenn sie denken, du sagst Hott.

Zum improvisierten Gin Fizz ordnet der Impresario für alle Verkleidungen an – ein mottenzerfressener Frack für Peter, für Maddy eine Federboa und für die Kleine ein Krokodil-Tutu. Sara muss das Kinderklavier holen, über das sie längst hinausgewachsen ist. *Sind alle so weit? Morgen kommt der Weihnachtsmann. Als ob er schon heute kommt. Ich singe!* Was dem Duett an Eleganz fehlt, machen sie an Dezibeln wett. Sara haut in die Plastiktasten und lacht dazu wie eine Banshee.

Sie essen, was noch im Hause ist. Richard hört keine Sekunde mit Reden auf, nicht einmal zum Atmen. Er klärt diese neuenglischen Hinterwäldler auf, wie es aussieht auf der Welt, jede Mode, die in den letzten paar Jahren in Manhattan aufgetaucht und wieder verschwunden ist. Sara vergisst vor Staunen das Essen. Sie sitzt da, die Gabel auf halbem Wege zum offenen Mund, starrt den Botschafter mit den wirren Haaren und den Trompetenlippen an, der diese armselige Wohnung mit Nachrichten aus einer Welt so viel aufregender als die ihre erfüllt.

Maddy schlägt einen Verdauungsspaziergang vor, doch Richard winkt ab. Er hat noch einen ganzen Rucksack voller weiterer Verführungen – Tonbänder, halbfertige Skripts, Skizzen, Notizen wie Geheimschrift. Er zerrt Els zum Schreibtisch in der Ecke und beginnt mit der Umerziehung des Komponisten.

Er spielt ihm Terry Rileys *In C* vor, erschließt ihm die verrückte Welt der Westküste. Gibson, Glass, Reich, Young: eine ganze neue Schule ist entstanden, als Els gerade nicht hinsah. Sara dreht sich kichernd mitten im Wohnzimmer im Kreis, Augen geschlossen, lässt sich von der hypnotischen Tripmusik in Trance versetzen. Maddy hält mit dem Geschirrspülen lange genug inne für einen kritischen Blick: Hört das denn gar nicht mehr auf? Der Blick ist lehrerhaft, aber als Lehrerin verdient sie ja auch den Lebensunterhalt. Die ehemalige Sopranistin, einst für jede Melodie zu haben, lächelt nun nur und schüttelt den Kopf.

Richard lehnt sich auf dem Sofa zurück, spastisch vor Begeisterung. *Du hörst, was das ist, oder?*

Langweilig?, ist Els' Tip. Banale Arpeggien, kaum von Interesse, immer und immer wieder im Kreis. Czerny auf Speed.

Die erste echte Revolution in der Musik seit fünfzig Jahren.

Els legt den Kopf schief, zuckt mit den Schultern. Aber er hört weiter zu. Wenn euch etwas nach zwei Minuten langweilt, versucht es mit vier. Langweiligt es euch vier Minuten, versucht es mit acht. Musik hatte nie getan, was er von ihr erwartet hatte. Warum sollte sie jetzt plötzlich brav sein?

Sie lauschen, als gebe es die Welt um sie herum nicht mehr. Sie sind wieder auf der Schule, und alle großen Entdeckungen des Lebens liegen noch vor ihnen. Mit dieser Musik schwillt die Zeit an und nimmt wieder ab wie ein launischer Mond.

Maddy kommt mit energischen Schritten, schnappt sich die Tochter von ihrem Horchposten auf dem Teppich. *Tut mir leid, meine Herren, wir müssen jetzt schlafen.*

Nein, meine Herren, ruft Sara. *Wir brauchen mehr!*

Geht nur, sagt Richard zu den Damen. Kräuselnde Handbewegungen, eine galante Rokokogeste. *Verschlaft alles! Das macht uns überhaupt nichts.*

Von Maddy bekommt er einen Tritt ans Schienbein, und die Männer schalten die Musik ab. Mutter zerrt Tochter in Richtung Schlafzimmer und zur letzten Geschichte des Abends. Aber die Männer rühren sich nicht fort von ihrem improvisierten Atelier. Jetzt werden die Partituren hervorgeholt, und die alten Kampfgenossen sitzen noch leise parlierend im Lampenlicht, als die beiden Mädels längst schlafen.

Bonner sagt: Da tut sich was in New York. Die Stadt geht vor die Hunde. Obdachlose überall. Das soziale Gefüge löst sich auf. Aber die Performance-Szene in Downtown, da ist nie mehr los gewesen. Die wächst wie Giftpilze auf einem Grab.

Richard baut die Werbenummer auf wie einen seiner minimalistischen Gletscher. Er hat eine gute Fee gefunden, die aus ihrem Horst in den Höhen des Central Park West zu ihm herabgestoßen ist, um ihm ein wenig Bargeld zu bringen. Bonner hatte sie mit einem Stück Straßentheater geködert, bei dem hundert freiwillige Akteure in einfacher Arbeitskleidung, über einen Häuserblock in Midtown verteilt, jeweils in synchronisierten Augenblicken zur Rushhour in ihren Bewegungen erstarrten, zu Stein wurden wie im Kinderspiel. Das Guerillaballett trat an drei aufeinanderfolgenden Tagen auf und verschwand ohne ein weiteres Wort, gerade als sich die Kunde von dieser Performance in der Stadt verbreitete.

Vom Fenster des Büros ihrer Stiftung an der 57. Straße West hatte die gute Fee zufällig gesehen, wie Dutzende Menschen versteinerten. Das gab ihr genau das Gänsehaut-Gefühl, nach dem sie in der Kunst suchte, das Gefühl, dass alle gemeinsam zum Untergang verdammt waren. Dabei beeindruckte sie weniger das Erstarren selbst, sondern die Arbeit, die jemand in ein so anonymes, vergängliches, fast unsichtbares Werk gesteckt hatte. Sie brauchte drei Dutzend Anrufe, bis sie diesen aufrührerischen Tanz zu seinem irrsinnigen Schöpfer zurückverfolgen konnte.

Jetzt lässt sie Geld springen, damit ich einen Film daraus mache!

Els schüttelt den Kopf. *Einen Film? Widerspricht das denn nicht der Botschaft des Ganzen?*

Aber Bonner hat keine Botschaft. Bonner ist schiere Energie, er will Witz, er will Unerhörtes, und er versinkt in abgrundtiefe Verzweiflung, wenn er nicht – und er besteht nach wie vor darauf, es so zu nennen – *arbeitet.*

Die beiden Männer nehmen diese verrückte Vorstellung mit hinaus auf die Beacon Street. Sie gehen stadteinwärts, zurück in Richtung Fens. Bonner skizziert einen Plan, Videokameras mit Teleobjektiven, die zu Fenstern im vierzigsten Stock hinausschauen, in die Straße unten und wieder zurückzoomen. Er braucht eine Musik, die ebenfalls auf

Kommando vor- und zurückzoomen kann. Er will Kreisbewegungen innerhalb von Kreisbewegungen, komplizierte, verschachtelte Instrumentalgebilde, alles auf getrennten Spuren aufgenommen, so dass man das Stück nach Belieben zusammensetzen und wieder auseinandernehmen kann, Partien aus- und aufblenden; es muss abbrechen und dann wieder zum gewaltigen Ganzen anschwellen können.

Hört sich toll an, sagt Els. *Aber warum lässt du das nicht von einem dieser New Yorker Minimalisten für dich schreiben?*

Bonner erstarrt mitten auf der Brücke über die Mass Pike, plötzlich zur Statue geworden.

Na, du mich auch.

Els zuckt zusammen, verblüfft. Er hat Jahre gebraucht, um auf das Offensichtliche zu kommen: Bonner ist so dünnhäutig wie ein Kind. Die Kritiker können ihm nichts anhaben, ja, er lebt von ihren Angriffen, je gehässiger desto besser. Aber ein Freund kann diesem Mann eine Wunde für immer zufügen, ohne zu merken, dass er ihn überhaupt verletzt hat.

Wie der Zufall es will, improvisiert Els, *habe ich da schon ein paar schöne Ideen.*

Schon bringt Bonner die Parade wieder in Gang. *Wir brauchen keine Schönheit, Maestro. Wir brauchen Musik.*

Ich liefere beides. Nur zur Sicherheit.

Die Sicherheit bringt dich noch um, das weißt du.

Das weiß ich. Regel der Schöpfung Nummer drei.

Als sie wieder zu Hause anlangen, bleibt noch eine Stunde bis zum Morgengrauen. Els baut für Richard ein kleines Nest auf dem Sofa. Der Impresario schläft, als die

Frauen sich für den Tag fertigmachen und zur Schule aufbrechen. Und er ist fort, sitzt schon wieder im Zug nach New York, als Maddy zurückkommt.

Ist es nicht tröstlich, dass in jeder großen Zahl, so zufällig sie ist, ein Meisterwerk steckt? Man braucht nichts weiter als einen Player.

Was ist Els vom Duett dieses Abends im Gedächtnis geblieben?

Das ist ein echter Auftrag, erklärt er seiner Frau bei den letzten Bissen eines improvisierten Ratatouille. Sie sitzen an einem wackligen grün gestrichenen Tisch, mit einer Taschenausgabe von Emersons *Nature* unter dem zu kurzen Bein. *Tausend Dollar. Ist das zu glauben?*

Sie sieht ihn an, über das leere Weinglas mit der Scharte in dem billigen Rand. Der Blick sagt: ehrlich? Der Blick sagt: verkauf mich nicht für dumm.

Ich werde natürlich eine Weile hinfahren müssen. Proben und Aufnahme.

Peter, sagt sie. Es klingt uralt. Erschöpft.

Peter wendet sich seiner Tochter zu. *He, Bär. Möchtest du etwas spielen? Vielleicht dein neues* Mikrokosmos-*Stück?* Sara trollt sich ins andere Zimmer mit seinem kleinen Klavier, in jener Mischung aus Glück und Misstrauen, die schon die Jugend ankündigt.

Maddy weicht seinem Blick nicht aus. *Wir können so nicht weiterleben. Du musst dir Arbeit suchen.*

Arbeit? Ich habe sechs Stellen in vier Jahren gehabt. Ich habe eine Menge –

Richtige Arbeit, Peter. Einen Beruf.

Er blickt zum Fenster hinaus auf ihr Viertel im letzten Abendlicht, als komme die Bedrohung von dort draußen zu ihm. *Ich habe einen Beruf.*

Maddy inspiziert ihre Hände. *Du hast eine Tochter.*

Das macht ihn wütend. *Ich bin ein guter Vater.*

Sie fährt sich mit den Fingern durchs Haar. Sie will dieses Gespräch auch nicht. In dem Augenblick, oder bald danach, geht Els auf, dass er sie schon seit bestimmt einem Jahr nicht mehr summen gehört hat.

Sie geht an die Spüle und füllt sie mit Pfannen und Töpfen aus drei verschiedenen Ramschläden.

Hör mal, sagt Els. *Es ist echtes Geld. Ein Projekt in New York – etwas, das Aufmerksamkeit bekommt.*

Maddys Seufzer dringt durch den aufsteigenden Dampf. *Mit Klavierstimmen könntest du mehr verdienen.*

Er überlegt, wann er sie zuletzt bei der Arbeit an einem Quilt gesehen hat. Ein rumänisches Volkslied, modal in Gegenbewegung gesetzt, erklingt aus dem anderen Zimmer. Die Melodie, findet Peter, enthält alles, was man zum Thema Sehnsucht sagen kann. Vielleicht sollte er tatsächlich Klavierstimmer werden.

Es ist ein Schritt voran, sagt er zu seiner Frau, eher beschwichtigend als verteidigend. *Wenn der Film läuft … vielleicht ergibt sich …*

Frau beim Geschirrspülen. Nicht mit zarten Händen.

Maddy, ich bekomme Geld dafür …

Wirklich, Peter? Sie dreht sich zu ihm um und sieht ihn

an. *Tausend Dollar? Abzüglich Unkosten in New York? Zugfahrkarten, Restaurants, Hotelzimmer …?*

Was für ein Timbre hat dieses Stück? Zwei schmächtige Instrumente, sagen wir Oboe und Horn, und ihr Zweiklang dringt durch ein offenes Fenster in einen leeren herbstlichen Hof. Zwei Eltern, die sich um leise Töne bemühen, damit es ihr kleines Mädchen, das nebenan eine ländliche Weise klimpert, nicht stört.

Peters Worte sind bitter. Er schmeckt es, als er sie spricht; der üble Geschmack der Zukunft. *Du hast ihn nie gemocht, nicht wahr?*

Er kommt sich wie eine Schlange vor. Die erste Regel der Schöpfung: sag Hü, wenn sie denken, du sagst Hott. Doch Maddys Überraschung ist aufrichtig, sie kommt geradewegs heraus.

Wen – Richard? Richard ist ein charmanter Poseur. Bald wird er so berühmt sein, wie er es sich immer gewünscht hat.

Ich kann nicht glauben, dass du so was sagst. Der Mann ist unser bester Freund.

Es geht doch nicht um Richard. Du hast … wie lange machst du diese Sache jetzt schon? Und du hast ein halbes Dutzend kurzer Stücke geschrieben, die alle zusammen fünfmal aufgeführt worden sind.

Seine Hände zucken. Ein Marimbaspieler. Er streckt sie nach ihr aus, dann hält er inne. Zwei Takte lang nichts.

Und jetzt habe ich einen Auftrag für ein größeres Werk. Dafür haben wir doch die ganzen Opfer gebracht. Eine Chance hier rauszukommen.

Rauskommen? Ihr Lachen ist ein einziges scharfes hohes a.

Peter, es ist experimentelle Musik. Das Spiel ist vorbei. Keiner hört das. Keiner wird es je.

Und was willst du mir sagen? Dass ich alles hinschmeißen soll?

Zweimal geht ihr Kopf hin und her, bevor er begreift, dass sie ihn schüttelt. Das Lächeln auf ihren Lippen kommt tot zur Welt. *Du sollst erwachsen werden, Peter.*

Sie ist eine Gefangene der gegenständlichen Welt, und sie kann nicht mehr zurück zu ihm auf die andere Seite. Die Mutterschaft hat diese harte Pragmatikerin aus ihr gemacht. Im Vergleich zu allem, was sie tun muss, sehen seine eigenen Bedürfnisse wie Kinderphantasien aus.

Das Mädchen kommt wieder herein, ihr Körper geduckt, verstohlen. Sie fasst ihn bei den Händen. *Dad? Machen wir was?*

Was machen wir?, müsste er jetzt sagen. Stattdessen sagt er: *Gleich, Liebling.* Sie geht zurück ins Wohnzimmer und hämmert auf die Tasten.

Von der Spüle her sagt Maddy: *Du könntest das tun, was jeder andere Komponist heutzutage auch tun muss. Dir einen Posten an einer Universität suchen. Und in den Sommerferien kannst du* – Sie dreht sich zu ihm um, hebt die Hände, verspritzt Spülwasser – *alles schreiben, was gut für dich ist.*

Die Volksweise von nebenan bricht mitten im Takt ab. Els legt die Hände um die Ohren, dann die Nase. Er atmet in die Maske, die er sich so schafft. Dann schiebt er die Finger hoch und über die Stirn.

Das könnte ich, gibt er zu. *Aber für eine Bewerbung müsste ich mehr vorweisen. Aufführungen. Diese Filmmusik, damit hätte ich bessere Chancen.*

Chancen! Du hast es doch nicht mal probiert. Wie oft hast du dich denn beworben, in den letzten sechs Jahren?

Darauf muss er nicht antworten. Er ist in eine Stimmung auf halbem Wege zwischen Panik und Frieden verfallen. Er ruft sich einen Ausspruch von Cage ins Gedächtnis: »Poesie heißt für uns heute begreifen, dass wir nichts haben. Und deshalb ist alles eine Freude.« Aber der Satz rettet ihn nicht.

Wovor fürchtest du dich, Peter?

Misserfolg. Erfolg. Der Weisheit der Massen. Gewissheit, wie seine Töne für all die klingen müssen, die nicht er sind.

Nebenan wird es laut: Sara schlägt mit ihren Patschhändchen auf vier Oktaven ein. Mit einem glatten Ballwechsel verwandelt Maddy sich wieder in Supermom zurück, schwebt ins Wohnzimmer. *Hey, hey, hey. Was soll das werden, junge Dame?*

Ich spiele was, und ihr hört überhaupt nicht zu!

Mehr als das kannst du nicht erwarten, möchte Peter Els seiner Tochter gern sagen. Die vierte Regel der Schöpfung. Kleines Mädchen, egal wo – ohne Publikum, solange keiner zuhört, bist du mehr als nur in Sicherheit. Da bist du frei.

Es gibt eine bessere Welt, die echte Welt. Aber sie steckt in der Welt, die wir haben.

Er konnte nicht in dem Cottage bleiben. Wenn die Joint Task Force ihn dort fand, würden sie das Haus, ohne zu zögern, verwüsten. Klaudia Kohlmann würde mitten in seinen Albtraum hineingezogen. Auch sie könnte nach Belieben festgehalten werden – Helfershelferin des Terroristen, die unbekannte Hälfte der Schläferzelle von Naxkohoman.

Eine Nacht schlief Els noch im Bett seiner unbekannten Wohltäter. Er ging nicht mehr ins Internet und nahm keinen von Klaudias Anrufen an. Keine Daten mehr als Geiseln. Am nächsten Morgen schnorrte er noch ein letztes Frühstück, dann machte er Inventur. Er hatte einen halben Tank Benzin, die Kleider, die er am Leibe trug, und Klaudias Smartphone, das er sich nun nicht mehr anzurühren traute. In seiner Brieftasche waren die zweihundert Dollar, die er am Morgen der Razzia am Bankautomaten abgehoben hatte.

Im Augenblick, in dem er etwas mit seiner Kreditkarte bezahlte oder noch einmal etwas an einem Automaten abhob, hatten sie seine Koordinaten. Jede Transaktion wurde sofort an durchsuchbare Datenspeicher übermittelt – Teil einer elektronischen Komposition, die inzwischen so ausufernd war, dass kein Ohr sie mehr verfolgen konnte.

Er stieg in den Fiat und nahm die Interstate zurück nach Naxkohoman. Am Stadtrand bog er in die vertraute Schnellstraße und fuhr, bis er zwanzig Meilen nordöstlich von seinem Haus war. Dort fuhr er zum Autoschalter einer Bankfiliale, die er oft nutzte, und hob fünfhundert Dollar ab, das Maximum, das die Maschine zuließ. Von jenseits einer Rauchglasscheibe drehte eine Videokamera einen kleinen Film von ihm, ohne Soundtrack, abgesehen von dem Fiatmotor im Leerlauf.

Die tausend beweglichen Teile der digitalen Passacaglia, die immer größeren Päckchen von Informationen, auf Wegen im Umlauf, die er niemals verstehen könnte. Sein Plan hätte nicht einfacher sein können: in Bewegung bleiben und so wenig Spuren wie möglich hinterlassen. Er steckte den Stoß Banknoten ein, den die Maschine ausgespuckt hatte, warf noch einmal einen Blick in die dunkle Linse und steuerte den Fiat dann zurück auf die Straße.

Zwei Blocks weiter hielt er und tankte. Er zahlte mit seiner Kreditkarte, denn die Brotkrümelspur führte ja ohnehin schon in diese Gegend. Brauchen Sie eine Quittung? Nein, danke. Dann kehrte er auf die I-80 zurück und fuhr nach Westen. Die großen Bögen, in denen die Straße mäanderte, halfen ihm, sich zu konzentrieren. Er fuhr lange Zeit, dachte an überhaupt nichts, so deutlich gekennzeichnet wie ein Vertreter einer bedrohten Tierart mit einer elektronischen Marke.

Am Nachmittag, inzwischen fast wieder bei seinem Versteck in den Alleghenies, hielt er in einem Einkaufszentrum an der Schnellstraße und füllte wiederum den Tank. Diesmal bezahlte er bar; Bilder von Überwachungskameras ließen sich anscheinend nicht so schnell durchsuchen wie Kreditkartendaten. Von den Gerüchen in dem Laden wurde ihm schwummrig vor Hunger. In den Regalreihen voller gesättigter Fette und Ahornsirup fand er ein Brett mit Omegas und Antioxidantien, dort gestrandet durch demographische Miskalkulation. Er griff ordentlich zu und spürte dabei eine seltsame Erregung, wie auf einer lange verschobenen Urlaubsfahrt, und der Nationalpark-Pass wartete nur auf die Stempel. Binnen vier Minuten war die Mahlzeit verschwunden, in einer Ecke des Lastwagenparkplatzes verschlungen.

Als die Kreuzung mit der I-79 kam, nahm Els, inzwischen

ein winziger Seufzer. Dann nichts. Dann ein gleichmäßiges, hohes Schnarchen, das Peter noch bis tief in die Nacht Gesellschaft leistete.

Unsicherheit wird immer ein einträglicher Industriezweig bleiben. Inzwischen ist die Wirtschaft auf Angst angewiesen.

Der Abend war eisig geworden, als er in Illinois anlangte. Jetzt saß er im Auto auf dem Motelparkplatz bei abgeschaltetem Motor, eingeschlossen von beschlagenem Glas. Hungrig, benommen, vom Sitzen wund, wischte er ein Guckloch in die Windschutzscheibe und sah sich um. Sechs Fuß über dem Wagen, an der Wand des auf gemütlich getrimmten Kettenhotels, hing etwas, das aussah, als ob die NASA es auf ferne Planeten schicken könnte. Eine Überwachungskamera. In einem anderen Leben hatte Els gelesen, dass ein durchschnittlicher Stadtbewohner Tag für Tag Hunderte von Malen auf Video festgehalten wurde. Das hatte ihn nicht weiter beunruhigt, damals.

Els schlug den Kragen hoch, wodurch er noch mehr Aufmerksamkeit auf sich lenkte, und begab sich hinaus in die Kälte. Autos donnerten über die Fernstraße und den Zubringer im Süden. Im Norden erleuchtete Flutlicht ein Wunderland immergleicher Läden. Entlang dem stockenden Ampelverkehr die gleiche vorfabrizierte Ansammlung von Läden, die sich auch von Naxkohoman nordwärts erstreckte, starrend vor Markenzeichen, die jedes Kleinkind des Landes zusammen mit dem ABC lernte.

In der Ferne ein Leuchtschild: Town Center Boulevard. Als Els dort gelebt hatte, war an dieser Stelle nichts gewesen außer dem fruchtbarsten Boden des Planeten, von dort bis an den Horizont.

Der Empfangsraum des Motels war amerikanischer Südwesten aus dem Musterbuch: Natursteinfliesen, gedämpfte Erdtöne und über dem Empfangstisch Gemälde, Pueblos in Pastell. Offenbar war er durch ein Wurmloch nach Arizona geraten. Eine bonbonbunte Popcornmaschine stand zwischen Empfangstisch und dem kleinen Frühstücksbereich. Der Raum stank nach Butterfett. Eine Schale mit Äpfeln so makellos, dass sie Requisite für ein Musical über den Garten Eden hätte sein können, stand auf dem Tresen. An der Wand ein Flachbildfernseher, das Nachrichtenprogramm in drei simultane Videoflächen aufgeteilt, darunter Laufschrift und Textfenster.

Ein junger Mann von fünfundzwanzig in T-Shirt und blauem Blazer blickte von seinem Computer auf und lächelte. Alles an Els spannte sich an, doch der Rezeptionist grinste weiter: *Hallo und willkommen! Was kann ich heute Abend für Sie tun?*

Els sah sich um, schätzte die Entfernung zur Eingangstür ab. *Hätten Sie noch ein Einzelzimmer frei?*

Da könnten Sie Glück haben, sagte der Angestellte. Drückte ein paar Tasten, Triumph. *Raucher oder Nichtraucher?*

Der Rezeptionist legte Els ein Blatt zum Ausfüllen vor. Name, Adresse, Telefon, zu erreichen unter, Führerscheinnummer, Marke und Modell des Fahrzeugs, Kennzeichen …

Els nahm das Formular und hielt es am ausgestreckten Arm. *Ich zahle bar.*

Kein Problem!, versicherte der Angestellte ihm.

Els stand da, Stift in der Hand, und betrachtete das Blatt. Der Angestellte blickte von seinem Computer auf und machte eine wegwerfende Handbewegung.

Keine Sorge. Nur für die Buchhaltung.

Els füllte das Formular aus und ließ seiner Phantasie freien Lauf.

Haben Sie eine Rabattkarte?, fragte der Angestellte. *Automobilclub? Sonst etwas?*

Els sah ihn verblüfft an.

AARP? Na, vielleicht haben Sie sie zu Hause gelassen. No problemo. Zehn Prozent Rabatt, für den Mann mit dem ehrlichen Gesicht.

Els tauschte Bargeld gegen eine Schlüsselkarte. Von einem Sims hinter dem Empfangstisch funkelte ihn eine weitere Überwachungskamera mit ihrem Zyklopenauge an.

Das Zimmer war wie das Jenseits in einem existentialistischen französischen Roman. Bett, Stuhl, Nachttisch, Radiowecker, Fernseher mit Wandbefestigung. In so einem Raum konnte man in eine benachbarte Galaxie reisen oder in seiner Minimum-Security-Einöde eine Lebensstrafe absitzen. Els duschte und verbrühte sich beinahe dabei. Er legte sich in ein Handtuch gewickelt aufs Bett und schaltete den Fernseher ein. Die Nachrichten versteckten sich zwischen Reality-Shows der vierten Generation. Die Ereignisse des Tages wurden in Zwanzig-Sekunden-Clips präsentiert. Auf dem Schirm erschienen wacklige Aufnahmen aus Kairo. Zehntausende von Menschen schwärmten über den Tahrirplatz, klatschten, sangen, marschierten. Wie bei jeder großen Produktion, an der Els je mitgewirkt hatte, gab das

Chaos den Ton an. Nachdem die Demonstrantenzahl auf ein kleines Häuflein geschrumpft war, waren nun wieder alle unterwegs, in Massen, wie sie der beginnende Arabische Frühling noch nicht gesehen hatte. Das Militär wechselte die Seiten, die Demonstranten witterten den Sieg, und das alles wegen einer einzigen mitreißenden Melodie. Ein rascher Schnitt, und die Szene verwandelte sich in ein Bollywood-Musical. Ein Sänger ließ sich quer über den Platz treiben, sang ein munteres Lied, das man sich als Erkennungsmelodie zu einer Fernsehserie, in der junge Weltenbummler die Wechselfälle ihres Lebens genossen, hätte vorstellen können. Leute hielten selbstgeschriebene Transparente in die Höhe. Straßenhändler boten Essen feil und mimten dabei zum Playback Gesang. Alte Männer mit Strickmützen und Frauen in Kopftüchern skandierten die trotzigen Worte der Hoffnung, die als Laufschrift am unteren Bildrand erschienen. Das Kampflied hatte sich übers Wochenende wie ein Lauffeuer verbreitet und damit die Revolution gerettet.

Wieder einmal eine Regierung, die durch ein paar schmissige Töne zu Fall gebracht wurde. Ein weiterer Schnitt, und aus Gesang wurde wieder Realität. Die Leute in der euphorischen Demonstrantenmenge sahen sich an, und alle hofften, dass die anderen wussten, was als Nächstes geschehen würde. Els sah, warum Sokrates all diese Textsorten verbannen wollte.

Doch einstweilen, sagte der Kommentator aus Kairo, *hat diese Revolution anscheinend neuen Schwung bekommen … durch einen Song.*

Els stand auf, schaltete den Fernseher aus und holte Klaudia Kohlmanns Telefon hervor. Allein schon das Einschalten produzierte neue Daten, über die man verfolgt werden konnte. Er kümmerte sich nicht darum. Das Telefon spielte eine kleine Melodie und vermeldete acht verpasste Anrufe und ein Dutzend SMS-Nachrichten. Er wählte.

Wo bist du?, fragte Klaudia, bevor er es klingeln hörte. *Alles in Ordnung?*

Das hörte sich ganz nach einer Fangfrage an. *Mir geht es gut. Ich bin am Leben.*

Hast du die neuesten Neuigkeiten gehört?

Wahrscheinlich nicht, sagte Els.

Sämtliche Tropfbeutel, an denen die Leute in Alabama gestorben sind, stammten vom selben Lieferanten.

Das war klar, sagte Els. *Aber lass mich raten: irgendwie ist diese Meldung nicht ganz so groß rausgekommen wie die andere.*

Sie schließen absichtliche Verunreinigung in dem Pharmabetrieb nach wie vor nicht aus.

Ja, was sagt man dazu?

Die Behörden raten zu erhöhter Aufmerksamkeit in vergleichbaren Betrieben.

Das heißt Entwarnung bei anhaltendem Terror.

Ein freundlicher FBI-Mann war zu Besuch zum Plausch. Jemand hier muss sie auf unseren Kursus aufmerksam gemacht haben.

Ach je.

Er hat gefragt, ob wir wissen, wo du steckst. Wollte hören, ob du uns in den Vorträgen irgendwas Verrücktes erzählst.

Was habt ihr geantwortet?

Wir haben gesagt, nichts Verrückteres als Messiaen. Lisa

Keane hatte ziemlich viel mitgeschrieben, das hat sie dem Mann gezeigt. Plötzlich konnte er gar nicht schnell genug wegkommen. Man könnte denken, wir Q-Tips machen den jungen Leuten Angst.

Haben sie nach dem Telefon gefragt?

Keine Sorge. Wenn jemand fragt, sage ich, du hast es gestohlen.

Auch ich hatte nichts zu sagen, und ich habe versucht, es so gut wie möglich zu tun. || Was konnte es schon für einen Schaden anrichten, etwas so Harmloses wie das Nichtssagen?

Els blieb in England, als Paul wieder nach Hause geflogen war. Geld spielte jetzt keine Rolle mehr. Er konnte jahrelang bleiben, wenn er wollte.

Er sah das Plakat auf einem Anschlagbrett auf der Rückseite der Sankt-Pauls-Kathedrale. Als hätte er es durch schiere Kraft der Imagination hervorgebracht. Ein Konzert: Angesehenes Barock-Kammerensemble spielt am Sonntag Werke unbekannter Komponisten in St. Martin-in-the-Fields. Die Musik interessierte Els nicht im mindesten. Doch in der Mitte des Fotos – ein Dutzend Musiker in Konzertgarderobe – stand mit einem Cello Clara Restons Mutter.

Dann wurde aus der Mutter das Kind. Die Tochter hatte ihre vier Fuß wallendes Haar abgeschnitten. Jetzt trug sie eine flache Dauerwelle, silberblond. Els wollte dem Beweismaterial nicht glauben, doch dieses Beweismaterial schloss jede andere Erklärung als Clara aus.

Er ging zu dem Konzert. In den zwei Stunden formelhafter Musik blitzten flüchtige, wilde Phrasen auf, verblüffende Harmonien, die erst im zwanzigsten Jahrhundert wiederkehren sollten. Els konnte nicht sagen, was dabei Ungeschick war und was verkanntes Genie. Aber egal: der Abend bestand aus einer Kette schiefer Perlen, die sonst für immer vergessen geblieben wären.

Das Einzige, was er hörte, war *Feuervogel.* Els konnte den Blick nicht von der Cellistin wenden. Sie streichelte ihr Instrument, wie sie es mit zwanzig getan hatte, den Hals elegant ans Griffbrett geschmiegt. Etwas war anders an ihr, außer dem Haar und dem Umfang und dem Alter. Els brauchte viele Takte Sweelinck, bis er darauf kam: Sie war sterblich geworden.

Er sah sie im Sturmschritt den Kirchengang herunterkommen und stellte sich ihr in den Weg. Sie blieb irritiert stehen, dann fiel sie ihm mit einem Freudenschrei um den Hals, ohne dass sie dabei ihr Cello losließ. Sie machte einen Schritt zurück, mädchenhaft, errötend, Hand an der Stirn, fühlte, ob sie Fieber hatte. *Ich kann's nicht glauben. Das bist du!* Sie sprach jetzt mit britischem Akzent. Els überlegte, ob sie seinen Namen vergessen hatte.

Sie zog ihn zu einer Kirchenbank, und sie setzten sich. *Was machst du denn in England?* Das Timbre ihrer Stimme sagte: du hast mich gefunden.

Els spürte einen seltsamen Drang zu lügen. Hätte am liebsten geantwortet, er habe nach ihr gesucht – sie sei der Grund für diese erste Auslandsreise seines Lebens. Aber dann erzählte er doch von seiner Mutter. Schmerzlich hielt Clara sich die Hand vor den Mund, obwohl sie und

Carrie Els nie mehr als misstrauische Rivalinnen gewesen waren.

Aber woher hast du von dem Konzert gewusst?, fragte sie, als Els mit seinem Bericht ans Ende gekommen war.

Reiner Zufall.

Sie machte große Augen, als habe auch sie beim Erwachsenwerden gelernt, dass der Zufall seine eigene Ordnung hatte, die bisher niemand erkannte.

Sie saßen auf der Kirchenbank und hasteten durch das letzte Vierteljahrhundert. In jedem dieser Jahre hatte Clara dreimal so viel erlebt wie Els. Sie hatte ihren Abschluss in Oxford mit Auszeichnung gemacht. Ein Jahr nach dem letzten katastrophalen Telefonat heiratete sie einen Rhodes-Stipendiaten, von dem sie sich bald darauf wieder scheiden ließ, als er in die Staaten zurückkehrte und in die Politik ging. Zwei Jahre Forschung als graduierte Studentin in Cambridge; dann geschah etwas, worüber sie nicht reden konnte, und sie floh auf den Kontinent. Eine Weile hatte sie im Orchester der Züricher Oper gespielt, dann war sie ein Jahrzehnt lang durch Deutschland getingelt, als Cellistin in verschiedenen Rundfunkorchestern. Sie hatte sich um die Stelle bei dem Barockensemble beworben, und in den letzten vier Jahren war das Ensemble zu ihrer Familie geworden war. Sie hatte wieder geheiratet, einen aufstrebenden britischen Dirigenten, sechs Jahre jünger als sie.

Inzwischen sind wir … eher gute Freunde als Mann und Frau.

Els steckte sich die fahrigen Hände in die Taschen. *Keine Kinder?*

Sie lächelte. *Wann hätte das passieren sollen? Du?*

Eine Tochter, erzählte er. *Sehr klug. Wütend auf mich. Studiert Computerwissenschaften in Stanford.*

Nicht Chemie? Clara hatte ihren Blick auf Peters Schultern geheftet.

Nein, für sie müssen es Maschinen sein. Die sind immerhin berechenbar.

Er sah sie nicht an, blickte in die Tiefe der Kirche, die sich zusehends leerte. Oben auf den Galerien und hinter dem Chor standen die großen Lanzettfenster als schwarze Flächen. Das Stimmengewirr des aufbrechenden Publikums stieg hinauf in das flache Tonnengewölbe und kam als Echo von Wolken, Muscheln und Putten zurück. Els sah sich in der muffigen Scheune um – halb Versammlungssaal, halb Hochzeitstorte. Und er erzählte ihr von seinem Leben.

Vierundzwanzig Jahre und so gut wie nichts zu sagen. Er hatte Kompositionslehre studiert, sich die gnadenlosen Ziele der Avantgarde zu eigen gemacht. Er hatte ein Dutzend Stellen gehabt, keine einzige von Bedeutung. Er hatte geheiratet, war Vater geworden, hatte seine Familie um eines Stapels meist ungespielter Kompositionen willen verlassen, inzwischen fast vier Fuß hoch.

Alles deine Schuld, sagte er, und eine seltsame Freude wärmte ihn dabei. *Ich wäre so viel besser dran gewesen, hätte ich samstagabends Kammermusik mit meinen Chemikerkollegen gespielt.*

Sie fasste sich mit der Bogenhand an den Hals. *Ich bin dein Unglück gewesen!*

Jahrelang wollte ich nichts weiter als Musik schreiben, die dir den Magen umdreht.

Du schlägst dich doch gar nicht so schlecht, sagte sie.

Aber dann … hat es mich gepackt. Du weißt schon: ein gewisser Rhythmus, eine Folge von Intervallen. Und mit einem Mal sprang etwas auf, wie ein Schnappschloss …

Es war, fand er nun plötzlich, doch gar kein schlechtes Leben. Man stieß das Rad an, warf den zwölfseitigen Würfel, ließ ihn hierhin und dorthin rollen, immer in der Hoffnung, dass man die Zukunft fand. Selbst ein Dreiminutenstück konnte mehr Permutationen durchlaufen, als es Atome im Universum gab. Und man hatte seine siebzig Jahre, wenn es hoch kam achtzig, um eine zu finden, die großartig war.

Er hörte sich selbst dabei zu, wie er sie eher schlecht als recht vorbrachte, die Erklärung, von der er nie geglaubt hätte, dass er einmal Gelegenheit haben würde, sie zu geben. Doch Clara nickte; sie hatte schon immer verstanden, das Wesentliche herauszuhören. Sie starrte die kahlen Bodendielen zwischen den Reihen an. Ein Lachen brach aus ihr hervor, dann stand sie auf. Sie nahm ihn in den einen Arm und das Cello in den anderen und brachte sie aus der Kirche fort, unter den bewundernden Dankesworten der letzten Besucher.

Sie landeten in einem Kellerrestaurant in der St. Martin's Lane. Es war dunkel, laut und ohne Charakter, mit Kerzen und einem winzigen persischen Teppich auf dem Tisch. Irgendwie gelang es Clara, zurückhaltend und übermütig zugleich zu sein. Sie bestellte einen teuren Bordeaux und prostete ihm zu: *Auf unverdiente Vergebung. Ich war ein Scheusal, Peter. Ein armseliges verkorkstes kleines Mädchen. Verzeihst du mir?*

Da gibt es nichts zu verzeihen, sagte er, stieß aber trotzdem mit ihr an.

Sie versuchten über Musik zu reden, doch zwischen ihren Welten lagen drei Jahrhunderte. Sie hatten genauso wenig Gemeinsamkeiten wie Kannibalen und Missionare. Els konnte es nicht glauben; vom ersten Tag an hatte er ihre Liebe zur Musik missverstanden. Nicht Revolution war es für sie, sondern Balsam für die Seele. Er hatte etwas vollkommen anderes gesehen. Aber ihre Augen schimmerten hinter dem Rand des Glases, als er von ihren alten Entdeckungen sprach. Ihr Mund kräuselte sich vor glücklicher Verlegenheit.

Woran denkst du?, wollte er wissen. *Wo bist du gerade?*

Bei mir zu Hause. Im Sommer vor dem College. Wir waren Kinder! Und haben uns Lieder von Strauss angehört.

Er wand sich im Dunkeln, korrigierte sie jedoch nicht. *Ja, das weiß ich noch.*

Erzähl mir von deiner Musik. Ich will alles hören.

Auf der ganzen Insel gab es keine Partitur oder Aufnahme, die er ihr hätte zeigen können. Bestenfalls hätte er ihr ein paar Melodiefetzen vorpfeifen können – als wolle man sein Auto verkaufen und würde ein wenig Farbe abkratzen, um sie den Interessenten zu zeigen.

Es ist ulkig, sagte er. *Unmittelbar vor dieser Reise. Da war ich gerade zum ersten Mal dahintergekommen, wie Musik tatsächlich funktioniert.*

Claras Augen weiteten sich. Sie legte sich zwei Finger an die Lippen. *Du musst mit mir mitkommen! Oh, ich meine nicht … Da ist etwas, das ich dir zeigen muss.*

Sie wollte ihm nicht verraten, was es war. Sie brachen mit einem Tempo aus dem Restaurant auf, als ergriffen sie die Flucht. Els saß auf der falschen Seite ihres Fords, fuhr, doch ohne Steuerrad. Er lehnte sich zurück in dem Tunnel aus Londoner Lichtern. Nicht lange, und sie hielt vor einer klassizistischen Häuserzeile. Innen kam es Els wie ein kleines London-Museum vor. Alte Stiche an den Wänden, schnitzwerkverzierte schwere Möbel. Selbst der Flur war ein Kuriositätenkabinett. Von ihrer gemeinsamen Kindheit in Levittown war sie ins hochgeborene achtzehnte Jahrhundert gestiegen.

Sie stupste ihn ins Wohnzimmer und wies ihm einen Platz auf gepolstertem Leder an. Dann musterte sie eine Bücherwand. Was sie suchte, lag ganz oben, in einer Reihe von etikettierten Pappschachteln. Sie musste eine Bibliothekstreppe nehmen, um heranzukommen. Der Anblick ihrer Beine unter dem schwarzen Konzertrock, als sie die Stufen erklomm, brachte ihn fast um.

Schließlich hielt sie etwas in die Höhe und summte dazu ein paar Takte von Bachs *Et Resurrexit.* Triumphierend stieg sie wieder herab, kam quer durchs Zimmer und drückte ihm das Fundstück in die Hände.

Diese Blätter waren ein Brief, den er an sich selbst geschickt hatte, in eine ferne Zukunft. Hier hatten die musikalischen Gehversuche seiner Jugend auf der Lauer gelegen. *Was denkst du, ist aus den jungen und alten Männern geworden? Was denkst du, ist aus den Frauen und Kindern geworden? Sie leben irgendwo und es geht ihnen gut.* Aber *irgendwo,* das war ein verdammt großer Ort.

Er folgte den Noten seiner ersten Lehrlingsarbeit, lachte über all die Ungeschicklichkeiten und verrückten Ideen. Jede Entscheidung schien die eines grünen Jungen, jede falsch. Aber wie viel Leben in dieser Musik steckte! Wie viel

Hunger danach, etwas zu geben, zu erregen. All seine erwachsene Gewandtheit konnte das nicht mehr zurückholen.

Er starrte es einfach nur an und grinste. Das Werk eines Jungtürken, voller grundlosem Optimismus. Bis in die kleinste Kleinigkeit hinein war sein Stil heute anders. Die Mühlsteine der Zeit hatten die Musik zermalmt. Und trotzdem studierte er diese Noten und lernte daraus.

Ungläubig blickte er auf. *Das hast du aufgehoben?*

Sie nickte so eifrig wie ein junges Mädchen. Hinter ihr bogen sich die Bretter des Bücherregals unter den Erbstücken eines Lebens, erfüllter als er begreifen konnte. Und trotzdem hatte sie diese Skizze aus Studientagen aufgehoben.

Warum?

Sie nahm das Notenblatt zurück und zerrte ihn zu dem Stutzflügel, dem beherrschenden Möbelstück im Zimmer nebenan. Sie zog die hohen Konzertschuhe aus und drückte Els auf den Klavierhocker.

Komm. Wir probieren es.

Lachend nahm Clara die ersten Zeilen, legte sich mit Gusto in die Kurven. Ihre Hände stießen aneinander, als sie versuchten, die wildgewordenen Noten dieses Jungen auf dem Klavier anzuschlagen. Sie berührten sich an den Schultern, als sei diese vierhändige Nummer ihr übliches Samstagabendritual. Sie nahmen die kleine Tonfolge wieder auf, die sie ein Vierteljahrhundert zuvor hatten unterbrechen müssen. Alles ging vorwärts und nach außen, nichts von Bedeutung war verfallen, ganz und gar nichts.

Sie gingen gemeinsam über die Ziellinie, immerhin eine

Annäherung an das, was der Junge sich einst einmal vorgestellt haben mochte. Vergnügt schüttelte Clara den Kopf und tätschelte die Manuskriptblätter. *Toll, oder? Für einen ersten Versuch?*

Els zuckte mit den Schultern. Er hätte ihr ein Vierteljahrhundert Arbeit zeigen müssen, um diesen ersten Versuch zu rechtfertigen. Sie war sein Unglück gewesen. Aber er wollte ihr beweisen, dass Unglück glücklicher sein konnte, als sich je jemand vorgestellt hätte.

Noch mal!, kommandierte Clara. Und beim zweiten Durchgang begann das Ding zu leben. *Peter! Ich bin so froh. Wie … wiedergeboren.* Sie verfiel in ein versonnenes Schweigen, saß mit gebeugtem Haupt da, fuhr über die Tasten. *Ich staune ja, dass du überhaupt ein Wort mit mir sprichst.*

Sie nahm ihn mit in die winzige Schiffsküche und öffnete eine Flasche Château Margaux. Mit dem Wein in der Hand machten sie einen Rundgang durch ihre Sammlung. An den Wänden reihten sich Holzschnittprozessionen der Renaissance und Stiche mit Festszenen des Barocks. Vier kleine Ölbilder zeigten Heilige in Verzückung. Aber vor allem packten Els die Fotos. Er konnte die Augen gar nicht abwenden: Bilder von Clara aus jedem fehlenden Jahr. Mit fünfundzwanzig in einem ärmellosen schwarzen Kleid, lächerlich selbstsicher und unbekümmert. Mit zweiunddreißig vor der Prager Burg, gemütlich, doch auf der Hut. Eine Frau von neununddreißig küsst die Hand von Arvo Pärt, bevor überhaupt jemand den Namen dieses Mannes kannte.

Sie kehrte in die Küche zurück und holte die Flasche. *Komm weiter*, sagte sie und packte ihn bei zwei Fingern. *Da ist noch etwas, was ich dir zeigen muss.* Und sie führte ihn die schmale Treppe hinauf, wieder zu etwas Vergessenem, auf Pause gedrückt vor einem ganzen Leben.

Sie setzte ihn auf ihr Himmelbett. Sie legten sich hin, auf Daunen aus dem neunzehnten Jahrhundert. Sie ließ seine Finger nicht wieder los. Els spürte den Wein, die Ferne der Vergangenheit, diese Frau, so vertraut wie sein eigener Atem. Er spielte auf Zeit, erzählte ihr von den Spektakeln in SoHo, von Richard Bonners paranoider Pracht, von dem Brooke-Sonett an die Sicherheit, das nie jemand hören würde. Als er nichts mehr wusste, phantasierte er frei weiter, fast wie ein richtiger Komponist. Sie lachte und zog seine Hand unter den Bund ihrer Konzertbluse.

Sie wurden still in der schummrigen Wärme. Ernüchtert zog sie seine Hand wieder heraus und betrachtete sie forschend. *Du könntest ein Weilchen bleiben*, sagte sie. Schon im Sprechen schreckte sie zurück, wartete auf ein unfreundliches Wort.

Els hielt sein Glas gerader und schmiegte sich an sie. Wachsamkeit kreiste in seinen Adern. Sie hatte recht: Das könnte er. Auf der ganzen Welt gab es keinen Ort, an den er gehen musste. Sein Pass steckte in der Innentasche seiner Jacke. Nirgendwo wartete jemand auf ihn. Zuhause war eine Formsache, und im Grunde verpflichtete die Zukunft ihn zu nichts außer zum Steuerzahlen und zum Sterben. Die eine unerklärliche Wunde seines vergangenen Lebens war mit einem Mal geheilt. Nichts mehr, was zu beweisen war, niemand zu beeindrucken oder zu bestrafen.

Ihm war unglaublich kalt. Er hörte, wie sie sagte: *Du zitterst.*

Ja, sagte er. Seine Arme und Beine zuckten, standen nicht

mehr still. Clara beugte sich vor und legte sich auf ihn. Sie lagen einfach nur da, umklammert. Sie rutschte, bis sie es bequem hatte, er passte sich an – ein Minimalistenballett. Beide waren, wo sie sein mussten, und dort blieben sie, außerhalb der Zeit, bis es an der Haustür klingelte.

Clara sprang auf, wollte die zerknitterte Seide glattstreichen, doch ohne Erfolg. Es war lange nach Mitternacht. Ihr Gesicht war gerötet vor Verlegenheit. Sie strich ihr Haar zurück, warf ihm einen bittenden Blick zu und ging auf Strümpfen die schmale Treppe hinunter.

Els blieb allein im Schlafzimmer einer Frau zurück, die eine vollkommen Fremde war. Er blickte nach oben: Triglyphe und Metopen säumten den Raum, darunter ein heller Blumenfries. Die kultivierte Heiterkeit erinnerte ihn an Dinge, die er vielleicht einst bewacht hatte, in seinen Museumswärtertagen. Das war das Zimmer der furchtlosen Sechzehnjährigen, die ihm beigebracht hatte, das Neue mehr als alles andere zu schätzen. Er erhob sich vom Bett und strich die Daunendecke glatt. Auf dem Belle-Epoque-Nachttisch neben ihrem Kissen lagen ein Set silberner Haarbürsten und eine alte Ausgabe von Jowetts Platon. Etwas machte Klick, und Els begriff, was er vor so vielen Jahren nicht begriffen hatte. Selbst als Mädchen hatte Clara Reston die wirkliche Welt gehasst.

Stimmen drangen von unten herauf: zwei Leute, die leise miteinander redeten. Els hörte nur den Tonfall, doch das genügte: eine komische Kurzoper, ein Zirpen und Summen. Aus Wärme wurde Verwirrung, dann ausweichende Erklärung, dann Ärger, diplomatische Distanzierung, ein angespanntes Gutenacht. Die Tür schloss sich. Füßepatschen auf der Treppe, dann kam Clara behutsam wieder ins Zimmer.

Auf dem Weg zurück zu ihm hob sie die Augenbrauen. *Das tut mir leid. Wo waren wir?*

Sie nahm seine Finger, dieselben Finger, die einmal am Gehäuse eines öffentlichen Telefons festgefroren waren, wo er in einer arktischen Nacht nur wenige Wochen nach der Kubakrise Quartermünzen in den Schlitz gesteckt hatte. Jetzt traten durch die Wände ihres Reihenhauses aus der Zeit der Georges erhöhte Strahlendosen aus Tschernobyl, dreizehnhundert Meilen entfernt.

Das hatte nichts zu bedeuten, sagte sie seinen Händen.

Er hielt still und nahm an, dass es so war.

Das hier ist wichtiger.

Jahrelang hatte er versucht Musik zu schreiben, die genau diese Frau zu genau diesen Worten bringen sollte. Jetzt glaubte er sie ihr nicht. Sie waren nicht besser als die ersten Versuche jenes Jungen – leidenschaftlich doch ungelenk. Die Clara, die er über Jahrzehnte in seiner Phantasie gesehen hatte, hätte darüber gelacht.

Peter. Du bist zu mir gekommen. Trotz allem. Das ist unglaublich.

Er befreite seine Hände. Die ihren tätschelten die Luft zwischen ihnen.

Du sollst wissen, dass nichts endgültig entschieden ist. Es ist immer noch alles möglich.

Ich sollte gehen, sagte er.

Später konnte er sich nicht mehr erinnern, wie er nach unten gekommen war. Ein Bild von ihr blieb ihm im Gedächtnis, wie sie im Flur stand und sagte: *Peter. Du machst einen Fehler. Etwas hat dich hierher geführt. Wirf das nicht weg.*

Aber er hatte in seinem Leben schon viel Wertvolleres fortgeworfen, und mit dem echten Aufräumen hatte er noch nicht einmal begonnen. Er kritzelte seine Adresse in New Hampshire auf die Rückseite seiner Eintrittskarte. Sie wollte sie nicht nehmen. Er legte sie auf das Empiretischchen am Fußende der Treppe.

Danke, sagte er. *Für alles.*

Ein Gedanke ging ihm durch den Kopf, der beinahe schon ein Hochgefühl war: Selbst der Tod war ein Glück und kein echter Verlust. Aber nichts außer Musik hätte ihr diesen Gedanken erklären können. Sie schüttelte immer noch ungläubig den Kopf, als er die Tür hinter sich zuzog.

Er sah sie nie wieder – nicht in diesem Leben und auch in keinem anderen, außer in jenen Nächten, in denen er wachlag und das Musikstück spürte, das er schreiben sollte und bisher nicht zu fassen bekam. Einmal hörte er allerdings noch von ihr. Etwa zwei Jahre später erreichte ihn in New Hampshire ein Päckchen, bedeckt mit den Pastellsilhouetten Ihrer Majestät. Darin lag sein Jugendwerk, das Lied aus dem *Gesang von mir selbst*, die Herausforderung, die er einst von ihr angenommen hatte, mit einundzwanzig. Dazu eine Karte, ein Bild von Mahlers Kompositionshütte in Maiernigg. In der Karte lag ein signierter Blankoscheck, ausgestellt auf eine englische Bank. Die Notiz lautete: »Das ist ein Kompositionsauftrag. Ich möchte, dass Du die nächste Strophe schreibst. Für Klarinette, Cello, Stimme und alles, was Du sonst noch brauchst. Minimum drei Minuten bitte.«

Einst hatte er das Gedicht auswendig gekonnt, aber jetzt musste er es nachschlagen. Die Zeilen sprangen von der Seite auf, nahmen ganz von selbst die Gestalt der bereits existierenden Musik an. Ich scheide als Luft. Ich vermache mich dem Staub. Willst du mich zurückhaben, suche nach mir.

Als Betrag setzte er in den Scheck vierzig Pfund ein; er stellte sich vor, dass das etwa die Kosten für das Telefonat in der Eiseskälte, fünfundzwanzig Jahre Zins und Zinseszins sowie die internationalen Bankgebühren ausmachen würde. Aber er löste ihn nicht ein. Er steckte ihn in einen braunen Umschlag, zusammen mit seinem Jugendwerk, Claras Karte, dem Brief, in dem sie ihn beauftragte, den Zeilen von Whitman und ein paar flüchtigen Skizzen. Die nächsten fünfundzwanzig Jahre nahm er dieses Päckchen an jeden neuen Wohnort mit, und es hatte friedlich in einem vierzügigen stählernen Aktenschrank in Naxkohoman gelegen, als das FBI auf der Suche nach gefährlichen Stoffen sein Haus auf den Kopf stellte.

Ich hatte gehofft, mein Nonsens-Muster würde einfach überhaupt keine Auswirkung haben.

Das war doch nicht möglich – er fand sich in einem simplen Gitternetz von Straßen nicht mehr zurecht, in dem er fast ein Jahrzehnt lang gelebt hatte. Als wisse man nicht mehr weiter, wenn man *Happy Birthday* sang.

Doch der Ort hatte sich in zweiundvierzig Jahren weit

mehr verändert als Els selbst. Überall neue Gebäude, die großen Visionen jetzt in Ungnade gefallener Dekaden. Das ganze Künstlerviertel, das Ghetto aus schäbigen Bungalows, war verschwunden. Els suchte nach dem Haus, in dem er und Maddy zum ersten Mal miteinander geschlafen hatten. Er fand nicht einmal den Häuserblock, in dem es gestanden hatte. Die Blocks selbst waren neu aufgeteilt, übernommen von Ungeheuern aus Stahl, Stein und kugelsicherem Glas.

Er stand auf einem kleinen Platz vor dem, was sich selbst als Musikalische Fakultät bezeichnete. Es sah aus wie das uneheliche Kind eines mathematischen Beweises und eines Kreuzworträtsels. Auf der anderen Straßenseite ragten die Bühnentürme eines gewaltigen Theaterkomplexes in den Nachthimmel wie drei Containerschiffe auf Kollisionskurs.

Ein Streichquartett zog mit seinen Instrumenten beiderseits an ihm vorbei, da, wo er unschlüssig auf dem Bürgersteig stand. Alle vier waren Asiaten und lächerlich jung. Zwei von ihnen bearbeiteten im Gehen kleine Touchscreens mit dem Daumen. Die Violinistin blieb kurz stehen. *Kann ich helfen?*

Els schüttelte den Kopf und versuchte ein Lächeln. Er hätte gern gefragt, was sie probten. Nichts aus seiner Epoche – da war er sich sicher. Die alten Manifeste würden diesen Kindern vorkommen wie willkürliche Dolchstöße mit stumpfer Klinge.

Er suchte Zuflucht im Coffeeshop an der Ecke – ein Laden, in dem sich die Bohemiens schon getroffen hatten, lange bevor Els in die Stadt gekommen war. Tausendundeinmal hatte er dort drin gesessen, hatte mit an der Zukunft der amerikanischen Musik geschmiedet, zusammen mit denen, die sie mit ihm gestalten wollten. Alles an dem Lokal hatte sich verändert, angefangen beim Namen. Aber es war immer noch voll mit tatendurstigen Zwanzigjährigen, die Pläne schmiedeten für die Revolution.

Els stand am Tresen und starrte die Liste heißer Getränke an, die die ganze Breite der Wand einnahm. Neun Zehntel von diesen Dingen hatte es noch nicht gegeben, als er zum letzten Mal an dieser Stelle gestanden und etwas bestellt hatte. Die jetzige Barfrau stellte eine spektakuläre geometrische Tätowierung zur Schau, die wie die Anden vom Nacken aus in ihr flaschengrünes Tanktop führte und am verlängerten Rücken wieder zum Vorschein kam, oberhalb der Kordel ihrer Pyjamahose. So etwas hatte es auf Erden nicht gegeben, als er noch jung war. Als lebendiges Kunstwerk durchs Leben gehen: das schien Els eine großartige Sache. Er fragte, was sie ihm empfehle, und sie machte ihm einen Sonnenhut.

Vier Dutzend Leute über die schwach erleuchteten Räume verteilt. Keiner warf auch nur einen Blick in seine Richtung, geschweige denn, dass jemand den verstörten Bioterroristen aus Pennsylvania in ihm erkannt hätte. Zuschauereffekt, Urban Overload. Mittlerweile war er in Menschenmengen am sichersten. Zumal unter jungen Menschen, die in der Regel verlegen von jedem wegsahen, der so achtlos gewesen war und sich hatte alt werden lassen.

Er suchte sich eine Ecke und nippte an seinem Trunk, hörte sich an, was an rhythmischer Ambient-Musik aus dem Lautsprecher kam. Die Tische waren bemalt, hingehauchte Emailleszenen, die von Psychose und Halluzinogenen kündeten. Els' Exemplar zeigte ein Mädchen, das sich in einen Baum verwandelte. Am Tisch nebenan – eine pulsierende Zielscheibe – zwei ernsthafte junge Apolliniker, je einer von jedem Geschlecht, in das Studium einer Partitur vertieft. Els spitzte die Ohren und warf einen verstohlenen Blick auf die Blätter. Die Noten – wie jede Partitur dieser Tage – sahen wie ein gedrucktes Kunstwerk aus. Als Els so alt war wie diese Kinder jetzt, hätte ihn ein solcher Notendruck vier Monatsmieten gekostet. Es war ein Werk für Kammerorchester, üppig mit Melodien ausgestattet, die jeder im Publikum auf dem Nachhauseweg vor sich hin summen würde. Ganz am Rande waren gerade genug Dissonanzen vorhanden, dass die Zuhörer beruhigt davon ausgehen konnten, dass diese Musik zumindest vom Hörensagen auch das vorangegangene Jahrhundert kannte.

Selbst das kleine Darmstadt in der Prärie: kolonisiert von genau der neoromantischen Nettigkeit, die der ganzen Welt jetzt gefiel. Wer gab solche Parolen aus? *Jetzt alle auf die andere Seite des Bootes.* Der Junge erläuterte die Raffinessen seines Werkes, die Frau verfolgte sie in den Noten und nickte. Els konnte die Lieblichkeit dieses Stückes hören, selbst durch den Kaffeehauslärm und die immergleiche Stampfmusik. Mit fünfundzwanzig hätte Els diese Komposition geistlos und reaktionär gefunden. Mit siebzig wünschte er sich, er hätte sie mit fünfundzwanzig geschrieben.

Dann, wie aus einem Embryo in Els' eigenem flüchtigen Verstand, ließ eine Solosopranstimme einen offenen Vokal in die Lüfte steigen. *How …* Die Stimme wie eine sterilisierte Nadel. *Small.* Die Melodie wand sich durch die Konturen einer harmonischen b-moll-Tonleiter, ein Wort pro Note:

How small a thought it takes to fill a whole life.
How small a thought.

Der Junge am Nebentisch schaute auf, irritiert von dem Gesang. Dann kehrte er zu den Notenlinien vor sich zurück. Doch die Frau, die zweifellos später am Abend das Bett mit ihm teilen würde, winkte ab und wies zum Himmel. *Was* ist *das?*

Ihr Lover sah sie ärgerlich an und schüttelte nur den Kopf. Nach zwei weiteren Takten sagte Els: *Reich. Wittgenstein. Proverb.*

Welch ein kleiner Gedanke doch ein ganzes Leben füllen kann!

Der Junge sah wütend die Quelle dieses Geräusches aus der vierten Dimension an. Die Frau drehte sich ebenfalls zu Els um und sagte: *Danke.* Sie blickte ihm einen Moment lang ins Gesicht, verwirrt, weil dieser vollkommen Fremde ihr so bekannt vorkam.

Dass meine Sequenz irgendwelche biologischen Auswirkungen hatte, war so gut wie ausgeschlossen. Aber *so gut wie* ist nicht genug.

Die Sopranistin setzt wieder ein, singt noch einmal dieselbe absteigende Linie. Aber jetzt bildet eine zweite Stimme ein Echo, anderthalb Takte später. Die zwei Linien umspielen sich, bleiben aneinander hängen, sprühen Funken aus Konsonanz und Dissonanz, Explosionen einer Melodie, die mit sich selbst nicht mehr synchron ist. Die Kadenz ist eine reine Quarte, der sich eine gespenstische Diminution anschließt.

In dem nächtlichen Café flirten und pauken die Studenten und sitzen am Computer. Sie sitzen auf Barhockern am Tresen entlang dem großen Ladenfenster, jeder mit seinem persönlichen Klappkästchen, schauen nach, was die zehn Millionen falsche Facebook-Freunde schreiben, denen sie im Himmel begegnen werden. In einer gepolsterten Kuhle hinter ihnen hat ein angehender Ingenieur in Daunenweste und Cargohose den Kopf in die Hände gestützt, und rings um ihn sammeln sich immer mehr Gleichungen auf kanariengelbem Schreibpapier an. Ein Paar in der gegenüberliegenden Ecke weint. Auf einem dick gepolsterten Sofa zehn Fuß von Els ist eine Frau in ein altes grün gebundenes Buch vertieft. Die Barfrau steckt sich mit einem Essstäbchen ihr gelöstes Haar wieder hoch. In den Ohren dieser Leute könnte die Musik Cha-cha-cha sein. Aber es ist ein Sprichwort aus dem Jahr 1995: Abkommen von Dayton. Oklahoma City. Nervengas in der Tokioter U-Bahn. Der erste Planet außerhalb unseres Sonnensystems wird entdeckt. Für Els ist das alles erst gestern gewesen, doch für diese Cafébewohner ist es so kurios und sepiabraun wie ein alter Wochenschaufilm.

Die Echolinien verlangsamen sich bis zur Hälfte des ursprünglichen Tempos, nehmen die ersten Takte des Liedes wieder auf. Augmentation hieß das früher, Welten entfernt, noch vor MIDI. Aus dem zweistimmigen Kanon wird ein Trio. Chorknabenklarheit kleistert, dann wird sie so dünn ausgetrieben wie Blattgold. Die Plakate an den Wänden, die bemalten Tische, die Leiber zusammengesunken in Nischen oder ausgestreckt auf Sofas – alles rund um Els löst sich zu nassem Krepp auf. Die beiden am Nachbartisch erstarren erschrocken. Der Frau ist ihre Seele jetzt ganz in die Ohren gestiegen. Der Junge sitzt vorgebeugt mit ängstlich eingezogenen Schultern; jemand macht etwas besser, als es ihm je gelingen wird.

Stimmen laufen parallel und greifen ineinander. Seligkeit wird gestört. Die Linien weben eine stehende Welle, ein Klangmoiré. Dann kommen die pulsierenden Akkorde von neuem in der Kadenz einer reinen Quarte zusammen.

Aus dem Nichts kommt eine Orgel dazu. Sie verschmilzt mit dem gehaltenen Pedalpunkt, zwei Tenöre hüpfen in parallelen Sprüngen darüber. Wider Willen zucken Els' Lippen vor Freude. Die alten Harmonien breiten sich in seinem Blutkreislauf aus wie ein Opiat. Ihm wird ganz leicht im Kopf bei dieser Parodie, dieser Imitation von Perotin, diesen Klängen der Schule von Notre-Dame, aus den ersten Tagen der Harmonie. Das Taktmaß ändert sich immer wieder; Els kommt nicht dahinter, wie er zählen muss. Bald spielt das Zählen keine Rolle mehr. Zeit bedeutet nichts; nur diese Veränderungen ohne Veränderungen sind real. Die Sopranlinien vervielfachen sich im Echo:

How small a thought
It takes to fill
a whole life.

Die Zwillingstenöre erheben sich über den Halteton der Orgel. Es hatte eine Zeit gegeben – und zwar noch im Jahr, in dem diese Musik entstanden war, so kurz war das her –, da wäre Els von so viel nebulöser Nostalgie entsetzt gewesen. Über Jahre wären ihm diese Kanons als schierer Kitsch vorgekommen, dem nur noch eine Drum Machine, ein Scratch-Track und ein wenig darübergelegter Rap gefehlt hätte, und schon hätte man den neuesten sarkastischen Mashup gehabt.

Heute Abend findet er diese Musik rebellisch, ja radikal. Jetzt wieder die Soprane, diesmal unisono: Seraphime im Gleichklang, die miteinander durch die Melodielinien schweben, sogar noch langsamer nun, in größeren Intervallen, ohne ein einziges Mal Atem zu holen. Sie schweben hoch über den Klängen des Vibraphons, dessen punktierte Rhythmen aus den gehaltenen Noten ein Stückchen Unendlichkeit machen.

Im Lärm des Cafés – das industrielle Zischen der Dampfdüsen der Espressomaschine, das Klimpern von Bechern und Tassen aus der Küche, Gelächter und lautstarke Politik von der Galerie des Nebenzimmers – braucht niemand Ewigkeit. Die Hälfte der Anwesenden hat eigene Stöpsel im Ohr, die andere Hälfte nimmt diese Musik, wenn sie sie überhaupt wahrnimmt, nur als Schutz vor den Schrecken des Schweigens.

Doch die Kanons schweben im Gleichklang weiter. Stimmen breiten sich aus über dem treibenden Vibraphonklang. Ihre Intervalle kreisen durch krasse Dissonanz. Die Kollisionen klingen immer mehr wie ein Requiem für die jahrtausendelange Suche nach neuen Harmonien, eine Suche, die nun zu Ende ist. Diese Töne könnten eine Elegie auf die knapp zehn Jahrhunderte sein, in denen aus liturgischem Gesang Melodie wurde, Melodie in der Harmonie zur Blüte kam und Harmonie in immer riskanteren Ausfällen die Grenzen zum Verbotenen überschritt. Und jetzt dieses unerhörte Werk, das in Phasen zur Ars antiqua zurückführt. Zurück zum Organum: der Klang der Möglichkeit, nachdem auch der letzte weiße Fleck auf der Landkarte des Möglichen ausgefüllt ist.

An einem Tisch in der Nähe sitzt ein Mädchen über ein Lehrbuch voller Zeichen gebeugt. Die Hände hat sie um ihren Becher gelegt, als säße sie am Lagerfeuer, wärmt sich die Finger in dem aufsteigenden Dampf. Einmal löst sie eine Hand und zieht einen Leuchtmarker über eine wichtige Formel. Sie hebt den Becher und nimmt einen Schluck, weiß nichts von der Geschichte dieses gnadenlosen Wegs, auf dem die westliche Musik in viel zu hohem Tempo vom Dorischen zu Danger Mouse geprescht ist. Doch ihr Kopf nickt im wechselnden Takt, unter dem Einfluss von etwas, von dem sie nicht einmal weiß, dass sie es hört.

Durch zwei Dutzend kontrapunktische Konversationen hindurch, über dem nie nachlassenden Vibraphonklang, beginnen die Sänger ihren einzigen Satz immer wieder von vorn:

How small
a thought
it takes
to fill
a whole
life.

Die Worte wiegen sich, sie atmen. Els hat diese Idee verfolgt, wie sie zweieinhalb Jahrtausende lang durch die Texte wanderte, von Antiphon und dem Dhammapada bis zu Maddys geliebtem Merton. Auch er hat solche Texte vertont, hat sein ganzes Leben lang an die Türen dieses kleinsten Gedankens gehämmert und hat nie Einlass gefunden. Er hatte Chemiker werden wollen, um seinen Beitrag zum nützlichen Wissen dieser Welt zu leisten. Er hatte seiner ersten Liebe etwas zum Dank geben wollen, der, die ihm das Hören beigebracht hatte. Er hatte mit seiner Frau die Welt sehen, mit ihr alt werden wollen; doch nach einem Dutzend Jahren hatte er sie verlassen. Er hätte nie gewagt, sich eine Tochter zu wünschen, doch dann bekam er eine, und von da an hatte er nur noch dafür gelebt, Sachen mit ihr zu machen. Sie war tausend Meilen von ihm fort groß geworden, allenfalls in den Ferien zu Besuch gekommen, Schultern hochgezogen, Augen misstrauisch, ihr Haar jedes Mal, wenn er sie sah, in neue geometrische Muster gehackt, und immer hatte sie den kleinen Gedanken gehasst, der zum Mittelpunkt seines Lebens geworden war.

Tonlagen massieren sich über den pulsierenden Schwingungen. Das Stück dauert jetzt schon doppelt so lange wie jeder Song, der auf sich hält, und hat anscheinend keinerlei Absicht zu enden. Eine Stimme am Tisch nebenan sagt, *Komm, wir verschwinden.* Der Junge zeigt mit seinen zusammengerollten Notenblättern zur Decke. *Ich kann mich überhaupt nicht mehr denken hören!* Die Frau, die er verlieren, aber nie ganz vergessen wird, lächelt zurück, zögert. Der Junge steht auf, schlüpft in seinen Mantel, ist schon halb draußen. Seine Freundin braucht länger, um den Rucksack überzustreifen. Els beobachtet sie, gefangen in den Stricken dieser verschlungenen Linien. Es ist deutlich zu sehen in der

Art, wie sie ihrem Geliebten zum Nebenausgang des Cafés folgt. Sie möchte nicht gehen, jetzt, wo das tausendjährige Geheimnis enthüllt wird.

An der Tür dreht sie sich noch einmal um, als das Lied plötzlich lichter wird. Sie merkt, dass Els sie ansieht, und schaut ärgerlich. Er hält zwei Finger hoch, ein heimliches Winken. Sie winkt zurück, verdutzt, und verschwindet in der Nacht. Auch sie wird bis an ihr Lebensende vergeblich auf Dinge hoffen, denen sie nicht einmal einen Namen geben könnte. Ihr verstoßener Verehrer wird für alle Zeit nach einer Musik suchen, die diesen Abend wieder zum Leben erweckt. Ein paar Schritte hinaus in die Nachtluft draußen vor dem Café, und sie werden beide ratlos sein, alt.

Durch das große Fenster sieht man kupfern den Mond aufgehen. Er hängt über dem Horizont, viermal so groß, wie er sein sollte. Etwas wie eine Hand dreht sich und flattert vor dieser rötlichen Scheibe: eine Fledermaus, auf der Jagd per Echolot, Bewegungen so zackig, dass sie wie Willkür scheinen.

Ein Farbwechsel holt ihn wieder zur Musik zurück. Nach so viel Phasen, Umkreisen derselben immergleichen Tonart, kommt der Wechsel zu es-moll wie ein Blitz aus bonbonblauem Himmel. Wittgensteins Sprichwort – der eine kleine Gedanke – hüpft in unerwartete Richtungen. Der Effekt elektrisiert Els: nur einmal kurz vom Wege abkommen, und schon ist alles anders. Wo die Echostimmen sich zuvor gegenseitig über den mäandernden Strom scheuchten, machen sie nun kehrt und schwimmen gemeinsam flussaufwärts zurück.

Melodische Umkehr: der älteste Trick im Geschäft. Aber

es trifft Els wie nackte Wahrheit. Die Soprane jagen einander über eine Himmelsleiter, immer höher hinauf, von den Vibraphonen getrieben. Die Phrasen werden kürzer und langsamer, wie in den vertrackten Gedankenexperimenten Einsteins, Sachen mit Zügen oder Uhren, die Els nie so richtig verstanden hat. Leittöne stoßen zusammen, verhalten auf dem Halbschritt zwischen Natur- und harmonischem Moll. Wie können einfache pulsierende Linien eine solche Spannung aufbauen, Linien, die keinerlei Ziel haben?

Stimmen überschlagen sich im steten Wechsel zwischen Hoffnungsvoll und Aussichtslos. Er sieht sich noch einmal um, aber die Musik hat in diesem Raum nicht mehr Eindruck hinterlassen, als es der Tod eines Fremden am anderen Ende des Erdballs hätte. Das Mädchen mit dem grünen Buch starrt auf den Boden ihrer Tasse, sucht nach Beweisen dafür, dass jemand ihren Cappuccino gestohlen hat. Die Studenten mit den Klappkästchen, aufgereiht vor der Fensterscheibe, haben sich nicht gerührt. Die Barfrau flirtet mit dem Tellerspüler, einem Latino, dessen Pferdeschwanz ihm bis zur Schulterblattspitze reicht. Der Ingenieur in Cargohosen schläft wie ein Baby, das Gesicht auf den kanariengelben Schreibblock gedrückt.

Ein Stottern in den Vibraphonen pflanzt sich fort. Und jetzt entgleitet Els auch noch das Metrum. Dieses motorische Phasing-Muster mutiert, verwandelt sich ganz allmählich, wandert von einem Kristallgitter zum nächsten und wieder zum nächsten, verhärtet sich unter dem dauernden Druck zu Diamant. Die drei hohen Stimmen winden sich umeinander, schrittweise in verminderten Terzen, ein Tripelkanon:

How
Small
A
Thought
It
Takes

Dann eilt das Tenorpaar wieder dazu. Zwölftes und einundzwanzigstes Jahrhundert im Wechsel und Wettstreit; zwei breite Ströme ergießen sich gemeinsam in eine noch offenere See.

Der Blick auf den weiten Ozean in der sechsten Minute ist nur wenige gehaltene Takte lang. Als die Pracht verebbt, ist Els von neuem in dem Lokal gestrandet. Ein Besucher aus der Zukunft, zurückgekehrt, um seine eigene Vergangenheit aufzuhalten. Er sitzt hier, um Jahre zu spät, und weiß alles. Es hat sich herausgestellt, dass Musik genau das ist, was zu verachten man ihm beigebracht hatte. *Killertheater.*

Seine Komponistenkollegen hat der Wind des wechselnden Geschmacks in alle Richtungen zerstreut. Aber die Jüngeren sind noch hier, immer noch eifrig auf der Suche nach Transzendentem, immer noch bereit, das Jetzt gegen etwas Haltbareres einzutauschen …

Durch das Ladenfenster sieht er die Fledermaus reglos vor dem gefrorenen Mond hängen. Noch bevor Els sich sagen kann, dass es eine Sinnestäuschung sein muss, ist die Maus wieder weg. Die Sopranstimmen schwellen von neuem an:

To
Fill
A
Whole
Life …

Aus Worten werden offene Silben. Ein Moment der Unsicherheit, ein Verharren zwischen Tonarten: Will dieses d zum b-Moll zurückkehren, wie am Anfang? Führt die Straße wieder zum es-Moll zurück, oder kommt ein Sprung an einen wilderen Ort? Wieder nimmt der Weg eine Biegung; Es im Sopran, sofort gefolgt von einem Halbton in die Tiefe, und eine Welle des Verlusts flutet über ihn her, der Klang von etwas, das gesagt wurde und das nie zurückgenommen werden kann.

Die düsteren Räume – mit den bemalten Tischen, den zerschlissenen Sofas, dem fensterlangen Tresen, der versenkten Tanzfläche, den Nischen mit ihren lohfarbenen Lampen – füllen sich mit Generationen, die neben Els Platz nehmen. Er spürt die Hunderte von Jahren von Kaffeehausdebatten, die Tausende von Leben, die mit Streitgesprächen über die Vollkommenheit vergangen sind. Er hört die musikalischen Grabenkriege, die noch weitergehen werden, wenn die Kombattanten längst fort sind … Diese unzähligen Songwriter mit zwanzig, gestorben, bevor er hier ankam, und die eifrigen Erben, die erst in Jahrhunderten kommen werden: Alle reden sie miteinander, in der Trance dieses Phasing-Kanons, den langsam wechselnden Akkorden der berückenden, schmerzlich schönen Lieder der Jungen, die noch kommen sollen.

in meditativer Trance, die Route nach Süden. Er folgte den Schildern Richtung Pittsburgh, ließ sich von einem Zufall führen, den er nach Gutdünken interpretierte. An einer Baustelle zur Hauptverkehrszeit musste er Schritt fahren. Schließlich gab er seinen Widerstand auf und schaltete das Radio ein.

Über die ganze Skala Extase, Tanz und Wut. Els mied die Musik, hielt sich eher an die Untiefen der Rede. Aber die Worte rieselten über ihn hinweg, unverständlich. Zwei Ökonomen aus einem Think Tank hatten ein Buch geschrieben, in dem sie die Abschaffung des Erziehungsministeriums forderten. Eine Kongressabgeordnete verglich den Kündigungsschutz mit Al-Qaida. Eine Bürgerwehr namens New Minutemen drohte mit Vergeltung, falls der Präsident sein totalitäres Krankenkassengesetz nicht zurückzog. Die Mischung aus Monologsplittern kam ihm wie ein experimentelles Hörspiel aus dem Jahr 1975 vor.

Als er an den schmalen Finger von West Virginia kam, setzte allmählich die Panik ein. Es war dunkel geworden, und von neuem leistete sein Körper sich den absurden Luxus des Hungers. Irgendwo in der Düsternis des südlichen Ohio hielt er an einer Raststätte. Sein Abendessen holte er sich aus Automaten, er schlief auf dem zurückgelegten Fahrersitz, und ein alter Regenumhang, im Kofferraum gefunden, hielt ihn warm. Der Schlaf ging nicht tiefer als bis zu einer lockeren Folge dumpfer Momente. Die Lärmwolke, in der er schwebte – das Tosen der Sattelschlepper, der Trupp von Reinigungsvampiren, der die Anlage für die Angriffe des folgenden Tages herrichtete –, lieferte einen gespenstischen Chor. Gegen vier Uhr morgens war er wach und vernahm Pendereckis Totenklage für Hiroshima, ein Stück, das er seit zwanzig Jahren nicht mehr gehört hatte.

Der Morgen war lang, flach und gerade, mit der Sonne im Rücken. Eine doppelte Dosis Kaffee, Donuts, Radionachrichten brachten ihn durch Columbus. Die zerbrechliche Allianz zwischen Kopten und Muslimen in Kairo löste sich auf, nur Tage nachdem sie einander vor den Polizisten des Regimes beschützt hatten. Ein fünfundzwanzigjähriger Koreaner hatte seine Mutter zu Tode geprügelt, weil sie ihn wegen Computerspielens getadelt hatte, dann spielte er stundenlang weiter und bezahlte die Sitzung mit der Kreditkarte der Toten.

Gegen Mittag, nicht weit von einer Stadt namens Little Vienna, lange nachdem das Radiogewäsch in ihm die Symptome der chronischen Konzentrationsstörung ausgelöst hatte, hörte Els seinen Namen. Es ließ sich nicht als Halluzination, ausgelöst durch Erschöpfung und Unterernährung, erklären. Die Polizei fahndete nach einem Collegeprofessor aus Pennsylvania, der mit dem Tod von neun Amerikanern durch bakterielle Infektion in Verbindung gebracht wurde. Und um zu untermauern, wie gefährlich der Mann war, erklang Musik aus allen fünf Lautsprechern des Wagens. Zwölf Takte einer Baritonarie:

Nichts ist schöner als der Schrecken,
Nichts schrecklicher als Sein Erscheinen.
Was sich erhöht, das soll erniedrigt werden …

Der zweite Akt von *Der Strick des Voglers*: Johann von Leyden, König des Neuen Jerusalem, auf dem Höhepunkt seines Wahns. Die einzige Aufnahme, von der Els wusste, hatte achtzehn Jahre lang tief unten in einer Pappschachtel in seinen wechselnden Schränken gelegen. Ein findiger Journalist hatte offenbar ein weiteres Exemplar aufgetrieben und das Stück Belastungsmaterial entdeckt. Über Jahre hatten nur die wenigsten diese Musik gehört. Jetzt bekam sie ihr spätes Radiodebüt für ein hysterisches Publikum von Hunderttausenden.

Achtzehn Jahre zuvor hatte Els sich bei Richards Libretto – ein Pastiche halb Rilke, halb Jesaja – gewunden. Aber die Art, wie der Sänger das Hauptmotiv ausweitete, klang freimütig, ja dreist. Eine gute Melodie, das war ein Wunder, so überraschend, so folgerichtig wie ein lebendiges Wesen. Ein seltsames Gefühl der Wärme stieg in ihm auf, und Els brauchte einen Moment, bis er darauf kam, was es war: Es war Stolz.

Die Orchestrierung fand einen Weg zu ihm, durch die Benommenheit dieser Autobahnfahrt – achtzig Leute, die bliesen und schabten, was das Zeug hielt, während ein Wahnsinniger die Schönheit des Schreckens pries. Diese Arie war eindeutig eine Verherrlichung von Gewalt, und Els spürte es schon, wie er dafür auf dem Marktplatz der öffentlichen Meinung gesteinigt würde. Zeitgenössische Oper im Nachrichtenprogramm: das war die Macht von Gefahrenstufe Orange.

Nach zwölf Sekunden – in Radiomaßstäben eine Ewigkeit – endete die Arie in einer Abblende. Es folgte ein Bericht über die Psychodroge Adderall, die illegal die Hochschulen Amerikas überschwemmte. Els schaltete das Radio aus. Seine Hände hüpften auf dem Steuerrad. Plötzlich kamen ihm siebzig Meilen die Stunde zu gefährlich vor. Er nahm den Fuß vom Gas. Eine löwenmähnige Frau in einem zerbeulten Volvo, eine Hand am Telefon, machte einen Schlenker, um ihn zu überholen; ein dicker Ford kam hinterhergeschossen, und zwei flachsblonde Jungen machten im Vorbeifahren obszöne Gesten. Eine ganze Karawane zog vorbei, und jeder Insasse gaffte das grauhaarige Verkehrshindernis an. Els warf einen Blick auf den Tacho: Er fuhr nur noch achtundvierzig. Ein einsamer Verkehrspolizist, der ihn wegen langsamen Fahrens anhielt und sein Kennzeichen durchgab, würde sein Ende sein. »Prophet des schönen Schreckens gefasst.«

Mit schierer Willenskraft brachte er den Wagen wieder auf zweiundsechzig. Er schaltete das Radio neu ein und suchte nach Popmusik. Er hielt erst wieder an, als sein Tank es erforderte. An der Raststätte für Trucker deckte er sich auch mit in Folie gewickelten Sandwiches ein. Dann ging es weiter durch Indiana in den Osten von Illinois. Für die Nacht suchte er sich ein Motelzimmer in Champaign-Urbana, keine zehn Meilen von dem Ort, an dem er seine Frau kennengelernt, seine Tochter gezeugt und den einen Mann auf der Welt kennengelernt hatte, dessen Meinung ihm noch etwas bedeutete.

Es schien ihm ein Ort so gut wie jeder andere, um gefasst und für immer gefangen gehalten zu werden.

Man muss ganz unten horchen: Der größte Teil des Lebens spielt sich in Maßstäben eine Million mal kleiner als der unsere ab.

An den Abenden saß er über den Kompositionen für Richard. Zuerst die Filmmusik, dann eine schrille Schlagzeugbegleitung zu einem zarten, doch aufregenden Sprechtheaterstück, das es nie weiter als bis in ein paar Wohnungen im Village schaffte. Inzwischen machte Els alle paar Wochen einen Ausflug nach New York. Maddy versuchte nie, ihn daran zu hindern; sie war schließlich nur seine Frau. Aber sie fuhr ihn nie zum Busbahnhof. *Das ist deine Sache, Peter. Du tust, was gut für dich ist.*

Zu Hause arbeitete er an dem elektrischen Klavier, Ohrhörer auf dem Kopf, taubstumm gegenüber der Welt. Sara stampfte im Zimmer nebenan mit dem Fuß auf den Boden, eifersüchtig auf das, was er von den Toten auferwecken wollte. Einmal kam sie zu ihm und forderte: *Komm, wir machen was.*

Daddy macht schon was, sagte Daddy.

Nein, brüllte sie. *Etwas Gutes.*

Gut wie?

Gut wie eine Rose, die keiner kennt.

Sie versuchten es, aber die Rose hatte eigene Pläne.

Dann kam eines Abends auch Maddy mit einem Auftrag vorbei. Sie kam an seinen Schreibtisch, so viel behutsamer und umsichtiger, als sie in ihren Studentenzeiten gewesen war, und fuhr ihm mit den Fingernägeln über den Rücken. Sie warf einen Blick auf das Blatt, an dem er schrieb, und lächelte, all ihre kleinen Stellvertreterkriege der letzten paar Monate vergeben. *Schreib mir ein Lied*, sagte sie.

Sie meinte: etwas, was man singen kann, keine Kunst. Keine unverständlichen Geräusche für Versammlungen von Psychopathen, die nur Aufmerksamkeit wollen. Ein Lied, das auch im Radio laufen könnte, etwas voller Sehnsucht und Geheimnis. Die Art von Lied, die die meisten Leute brauchen und lieben.

Komm, schreib mir etwas, sagte sie. Beinahe die Soubrette von früher. *Etwas einfaches.* Ihre Augen sagten: Lass es uns noch mal probieren. Ihr Mund sagte: *Ich wette, das kannst du nicht.*

Peter nahm die Herausforderung an und überschlief sie. Am nächsten Vormittag, während er Tizians *Raub der Europa* vor den Vandalen beschützte, kreierte er einen Song nach all den Regeln des Aufbaukurses Komposition, die er schon vor so langer Zeit verworfen hatte. Er baute seine Melodie auf einer weit ausholenden absteigenden Basslinie auf. Anfangs ruhte sie in einem furiosen Orgelpunkt, dann, unmittelbar vor dem Halbschluss, löste sie sich schlagartig in einem unerwarteten, umwerfenden Akkord daraus. Dieser unwiderstehliche Hook ließ, wie eine zerfaserte Wolke, die ein Juniwind davonbläst, das reinste Blau zurück, eine Bahn, auf der das Herz emporfahren und aus der Vogelperspektive in die Zukunft sehen konnte. Gesang, schierer Gesang, das Unfassbare daran, die Wärme, die Sehnsucht. Die drei Minuten Ewigkeit.

Er nahm die Melodie mit nach Hause, feilte und schliff daran, stattete sie mit schmachtenden Harmonien aus, und dann spielte er sie seiner Frau vor. Einen Text hatte er nicht, er sang Scat zu dieser Melodie, die eher entdeckt als erfunden klang. Bald hatte er seine beiden Mädels so weit, dass sie zum Refrain die Oberstimme sangen, und sie lachten vor Freude dabei.

Sara konnte von diesem einfältigen Liedchen gar nicht genug bekommen. Selbst Maddy erwischte er dabei, wie sie die Phrase in der Wohnung vor sich hin summte. Es war ein Ohrwurm, der sich festsetzte wie eine schwere Erkältung. Maddy konnte nur den Kopf schütteln, so großartig fand sie diesen Song. *Du hast wirklich deinen Beruf verfehlt!*

Das stimmte. Ein Dutzend solcher Melodien im Laufe einer Karriere, und er hätte womöglich Leben damit gerettet.

Die Erkenntnis machte sie beide sanfter, aber auch trauriger. *Das ist gut, Peter,* versicherte ihm Maddy. *Das ist wirklich gut.* Und zum ersten Mal seit Monaten war es auch zwischen ihnen beiden wieder gut.

Zwei Tage darauf sagte Peter seiner Frau, er müsse wieder für ein paar Tage nach New York, mit Richard über ein neues ehrgeiziges Werk verhandeln. Maddy wand sich. Sie machte ein Gesicht, als habe er ihr einen sinnlichen Kuss gegeben, nur um ihr dabei auf die Zunge zu beißen. Aber sie hatte sich schnell wieder in der Gewalt.

Wenn du das willst, sagte sie. Aber mach dich darauf gefasst, dass du das eine ganze Weile wollen musst.

Richard hatte bei seiner guten Fee Geld für ein Kammerballett-Oratorium nach Texten des Transhumanisten Fjodorow lockergemacht. Der Plan sah fünf Veteranen des Judson Dance Theater vor, acht militante Anhänger der neuen Musik aus dem Tribeca-Viertel und vier Sänger – SATB –, die zwölf Stunden lang einander abwechselten. Die Musik würde natürlich von Els kommen; er war mittlerweile festes Mitglied im Bonner-Team. Das Projekt bekam den Titel *Unsterblichkeit für Anfänger.*

Eine neue, brutale Dringlichkeit nahm in einem Lower

Manhattan Gestalt an, das von der Ölkrise geschlagen war, ausgeraubt von der Inflation, tätowiert mit Neonmarken, benebelt vom Kokain, begraben unter Müll, auf dem Weg in den Bankrott. Punk hatte dem Pop die Schädeldecke abgerissen, und der Konzertbetrieb in Downtown war in höchster Alarmbereitschaft. Die Szene wurde immer asketischer – postminimal, gepulst, maschinenmäßig. Die Musik legte sich eine Haut aus gebürstetem Stahl und Rauchglas zu. Els kam das beinahe nostalgisch vor, Psalmverse, gesungen für eine Stadt, die im Schlamm des East River versank.

Richard hielt für Els immer ein Bett bereit, in einem Atelier im zweiten Stock über einem Trödelladen an der Lower East Side. Solange man bei Tageslicht kam und ging und den Schutzbalken an der Tür gut verkeilte, war das Haus so sicher, wie ein Haus nur sein konnte. Dort stieg Els ab, wenn er in die Stadt kam, um mit seinen Kollegen kosmische Collagen zurechtzuzimmern. Ihm war es gleich, wo er war; er lebte in dieser Zeit ganz in seinen wirbelnden Fjodorow-Chören, die von einer Zukunft kündeten, die alles wusste, alle Atome beherrschte, den Leib vervollkommnet hatte, den Tod bezwungen, und die jeden Menschen, der je gelebt hatte, wiedererstehen lassen konnte. Das Programm dieses irrsinnigen Russen stand für alles, was Els sich einmal von der Musik erhofft hatte: die Wiederherstellung alles Verlorenen und der endgültige Sieg über die Zeit.

Doch die Unsterblichkeit erwies sich als tödlich. Jede neue Ankündigung eines weiteren Ausflugs nach New York wurde von Maddy mit stoischem, freundlichem Nicken aufgenommen. Auf der Zugfahrt dachte er mit Staunen über sie nach, über ihre immer größere, immer kompromisslosere Ruhe. Ihre Selbstbeherrschung, schien ihm, konnte es mit jeder Auflehnung aufnehmen. Sie hatte ihm jahrelang Zeit gelassen – so viele Jahre –, etwas zu schaffen, und er hatte nichts zustande gebracht. Und doch gab es nichts, absolut nichts, was er ihr als Gegengeschenk anbieten konnte; er konnte nur weiter nach dem suchen, was die Welt ihm nicht geben wollte.

Eines Abends, wieder in Brookline, blickte Peter von der Arbeit an seiner Partitur auf und betrachtete die neue Schulleiterin von New Morning am anderen Ende des Zimmers, in weitem Pullover, bei der Arbeit an ihrem eigenen Schreibtisch, beschäftigt mit dringenden Aufgaben, über die er nichts wusste. Zu ihren Füßen – von denen sie dieser Tage kaum noch wich – malte seine Tochter, die Drittklässlerin, Landkarten von Umbra, einer erfundenen Welt, mit deren Bevölkerung Sara ihre sämtliche freie Zeit verbrachte. In Umbra gab es Rassen und Nationen, Politik und Sprachen, katastrophale Kriege und lange Friedenszeiten. Es überstand Krankheitsepidemien und menschengemachte Krisen. Es gab dort Volkslieder für jeden Stamm und eine Hymne für jede Nation. Maddy machte sich Sorgen, weil die Gedanken des Mädchens so obsessiv um diesen Ort kreisten. Aber Peter hätte seiner Tochter gern gesagt: Ja. Mach etwas Gutes. Lebe *dort*.

Und an seinem Schreibtisch, an dem er für eine halbe Handvoll Zuhörer seine Partituren schrieb, kam Peter zu der Erkenntnis, dass er auf dem besten aller Planeten lebte. Die Musik strömte nur so aus ihm hervor, Musik, die tanzte und pulsierte und jeglichen Einwand zum Verstummen brachte. Komponieren war alles, was er wollte, und alles, wozu er überhaupt *fähig* war, und genau das würde er jetzt tun, mit aller verfügbaren Kraft.

Maddy?, sagte er.

Sie hob den Blick, misstrauisch, weil er so sanft klang.

Wir könnten nach dort ziehen. Einen neuen Anfang machen. So wie –

Wohin?, fragte Sara aufgeregt. *Nach New York?*

Maddys Mund zuckte, wollte gern bei der Pointe lächeln. Sie sagte nicht: Red keinen Unsinn, Peter. Sie sagte nicht: Du weißt, dass ich meine Stelle nicht aufgeben kann. Sie fragte nicht, was zum Teufel in ihn gefahren sei. Sie starrte ihn nur an, ungläubig und sehr, sehr müde.

In seiner Erinnerung war alles in diesem einen Blick, den sie wechselten, geschehen. Auf diesen Auftakt hin verließ er eine Frau, die ihm ein Jahrzehnt lang unverdient Geduld geschenkt hatte, ließ eine Tochter im Stich, die nie etwas anderes gewollt hatte, als mit ihm Sachen zu machen, und wagte den Sprung ins Leere. Für nichts, für die Musik, für die Chance, ein paar Geräusche zu dieser Welt beizusteuern. Geräusche, die niemand brauchte.

Über Jahre lastete er es Fjodorow an, den Chorpassagen aus dem im Entstehen begriffenen Oratorium mit ihren langsam sich steigernden Ekstasen, so zwangsläufig wie der Tod. Was immer wir lieben, wird wieder lebendig werden. Jedes gescheiterte Abenteuer in diesem Leben geklont und zu neuem Leben erweckt. Jeder, der jemals gelebt hatte, bekäme einen zweiten, besseren Akt. All die verschwundenen, im See planschenden Cousins und Cousinen, sein einzelgängerischer Vater und die vereinsamte Mutter, die Lehrer, die er unbedingt beeindrucken wollte, die Freunde, denen er sich nie zu öffnen gewagt hatte, das endlose Defilee von Museumsbesuchern, stumm und reglos wie die Gemälde in seiner Obhut: sie alle würden wieder ins Leben geholt und geheilt. Unzählige gescheiterte Hoffnungen, für immer erlöst durch die richtige Abfolge von Noten.

So wie er es sah, ließ Els nichts zurück; es gab nichts im Leben, das er zurücklassen *konnte*. Er würde wieder mit seiner Tochter durch die Victory Gardens wandern und jeder einzelnen Rosensorte eine alberne Erkennungsmelodie geben. Er und seine Frau würden wieder zusammen singen, alte Stücke aus Studententagen. *Früher oder später werden alle Menschen alles tun und wissen.*

Ein schwerer Irrtum, natürlich. Wie sich herausstellte, war das Leben einmalig, ein Irrläufer, der sein Ziel verfehlte, ein einzelner Knall, der im Nichts verhallte.

Er blickte seiner Frau fest in die Augen, wartete, dass sie es verstand.

Ja!, rief seine Tochter, umgeben von ihren vollgekritzelten Heften auf dem Boden. *Lasst uns weggehen. Irgendwohin, wo es gut ist.*

Aber Maddy hörte eine andere Melodie, näher und lauter. *Nein*, sagte sie. *Ohne mich. Mein Zuhause ist hier.*

Er ging mit seiner Tochter in ihre Lieblings-Eisdiele, um es ihr zu sagen. Er bestellte ihr eine Black Cow: ein Kunstwerk, das jeden Funken ihrer achtjährigen Aufmerksamkeit in Beschlag nahm. Er sagte: *Deine Mutter und ich haben uns immer noch lieb. Und dich haben wir beide lieber denn je. Es ist einfach nur so. Sie muss ihre Arbeit tun. Und ich meine.*

Moment mal, sagte das Mädchen.

Es wird sich nichts ändern. Wir werden auch weiterhin Sachen zusammen machen. Genau wie immer.

Augenblick, rief Sara. Bald wurde aus dem Schrei ein gellendes Kreischen. Er konnte sie nicht beruhigen, und als sie endlich aufhörte, war die Stille nur umso schlimmer. Sie sprach eine so deutliche Sprache, wie nur die Stille sie sprechen kann: Frag mich nie wieder, ob wir was zusammen machen.

Eine Grammatik, aber kein Wörterbuch, Sinn ohne Bedeutung, Drängen ohne Notwendigkeit: Musik und die Chemie der Zellen.

Richard tröstete Els, als er es erfuhr. *Tut mir leid, Maestro. Tut mir wirklich leid. Wir haben diese Frau geliebt. Ich dachte, wir drei wären für immer unzertrennlich.*

Falsch gedacht, erwiderte Els.

Jetzt haben wir die mit der Muschi verloren, sagte Richard.

Sieht ganz so aus.

Und das Kind obendrein. O Mann.

Bonner legte ihm die Hand vors Gesicht und drückte lang und fest. Schließlich sagte er: *Immerhin hast du deine Arbeit. Vielleicht überlegt sie es sich ja noch mal anders.*

Peter Els wurde zu einer der Seelen, die Richard Bonner wie Planeten umkreisten. Er wurde Teil einer kollektiven Erregung, die von Panik nicht immer zu unterscheiden war. Seine Inspiration bezog er aus den merkwürdigsten Quellen, und es gab Tage, an denen es ihm gelang, aus einem Gespräch in der U-Bahn phantastische Notenfolgen herauszudestillieren. Er hatte seine Arbeit, und diese Arbeit war nie zu Ende; eine Arbeit, die so gut war, dass sie sich bisweilen anfühlte wie der Tod.

Els sah sie immer noch häufig, seine Frau und seine Tochter. Aber Maddy war nicht mehr seine Frau, und nach sechs Monaten hatte sich Sara auf einen noch ferneren imaginären Planeten geflüchtet. Maddy weigerte sich, mit dem Kind nach New York zu kommen. Also musste Els nach Boston fahren und sich in Somerville oder Jamaica Plain ein Zimmer nehmen. Bei seinem dritten Besuch nach der Trennung erkundigte er sich bei dem mürrischen Kind, was es in Umbra Neues gebe. So, wie er es immer tat. Es war, als ob er sie fragte, wie es ihren Freundinnen ging.

Das Mädchen zuckte gleichmütig mit den Schultern. *Bingo und Felicita sind im Krieg.*

Tatsächlich?, fragte Els. *Aber nicht zum ersten Mal, stimmt's?*

Sie schüttelte den Kopf. *Diesmal haben sie gar nicht erst aufgehört.*

Im Herbst wollte Sara nicht mehr zur Klavierstunde gehen. Ganz fortschrittliche Pädagogin, leistete Maddy keinen Widerstand. Am Telefon stritten sie und Peter sich über den Entschluss.

Was für eine Verschwendung, sagte er. *Sie ist doppelt so musikalisch wie ich in ihrem Alter.*

Ja und?

Später, wenn sie erwachsen ist, wird sie sich dafür in den Hintern treten.

Seine Exfrau fragte: *Willst du ihr zu einem Leben ohne Selbstvorwürfe verhelfen?*

Bald kamen andere Krisen, die das Klavier wie Kinderkram erscheinen ließen. Das Mädchen schluckte eine Handvoll Aspirin – *um mal zu sehen, wie sich das anfühlt* – und landete in der Notaufnahme. Sie goss Nagellack auf die neuen Schuhe einer Freundin und beschimpfte ein anderes Mädchen aus ihrem Bekanntenkreis als schlappen Dildo.

Als was?, fragte Peter seine Exfrau. *Weiß sie denn überhaupt –*

Ich habe sie gefragt, fiel ihm Maddy ins Wort. *Was die Details anging, hat sie sich ziemlich vage ausgedrückt.*

Peters Ratschläge für den Umgang mit dem Mädchen zählten nicht mehr. An dem Tag, an dem er seine vier Umzugskisten mit Kram aus der Wohnung in Brookline geschafft hatte, hatte er sein Stimmrecht verwirkt. Er war die Ursache, und er konnte nie wieder Heilmittel sein.

Am Telefon und bei persönlichen Begegnungen blieb Maddy mustergültig freundlich, eine gut aufgelegte alte Bekannte. Ihr Verhalten untadelig: hier ist deine Tochter; zum Abendessen erwarte ich sie zurück. Elegant, würdevoll. Auch Maddy hatte ihre wahre Berufung verfehlt. Sie hätte dem Theater nie den Rücken kehren sollen.

Sie eröffnete Els die Neuigkeit in einem Ferngespräch, mit der demonstrativen Nüchternheit, die jetzt ihr Markenzeichen war. Sie hatte Charlie Pennel geheiratet, den langjährigen Direktor von New Morning. Peter kannte den Mann. Seine Frau hatte viele Jahre für ihn gearbeitet.

Die Tinte auf ihren Scheidungspapieren war noch nicht trocken. *Du hättest mich vorwarnen können.*

Findest du, Peter? Warum das?

Wie lange geht das schon mit euch?

Er konnte hören, wie Maddy die kleinen Muskeln in ihren Mundwinkeln amüsiert verzog. *Peter! Was willst du damit andeuten?*

Ich will überhaupt nichts andeuten. Du tust, was gut für dich ist.

Habe ich mir auch gedacht.

Selbst der kleinste Anflug von Humor bei ihr war ihm jetzt zuwider. Er legte auf. Zehn Minuten später rief er sie zurück, um ihr alles Gute zu wünschen. Als sich nur der Anrufbeantworter meldete, hinterließ er keine Nachricht.

Eine Woche lang erniedrigte er sich so weit, dass er alte Freunde und Nachbarn anrief und so tat, als wolle er nach jahrelangem Schweigen die Bekanntschaft wieder aufleben lassen. Dabei erkundigte er sich ganz beiläufig: *Warst du auf der Hochzeit?* Und als er endlich einen Hochzeitsgast ausfindig gemacht hatte, bestand er darauf, die Tortur einer ausführlichen Beschreibung über sich ergehen zu lassen. Ausgerechnet Mendelssohn hatten sie sich ausgesucht, gespielt von einem kleinen Ensemble begabter Schüler aus New Morning.

Unsterblichkeit für Anfänger wurde geboren, eine gewaltige Titanwurzblüte, umweht von Aasgeruch. Zwölf Stunden Musik waren eine Ewigkeit. Els schrieb endlose, langsam mutierende, abgestufte Fantasien, die pulsierten und seufzten und explodierten. Großzügig verteilte er Höhen und Tiefen. Er machte Anleihen bei Stimmen, die schon vor Jahrhunderten verstummt waren, und brachte sie postum zum Reden. Und er wiederholte und variierte, und das Ganze so lange und in so vielen Schleifen, dass es einen Zeitraum vom Morgengrauen bis zur Dämmerung umfasste.

Bonner war begeistert von dem Stück. Er zeigte auf eine lange Passage, die ihm besonders gefiel. *Das ist zum Schreien, Peter. Ich wusste gar nicht, dass du so gemein sein kannst.*

Wovon redest du?, fragte Els.

Die Frage kam überraschend für Richard. *Ich dachte … willst du etwa sagen, dass das hier nicht als Parodie auf reaktionären Scheiß gemeint ist?*

Nein, erwiderte Els. *Es* ist *reaktionärer Scheiß.*

Aber Richard schwärmte von dieser eklektischen Partitur. Seine Choreographie war provokant, abstoßend und göttlich zugleich: schwingende Hüften und ratlos herabhängende Arme; Köpfe, die im Takt wippten, so dass die Blicke auf und ab wanderten, wie göttliche Narren bei der Lektüre eines himmlischen Boulevardblatts. Es gab einen genauen Einsatzplan für die Ensemblemitglieder, damit sie sich während des gewaltigen Marathons ablösen konnten.

Die Vorbereitungen für die Aufführung dauerten fast ein ganzes Jahr, und dann war alles in einem Tag vorbei. An einem Samstag im Juli schlenderten ratlose Zuschauer zwischen Sonnenaufgang und Sonnenuntergang durch das renovierte Loft eines Lagerhauses im alten Butter-und-Eier-Distrikt und sahen zu, wie ein paar Verrückte die bevorstehende Wiederherstellung – aus puren Daten – all derer, die je gelebt hatten, verkündeten. Die meisten Zuschauer blieben eine Weile und gingen dann achselzuckend, doch ein paar versprengte Seelen hielten durch, verloren sich in der endlosen Mitte der Dinge. Die Kritik in der *Times* war fünfhundert Wörter lang. Sie lobte die schwindelerregende Neuartigkeit der Choreographie und bezeichnete die Musik des neununddreißigjährigen Peter Els als schwer zu fassen, anachronistisch und bisweilen seltsam anregend. Der Kritiker räumte allerdings ein, dass er nach einer Stunde und dreiundfünfzig Minuten gegangen war.

Die Party nach der Vorstellung in dem ausgeräumten Loft dauerte fast so lange wie die Aufführung. Alle waren am Ende ihrer Kräfte. Els bahnte sich einen Weg in die erschöpfte Gesellschaft. Aus einem billigen Ghettoblaster drang die grollende Musik von Velvet Underground, heimwehkrank und entschieden zu laut. Richard begann mit gefüllten Weinblättern auf die Flaschen zu zielen, die auf einer langen Anrichte aufgereiht standen. Jedes Mal, wenn er eine Flasche zum Umfallen brachte, veranstaltete er einen kleinen Tanz wie ein Wesen von einem anderen Stern und grölte obszöne Couplets. Das Ensemble stand dabei und beobachtete das Schauspiel. Zwei Tänzer fingen an, das Geschehen zu kommentieren.

Das kommt davon, wenn man zwei Wochen lang nicht schläft.

Und ein bisschen mit Drogen herumexperimentiert.

Bonner hörte die beiden und begann sie mit Crudités zu bewerfen. Eine junge, hasenzähnige Oboistin namens Penny ging auf Richard zu, berührte ihn am Ellenbogen und fragte, ob alles in Ordnung sei. Bonner winkte ab, als schlüge er nach einem Tischtennisball, und traf das Mädchen mit dem Handrücken im Gesicht. Es wurde totenstill, und Els, der den Mann von allen am längsten kannte, ging auf Richard zu und packte ihn am Arm. Der Choreograph drehte sich zu ihm um.

Na, jetzt geht's aber los! Sieh sich das einer an. Wenn das nicht die Moralpolizei ist.

Lass gut sein, Richard, sagte Els und legte Bonner den Arm um die Schulter. *Schluss für heute.*

Bonner stieß ihn zurück. *Fass mich nicht an! Nimm deine Pfoten weg, du verdammter Feigling …*

Els zuckte zurück.

Bonner zeigte auf ihn, den Daumen hochgestreckt wie einen Pistolenabzug. *Du, mein Freund, wirst nie etwas anderes sein als artiges Mittelmaß.*

Das ganze Ensemble stand wie erstarrt um die beiden Männer. Verblüffte Tänzer mit Resten von Schminke um die Augen sahen sie an, und Lou Reed raunte dazu »Shiny, shiny, shiny« in die hallende Leere. Man hätte fast denken können, es sei eine Coda zu den letzten, von Bonner inszenierten zwölf Stunden.

Habe ich dir irgendwas getan?, fragte Els. *Dich irgendwie verletzt?*

Jemand sagte: *Jetzt ist er endgültig hinüber.* Ein anderer meinte: *Steckt ihm den Finger in den Hals, dann geht es ihm gleich wieder besser.*

Bonner zielte auf Els und machte eine Bewegung, als ob er auf ihn schieße. Erst einmal, dann noch ein zweites Mal.

Els sagte: *Die Musik hat dir nicht gefallen? Das hättest du mir vor Monaten sagen sollen, dann hätte ich noch etwas ändern können.*

Bonner drehte sich jäh zu ihm um. *Du, mein Lieber, wirst nie etwas anderes zustande bringen als dampfende, weiche, sentimentale Kacke. Und soll ich dir sagen, warum? Weil du zu sehr willst, dass man dich liebt.* Er drehte sich zu dem feixenden Publikum um. *Wer möchte dem Schnulzenheini hier ein bisschen Liebe schenken? Wer? Irgendwer? Na los doch! Er schreibt euch auch was Schönes dafür.*

Els hielt die Handflächen in die Höhe, wie ein mittelalterlicher Jesus, der dem Grab entsteigt. Er drehte sich um und bahnte sich einen Weg aus dem Raum, schüttelte die wenigen Hände ab, die versuchten, ihn aufzuhalten. Und das war das Ende der Unsterblichkeit für Anfänger.

Eine Woche später spürte Bonner ihn über gemeinsame Bekannte im neunten Stock eines brutalistischen Apartmenthauses in Long Island City auf und schickte ihm ein klingendes Telegramm: Vier weiße Vorstadtjungs im Smoking sangen schmachtend, »You Always Hurt the One You Love«. Els machte sich nicht die Mühe zu antworten.

Nachts verzierte er Torten in einer Bäckerei in Queens. Tagsüber arbeitete er schwarz als Klempnergehilfe, kurvte in einem klapprigen Lieferwagen durch die Upper East Side, reparierte die Wasserhähne der High Society. Einmal half er eine Duschkabine für James Levine umbauen, der in natura schmächtiger wirkte als auf dem Podium. Er gab sich mit niemandem ab außer mit seinen beiden Klempnerbossen, seinen uralten Nachbarn und den dominikanischen Kassiererinnen, die seine kalten Koteletts und sein Müsli einscannten. Wenn in schlechten Nächten sein Körper um Gnade flehte, suchte er Zuflucht in der Vergangenheit: Maddy, wie sie an dem Abend gewesen war, an dem sie seine Borges-Lieder gesungen hatte.

Von Zeit zu Zeit fielen ihm Melodien ein, fließende, melancholische Phrasen von Orten, die er vergessen hatte – Musikhören mit Clara, Unterricht bei Kopacz, die Kriegsjahre mit Mattison, die Lieder, die er und Sara gemeinsam improvisiert hatten. Er machte sich nie die Mühe, diese Klangfolgen aufzuschreiben.

Ein Stück schrieb er allerdings in diesen Monaten, eine eigentümliche, schimmernde Vertonung von Pounds *An Immorality.* Bei ihrer ersten Begegnung hatte Maddy Els erklärt, was ein Sopran singen konnte und was nicht. Jetzt nahm er alles, was er damals von ihr gelernt hatte, und warf es fort. Er schrieb für eine Stimme, für die keine Note unerreichbar war, eine, die den Pentagon zum Schweben bringen konnte, wenn sie nur wollte. Er fügte noch zwei Parts für nicht näher bezeichnete Instrumente hinzu, Linien, die sich auf den Seiten bauschten wie Bänder. Die Sprache der Harmonien war eine Mischung aus Altem, Neuem, Geborgtem, Erlittenem. Es hörte sich an wie ein Troubadourgesang in einer Zeitschleife. Es sang von Liebe und Müßiggang; nichts anderes war die Sache wert.

Er übertrug das Chanson auf cremefarbenes Pergament und schickte es seiner vormaligen Frau. Darauf schrieb er die Widmung: »Für Madolyn Corr zu ihrer Hochzeit. Möge die Zukunft aus der Vergangenheit etwas Besseres machen.« Sie bestätigte den Eingang nie. Bald nachdem Els das Geschenk geschickt hatte, hörte er, dass Maddy, Sara und Charlie Pennel in die westliche Vorstadt von St. Louis ziehen und dort eine neue alternative Schule aufmachen wollten.

Dort, im Nichts des Landesinneren, entdeckte Sara die Musik neu. Mit elf Andy Gibb, mit zwölf Anne Murray. Mit dreizehn wechselte die Tonart. Als sie ihn das nächste Mal in New York besuchen kam, war sie eine Pseudoanarchistin in zerrissenem T-Shirt mit »London Calling« auf dem Walkman, und er war der alte Knacker, dessen Musik schlimmer war als ein Museum. Der Besuch sollte zehn Tage dauern. Nach zehn Minuten hatten sie sich nichts mehr zu sagen. Er zeigte ihr die Stadt, doch das Einzige, was sie interessierte, war das CBGB.

Am zweiten Abend sagte er zu ihr: *Komm, wir machen was.*

Sie sah ihn verblüfft an. Sie überlegte eine Weile, dann schüttelte sie sich. *Nein, danke, ich passe.* Eine lange Woche später war sie wieder fort, und danach sah er sie wieder ein ganzes Jahr nicht mehr.

Fast fünf Jahre lang arbeitete er in den Außenbezirken der Stadt, hielt sich von den Menschen fern. Er sparte Geld. Er hörte sich alles an, was ihm in die Finger kam. Er nahm nichts mehr vorweg, er fällte keine Urteile mehr, er plante nicht mehr. Hauptsächlich wartete er. Aber er hätte nicht sagen können, worauf.

Eines Samstagabends im April schluckte er die halbe Dosis Acid, die er zwei Jahre zuvor von dem Schlagzeuger von *Unsterblichkeit für Anfänger* bekommen hatte. Peter hatte die Pappe immer in seiner Sockenschublade aufgehoben, für den Tag, an dem ihm einmal alles egal sein würde. Irgendwann in dieser jahrelangen Nacht fand er sich auf dem Dach eines Hochhauses am Gantry Plaza wieder, blickte hinaus auf ein Seidentuch aus Wasser auf dem schimmernden grünen Quilt einer Stadt. Während er das ansah, nahm die große, dringende Botschaft der Zukunft Gestalt an, enthüllte sich allen, die sich von sich befreien und sie hören konnten. Das Leben war unendlich klar, unendlich erlösend. Er kritzelte die Botschaft in sein Notizbuch, in dem er alle seine musikalischen Ideen festhielt. Es waren die perfekten Merkworte, und er brauchte sie von nun an bloß noch zu lesen, schon konnte er immer wieder neu Teil dieser verschlungenen Verwandlung sein. Er musste nur in einem Jahr, oder in fünfzig Jahren, wieder diese Worte ansehen, und aus jeder Beklommenheit würde ein Lachen, eine Umarmung werden.

Am nächsten Tag lag er einfach nur da und tat gar nichts, bis seine Zellen wieder miteinander Verbindung aufnahmen. Dann forderte die Arbeit wieder seine Aufmerksamkeit. Es verging eine Woche, bevor er in sein Notizbuch blickte. Dort fand er ihn wieder, den magischen Satz: »Lebe weiter.«

Er hörte von einer Hütte, die ein Freund von seinem Boss vermieten wollte, oben in New Hampshire am Fuße der White Mountains. Das Häuschen war winzig, und die Miete für ein Jahr sollte weniger kosten als das, was er jetzt für ein Vierteljahr zahlte. Er brauchte nur eine Empfehlung, und die schrieb sein Boss ihm auf der Stelle.

Nichts für ungut, Mozart, aber du bist nicht für die Klempnerei gemacht. Ich habe schon immer gedacht, eigentlich bist du mehr so ein verrückter Hinterwäldler.

Els packte sein halbes Dutzend Kisten Bergungsgut. Kleidungsstücke, die noch ein paar Jahre halten würden, bis sie vom Waschen auseinanderfielen. Polaroidaufnahmen von Vater, Mutter, Schwester, Bruder. Ein Bild von einer Frau, die seine Ehefrau gewesen war, mit einem Geckoschädel auf der Brust und einer Zikade im Haar. Ein Stapel gedruckter und handbeschriebener Notenblätter. Ein Quilt: Nacht im Walde. Tonbänder und Kassetten mit Musik, die er nicht mehr wiedererkannte. Ein Lied, das seine siebenjährige Tochter für ihn geschrieben hatte, mit dem Titel *Gute Tage sind die besten*. Und ein Fetzen Pappe, der einmal Teil eines improvisierten Schlittens gewesen war. Etwas in ihm wartete immer noch darauf, dass er die Melodie niederschrieb, die alle, die er je gekannt hatte, von den Toten wiedererwecken würde, und alle würden jauchzen vor Erinnerung.

Wenn ein Löwe singen könnte, wüssten wir sofort, dass es ein Lied ist.

Els ging nach New Hampshire, um für eine Saison aus New York fortzukommen. Er blieb zehn Jahre. Später konnte er alles, was er in diesem Jahrzehnt tat, in knapp fünf Minuten erzählen, und es fehlte nichts von Bedeutung.

Und doch waren diese Jahre in den Wäldern die schöpferischsten seines Lebens. Er wurde stärker. Eine Zeitlang glaubte er an seinen Körper. Im Frühjahr unternahm er Wanderungen in den White Mountains, Gegenden wie die Bilder von Cole und Kensett und Durand. Fünfundzwanzig-Meilen-Tage waren seine Spezialität. Er komponierte im

Gehen, und er schaffte es, seine Ideen im Kopf zu behalten, bis er wieder an der Hütte angelangt war. Im Sommer fuhr er Fahrrad; im Herbst hackte er Holz. Im Winter schaufelte er von Hand den zweihundert Fuß langen Kiesweg frei, der ihn mit der Zivilisation verband.

Er aß gesund, nach den Maßstäben der Zeit. Er las jedes entlegene historische Werk, das die Gemeindebibliothek von North Conway besaß. So lernte er auch die Bibliothekarin kennen, Trish Sather, die Els bald zweimal die Woche in seiner Hütte besuchte, an den Abenden, an denen Ehemann und Sohn zum Hockeytraining gingen. Sie parkte das Auto eine Viertelmeile weiter draußen und machte damit niemandem etwas vor. Peter kochte für sie, sie schliefen sanft miteinander, und wenn von den hundert Minuten, die sie hatten, noch etwas übrig blieb, redeten sie über Bücher oder spielten Backgammon. Es war eine Art Liebe, auch wenn keiner von beiden es je so nannte. Anschließend begab Trish sich in aller Eile nach Hause, schob ihr Lesezeichen in *Krieg und Frieden* oder *Stolz und Vorurteil* um fünfunddreißig Seiten vor und ließ sich am Küchentisch nieder, bereit, die Triumphe der rückkehrenden Jungs zu bewundern und sie im Falle von Tragödien zu trösten. Genau wie bei der Erschaffung fremdartiger Musikformen war ihre Affäre ein Verbrechen, bei dem es keine Opfer gab.

Trish mochte Cowboysongs, und sie spielte Els jede Menge Yippie-yippie-yeah vor. Drei kummervolle Balladen, schon waren sie benommen vor Begierde, und es dauerte nicht länger als den Rest der Plattenseite, bis sie gefunden hatten, was beide brauchten. Dieses schöne Arrangement hielt bis zu dem Abend nach etwa anderthalb Jahren, an dem Trish sich unter der Flanellbettwäsche mit Maddys Quilt über die pillengeschwollenen Brüste fuhr und sagte: *So richtig traust du mir nicht, oder?*

Wie meinst du das?, fragte er, obwohl er schon wusste, was kommen würde.

Jeden Tag komponierst du von morgens bis abends Musik. Sogar am Sonntag. Und trotzdem hast du mir noch nie etwas von dir vorgespielt.

Els wurde schlaff. Er seufzte. Der Ton ärgerte sie.

Soll das heißen, ich bin dir peinlich? Du denkst, ich bin eine Landpomeranze, die nicht versteht, was du machst?

Er richtete sich auf, plötzlich in mittleren Jahren. *Da gibt's nichts zu verstehen.*

Du lässt es mich nicht mal versuchen.

Er sah sich in dem Raum, in seiner Hütte, um. Seine Seele war ein brennendes Haus, und er musste einen Weg ins Freie finden.

Ich habe keinen Kassettenrecorder, sagte er.

Sie sah ihn schräg an. *Bei mir im Auto.*

Sie setzten sich in ihren Gremlin, Fenster hochgekurbelt, bei laufendem Motor, ringsum war Herbst, und hörten sich ausgeleierte jahrealte Bänder auf einem billigen Player an. Er spielte ihr vor, was er von seinem Werk des letzten Vierteljahrhunderts bewahrt hatte. Greatest Hits – alles in allem vielleicht eine Stunde. Er wusste, dass sie deswegen zu spät nach Hause kam, dass sie sich mit Lügen Zutritt zu ihrem eigenen Haus verschaffen musste. Als Letztes sang eine klare, hohe Frauenstimme, ein Mädchen, das er früher einmal gekannt hatte: *Zeit ist ein Feuer, das mich verzehrt. Doch ich bin dieses Feuer.*

Funken zerstoben an einem Berghang. *Tja*, sagte er, als das Konzert zu Ende war. *Das ist mein Leben.*

Sie saß hinter dem Steuer, im Dunkeln, einen Fingernagel zwischen den Zähnen. Sie schien eher erschrocken als ärgerlich.

Ja, verflixt nochmal, Peter. Manchmal ist es schön. Und ein andermal – da klingt es einfach nur …

Wie Lärm?, schlug er vor.

Über ihnen zogen die Gänse gen Süden.

Zwei Wochen später machte Els mit ihr Schluss. Danach kaufte er seine Bücher bei Haushaltsauflösungen oder aus den Grabbelkisten der Ramschläden. Erst als er hörte, dass die Sathers hinauf nach Burlington gezogen waren, ließ er sich wieder im Lesesaal der Bibliothek blicken.

Exzentriker, die in Blockhütten wohnten, waren ein häufiger Anblick in dieser Gegend, und die Dörfler kannten seinen Typ gut. Es wurde erzählt, er sei ein New Yorker Bohemien, der irgendeine Art Zusammenbruch erlitten habe. Einmal, halb wahnsinnig vor Einsamkeit, besuchte er einen Bingoabend der American Legion. Sein Ohr war von so viel Stille geschärft, und er hörte, wie ein Tierarzt an einem der vorderen Tische zu seiner Frau sagte: *Schau mal, wer da kommt! Der Künstler mit dem Burnout.*

Er führte ein einfaches Leben, verdiente sich ein wenig Geld als Hilfsarbeiter auf Baustellen, ging den Alten und Gebrechlichen zur Hand. Er gab so gut wie nichts aus, außer für Essen und seine kriminell niedrige Miete. Eine Weile lang versuchte er Maddy finanzielle Unterstützung für seine Tochter zu schicken, aber sie löste seine Schecks nie ein.

Als Sara in der zehnten Highschoolklasse war, schrieb sie ihm einen Brief; er sei der Grund dafür, dass alle Leute sie für eine Spinnerin hielten. Er zahlte ihr das Flugticket für einen Besuch. Drei Tage lang lag sie auf der Couch, hantierte mit einem Rubikwürfel und antwortete auf jeden Vorschlag, etwas zu unternehmen, mit *Nein, danke, ist schon in Ordnung*. Sie hörte sich Presslufthammertöne an, immergleiche Monochorde, die er durch ihre Ohrhörer vom anderen Zimmer aus hörte.

Am Tag, bevor sie nach Missouri zurückflog, fragte sie: *Könntest du mir einen Computer kaufen? Mom findet, ich brauche keinen.*

Du interessierst dich für Computer?

Sie drehte die Augen gen Himmel. *Wieso können Leute das so schwer begreifen?*

Nein, das ist überhaupt nicht schwer zu begreifen, sagte er. *Man kann die unglaublichsten Dinge damit machen.*

Sie hob den Kopf von der Couchlehne, überlegte, wo die Falle war.

Ich habe seinerzeit Musik-Algorithmen geschrieben, auf einigen der allerersten Großrechner.

Ha, sagte sie. *Das war bestimmt cool.* Und damit war das Duett wieder für ein Jahr vorbei.

In diesem verlorenen Winkel von New Hampshire tat Els' Musik nicht einmal mehr so, als habe sie ein System. Er bediente sich bei allem, und es fehlte nicht viel zum Plagiat. Sein ganzes Leben hatte er unter der Tyrannei der Originalität verbracht. Jetzt konnte er so epigonal sein, wie er es brauchte.

Die Skizzen begannen wieder zu fließen: ein Doppelkonzert für Bassklarinette und Sopranino-Saxophon. *World Band* – ein monumentales symphonisches Pastiche, das ein Motiv von vierzehn Noten in einem Dutzend ethnischer Stile durchspielte. Eine Vertonung von Rupert Brookes *Safety* für Tenor und Blechbläserquintett:

Geborgen, wo alle Geborgenheit vergeht; geborgen, wo
Männer fallen;
Und wenn dieser arme Leib stirbt, am geborgensten von allen.

Els schickte die Partitur von *World Band* an einen Bekannten aus der Studienzeit, der jetzt ein Festival in den Niederlanden organisierte. Etwas an dem Stück – vielleicht der virtuose Kitsch – gefiel dem europäischen Publikum, das es leid war, für sein Vergnügen so hart zu arbeiten. Das Neue-Musik-Ensemble, das in Utrecht die Uraufführung spielte, ging anschließend damit auf Tournee und führte es an mehreren Orten der Île-de-France und im Rheinland auf. Eines Tages kam ein Tantiemenscheck, etwas über vierhundert Dollar – etwa ein Zehntel dessen, was er als Kind mit Zeitungsaustragen für die gleiche Menge an Arbeitsstunden bekommen hatte. Er führte in seiner Hütte einen Freudentanz auf, lachte laut, rieb sich die Hände. Dann fiel ihm wieder Gott ein, wie er den Rabbi nach dessen Meisterschlag beim Golf am Sabbath ärgerte: *Und? Wem erzählst du jetzt davon?*

Ganz unerwartet rief sein Bruder an. Els hatte schon seit drei Jahren nicht mehr mit ihm gesprochen. Paul klang immer noch wie der Halbstarke mit zehn, nur dass jetzt jemand mit dem Finger die Schallplatte bremste.

Paulie! Meine Güte, wie geht's dir? Kann gar nicht glauben, dass du anrufst. Wer ist gestorben?

Nach fünf fetten Sekunden ratlosen Schweigens antwortete Paul: *Mom.*

Carrie Els Halverson war als Touristin in London gewesen, mit einer Freundin aus der Highschool, die sie wiederentdeckt hatte, nachdem ihr zweiter Ehemann Ronnie sich geoutet und sie verlassen hatte. Die beiden waren unzertrennlich, hatten auf ihren Reisen zweimal die ganze Welt umrundet. Aber es war Carries erster Besuch in einem Land gewesen, in dem auf der linken Straßenseite gefahren wurde, und an einem sonnigen Junimorgen des Jahres 1986 war sie von einem Bürgersteig in Westminster auf die Straße getreten und von einem Taxi erfasst worden, dessen Fahrer nicht einmal mehr die Zeit gehabt hatte, auf seine kurios klingende Hupe zu drücken.

Peter flog nach England. Paul erwartete ihn in Heathrow. Er war so dick, so träge, so schlaff geworden, dass Peter ihn anfangs nicht erkannte. In gemeinsamer Anstrengung war es ihnen gelungen, Kontakt mit ihrer Schwester aufzunehmen, in einem Aschram in Maharashta. Susan antwortete mit einem konfusen Telegramm, dem letzten, das Els je bekommen sollte; sie schrieb, dass ihre Mutter nicht gestorben, sondern in einen anderen Seinszustand übergegangen sei. Die Brüder ließen den Leichnam einäschern und verstreuten die Asche rechtswidrig in einer Ecke des Chelsea Physic Garden. Es war der zweite Tag des Sommers. Der Himmel war lächerlich blau. Peter versuchte ein paar Gedenkworte zu sprechen und brachte es nicht fertig. Sein Bruder fasste ihn an der Schulter.

Schon in Ordnung. Ich habe sie ja auch gekannt.

In den drei Tagen, die sie mit der Logistik des Todes zubrachten, merkte Peter zu seinem Erstaunen, wie sehr er die Gesellschaft seines großen Bruders genoss. Paul schwamm in einer See aus Spekulationen. Alles, von den Schlagzeilen des Morgens bis zu den Nummernschildern der Busse, hatte eine verborgene Bedeutung. Doch dieser stete Strom von Deutungen hatte etwas von Entdeckerfreude. Überall verborgene Muster. Manchmal klang es gar nicht so viel anders als Musikwissenschaft.

Am Abend bevor Paul sich auf die Rückreise machte, saßen sie in einem Pub in Holborn, tranken Starkbier und aßen Pastete mit Bratensoße. Paul erklärte die Zusammenhänge zwischen der *Challenger*-Explosion und dem sowjetischen Abenteuer in Afghanistan. Peter betrachtete den immer noch kräftigen Haarschopf seines Bruders, inzwischen graumeliert, und bedauerte, dass sie sich so viele Jahre nicht gesehen hatten. Paul war seiner Nichte nur zweimal begegnet. Erst der Tod brachte die beiden Brüder wieder zusammen.

Wie kommt das, Paul?, fragte Peter.

Wie kommt was?

Einzelgänger sollten zusammenhalten, oder?

Der Gedanke verblüffte den massigen Mann. *Dann wären sie doch keine Einzelgänger, oder?*

Am anderen Ende des Pubs, in dem alles aus Eiche zu sein schien, saßen an zusammengeschobenen Tischen Leute und sangen Fußballhymnen, schunkelten in drei Minuten zu mehr gemeinschaftlicher Freude als Peters Musik in dreißig Jahren geschaffen hatte. Auch im Fernsehen über der

Bar wurde gesungen. Paul betrachtete den Boden seines leeren Tellers, als könne er noch letzte Schriftzeichen dort erkennen.

Peter sagte: *Weißt du noch, wie wütend du warst, weil ich nicht verstanden habe, worum es beim Rock-'n'-Roll ging?*

Sein Bruder hielt in seinen Forschungen inne und runzelte die Stirn. *Wovon redest du?*

Du hast mich gefesselt und mich gezwungen zuzuhören.

Wirklich? Meine Güte.

Du hast gedroht, du würdest mir die Ohren mit Seife auswaschen.

Nein, bestimmt nicht. Das muss dein anderer Bruder gewesen sein.

Du hattest recht, Paulie. Ich war taub.

Paul winkte ab. *Sei nur froh, dass du dich nie mit dem Zeug abgegeben hast. Viele von diesen Songs arbeiten mit subliminalen Botschaften.*

Ehrlich?

Paul nickte. *Diese ganze Industrie steuert heute unsere Gedanken.*

Paul hatte nie eine von Peters Kompositionen gehört. Für ihn standen diese Arbeiten auf der gleichen Stufe wie die esoterische Visionssuche ihrer Schwester Susan. Es wäre ein Spaß gewesen, mit Paul ein wenig Boulez oder Berio zu hören, abzuwarten, welche Geheimbotschaften er dort heraushörte.

Was hörst du dieser Tage so?, fragte Peter.

Paul stellte den Teller ab, schüttelte den Kopf und sah seinen Bruder mit einem nachsichtigen Lächeln an. *Ich bin ein erwachsener Mann, Petey. Ich höre mir Wortbeiträge an.*

Als sie am Abend in ihrem gemeinsamen Zimmer in einem Bed and Breakfast in Bloomsbury schlafen gingen, fragte Paul: *Und wie bist du die ganze Zeit finanziell über die Runden gekommen?*

Um ehrlich zu sein, überhaupt nicht, gestand Peter.

Na, in dem Punkt brauchst du dir jetzt keine Sorgen mehr zu machen.

Peter streckte sich auf seinem klumpigen Doppelbett aus. *Wie meinst du das?*

Mom hatte eine Menge auf der hohen Kante. Lächerlich hoch versichert war sie auch. Selbst von einem Drittel davon kannst du für ziemlich lange Zeit Verrücktheiten komponieren, so viele du willst.

Peter setzte sich auf, ans Kopfbrett gelehnt, die Hände um die Ohren gelegt, und lauschte der Musik des Zufalls. Sein Bruder, der Versicherungsstatistiker, lag in einem Bett drei Fuß entfernt und versah Nachrichtenmagazine mit winzigen Anmerkungen, alle in Großbuchstaben. Eine Melodie nahm in Peters Kopf Gestalt an, eine Melodie aus großer Ferne. Er wusste sofort, was das war. Schon nach dem ersten Ton hätte er den Titel sagen können.

'kay, sagte Paul, als ihm die Schreibhand wehtat. *Licht aus.*

Peter lag im Dunkeln, lauschte den Klängen der Hammondorgel, und seine Eltern sangen dazu. *O nimm Du die blühende Rose vom Strauch.* Seine Stimme so schockierend, dass alles still war.

Was hat Mom zuletzt so gehört?

Aus Pauls Bett kam ein dumpfer, ratloser Grunzer. *Ich habe keine Ahnung.* Aus einem verlegenen Schnauben wurde

Eine weitere Modulation, und die Gespenster zerstreuen sich. Er sehnt das Ende des Stücks herbei. Nicht weil alles so aufregend gleich ist – Monotonie könnte ihn jetzt beinahe retten. Aber weil die Gedankenverbindungen wie Wellen auf ihn einströmen und Licht in Dimensionen seines Verstandes bringen, die lange im Dunkel lagen. Er weiß es besser, aber er kann nichts dagegen tun: Diese wirbelnden, konzentrierten Ekstasen, diese Kaskaden von Echos, diese abstrakten Muster ohne Bedeutung, dieser gleichmäßige Atem geben ihm nur wieder einmal die Gewissheit, dass es irgendwo ein betörendes Muster gibt und auf ihn wartet.

Nach elf Minuten dann – der endlose Dominant-Orgelpunkt, die abrupten Sekunden der Tenöre – bricht das Stück durch in eine Lichtung. Die drei Sopranstimmen werden so langsam, dass ihre Botschaft fast bis ins Unhörbare gestreckt wird:

H
o
w

s
m
a
l
l

a

t
h
o
u

Jede Veränderung in der Phasing-Melodie, nun wieder absteigend wie zu Anfang, fließt durch die hüpfende Tenorlinie. Figur wechselt mit Grund und wieder zurück. Tenor- und Sopranstimmen umschmeicheln einander. Endlich verschmelzen nun Kanon und Orgelpunkt. Die zwei Hälften dieses Flechtwerks greifen über ihre achthundertjährige Kluft hinweg so perfekt ineinander, dass mit einem Mal klar ist, dass alles an ihnen von Anfang an allein für diese Vereinigung bestimmt war.

Das Stück wendet sich nach außen, die Stimmen nun wie rekombinierte Bazillen. Die Noten kondensieren, strahlend. Verschiebungen von Harmonien im Kopf eines alten Mannes. Schichten schwellen und fallen, teilen und vervielfältigen sich, kollidieren und detonieren, füllen ein Leben aus, das zu klein ist, um sie alle zu enthalten.

In einer Nische sechs Fuß entfernt sitzt ein dreißigjähriger Student, das Haar bereits schütter, vor einem mattsilbernen Laptop und starrt Els an. Er ist einer jener brillanten Asperger-Fälle, die in die Stadt kommen, um Volkswirtschaftslehre zu studieren, und die dann ihr Leben lang bleiben und bis ans Ende ihrer Tage als Ladengehilfe beim Co-op arbeiten. Mit zusammengekniffenen Augen starrt er durch seine Lennon-Brille, sieht sich Els genau an. Dann senkt er den Kopf und tippt etwas ein.

Einen Moment später schaut er verstohlen wieder auf. Ein Blick auf Els, ein Blick auf den Browser. Vielleicht hat es nichts zu bedeuten; Els kann das nicht mehr beurteilen. Er steht auf und driftet durch den Raum, eine diagonale Finte Richtung Theke. Dort dreht er sich um, geht wieder in Richtung seines Beobachters und von da zur Tür. Gerade als er dort anlangt, ist die unendliche Viertelstunde Sprichwort zu Ende. Stimmen, die in Wellen aus den Lautsprechern des Cafés kamen, sind mit einem Mal still. Els geht vorbei an den Milchkännchen, an der Buffettheke, schlängelt sich zwischen Tischen mit lärmenden Menschen durch und kommt nach draußen an die frische Luft.

Er trottet zum Auto, Kopf gesenkt, fühlt sich beobachtet. Er kommt beim Fiat an, und jetzt sieht er, wo er ist. Zweihundert Meter weiter südlich steht noch die alte Musikalische Fakultät, wo er einmal zu Hause war. Schon einen Augenblick später verharrt er vor dem Beaux-Arts-Tempel mit den Reliefs von Bach, Beethoven, Haydn und Palestrina auf dem Giebeldreieck. Palestrina kommt ihm jetzt nicht mehr so abwegig vor. Jetzt scheint ihm eher Haydn der Mann, der dort nicht hingehört. Wer weiß, was man in hundert Jahren denken wird? Vielleicht schauten die anderen dann auf Bach herab, den Eindringling. Er lässt sich weitertreiben, hinter dem Gebäude entlang zum Quad, dem Platz, auf dem sich die beiden großen südlichen Diagonalen kreuzen. Der Stelle, an der einmal, in einem anderen Leben, in einer eisschimmernden Januarnacht, als die Schöpfung noch jung war, ein junger Mann gesagt hatte: *Mir scheint, die Hälfte aller Schwierigkeiten dieses Lebens wäre verflogen, wenn einer von uns beiden eine Muschi hätte.*

Sie nehmen vor ihm Gestalt an: sein Freund, seine Frau, seine Tochter. Menschen, die ihn geliebt hatten; die daran geglaubt hatten, dass er Gutes tun würde. Er steht dort, in der milden, dunstigen Aprilluft, und denkt: Alles, was ich je wollte, war ein kleines Geräusch, das euch alle erfreut. Welch ein kleiner Gedanke das war. Welch ein kleiner Gedanke.

Er steht auf der Wegkreuzung und starrt die langen Diagonalen hinunter, und er sieht sich für den Rest seines Lebens im Gefängnis sitzen. Er kann als Feind Amerikas in Gefangenschaft sterben, ein musikalischer Unabomber, geschändet und gelästert, einfach nur, weil er neugierig gewesen war. Oder er könnte es noch einmal neu versuchen.

Einzelne jüngere Studenten ziehen mit schimmernden Smartphones durchs Dunkel. Der Asperger-Volkswirtschaftler mit der Lennon-Brille hat seinen Aufenthaltsort bereits gemeldet. Jemand hat das Nummernschild aus Pennsylvania entdeckt und hält Wache an seinem Wagen. Aber einen Augenblick lang kann nichts ihm etwas anhaben. Er ist für dieses Leben auf der Flucht gemacht – vier Jahrzehnte zuvor ist es ihm zur Bestimmung geworden. Dazu gemacht, hierher zurückzukehren, da capo, nach so langer Zeit. Gemacht für die Kunst, gemacht für die Erinnerung, gemacht für die Dichtung, gemacht für das Vergessen.

Am Empfangstisch ist niemand, das Frühstück noch nicht gedeckt, als er am nächsten Morgen vor Sonnenaufgang herunterkommt. Er legt seine Schlüsselkarte auf den leeren Tresen. Und er ist schon fünfzig Meilen auf der I-72 in Richtung Westen unterwegs, bevor er sich eingesteht, wohin er fährt.

Die einzigen harmlosen Werke sind die sterilisierten, und die einzigen sicheren Zuhörer sind tot.

Seine Musik veränderte sich, in diesen Jahren in den Wäldern. Er nahm nun Gesten, die er noch wenige Jahre zuvor als Bedrohung empfunden hätte, mit Freuden auf. Ein Minimalist mit einem Maximum an Sehnsucht. Er legte ekstatische Melodien über treibende Synkopierungen, als warte etwas Unerhörtes gleich um die nächste Ecke. Ab und zu wurde ein solches Stück aufgeführt, in New York oder im Ausland. Als die globalisierenden Achtziger zu Ende gingen, hatte Els das gefunden, was man im trüben Licht gruftiger Neue-Musik-Veranstaltungen beinahe ein gewisses Maß an Bekanntheit nennen könnte.

Eines Abends saß er in einem Schaukelstuhl in der Gemeindebibliothek von North Conway, machte eine Pause bei seinen Studien mittelalterlicher Häretiker, als ihm auf dem wandbreiten Zeitschriftenregal ein fettes Babygesicht auffiel, das aus dem Kragen eines Batikhemds vom Umschlag einer Kunstzeitschrift schaute. Der Haaransatz war nach hinten gewandert, mit der lächerlichen blauen Brille sah er wie ein Cartoonprofessor aus. Aber das Gesicht, das Els da von der anderen Seite des Raums aus frech ansah, war vertraut wie die Schande.

Er ging durch den Saal wie ein Tänzer in Trance und schlug die Titelstory auf. Er überflog die Seite.

> Bonners brutales Gelächter gehört zu den wenigen Spielen in der Stadt, die grandios und surreal genug sind, um es mit den Schlagzeilen des Jahres aufzunehmen … Seine hakenschlagende, kopfverdrehende Truppe tanzt über den Platz des Himmlischen Friedens, zieht Ketten durch die baltischen Staaten, klettert auf

die zerschlagene Berliner Mauer, bevor die meisten von uns diese Ereignisse überhaupt wahrgenommen haben.

Die Liste der Leistungen des Mannes kommt Els wie schiere Parodie vor: eine Neuinszenierung von Gershwins *Oh, Kay!*, bei der er die Schnapsbrenner der Prohibitionszeit durch Crackdealer aus der South Bronx ersetzt hat. Der Händel'sche *Xerxes* frisch aus Idi Amins Uganda. Ein *succès de scandale* beim Glimmerglass-Festival mit Nancy und Ronald Reagan in einer albtraumhaften Inszenierung von Verdis *Macbeth*. Turbulente Ballette mit iranischen Revolutionären, tänzelnden Footballspielern und Sandinistas im Kampfanzug – spastische Kaleidoskope aus Verzückung und Chaos. Eine Randspalte zitierte Bonner in großen Lettern: »Die beste Kunst ist immer Futter für die Klatschmäuler.« Diese Idee hatte ihm offenbar internationale Anerkennung gebracht.

Immer ungläubiger suchte Els jede Erwähnung Richard Bonners heraus, die sich in den Zeitschriftenbeständen der Bibliothek fand. Und als dann ein paar Monate später, zu Anfang des neuen Jahres, im letzten Tageslicht Bonner selbst den Kiesweg zu Els' Hütte heruntergestolpert kam, schien es nur ein weiterer Theatercoup. Schon aus zwanzig Fuß Entfernung ging die Lästerei los.

Ja wie zum Donnerwetter soll man denn den Laden hier finden? Nirgendwo Hausnummern. Nicht mal scheiß Straßennamen. Und du wohnst in einem alten Hühnerstall, oder was ist das?

Els stand in der Tür des belagerten Hauses. Bonner kam die letzten Schritte gelaufen und fiel ihm um den Hals wie ein Bär. Er küsste Els nach Russenart. Dann schob er ihn zurück in seine Hütte.

Sieh sich das einer an – alles da! Elektrizität. Möbel. Fließendes Wasser. Da bin ich aber enttäuscht, Maestro. Ich dachte, du lebst in der Einöde.

Was machst du hier?, fragte Els. *Wie bist du an meine Adresse gekommen?*

Bonner packte Els' Kopf mit beiden Händen und drehte ihn erst in die eine, dann in die andere Richtung. *Hmmm. Dieser ganze Naturkram tut dir anscheinend gut.*

Els machte sich los. *Dachtest, du kommst einfach mal vorbei, nach sechs Jahren? Sieben?*

Bonner machte einen Schmollmund und ließ die Hand sinken. *Kann schon sein.*

Du erinnerst dich, was du als Letztes zu mir gesagt hast?

Hey! Das ist verjährt.

Dass meine Musik Dreck ist und immer bleiben wird.

Ich weiß. Ich bin schon ein Schwein, was?

Bonner drehte ihm den Rücken zu und inspizierte den Raum. Er nahm einen Holzscheit aus dem Kamin und schnüffelte daran. Er fuhr mit dem Finger über die Rücken von Els' Büchern. Er starrte durchs Fenster einen unsichtbaren Angreifer an. Der Mann hatte bestimmt dreißig Pfund zugenommen.

Wahnsinnsfahrt hier rauf, sagte er. *Fünf Stunden Grundkurs in Westcoast-Hiphop.*

Bonner ließ seine Finger wieder von Els' Sachen, kam zurück und legte ihm die Ellenbogen auf beide Schultern. *Du könntest mithelfen, meine Karriere zu ruinieren – würde dir das Spaß machen?*

Ich nehme an, du bleibst zum Abendessen, antwortete Els.

Els pochierte einen Felchen. Richard steuerte eine Flasche Malbec aus dem Kofferraum seines Wagens bei, dazu zwei Handvoll weiterer Lebensmittel und einen Bericht. Els hörte zu und brummte nur ab und zu etwas.

Offenbar, sagte Richard, *will die City Opera für die 1993er Saison eine Oper.*

Da musste Els doch lachen und tat es auch.

Ich weiß, sagte Bonner. *Unmöglich, oder? Die Art von Auftrag, der an echte Künstler geht. Nicht an armselige Bohemiens.*

Bravo, Richard. Ich habe verstanden. Was ist das für ein Stück?

Du hörst mir nicht zu, Blödmann.

Und dann hörte Els zu. Die Direktoren des Opernhauses waren zu dem Schluss gekommen, dass ein verlässlicher Skandalregisseur von Bonners Ruf das sieche Haus allein durch das Aufsehen, das er erregte, sanieren konnte. Sie hatten ihm freie Hand bei der Wahl von Libretto und Komponist gelassen.

Ich habe ihnen gesagt, ich will dich. Sie halten mich für verrückt.

Erst als er sein Stück Fisch geschluckt hatte, sagte Els: *Da haben sie recht.*

Aber sie haben mich genommen, weil *ich verrückt bin. Das ist ja das Schöne daran.*

Es war Abend geworden. Jenseits der wenigen Lichter der Stadt verschwanden die Berge im Dunkel. Ein Waschbär auf

Beutezug klapperte auf den Dachziegeln. Eine Meile entfernt rief eine Eule.

Du willst doch nicht, dass ich bettle, sagte Bonner.

Wann hättest du je etwas gemacht, was ich wollte?

Richard lehnte sich auf seinem Shakerstuhl zurück, mit dem Kopf an der obersten Latte. *Irgendwas stimmt nicht mehr, Peter. Das Spiel macht keinen Spaß mehr. Die ganze Bürgerschrecknummer. Man dreht an einer Kurbel, und heraus kommt ein kleines, vorhersagbares stilisiertes Ärgernis.*

Els räumte das Geschirr ab, dachte über diese Frage nach, das Kreuzworträtsel in der Sonntagszeitung.

Aber ich wüsste nicht, wie ich dir da helfen kann.

Richard packte Els am Armgelenk, ein Schraubstockgriff. *Mach mir nichts vor, du Arsch. Willst du hören, dass ich dich brauche?*

Els befreite sich aus dem Griff, setzte sich, hielt die aneinandergelegten Finger an die Lippen.

Und komm mir ja nicht mit diesem Buddha-Scheiß, brummte Bonner. *Du weißt das noch genau. Früher haben wir Sachen entdeckt. Naturgesetze. Es gab eine Zeit, da haben wir für Gott gearbeitet, du und ich. Und jeder, dem das nicht gefiel, konnte sehen, wo er bleibt.*

Soweit Els sich erinnerte, hatte Gott ihnen nie verraten, was er von ihnen wollte. Trotzdem blieb er still und hörte zu.

Es folgte eine Bonner'sche Phantasie für ein Ein-Personen-Publikum. *Der ganze Planet ist in Aufruhr. Aber dieses Land hier bewegt sich wie in Watte gepackt, in einem riesigen von MTV angetriebenen, in Antidepressiva getränkten Kokon.*

Gameboys und Partygirls. Verdammt nochmal, ich mache doch keine Kunst! Ich bin nur gerade mal die nächste leicht konsumierbare Dosis Ablenkung für Leute, denen die Halbzeitshows zum Halse raushängen.

Du willst etwas, sagte Els.

Bonner sah ihn an, verblüfft von dieser Einsicht. *Ich brauche es.*

Und du weißt nicht was.

O doch, das weiß ich. Ich will Leute wachrütteln, damit sie aus ihrem Traum von Sicherheit herauskommen.

Und du meinst, dabei kann ich dir helfen.

Du bist der einzige Mensch, der mir je begegnet ist, der noch mehr will als ich. Schau dir dich an! Keine Angst, dein ganzes Leben wegzuwerfen. Schreibst für niemanden.

Das war beides gelogen, aber Els machte sich nicht die Mühe, es richtigzustellen. Er stand auf und trug das schmutzige Geschirr in die Küche. Er kam mit zwei Schachteln Eiscreme und zwei Löffeln zurück. Bonner packte einen Löffel und machte sich gleich über beide Schachteln her. Els sah einfach nur zu und überlegte, ob der Mann vielleicht medikamentenabhängig war.

Er sagte: *Du bist ein elender Kerl. Warum sollte ich mir das noch einmal antun?*

Bonner nickte und schaufelte dabei weiter, pflichtete allem bei. *Weil deine Sachen zusammen mit mir die besten sind, die du je gemacht hast.*

Mit dir stimmt was nicht, Richard.

Was du nicht sagst. Bonner reckte den Löffel in die Höhe und sang: *Was neu ist … neu ist … neu ist … das ist … das ist … geheimnisvoll …!*

Was ist es? Bist du in Wirklichkeit schwul? Ist das dein großes Geheimnis?

Bonner schwang den Löffel wie ein Florett. *Ach, hör auf. Homo, hetero – wer legt das fest? Ist überhaupt jemand irgendwas?*

Du bist manisch?

Bonner widmete sich wieder der Schachtel. *Ich weiß nicht mal, was das ist.* Jetzt angelte er aus der angeschmolzenen Creme Nussstückchen heraus. *Wir sind entweder hungrig oder tot. Erzähl mir nichts von feineren Unterschieden.*

Els kehrte zurück in die Küche und stellte den Kessel für warmes Spülwasser auf. Ein großes Tier wühlte im Kompost hinter der Gartenveranda. Er machte sich nicht die Mühe, es fortzuscheuchen. Als er mit Tee ins Wohnzimmer zurückkehrte, war Bonner immer noch bei seinem Frontalangriff auf das schmelzende Eis. Els nahm den zweiten Löffel und machte mit. Er stützte sich auf die Ellenbogen und stach auf das Butterpekan ein, als dirigiere er ein Orchester aus Flöhen.

Jedes Mal, wenn wir etwas zusammen gemacht haben, hast du mich am Ende beleidigt.

Jedes Mal? Jetzt komm aber. Übertreib nicht.

Els schleuderte den Löffel quer durchs Zimmer und stand auf. Bonner fasste ihn bei der Hand.

Peter. Ich kann nicht anders. Alles Befriedigende widert mich an. Ich muss einfach immer wieder …

Els setzte sich hin und legte die Hände in den Schoß. Er betrachtete den kleinen weißen Zeichentisch im Zimmer nebenan. Bonners Blick folgte dem seinen. Ein Gedanke ging Els durch den Sinn, wie ein Kranich durch ein chinesisches Landschaftsbild fliegt. Er hielt einen Finger in die Höhe und ging nach drüben. Nach ein paar Minuten kehrte er mit einem quadratischen abgerissenen Stück Pappe zurück.

Bonner nahm es. *Liebe Güte, was ist das? Konzeptkunst oder so was?*

Els wartete. Es dauerte eine ganze Weile, bis die Erinnerung kam.

Himmel. Du machst Witze. Du hast das aufgehoben …? Bonner lachte auf – hysterisch, angespannt. *Habe ich nicht gesagt, du bist der eine, der noch verrückter ist als ich?* Er wurde wieder ernst, sah zu Els auf und kniff die Augen zusammen.

Els sandte den gleichen Blick zurück. *Wie willst du der City Opera einen unbekannten Komponisten verkaufen?*

Ich habe ihnen gesagt, du bist der Einzige, mit dem ich es mache. So, jetzt Schluss mit dem Scheiß und lass uns was überlegen.

Bonner zerrte Els den finsteren Weg hinunter zu der Stelle, wo er den Leihwagen gelassen hatte. Dann fuhren sie zusammen die Viertelmeile bis zu Els' Auffahrt wieder hinauf. Richard stieg aus und holte zwei unförmige grüne Seesäcke aus dem Kofferraum. Einen gab er Els zu tragen. Peter betrachtete das ausgemusterte Militärstück, auf dem ein mit Schablone aufgepinselter langer polnischer Name stand.

Ziehst du hier ein?

Was kümmert dich das, Maestro? Komm. Könntest du mir bitte mal schleppen helfen?

Ja, ich habe Gott spielen wollen. Aber Tausende solcher Geschöpfe sind schon zusammengesetzt worden, und Millionen weitere werden kommen.

Als Els am Morgen in die Küche kam, war Bonner im Wohnzimmer mit Schlägen und Tritten zugange. Els glaubte, über Nacht sei wieder einmal ein Eichhörnchen durch den Kamin gekommen und Richard wolle es hinausscheuchen. Richard lief im Kreise wie ein Fuchs, dann machte er ein paar ungeschickte Sprünge. Er sah aus wie ein Teenager, der selbsterfundene Sportübungen macht. Els unterdrückte einen verblüfften Lacher. Der Mann probte. Experimentierte. Das war Tanz.

An diesem Morgen packten sie etwas zum Mittagessen ein und stiegen durch wadentiefen Schnee hinauf in die Berge. Els rechnete damit, dass Bonner binnen zwanzig Minuten nach Luft schnappen würde, aber Richard hielt sich gut. Er redete bei diesem zweistündigen Aufstieg ununterbrochen, dampfend traten seine Worte in die Januarluft. Er erläuterte, wie er sich die Oper vorstellte. Er war sein ganzes Leben lang vor dem Erzählerischen davongelaufen, und jetzt stellte er zu seiner Überraschung fest, dass es vielleicht doch noch nicht zu spät war, sich auf jene Art Geschichtenerzählen einzulassen, die die Welt unbedingt wollte.

Els schlug etwas Biographisches vor. Das Leben von Thomas Merton – dem kontemplativen Mystiker, der Millionen mit seiner Vorstelllung von einer inneren Göttlichkeit beseelte, aber nie Kontakt zu seinem eigenen unehelichen

Kind aufnahm. Bonner lehnte das ohne weitere Erklärung ab. Als Nächstes schlug Els den Chemiker Gerhard Domagk vor, der sein neuentdecktes Sulfonamid an seiner todkranken Tochter testete, der von der Gestapo verhaftet wurde, weil er den Nobelpreis bekommen hatte, und der am Ende für die Nazis arbeitete.

Wo kriegst du nur solche Sachen her?, fragte Bonner.

Man kann eine Menge lesen, wenn man allein lebt.

Bonner schlurfte durch die Schneewehen, überlegte. Schließlich sagte er: *Da ist nichts Rührendes dran. Keine Verbundenheit zwischen den Menschen. Wir müssen es einsehen, Maestro. Keiner von uns beiden weiß auch nur das Geringste darüber, was es heißt, ein Mensch zu sein. Das ist nichts für uns.*

Richard wusste nur, dass es etwas Episches sein sollte – eine Geschichte, die alle Beteiligten in ein gemeinsames Schicksal hineinzog. Etwas, das das Publikum erschütterte. Etwas ganz Großes.

Historisches Drama, sagte Els. *Leute im Streit mit den Dingen, wie sie sind.*

Das ist es!, rief Richard. *Ich wusste doch, dass du das für mich hinkriegst.*

Im Schnee, punktiert von lang anhaltenden Pausen, nahmen Bonners vage Phantasien Gestalt an. Els hörte zu, stellte dann und wann eine Frage. Sie wanderten weiter bis zu einem Bergkamm mit Blick über Crawford Notch. Sie machten eine Pause, tranken heiße Nudelsuppe direkt aus der Thermosflasche. Die Landschaft unter ihnen leuchtete mit ihrem weißen Tuch aus Schnee. Immer wieder ermahnte Els Richard, er solle hinsehen, doch Bonner war zu beschäftigt.

Vielleicht die Challenger-Explosion, meinte er. *Nein, okay, du hast recht. Der Sturz der osteuropäischen Machthaber. Ceaucescu. Honecker.*

Nach einem halben Dutzend Schlucken Suppe und mehreren weiteren Vorschlägen – Jonestown, die Roten Brigaden – wurde Bonner ungeduldig. *Ich sterbe hier noch, Mann. Und du bist keine Hilfe.*

Du willst Ekstase, sagte Els. *Transzendenz.*

Ist das zu viel verlangt?

Du willst echte Oper.

Bonner nickte.

Richtige Oper mit allem, was dazugehört, hundert Jahre zu spät. Aber du sitzt in der Zeitgeschichte fest.

Diese Worte sind für Bonner eine Offenbarung. *Himmel, da hast du recht. Ich komme immer nur bis zu den bescheuerten Zwölfuhrnachrichten.*

Im Würgegriff der Gegenwart. Wo du doch eigentlich die Ewigkeit willst.

Maestro. Bonner setzte die Thermosflasche ab. *Ich höre.*

Els ließ den Blick über das makellose Panorama schweifen. *Keine Tagespolitik. Etwas Historisches. Fremdes. Unheimliches.*

Weiter, kommandierte Bonner. Und Els sprach weiter.

Die Belagerung von Münster, 1534.

Bonner hielt seine eiskalten Hände in den Dampf der Thermosflasche und grinste. *Erzähl.*

Sie brachen ihr Lager ab und machten sich auf den Rückweg. Nun schneite es wieder, und die Nacht brach herein, lange bevor sie am Auto anlangten. Doch bis dahin waren beide Männer schon ganz in die Einzelheiten vertieft, nahmen keine Uhrzeit mehr wahr. Wieder zu Hause angekommen, war Bonner schwach vor Hunger. Aber er wollte nichts von Abendessen hören, bevor Els nicht die Geschichte zu Ende erzählt hatte.

Els schickte ihn mit Büchern zu Bett. Richard las die ganze Nacht durch und wachte am nächsten Tag erst zu Mittag wieder auf. Trotz der späten Stunde bestand er auf seinem Frühsport-Tanz, erst danach konnte der Tag beginnen. Die beiden Männer machten sich an den Entwurf eines dreiaktigen Librettos.

Als sie ihren Plan zwei Tage später beisammen hatten, rotäugig und stoppelbärtig, sahen sie aus wie die Zwillingspropheten ihrer eigenen wahnwitzigen Sekte.

Ich wusste das, sagte Bonner, tippte mit dem Finger auf den Stoß Papiere und schüttelte den Kopf. *Danach habe ich gesucht, schon als ich noch überhaupt nicht begriffen hatte, dass ich suchte.*

Er war immer noch nicht wieder ganz bei sich, als sie schon seine Sachen in den Wagen packten. *Das ist es, Peter. Enthusiasmus kontra Obrigkeit. Als ob die ganze Geschichte nur auf uns gewartet hätte. Wie bist du da je drauf gekommen?*

Habe ich dir doch schon gesagt. Lebe allein, und du kommst auf eine ganze Menge.

In dicken Daunenmänteln standen die beiden Männer an dem Leihwagen, verabredeten, sich in einem Monat wiederzusehen, nachdem Bonner seine Pläne der Chefetage der City Opera beigebracht hatte. Das Libretto wollte er selbst schreiben. Aus Originalquellen könne er den ersten Entwurf in drei Monaten fertighaben. Els versicherte ihm, dass eine Menge Musik zu schreiben sei, auch jetzt schon, bevor die erste Textzeile stand.

Richard stieg ein und ließ den Motor an. Der Auspuff spie eine Wolke in die klare Luft. Dann stieg der Regisseur noch einmal aus und packte den Komponisten, als seien sie noch beide jung.

Peter? Danke.

Els winkte zum Abschied. Er blieb stehen, bis der Wagen hinter den Bäumen verschwunden war. Dann ging er wieder zurück in die Hütte zu dem Stück, an dem er schon seit Monaten arbeitete – die Stapel Notenpapier auf dem Zeichentisch mit ihren Hunderten von Skizzen für den ersten Akt genau der Oper, die die beiden Männer eben erst konzipiert hatten.

Das Leben füllt die Welt mit Kopien seiner selbst. Musik und Viren bringen beide ihre Wirte dazu, sie zu replizieren.

Zweimal fällt sein Name im Radio, auf den zwei Stunden der Fahrt von Champaign. Ein Regierungssprecher erklärte, Wissenschaftler seien noch dabei zu klären, ob die Bakterien, die man im Haus des sogenannten Biohacker-Bachs Peter Els sichergestellt habe, tatsächlich genetisch verändert seien. Els wartete, dass der Sprecher als Nächstes sagen würde, dass die Bakterien, die Krankenhausinsassen in Alabama getötet hatten, nicht von ihm stammten. Stattdessen meldet sich nun wieder der Radiomoderator; um beim Thema Bakterien zu bleiben, sagt er, die tödliche *E. coli*-Epidemie in Deutschland sei anscheinend durch verseuchtes spanisches Gemüse verursacht worden.

An den Fenstern des Fiat ziehen Meilen schwarzer gepflügter Felder vorüber, darin schon das erste Grün. Nichts an dieser kargen Schönheit sieht aus, als ob das Land irgendeiner Bedrohung ausgesetzt sei. Doch um zehn Uhr bringt der öffentliche Sender ein landesweit verbreitetes Interview-Programm, und hier bekommt Els nun deutlich zu hören, was er in Gang gebracht hat.

Die ganze Sendung ist den Gefahren der Amateurbiologie gewidmet. *Eine Welle von Todesfällen in Krankenhäusern*, hebt der Moderator an. *Verseuchte Lebensmittel in den Supermärkten mehrerer Länder. Ein selbsternannter Gentechniker, der gefährliche Mikroben produziert und jetzt auf der Flucht vor den Behörden ist.* Laute, die aus großer Ferne zu Els herüberkommen, als wäre der ganze Text einer jener gesampelten, zerhackten, in Schleifen aufgebrochenen und neu zusammengesetzten Song-Quilts, die gerade wieder große Mode sind, ein halbes Jahrhundert nach ihrer Erfindung. *Wie viel Angst sollten uns all diese Geschichten denn nun machen?*

Zur Antwort auf diese Frage begrüßt der Moderator einen Schriftsteller aus der Bay Area, dessen Buch über die immer größere Gemeinde von Amateur-Mikrobiologen Els gelesen hat. Der Mann erklärt, solche Wissenschaftler, Leute, die in ihren Garagen bastelten, gebe es zu Tausenden.

Was sind das für Leute?, fragt der Sprecher.

Der Autor antwortet mit einem ratlosen Glucksen. *Alle möglichen. Liberalisten, Tüftler, Studenten, Unternehmer, Aktivisten. Bürgerliche Wissenschaftler der alten Schule, Leute wie Jenner oder Mendel. Hier geht es um billige, demokratische Biotech-Arbeit, bei der jeder mitmachen kann. Es wäre ein Fehler, das zu unterbinden.*

Als Nächstes kommt die Direktorin einer Aufsichtsbehörde in Sachen Sicherheit zu Wort, die ausmalt, was im schlimmsten Fall geschehen könnte. *Entscheidend*, erklärt sie, *ist, dass ein Amateur, der sich im Internet synthetische DNA besorgt hat und in dessen Küche Gerätschaft für tausend Dollar steht, einen bisher unbekannten tödlichen Stoff produzieren kann. Wenn man bedenkt, wie viele Leute unserem Land Schaden zufügen wollen, dann ist Bio-Bastelei eine der größten Gefahren, mit denen wir es überhaupt zu tun haben.*

Der Autor tut das mit einem Lachen ab. *Skifahren ist hundertmal gefährlicher.*

Eine überparteiliche Washingtoner Kommission über Massenvernichtungswaffen und Terrorismus sagt binnen zweier Jahre einen größeren Bioterror-Angriff voraus, beharrt die Sicherheitsexpertin.

Der Moderator fragt: *Was können wir tun, um das zu verhindern?*

Wir müssen auf den Erfolg der Rasterfahndung bauen, sagt die Expertin.

Der Autor wiehert. *Die Rasterfahndung hat, seit sie in Kraft ist, nicht eine einzige terroristische Unternehmung aufgespürt!*

Das beweist nur, wie raffiniert die Terroristen sind.

Der Moderator gibt den Anschluss für Höreranrufe frei. Der erste Anrufer fragt, ob die tödlichen *E. Coli* in Europa terroristischen Ursprungs sind. Beide Experten verneinen. Der Anrufer ist anscheinend enttäuscht.

Els hört die Wut in der Stimme der nächsten Anruferin, bevor sie noch drei Worte gesprochen hat. *Dieser Mann*, sagt sie, *der Bazillen in seinem Labor produziert – es hat bereits Tote gegeben, und dieser Mann muss gefunden und unschädlich gemacht werden, bevor er weiteres Unheil anrichtet.*

Der Moderator bittet seine Gäste um einen Kommentar dazu. Die Sicherheitsexpertin sagt: *Selbst im harmlosesten Falle handelt es sich hier um einen Amateur, der einen gefährlichen Mikroorganismus modifiziert, ohne zu wissen –*

Der Schriftsteller fällt ihr ins Wort: *Amgen macht das die ganze Zeit. Monsanto. Die Hälfte unseres Maises und neunzig Prozent unserer Sojabohnen sind genmanipuliert, und in blindem Vertrauen stecken wir sie in den Mund.*

Amgen wird von ausgebildeten Wissenschaftlern betrieben, nicht von einem Musiker im Ruhestand, der es an seiner Küchenspüle macht und keinen Schimmer von dem hat, was er anstellt.

Ausgebildete Wissenschaftler haben mehr Katastrophen produziert als alle Amateure zusammen.

Der Ton einer Presslufthupe wie etwas aus *Götterdämmerung* scheucht Els quer über die Straße. Im Rückspiegel sieht er, dass ein Sattelschlepper direkt an seiner Stoßstange klebt. Er weicht an den Rand aus. Trötend zieht der Koloss vorbei. Als er wieder vor Els einschert, tritt der Fahrer auf die Bremse. Die Nase des Fiat berührt die Stoßstange des Anhängers.

Die Expertin ist wieder am Zug. *Er hat die ganze Nation in Panik versetzt.*

Die Nation ist seit zehn Jahren in Panik. Und wenn wir das

Verbreiten von Panik als Maßstab nehmen, dann ist jeder Nachrichtensprecher ein Terrorist.

Der Moderator stellt eine weitere Anruferin durch. Eine bebende Frauenstimme erklärt, Wissenschaftler steckten hinter dem Erdbeben und dem Tsunami in Japan.

Els nimmt eine klebrige Hand vom Lenkrad und schaltet das Radio aus. Eine Ausfahrt kommt in Sicht, und er nimmt sie. Zweimal kommt er dabei auf den Randstreifen. Lange folgt er einer Landstraße und wartet, dass er die Gewalt über seinen Körper wiedererlangt. Er hält an einer Tankstelle in Vandalia, direkt an der Kreuzung zweier leerer Bundesstraßen. Er tankt und gibt das Geld einem bärtigen Anarchisten, der aussieht, als würde er selbst Hitler nicht verraten.

Els setzt sich an einen Picknicktisch hinter dem Tankstellenbau unter eine Blautanne, verzehrt ein Truthahn-Wrap und blättert dabei in einem Exemplar der *Times*, die der Tankstellenladen aus Versehen im Sortiment hatte. Er entdeckt sich auf Seite A10: »Selbsternannter Gentechniker hört andere Stimmen als wir.« Der Artikel deutet Peters Bio-Unternehmungen psychologisch als das Produkt von Jahrzehnten publikumsverachtender Avantgardemusik. Ein wenig Erbrochenes kommt Els in den Mund. Er faltet die Zeitung zusammen und lässt sie auf dem Picknicktisch liegen, unter einem Stein.

Er öffnet die Tür des Fiat, und eine Stimme von hinten ruft: *Hey!* Els dreht sich um und hebt die Hände. Der Mann mit dem Anarchistenbart steht reglos in der Tankstellentür. Beinahe ist es eine Erleichterung – endlich gefasst. Dieses Fugenmotiv dauert jetzt schon zu lange. Er ist müde. Er lächelt den Angreifer an, ergibt sich.

Hab ich vergessen, sagt der Mann. *Zu diesem Truthahndings kriegen Sie noch ein kostenloses Getränk.*

Els sitzt im Auto, seine Hände zucken. Er verschüttet das kostenlose Getränk, sein Alibi, als er den Becher an die Lippen führt. Durch die Windschutzscheibe beobachtet er eine vierköpfige Familie beim Betreten des Tankstellenladens. Das kleine Mädchen, dessen T-Shirt für eine Megakirche Reklame macht, fixiert ihn mit Teleobjektivblick. Seine Verhaftung ist nur noch eine Frage der Zeit. Was er getan hat und was er nicht getan hat, für beides wird er büßen müssen. Das Wohl der Mehrheit verlangt es.

Klaudia Kohlmanns Telefon liegt schon seit Champaign auf dem Todessitz. Er nimmt es und schaltet es ein. Die Ortungsmöglichkeit kann ihm jetzt nicht mehr schaden. Es sind nur noch achtzig Meilen bis zu seinem Ziel St. Louis. Die Joint Task Force kann ihn holen, wenn er dort ankommt.

Seine Finger huschen über die simulierte Tastatur. Er tippt eine Adresse ein, die er sich schon vor Jahren eingeprägt hat. Sie war immer ein wenig fiktiv, kein Ort, an den er in seinem Leben je kommen würde. Doch die Stimme hat die Route binnen Sekunden herausgesucht, von Tür zu Tür. Alles, was er tun muss, ist die höhere Macht des GPS annehmen.

Die Strecke breitet sich vor ihm aus – anderthalb Stunden. Seine Glieder sind steif, seine Haut fühlt sich wie Metall an. Er öffnet den Handschuhkasten. Ein Stoß loser CDs fällt in den Fußraum auf der Beifahrerseite, aber keine davon ist die richtige. Er reckt sich nach hinten zum Chaos des Rücksitzes, sieht Dutzende weiterer gerissener, scharnierloser Jewelboxen durch, findet nichts, was ihm helfen kann.

Dann fällt es ihm wieder ein: Alle Melodien der Welt sind sein. Er verbindet das Smartphone mit der Stereoanlage des Autos und tippt ein, was er sich wünscht. Schon ein paar Zeigefingerbewegungen bringen das Stück ganz nach oben. Diese Musik wird reichen, solange er noch zu fahren hat. Schostakowitschs Fünfte – ein zum Tode Verurteilter, der die Begleitmusik zu seiner eigenen Hinrichtung schreibt.

Unter den richtigen Bedingungen kann Serratia sich mehrmals pro Stunde teilen. Ein paar Verdoppelungen, da kommen schon Zahlen zusammen.

Die Ouvertüre beginnt mit fast nichts: eine Oboe, ein Englischhorn und ein Fagott. Anfangs spielen sie unisono, ein Thema voller Erwartung, aus einer Messe von Ockeghem entlehnt. Die Stimmen trennen sich; aus einer Melodie werden zwei, dann aus zweien vier, sie richten sich auf, strecken sich. Der Tag bricht an in der freien Stadt Münster, Westfalen, im Januar 1534.

Die ersten Händler finden sich am Prinzipalmarkt ein. Verkäufer bauen ihre Stände auf, Kundschaft kommt zusammen. Zwei Violen gesellen sich dem Holzbläsertrio hinzu. Ein Adliger in hermelinbesetztem Mantel schreitet seiner Gefolgschaft voran über den Marktplatz, Posaunen- und Cellotöne schwellen. Ein paar geduldige Takte dauert es noch, dann ist aus der Dämmerung strahlender Morgen geworden.

In alle Richtungen gehen Straßen von diesem wohlhabenden Platz ab, gesäumt von spitzgiebeligen Häusern und türmchengeschmückten Fassaden. Im Osten gebieterisch das gotische Rathaus. Im Norden die Türme des Doms. Jetzt herrscht auf dem Marktplatz Hochbetrieb. Das Orchester beginnt einen weit ausholenden Kanon in Semibreven – Kopien eines einzelnen Kerns, beschleunigt oder verlangsamt, Tonhöhen in verschiedenen Intervallen. Das Gewirr der Linien weicht pulsierenden Akkorden. Dann der Schock, als eine Baritonstimme dieses Klanggeflecht durchschneidet:

Feuer, Luft, der Regen, die Sonne – Gott der Herr hat sie alle gleich gemacht, uns allen zur Freude.

Der flammende Prediger Rothmann in seinem dunklen Gewand erklimmt die steinerne Einfassung des Marktbrunnens.

Wenn immer einer sagt: »Dies ist meines, jenes deins« – dieser Mann stiehlt von euch!

Der Chor der Einkäufer und Verkäufer unterbricht seine Geschäfte lang genug, um ihn empört in die Schranken zu weisen. Sie singen von Unruhen überall im Reich, die nicht neu aufflammen dürfen. Rothmanns Bariton überstrahlt sie alle.

Gott gab uns die Welt, und sie war heil. Wir haben sie zerstört, und jetzt streiten wir uns um die Krümel. Kein Wunder, dass euch elend ist – euch allen!

Ein Kaufmannstrio warnt den Prediger, unterstützt von vollem Streichersatz. Sie sagen, die Jahre des Aufruhrs müssen vorüber sein. Die Stadt braucht Frieden und Wohlstand; alles andere ist Aufwiegelei. Die Worte formen Inseln triadischer Konsonanz im atonalen Schwall des Orchesters.

Andere kommen Rothmann zu Hilfe. *Der Mann tut niemandem etwas zuleide. Lasst ihn predigen, was der Himmel ihm eingibt.* Das Kaufmannstrio wächst zum Sextett; sie fordern Eintracht, Wirtschaft, Wohlstand. Doch der Prediger lacht sie in einem wogenden Solo aus.

Friedlich? Geschäftig? Der Fürstbischof will, dass ihr geschäftig seid! Geschäfte für den Fürsten. Ihr Dummköpfe! Für den Frieden habt ihr eure Seele verkauft.

Die Kranken, die Unterdrückten, die Arbeitslosen und alle, die einfach nur spirituell sind, sammeln sich um Rothmann. Alte Feindseligkeiten brechen überall auf der Bühne wieder auf. Die Sänger sammeln sich zu einem turbulenten Doppelchor, und beide Fraktionen feuern die steigende Spannung an. Akkorde werden aufgetürmt, Melodien prallen zusammen über einem kreiselnden Basso ostinato. Mit jeder neuen Drehung wird die Textur komplexer. Rothmann brüllt durch diesen Lärm – kurze aufregende melodische Anagramme des ursprünglichen schmerzlichen Themas.

Gott hat Freude in euren Leib gesteckt – wahrhaftige Freude! Lebet im Licht. Lebet in Schönheit. Lebet in der Luft, die uns allen gehört.

Eine plötzliche Modulation in entfernte harmonische Regionen, und vier Reiter erscheinen aus den Kulissen. Ganz vorn kommt der Schneidergehilfe Johann von Leyden, ein beeindruckender Mann mit wallendem Bart. Auf eine Bläserfanfare führt er, ein Heldentenor, sein Grüppchen in einer Motette an. Sie sind eben aus den Niederlanden eingetroffen, auf Geheiß von Jan Matthias, dem Bäckerpropheten, der in Münster den Ort erkannt hat, von dem aus Gott das Weltende in Gang setzen wird. Rothmann, singen sie, bereitet die Bahn für das lang erwartete himmlische Königreich.

Rothmann umarmt sie, und gemeinsam singen sie, in langen, erzenen Linien modaler Melodie, in ekstatischem Kontrapunkt:

Mein und Dein, Dein und Mein?
Lebe im Licht! Lebe in Schönheit!
Es gibt kein Leben ohne das Sterben zum Einen.
Wohin sonst willst du deine Hoffnung, deine Freude, deine Liebe geben?

Eine falsche Welt gehet zu Ende, die wahre kommet nun bald.
Keine Erlösung außer im Hunger.
Keine Sicherheit außer durch Gefahr.
Macht euch bereit: der Tag ist da.

Während die Passacaglia sich aufbaut, geht Rothmann auf der Bühne Johann von Leyden entgegen. Er bittet den Propheten, ihn von neuem zu taufen, ihn der Gefahr der Wiedergeburt auszusetzen. Er und Johann singen ein strahlendes Duett, bei dem jede Zeile auf einem neuen Vierton basiert. Johann führt Rothmann in die Bühnenmitte an den Marktbrunnen. Der Gesang bricht ab, das Orchester verstummt.

Ein einzelnes Cello setzt zu Luthers Taufchoral *Christ unser Herr zum Jordan kam* an. Die beiden Männer steigen bis an die Taille in den Brunnen. Ein zweites Cello spielt Harmonien zum ersten in einfachen Fünfer- und Dreiernoten. Der Holländer taucht Rothmann immer tiefer ein, bis der Prediger ganz untergegangen ist. Die Streicher spielen nun alle vier Linien des Chorals, die Harmonien durch Versetzungszeichen zu einem verrückten Experiment gedrängt. Rothmann bleibt viel zu lange unter Wasser. Mit einem Sprung kommt er wieder hoch, seine Kleider durchtränkt, japst nach Luft. Das Orchester holt zu einer triumphalen Bearbeitung des Chorals aus, der Klang der frühen Neunziger, der einstürzenden Mauer.

Die Menschen auf dem Markt sind von dem Schauspiel beeindruckt. Eine alte Frau bittet ebenfalls um eine vollständige Taufe. Sie singt die beeindruckendste Arie des ersten Akts: *Dem Grab so nah find ich Geburt.* Johann von Leyden und Rothmann taufen sie gemeinsam. Zwei in Tränen aufgelöste junge Mädchen bitten als Nächstes um die Taufe, Kaufleute stehen dabei und schauen zu.

Ein Flötentriller lässt die Bühne aufhorchen. Die Holzbläser kommen gelaufen, ein Flattern der Hörner. Ein Marsch nimmt Gestalt an, so schlüssig, dass selbst die Skeptiker einfallen. Immer weitere Leiber tauchen ein in den Brunnen. Die Wiedergeborenen steigen aus dem Wasser und wandern verklärt von der Bühne. In der Kulisse laufen sie nach hinten, schlüpfen in trockene Kleider und treten als Neuankömmlinge bei dem Spektakel wieder auf die Bühne. So wird der Chor größer und größer, bis der Glaube überall ist.

Der Marsch führt die Menschen zur Taufe. Ein klarer Ton – E-Dur – stellt sich ein, beseelt von der Kraft gemeinsamen Glaubens. Gläubige und Ungläubige, Fremde und Einheimische, Propheten und Kaufleute, die Erwählten und die Verdammten, alle drehen sie sich gemeinsam in diesem frenetischen Finale.

Inzwischen hört auch das ungeübte Ohr, dass alles Material dieser Szene – das Eröffnungsthema, Rothmanns Arie, Johann von Leydens Motiv und Luthers Choral – in diesem Schlusschor zusammenkommt. Der nie endende Strom der Menge taucht in den Brunnen, und Rothmann und die holländischen Gesandten, erhoben von den kreisenden Streichern, singen im Gleichklang ein einfaches gotisches Wiegenlied zu den Worten des Apostels Paulus:

Das Dunkel schwindet,
Die Nacht ist vorüber,
Ein neuer Morgen bricht an.

Mein Stück könnte überall rings um Sie sein, und Sie würden es nie bemerken. Eine Welt voller Einzellerlieder, Hunderte von Millionen.

Der Schrecken eines leeren Theatersaals, zwei Wochen vor der Premiere. Zweitausendfünfhundert leere Sitze. Viereinhalb Reihen Balkon, aufeinandergestapelt wie die Ringe eines Bienenkorbs. Einzelne Figuren, Punkte in dem Meer aus Rot. Els hockt ganz vorn im Saal; auf der Bühne bringen Arbeiter noch die letzten Details der Gottesstadt an.

Vierzig Monate hat er gebraucht, um die 170 Minuten Musik zusammenzubringen. In diesen Tagen geht der Krieg, der seit seiner Kindheit getobt hat, zu Ende. Das Reich des Bösen zerfällt zu über einem Dutzend Staaten. Sämtliche Daten des Planeten werden zu einem Netz verflochten. In einer Wüste am anderen Ende der Erde bricht Els' Land einen Krieg vom Zaun, gottgleich geworden durch Maschinen. Die Apokalypse der intelligenten Bomben und Computerschirme hätte einen grandiosen Opernstoff abgegeben, wäre Els nicht schon mit einem anderen beschäftigt gewesen – einer Oper, der Gegenwart so fremd, wie die Gegenwart ihm geworden ist.

Seine Arbeit ist zu Ende. Die Sitzungen, die stundenlangen Telefonkonferenzen, die Rangeleien um Schnitte und Vereinfachungen. Jetzt verharrt die Partitur schon seit Wochen in diesem gefrorenen Zustand; er kann nichts mehr ausbessern. Trotzdem hockt er in dem Höhlensaal, auf einem Platz zwanzig Reihen vom Orchestergraben, hält die letzten Phasen der Produktion zusammen mit der schieren Kraft seines zähnezusammenbeißenden Willens.

Hinter den Sängern, in der Tiefe der großen Bühne, vollenden Zimmerleute das Westportal des Doms. Belagerungsmaschinen fahren auf Lafetten vorbei. Von einer Plattform aus, die in schwindelnder Höhe an der Beleuchterbrücke hängt, bringen Handwerker zwei Voluten an. Els gerät immer noch in Panik, wenn er sieht, wie viele Menschen damit beschäftigt sind, etwas zum Leben zu erwecken, das als Satz

Skizzen auf dem Zeichentisch seiner Blockhütte begann. Er kann immer noch nicht den Drang bezwingen, aufzuspringen und zu rufen: Ach, lassen Sie es gut sein! Machen Sie sich doch nicht so viel Mühe.

Das Ziel schien einfach genug: die Toten zum Leben erwecken und zum Singen bringen. Und das hat Els getan, die letzten drei Jahre lang. Was sein Geist ihm diktierte, füllte Hunderte von Seiten. Vierzig Monate lang hat er diesen Stoß Manuskripte gehortet, sie seinen Mitstreitern nur gezeigt, wenn sie Gewalt androhten. Alle paar Monate fiel ihm etwas Lohnendes in der immer längeren Partitur auf. Einmal, gegen Ende, hielt er den Atem an, denn er vernahm echte Inspiration.

Bonner und seine Schläger kamen und rissen ihm die Blätter mit Gewalt aus den Händen. Und nun sind ein paar weitere wenige Monate vergangen, und ein Trupp Facharbeiter hat aus seinen obskuren Geheimformeln Theater gemacht. Er kann nur staunen, wie gut in diesem dämmrigen Saal der erste Akt klingt – wie oft er die strahlende, vergiftete, vielgestaltige Welt einfängt, in der er in dieser tausendtägigen Trance lebte.

Das Orchester, das im Graben zugange ist, ist eine Spezialeinheit. Vier Jahrzehnte zuvor wären Els' ausgeklügelten Polyrhythmen, das Kaleidoskop der Tonarten unspielbar gewesen. Aber diese siebzig Spitzenmusiker, von klein auf an perfekte Aufnahmen gewöhnt, spielen seine Komposition, als sei es ein Shownummern-Medley. Auch die Sänger sind superb. Der selbsternannte Prophet und seine sexy Gefährtin, der vertriebene Bischof, der an der Spitze einer schlagkräftigen Armee zurückkehrt, der verblendete

Schneiderkönig: alles von strahlenden jungen Talenten gesungen.

Bonner ist überall zugleich, vor der Bühne, auf der Bühne, hinter der Bühne, bezaubert, beschimpft, schmeichelt und drängelt. Er verführt Sänger beider Geschlechter, schmeißt bis zuletzt ihre Auftritte um. Er verfällt in finsteres Brüten oder schmettert ihre Arien, so wie er sie in seinem inneren Ohr hört. Der Mann schreitet durch das Theater, so wie die geschmückten Propheten auf ihrer Parade durch das aufständische Münster, und die Belegschaft betrachtet ihn mit derselben misstrauischen Andacht, mit der Münster die wahnwitzigen Wiedertäufer betrachtet.

Gegenüber Els gesteht er, an einer Stelle weitab, an der er sicher sein kann, dass niemand anderes es hört: *Sämtliche Shows, die ich in den letzten beiden Jahrzehnten gemacht habe, waren nur Aufwärmübungen für das hier. Du hast mir den Ball perfekt zugespielt, und ich werde einen Schlag landen, dass er aus dem Stadion fliegt.*

Und auf sein Geheiß entsteht eine Stadt: Mauern und Türme, der Ratssaal, das Schiff der großen Kathedrale. Das Bühnenbild ist voll von dem mechanischen Spielzeug, das Bonner so liebt. Es dreht sich, wird immer wieder neu zusammengesetzt. Natürlich gibt es Projektoren, mit Tausenden von mittlerweile digital gelieferten Bildern. Die Kostüme haben weit mehr gekostet, als das Budget vorsah. Die Produktion häuft mehrere hunderttausend Dollar auf dem Schuldenkonto der Oper an, deren Kredite ohnehin wackeln. Die Verwaltung will den Aufstand niederschlagen, doch Bonner erzählt ihnen, was jeder gute aufständische Prophet weiß: Geldgeber sind allzeit bereit, einem bis zu den Sternen zu folgen, wenn sie nur daran glauben, dass man Gott unter Seiner Privatnummer erreichen kann.

Nach drei Monaten Kompositionsarbeit stellte Els fest, dass es die Oper, an der er arbeitete, schon gab: Meyerbeers *Le prophète*. Jeder echte Komponist hätte auf der Schule von diesem Drama aus der Mitte des neunzehnten Jahrhunderts gehört, aber Els war ein Gefangener der Avantgarde gewesen. In Panik rief er bei Bonner an.

Richard, ich hab's verdorben. Wir sind erledigt.

Als Els sich genügend beruhigt hatte, um zu erzählen, worum es ging, lachte Bonner einfach nur.

Peter, machst du Witze? Meyerbeer? Dieser Windbeutel? Das ist doch eine bescheuerte Liebesgeschichte.

Es handelt von Johann von Leyden, von Matthias, von der Belagerung. Alle werden sagen, wir hätten es da gestohlen.

Ja und?, fragte Bonner. *Natürlich ist es gestohlen! Die Höhlenmalereien von Lascaux waren gestohlen. Jeder, der je etwas gemacht hat, hat es von anderswoher, von seinen Nachbarn oder aus der Historie.*

Noch mehrere Male brannte es, und Bonner hatte seinen Heidenspaß dabei, jedes Mal zu kommen und zu löschen. Er machte aus einem wütenden Sängeraufstand den klärenden Durchbruch. In zwei Tagen Shuttlediplomatie legte er einen Egokrieg zwischen dem Dirigenten und dem Chorleiter bei. Er nahm die lange Reihe der Beschimpfungen aus der Belegschaft, warf sie in den Münsteraner Kessel und ließ sie kochen, bis sie gar waren.

Jetzt sitzt Els dabei und sieht zu, wie der Meister mit einem Wunder in letzter Minute den zweiten Akt rettet. Bonner schildert diese Szene, als sei er dabei gewesen, vierhundertfünfzig Jahre zuvor. Der Prophet Matthias und seine Frau Divara mit dem rabenschwarzen Haar stehen auf einem Platz in blauem Nachtlicht. Die Musik ist eine ätherische Vesper. Die beiden und ihr Schüler Johann von Leyden schließen einen Pakt mit Knipperdollinck, dem Meister der Gilden. Gemeinsam eilen die Männer durch die Straßen und rufen die Menschen zur Buße auf. Und unter den Klängen einer kurzen Fantasia besetzen die Wiedertäufer das Rathaus.

Der Rat wehrt sich nicht gegen den Aufstand. Sie wollen das Chaos zu ihren eigenen Zwecken nutzen. Sie verabschieden ein Gesetz, das die Freiheit des Gewissens garantiert. Die Aufständischen bleiben Sieger, und damit ist es mit der Vernunft vorbei.

Eine Fanfare ruft die Menge zu mitternächtlichen Saturnalien. Sie ziehen durch den Dom und zerschlagen Bilder und Statuen. Unter den sinnlichen Crescendi der Streicher stecken sie die Stadtbibliothek in Brand. Matthias singt seine flammende Arie *Heraus, ihr Gottlosen, und kehrt nicht mehr zurück!* Auch jetzt wieder, in dem dunklen Saal, scheint Els diese Arie wie ein Geschenk, etwas, das er geschrieben hatte, als würde es ihm diktiert.

Der Chor greift das Thema auf, als die Arie endet. Am Ende der Szene ist niemand mehr in der Stadt außer den Kindern Gottes. Sie machen ihre Runden, Pilger der Zukunft, und grüßen einander als *Bruder* und *Schwester.* Sie singen, eine Gemeinschaft, die sich neu erschafft auf der Grundlage schierer Liebe. Els springt von seinem Platz auf und stolpert den Gang nach oben, um zu horchen, wie dieser Wahnsinn hinten im Saal klingt. Er klingt gut. Angsteinflößend gut. Inspiriert sogar.

Knipperdollinck, Matthias und Johann feiern in dem eroberten Palast. In einem hochherzigen Trio lobpreisen sie den göttlichen Plan, der eine ganze Stadt in ihre Hände gegeben hat. Von einem Balkon oberhalb eines belebten Platzes verkündet Knipperdollinck, dass aller Besitz gemeinschaftlich sein soll, und alles in den Lagerhäusern soll den Armen gegeben werden. Aus den Antworten der Menge auf dieses Dekret entsteht eine Fuge. Wer etwas einwendet, wird von Soldaten gepackt und abgeführt.

Auf der Vorbühne kündet ein einzelner Bote davon, wie dieser Traum von einem neuen Zeitalter sich im Norden Deutschlands ausbreitet. *Kaum ein Dorf oder eine Stadt, wo die Fackel nicht im Verborgenen glimmt …* Doch in Wirklichkeit ist Münster umstellt. Eine Koalition aus Nachbarstaaten schickt Armeen und lässt Befestigungen anlegen. Els tigert im Gang auf und ab, sieht zu, wie die Schlinge sich um die aufsässige Stadt schließt. Die Belagerungsmusik bräuchte mehr Hörner – das hört er jetzt –, mehr Frohlocken der fürstlichen Krieger, die die Gläubigen umzingeln. Aber es ist zu spät, und auch so strahlen die Töne.

Auf den Wällen der Stadt empfängt Matthias eine österliche Order von Gott. Das Ende der Welt ist gekommen. Er macht mit einer Handvoll Männer einen Ausfall gegen die verschanzten Belagerer. Sie werden in blutige Stücke gehackt, den Geiern zum Fraß. Poesie, Prophezeiung und Gemetzel verbinden sich in einem Zwischenspiel von solcher Schönheit, dass Els gar nicht glauben kann, dass er es geschrieben hat.

Die Stadt fällt nun an Johann, das uneheliche Kind, den gescheiterten Schneider. Schon seit Kindertagen gilt seine ganze Liebe dem Theater. Er hat fruchtlose Jahre mit dem Schreiben, Einrichten und Aufführen von Stücken verbracht, in denen er selbst als der Held seiner ureigensten Phantasien aufgetreten war. Und jetzt stellt das Schicksal ihm eine ganze Stadt als Bühne zur Verfügung, auf der er aus dieser Phantasie Wirklichkeit machen kann.

Els, hinten in dem höhlenartigen Saal, duckt sich, denn er weiß, dass der Angriff jetzt kommt. Ein kurzer Niederschlag entfesselt ein Unwetter im Schlagzeug, das den Stückeschreiberpropheten nackt und schreiend auf die Straßen jagt. Die gespenstische Beleuchtung, Bonners Projektionen und die manische Musik von Els lassen den Mann ausgestreckt am Boden zurück; er starrt zum Himmel hinauf, Ekstase hat ihm die Sprache verschlagen. Als er wieder zu sich kommt, hat der dritte Akt begonnen und damit das Ende.

Der gescheiterte Schneider erklärt sich zum König. Er singt *Alles Menschenwerk weicht nun dem Werk Gottes.* Er proklamiert die Vielehe und nimmt Divara, die betörende Witwe des Matthias, zur ersten seiner fünfzehn neuen Frauen. Ein einziger schneller Tempowechsel, und das Kommunen-Königreich Gottes auf Erden hat die freie Liebe eingeführt.

Von seinem Schauspielerleben gut vorbereitet, übernimmt Johann das militärische Kommando. Er schlägt einen Angriff der Truppen des Fürstbischofs zurück, in einer Szene, bei der selbst die Bühnenarbeiter den Atem anhalten. Seine Anhänger stürmen auf den Rathausplatz, und noch einmal singen sie in einem großen Chor von ihrem Glauben: *Das Wort ist Fleisch geworden und wohnet in uns. Ein König über allem …*

Unbestimmt nimmt in Els' Verstand ein Gedanke Gestalt an. Er hat das alles schon einmal erlebt. Er selbst hat einmal an einem solchen gescheiterten ekstatischen Aufstand teilgenommen.

Die Orchesterwelle bricht, und der Sog zieht ihn zurück in den Saal. Er lässt sich wieder auf einem Platz nieder, diesmal in der Raummitte, will die Szene noch von einem weiteren Blickpunkt betrachten. Sie ist nach wie vor gut. Ein Gedanke, von dem ihm schwindelt: Diesmal klappt die Revolution vielleicht. Zweihundert Menschen haben sich zusammengetan, um eine Geschichte wiederzubeleben, die ein halbes Jahrtausend alt ist, und heute Abend, bei dieser späten Generalprobe, scheint die Erzählung endlich bereit, sich zu öffnen.

Dann lässt Bonner sich auf dem Platz neben ihm nieder. Drei Takte zuvor war der Regisseur noch tief in den Kulissen, kletterte auf das Bühnenbild und scheuchte die Akteure mit einer Liste von Probennotizen länger als die der Vorwürfe Gottes gegen die Menschheit. Jetzt hat er in der einen Hand eine zusammengefaltete Zeitung, mit der anderen schlägt er darauf, dass es klatscht. Ein Leuchten steht in Richards Augen. Triumph. Vielleicht auch Furcht und ein wenig echter Wahnsinn. *Maestro. Das musst du mir glauben. Du bist tatsächlich ein echter Prophet. Die Kunst sagt das Leben voraus, und noch zwei Wochen bis zur Aufführung!*

Sie gehen daran vorbei, als sei überhaupt nichts da: in den Fugen Ihrer Badezimmerfliesen. In der Luft, die Sie atmen.

Moderato, zu Anfang. Die ersten Takte der Bekundungen eines Verdammten in einer Landschaft aus schwarzer Erde und braunen Stoppeln. Gnadenloses Farmland des Mittelwestens und Schostakowitschs Fünfte: beide breiteten sie sich vor Els aus, schmiegsam, leer und schrecklich, füreinander gemacht.

Das schroffe Thema und sein kanonartiges Echo donnerten aus den Fiatlautsprechern. Er hat diesen Satz schon so oft in seinem Leben gehört, er könnte nicht mehr sagen wie oft. Er wusste, wie er aufgebaut war; schon vor Ewigkeiten hatte er jede Phrase davon analysiert, bis nichts mehr davon übrig war. Er hatte den angedeuteten Kontrapunkt im Kopf, die Kanon-Echos, die schillernde Chromatik, die Schärfe, die unerbittlichen Variationen des wuchtigen ersten Themas. Doch das Stück, das er jetzt auf der Fahrt durch drei Countys von Illinois hörte, war vollkommen neu für ihn.

Früher, als er noch jung gewesen war, hatte Els geglaubt, Musik könne das Leben eines Menschen retten. Jetzt konnte er nur noch an all die Arten denken, auf die sie einen Menschen zu Tode bringen konnte.

Sofort, vom Augenblick an, in dem die Streicher aufsprangen, sah Els sich wieder mit der Hauptschwierigkeit von Musik konfrontiert. Selbst die kleinste Melodie nahm man als eine Geschichte auf. Das Hirn las diese Melodie wie den Wetterbericht, wie ein Glaubensbekenntnis, wie Klatschgeschichten, ein Manifest. Die Geschichte nahm Gestalt an, klarer, als sie es mit Worten gekonnt hätte. Aber es gab keine Geschichte.

Wider alles bessere Wissen machte Els in dieser schroffen ersten Streicherfigur, derjenigen, die bis ans Ende in so vielen neuen Gestalten erscheinen würde, das elende Leben ihres Erschaffers aus: ins Licht der Öffentlichkeit gezerrt, gezwungen, sich zwischen Selbstkasteiung und Rebellion zu entscheiden, zwischen Ketzerei und Glauben, und sein Leben hing ganz von der Geschichte ab, die die Behörden gerade zu hören glaubten.

Els steuerte den Wagen in die untergehende Sonne, zurück in den Feuersturm des Jahres 1936. Ein waghalsiger Komponist, auf dem Höhepunkt seines orphischen Spiels, brillant, unberechenbar, von allen bewundert. Zwei Jahre lang war *Lady Macbeth von Mzensk* unter fast allgemeiner Anerkennung aufgeführt worden. Dann der Prawda-Artikel – »Chaos statt Musik« –, eine gehässige Diatribe gegen Schostakowitsch und alles, wofür seine Musik stand. Und das Schlimme daran war, dass sich als der Verfasser dieses Artikels ein kulturbeflissener Hobby-Musikkritiker namens Stalin erwies.

> *Von der ersten Minute an schockiert den Zuhörer absichtsvolle Dissonanz, ein wirrer Strom von Lauten. Melodiefetzen, Embryonen musikalischer Phrasen ertrinken, befreien sich und tauchen wieder in Rumpeln, Knirschen und Quietschen unter … Die Musik grunzt, stöhnt, japst und keucht … linkes Durcheinander anstatt natürlicher, menschlicher Musik …*

Mit einer einzigen Handbewegung erklärt der Mörder von Millionen den neunundzwanzigjährigen Komponisten zum Volksfeind.

Das Volk erwartet gute Lieder … Hier haben wir Musik, in der absichtlich das Unterste zuoberst gekehrt ist, so dass nichts mehr an klassische Oper erinnert, es nichts mehr mit symphonischer Musik gemeinsam hat, mit einer einfachen, volkstümlichen Musiksprache, die allen verständlich ist …

Und am Ende zieht Stalin noch einen letzten Trumpf aus dem Ärmel. *Hier wird mit den Dingen über jedes vernünftige Maß gespielt, und so etwas kann böse enden.*

Über Nacht hagelt es in der staatlichen Presse Vorwürfe. Sie fordert das Ende formalistischer Spitzfindigkeit. Fordert Schostakowitsch auf, seine Musik zu überdenken, sich eines einfachen, gefühlvollen Realismus zu befleißigen. Die Oper – *ein Mischmasch aus chaotischen, unsinnigen Geräuschen* – verschwindet in der Versenkung, schlimmer als tot.

Dem Mann bleibt nur noch, seine Tasche zu packen und zu warten, dass es um zwei Uhr morgens an der Tür klopft.

Das Verschwinden ist in jenem Jahr eine Epidemie. Massenverhaftungen, Verbannungen – Kirow und die Folgen. Monat für Monat werden Zehntausende aus ihren Wohnungen geholt. Künstler, Schriftsteller, Theaterleute – Erbschtein und Gerschow, Terentjew, Wwedenski und Charms. Der Dichter Mandelstam wird wegen terroristischer Tätigkeit ins Gefängnis gesteckt. Schostakowitschs eigene Schwiegermutter und sein Schwager als Aufwiegler verhaftet. *Das NKWD macht keine Fehler.* Und die gesamte Gesellschaft mitschuldig durch ihr Schweigen.

Dann fällt der Schatten auf Schostakowitsch. Der Komponist bittet seinen einflussreichen Bewunderer Marschall

Tuchatschewski um Hilfe. Tuchatschewski fleht Stalin an, Schostakowitsch zu verschonen. Nicht lange danach wird der Marschall selbst verhaftet und exekutiert.

Gebrochen, angespannt, dem Selbstmord nahe arbeitet Schostakowitsch weiter. Doch die Komposition, die aus seinem Inneren kommt, ist schlimmer als seine erste Provokation. Die vierte Symphonie – ein Stück, aus dem der Hochverrat klar herauszuhören ist. Tage vor der Premiere nimmt Schostakowitsch das Werk zurück und zieht es doch vor, am Leben zu bleiben.

Die Vorstellung, Musik könne subversiv sein, die Behauptung, Rhythmen und Töne könnten reale Macht bedrohen … lächerlich. Und doch, von Platon bis Pjöngjang, immer wieder das Bedürfnis, Klänge mit Gesetzen zu regeln. Harmonische Möglichkeiten von der Polizei bewachen zu lassen, als wären ihre Bedrohungen unermesslich.

Durch die Windschutzscheibe Richtung Westen sah Els einen grauen Gulag, der nur auf ihn, den neuesten Volksfeind, wartete.

Schostakowitsch: *Schlagt mir die Hände ab, und ich werde trotzdem weiterkomponieren und den Stift mit den Zähnen halten.* Aber wenn man ihn umbrachte, dann blieben als einzige Melodien die, die der Staat für sein Begräbnis aussuchte. Er hatte also nur die Wahl, sich zu ergeben oder zu sterben. Deshalb die Fünfte: *Die schöpferische Antwort eines Sowjetkünstlers auf gerechtfertigte Kritik.*

Über mehrere Dutzend Meilen folgte Els dieser Antwort bis zum Finale, der überraschenden Freiheit. Er hielt sich an die Geschwindigkeitsbegrenzung; jedes Fahrzeug auf der Straße preschte verächtlich an ihm vorbei. Leichter Verkehr in Richtung Osten, zurück dahin, von wo er kam. Was für eine sinnlose Sache Interstates doch waren, dachte Els. Warum blieben nicht einfach alle, wo sie waren?

Die unheilschwangere Musik, die Meilen leerer Straße schärften seine Sinne. Tief im Inneren eines traumatisierten Landes, das noch immer von Sicherheit träumte, fuhr er und lauschte. Diese Musik würde bald sein wie Inschriften auf Steinen, so abgeschliffen, dass niemand sie mehr entziffern konnte. Doch durch das beunruhigende Klappern, das der Fiat neuerdings von sich gab, hörte Els noch ein letztes Mal, wie die Fünfte die Wahl zwischen Wahrheit und Überleben traf.

Die Melodie wanderte wie unter Schock: schneidende Sixt- und Terzakkorde in Moll, dann raunende Quarten. Fragmente flammten auf, unschlüssig zwischen Widerstand und Resignation. Schließlich erhob sich etwas wie ein Pulsieren, ein furchtsamer motorischer Rhythmus, einem Ziel zu so amorph wie das, zu dem Els jetzt unterwegs war. Eine Mattigkeit folgte, schicksalsergeben. Die Musik drängte, wenn auch immer noch aufzuhalten, zu einem Aufschrei hin. Sie stürmte voran, jetzt ein Marsch oder vielleicht die Parodie eines Marsches, täppisch wie ein mächtiger blinder Bär.

Der Satz hatte alles, was Els sich zu finden in den Kopf setzen konnte – Hoffnung, Verzweiflung, stoisches Ergeben. Ein verlorener Sohn kehrte heim. Ein Fanfarenstoß mahnte zu Gewissen. Städte flogen vorüber: Stubblefield, Pocahontas. Doch die Musik war ganz Leningrad, der Abend der ersten Vorstellung – die ganze Stadt horchte durch Stalins Ohren und wartete auf das Urteil. Wartete, um zu hören, ob der abtrünnige Komponist seiner Kunst treu bleiben oder ob er um Gnade winseln würde, ob er verschont blieb oder ob er verschwand.

Die Sonne stand nun so tief, dass sie unter der Dachkante hereinschien, und Els klappte die Sonnenblende vor. Auf dem Feld zu seiner Rechten kroch eine schwerfällige grüne Maschine größer als eine Sommerdatscha über die Furchen der schwarzen Erde, über einen kleinen Hügel und von da immer weiter bis an den Horizont. Das verstörte Allegretto begann. Aus dem tieftraurigen Thema des ersten Satzes wurde ein schlurfender Walzer, eine russische Volksmelodie tief aus den Wäldern, ein triumphierendes Hornsignal, eine halbherzige Militärkapelle. Typisch Schostakowitsch: eine Kavalkade schmissiger, grimmiger, spöttischer und sardonischer Schnipsel, der Griff nach der einen Freiheit, die immer verfügbar bleiben würde, ganz gleich, was geschah: der Tanz des Verfluchten.

Dann das Largo. Streicher, die höheren Bläser, Harfe und Celesta spannen eine lange, gespenstische Elegie, brachten das Thema des ersten Satzes vorwärts an einen Ort, an dem ihm kein weiteres Unheil mehr drohte. Tremolo gegen eine pochende Figur, einen Alarmruf gesetzt. Els hatte den Satz schon zu oft gehört, um jetzt noch etwas Neues zu finden. Doch eine Viertelstunde lang breitete sich der nackte Schmerz vor ihm aus wie zum allerersten Mal. Die Musik sprach – was immer das sein mochte – von dem, was übrig blieb, nach dem Schlimmsten, das Menschen einander antaten.

Bei der Premiere weinten die Menschen unverhohlen, hatten keine Hemmungen, es zu zeigen. Die gesamte Zuhörerschaft – Opfer der Katastrophe der Gegenwart – wusste, wovon dieses Largo erzählte. Millionen tot, Abermillionen in Lager geschickt. Und keiner hatte gewagt, es öffentlich zu sagen – bis diese Musik kam.

Die, die an diesem Abend gekommen waren, um sich anzuhören, wie der Angeklagte um Gnade flehte, hörten stattdessen das. Hier war einfache, volkstümliche Musik, ganz wie Stalin es angeordnet hatte, und in einer Sprache, deren Qualen jeder verstand. Das Verbrechen so deutlich beim Namen zu nennen hätte Selbstmord sein sollen. Aber um Schostakowitsch für das, was er sagte, zu verurteilen, hätte der Staat Verbrechen eingestehen müssen, die ein solches Largo verdient hatten.

Das grelle Licht des Tages wurde allmählich sanfter. An die Stelle der Stoppelfelder traten die ersten Ausläufer einer Stadt. Der Verkehr nahm zu. Els passierte einen am Straßenrand abgestellten Sattelzug. Der Fiat wurde von der Druckwelle durchgeschüttelt. Ein lautes Lachen brach aus Els hervor, bei dem mächtigen Aufschlag zum letzten Satz. Er sah seinen Gesichtsausdruck im Rückspiegel, und dann sah er, zum Fluchtpunkt hin, blinkende rote Lichter.

Ein letztes Mal kündete das Grollen der Kesselpauken Els diesen dämonischen Marsch an: treibende Blechbläser, darüber hinjagendes Holz. Crescendo, Accelerando, dann die Flut der Streicher, wie sie sich formieren. Der Wagen überschritt die Siebzig-Meilen-Grenze, ließ sich vom Schwung anstecken. Els besah sich den immer dichteren Verkehr. Was war das für ein Irrsinn aus Donner und Blitz? Dieser schrille Jubel, niemals so irrsinnig, so unausweichlich?

Der Marsch: russisch durch und durch. Nichts einfacher,

als Triumph herauszuhören – Kosakenregimenter in ihren langen Stiefeln, Köpfe seitwärts, im Stechschritt an Lenins Mausoleum vorbei. Das war die Lesart, die seine Lehrer Els beigebracht hatten. Kopacz, Mattison … So hatten die Hörer im Westen diesen Marsch gehört, selbst in den Neunzigern noch: Schostakowitsch, der schmissigen sowjetischen Realismus zusammenkleisterte, ein Finale, in dem er sein Werk verriet, um seinen Kopf zu retten.

Die Lichter im Rückspiegel des Fiat, gerade jetzt, wo die Streicher einen Schwarm fiepender Fledermäuse aufscheuchten. Inzwischen war es klar: ein Streifenwagen, sein Opfer im Visier. Els trat das Gaspedal durch. Die Mäuse verflogen, an ihrer Stelle ein irrsinniger Jubel, und das alte Auto schüttelte sich. Der Tacho war gut über die achtzig hinaus, als ringsum in dem geschlossenen Wageninneren militärische Kraftmeierei zu forcierter Festlichkeit zerplatzte.

Er nahm den Fuß vom Gas. Binnen weniger Takte hatte das Blinklicht ihn eingeholt. Vom Moment an, in dem er an seinem Haus mit den Absperrbändern die Flucht ergriffen hatte, hatte Els gewusst, dass sie ihn fassen würden. Aber er hatte sich nicht vorgestellt, dass es auf einer Schnellstraße kurz vor Marine, Illinois, geschehen würde. Satelliten konnten Nummernschilder von ihrer Umlaufbahn aus lesen. Jedes Auto auf der Straße wurde mehrfach pro Stunde von Überwachungskameras aufgenommen. Klaudias Telefon war so gut wie eine elektronische Fußfessel. Jemand in einem fensterlosen Büroabteil in Langley hatte einem Staatspolizisten von Illinois in Echtzeit einen Tipp gegeben.

Das Licht nahm jetzt den ganzen Rückspiegel ein. Els blinkte und fuhr an den Rand. Doch noch während er anhielt, raste der Polizist auf der linken Spur vorbei. Die Lichter verschwanden schon als hübsches Funkeln in einer halben Meile Entfernung, bevor Els sein schrilles Gackern wieder im Zaum hatte.

Jetzt fuhr er ganz an den Rand, zitternd. Die Musik wandelte sich zu einem verhaltenen nächtlichen Flüstern, einem Raunen in finsterem Moll. Durch den massierten Zweifel brach ein grimmiger Trommelwirbel. Dann etwas, das sich aus diesen Miasmen freiatmen konnte, losgaloppierte zu einem plötzlichen Finale. Triumph oder dessen bittere Parodie. Das Volk vielleicht: sein gelenkter, kollektiver Wille. Oder vielleicht der geächtete Künstler, der sich mit einem Lachen verabschiedet.

Els steuerte den Wagen wieder zurück auf die Interstate. Die Nachwirkung des Schocks hing noch im Wageninneren, wie es in Leningrad an jenem Schauprozessabend gewesen sein musste. Das Publikum applaudiert dreißig Minuten lang im Stehen, der Dirigent hält dazu die Partitur über dem Kopf in die Höhe … Und lange bevor Zar Josef und sein Zentralkomitee zu einer Entscheidung kommen können, ist das Urteil bereits gefällt: Er ist frei – frei, weiter zu komponieren, frei, chaotisch, formalistisch, esoterisch und wirr zu sein, frei, zu verspotten, zu verärgern, vor den Kopf zu stoßen, frei, seiner Musik jede nur erdenkliche Form zu geben.

Doch die Geheimpolizei macht keine Fehler, und die Arbeit der Sicherheitsbehörden ist nie getan. Alles wird sich wiederholen, die Übergriffe von höchster Stelle, die öffentlichen Anschuldigungen durch den Hüter des Volksgeschmacks. Verurteilt zu lebenslänglichem Katz-und-Maus-Spiel, bleibt Schostakowitsch für immer Zielscheibe im

Krieg gegen Dissonanzen, Dissidenten und Disharmonie. Seine Musik in immer neuen Varianten ein Totentanz. Noch Jahrzehnte später, lange nach Stalins Tod, wird der Komponist stets einen Beutel um den Hals tragen, der den vollständigen Text des Artikels »Chaos statt Musik« enthält. Die Worte werden ihm eine Freiheit verleihen, wie nur ein Volksfeind sie empfinden kann.

Els wandte sich nach links, in die Straßen zum Mississippi hinunter. Das Zittern ließ nach und verschwand, stattdessen spürte er eine große Leichtigkeit. Die Sirene des Streifenwagens, Keimzelle einer musikalischen Idee. Der letzte Nachklang des Allegros verhallte, und er tauchte ein in das Brausen von Motor und Rädern. Früher hätte er es vielleicht für Stille gehalten; jetzt klangen die Fahrgeräusche wie eine Symphonie.

Das Smartphone klingelte, und auf dem Display öffnete sich ein Fenster. Er hielt auf dem Seitenstreifen und versuchte, die Nachricht zu lesen. Der Audioplayer forderte ihn zu einer Bewertung auf. Zwei knallige Symbole erschienen: Daumen hoch oder Daumen nach unten. Ein einziger Klick genügte – ein Schnellgericht von seinem Logenplatz aus –, um erneut über das Schicksal des Stücks zu entscheiden.

Er gelangte in die Randbezirke von St. Louis. Eine Ladenzeile, ein Wohngebiet. Wenig später erschien Saarinens mächtiger Bogen am Horizont, das Tor zum Westen.

Das geübte Ohr kann eine leere Muschel nehmen und hört, aus welchem Ozean sie stammt.

Er überfliegt den Zeitungsartikel, den Bonner ihm unter die Nase hält. Eine in Gütergemeinschaft lebende Sekte von Polygamisten hat irgendwo mitten in Texas einen autonomen Gottesstaat ausgerufen. Anfangs hält er es für eine irrwitzige Werbekampagne, die Bonner für die Premiere von *Der Strick des Voglers* inszeniert hat: die ekstatischen Gläubigen in ihrer Wüstensiedlung, die singend und betend auf das Weltenende warten. Der missglückte Überfall durch die Bundesbehörden. Die Belagerung der Sekte durch das FBI, ebenso unerbittlich wie die Erdwälle des Fürstbischofs rund um Münster.

Zu vertraut, um es zu begreifen. *Was soll das sein?*

Bonner verzieht den Mund: eine Art Lächeln. Er blickt auf die Bühne, wo Johann von Leyden mit dem Schwert in der Hand die imposante Schlussarie des zweiten Akts anstimmt, *Der Lohn aller Gläubigen ist die Rache …*

Ja – wie findest du das? Das geht schon seit Wochen. Wer hat davon gewusst? Man arbeitet, und draußen passiert so was.

Els hievt sich aus seinem Sitz hoch und tritt auf den Gang. Bonner packt ihn am Handgelenk.

Wo willst du hin?

Els weiß es nicht. Zum nächsten Fernsehgerät. In die Bibliothek. In das Büro des Intendanten der City Opera, um seine Unschuld zu beteuern.

Er setzt sich wieder. *Was weißt du darüber?* Es klingt absurd, vorwurfsvoll.

Nur das, was ich in der Zeitung gelesen habe.

Els starrt erneut auf die erfüllte Prophezeiung. *Das kann doch alles nicht wahr sein.*

Bonners Miene hellt sich auf. *Da sagst du was. Ein wahrer Segen. Jemand da oben meint es gut mit uns.*

Els würde am liebsten auf ihn einschlagen. Aber er nimmt sich zusammen. Diesmal macht Richard sich nicht die Mühe, ihn festzuhalten. Els stürmt den Gang hinunter und aus dem Saal, genau in dem Augenblick, in dem der Probedurchlauf des dritten Akts beginnt.

Ein paar Stunden später weiß er so viel über Waco wie alle anderen schon lange. Er verschanzt sich in seinem Zimmer in Richards Wohnung, hockt, von Zeitungen umgeben, vor dem Fernseher. Er sieht zu, wie die ausweglose Situation mit albtraumhafter Zwangsläufigkeit eskaliert: die Kriegsmaschinerie des Imperiums. Die Belagerung verläuft nach Plan, die Aufständischen sind von der Außenwelt abgeschnitten. Die Kerntruppe der Gläubigen schart sich um ihren Messias und lebt von Regenwasser und gehorteten Vorräten. Eigentlich muss er gar nicht hinsehen; er hat drei Jahre damit zugebracht, diese Partitur zu schreiben.

Als Richard am Abend nach Hause kommt, sieht Els gerade Videoaufnahmen von dem Sektenanwesen, aufgenommen aus einem Armeehubschrauber: ein paar Dutzend religiöser Fanatiker, die dem mächtigsten Staat der Welt trotzen. Ein Kommentator vermerkt aus dem Off, dass die Belagerung den Steuerzahler eine Million Dollar pro Woche kostet. Die Kamera schwenkt zu einer Karawane von Wohnmobilen in der Nähe – Schaulustige, die sehen wollen, wie die Sache ausgeht. Sie sitzen am Straßenrand auf Klappstühlen, spielen Karten und heizen ihre Grills an, warten auf den Höhepunkt in diesem Live-Drama.

Els spricht mit einer tonlosen Diskantstimme, ohne sich umzudrehen. *Das ist kein Zufall.*

Bonner ist bepackt mit Phat Thai und den Aufzeichnungen von den Proben des Tages. *Peter. Schalt das aus. Lass uns was essen.*

Was hat das zu bedeuten? Das muss doch etwas zu bedeuten haben.

Es bedeutet, dass wir genial sind, wir beide, du und ich. Wir haben den sechsten Sinn.

Die Leute werden denken, wir …

Es gibt nichts, was man ihnen nicht vorwerfen könnte. Unverdientes Glück. Ausnehmend schlechten Geschmack. Opportunismus. Einen faustischen Pakt mit dem Teufel.

Richard, sagt Els. *Wir müssen damit Schluss machen.*

O.k. Ich hänge mich gleich ans Telefon und rufe die Innenministerin an.

Els hört ihm nicht zu. Er starrt auf die Knöchel seiner geballten Fäuste. Als Nächstes meldet die Nachrichtensendung, dass die Weltgesundheitsorganisation Tuberkulose jetzt wieder als weltweite Bedrohung einstuft. Bonner isst; Els sieht ihm zu. Es ist nicht die Belagerung von Waco, mit der Els Schluss machen will. Es ist die Belagerung von Münster.

Zwei Tage später stürmen Beamte der Gesundheitsbehörde das Gelände. Gepanzerte Fahrzeuge, Pioniere, Tränengas, Granatwerfer. Dann bricht Feuer aus. Els hätte es ihnen schon vorher sagen können: Alles wird brennen. Eine große Zahl von Erwachsenen und zwei Dutzend Kinder, erschossen, in die Luft gesprengt und Opfer der Flammen, und jede Einzelheit des Finales wird vom Fernsehen live in alle Welt übertragen.

Er muss nicht bis zum Schluss hinsehen. Els kennt das Ende: Er hat es selbst geschrieben. Er steht in Bonners Wohnung, die Kleider verschwitzt, die Finger an den Kopf gepresst, und wartet, dass ihm jemand sagt, was er tun soll. Als er keine Befehle erhält, geht er hinaus in die Gluthitze und nimmt ein Taxi in die Stadt, fährt zum Lincoln Center.

Richard sitzt in der dritten Reihe und hält den verhungernden Massen von Münster eine Standpauke. *Ich will Hoffnung hören!*, brüllt er. *Ihr glaubt immer noch, dass Gott herabsteigen und dem Fürstbischof samt seinen bezahlten Schergen den Garaus machen wird!*

Els lässt sich in den Sitz auf der anderen Seite des Gangs fallen. Als Bonner den Planeten auf der Bühne wieder in seine Umlaufbahn entlässt, erzählt Els ihm, was geschehen ist. Der Regisseur starrt ihn an, als sei Els ein Praktikant aus der Beleuchtertruppe, der auf die Idee gekommen ist, ihm Ratschläge zur Inszenierung zu geben.

Peter, ich habe zu tun. In sechs Tagen ist Vorabpremiere. Brauchst du irgendwas?

Wir können das nicht machen, sagt Els.

Bonner verzieht verächtlich das Gesicht, dreht die Handflächen Richtung Himmel. Er feixt. Seit dem Zwischenfall, bei dem die Zweitbesetzung für Knipperdollinck in den Orchestergraben gefallen ist und sich das Steißbein gebrochen hat, war er nicht mehr so vergnügt.

Du bist wirklich bescheuert.

Wenn du das sagst, antwortet Els. *Fest steht, wir können das nicht aufführen.*

Bonner lacht. Eine andere vernünftige Antwort gibt es nicht.

Wir könnten es nächste Spielzeit rausbringen, schlägt Els vor. *Oder wir verschieben es auf später in die –*

Peter. Wach auf. Diese Leute hier haben für uns eine Dreiviertelmillion Dollar Schulden gemacht. Selbst eine Verschiebung um eine Aufführung, und der Ofen wäre aus.

Tatsächlich hat der anfangs schleppende Kartenvorverkauf deutlich zugelegt, seit die Belagerung in Texas Schlagzeilen macht, und die Aussichten sind gut, dass die Premiere vor ausverkauftem Haus stattfinden wird. Die Leute vom Marketing haben plötzlich wieder Interesse an der Oper; auf die Plakate und Handzettel werden Aufkleber mit der Aufschrift *Das Drama von heute, das man damals schon kannte* geklebt.

Unschuldige Kinder, sagt Els. *Ermordet und verbrannt von amerikanischen Polizeikräften.*

Auf der Bühne kommt Unruhe auf, ein Streit über die Umsetzung einer Szene. Bonner trottet hin, um zu schlichten. Els trottet mit.

Es ist nicht deine Schuld, sagt Bonner besänftigend, ohne sich umzudrehen.

Els packt ihn am Ellenbogen. *Hör mir zu. In dem Augenblick, in dem die Leute sehen … Wir dürfen aus dieser Sache kein Kapital schlagen. Das ist obszön.*

Echte Verwunderung macht sich auf dem Gesicht des Regisseurs breit. Der Vorwurf ist so bizarr, dass er sein Interesse weckt. *Es ist die Geschichte, die du selbst vorgeschlagen hast, Maesto. Willst du jetzt etwa kneifen, wo sie tatsächlich passiert?*

Ein kurzer dritter Akt hat durchaus seine Vorzüge: die rasche Zuspitzung des Konflikts, bei der es Schlag auf Schlag dem Finale zugeht. Ein Rezitativ und zwei Arien des Fürstbischofs, mehr ist nicht nötig, um Unterstützer im Norden zu gewinnen und die tödliche Schlinge um das irrwitzige Königreich zuzuziehen. Dem Gottesstaat bleibt nichts weiter, als mit einer Abfolge entrückter Chorstücke seiner Bestimmung entgegenzuschreiten. Der Belagerungsring schließt sich: Es gibt nichts mehr zu essen. Ein getragenes Siciliano von Harfen und Flöten prophezeit den Hungertod. Die Gläubigen harren aus, schlachten jeden Hund, jede Katze und jede Ratte in der Stadt. Danach Gras, Erde und Moos, Schuhleder und Lumpen, schließlich das Fleisch der Toten, stets begleitet von einem wiegenden 12/8-Rhythmus.

Johann, der Messias, der König der Welt, findet Zuflucht bei seinem geliebten Laientheater. Er macht aus den letzten Tagen ein gewaltiges Maskenspiel. Auf dem Marktplatz wird gefeiert, in der Kathedrale findet eine obszöne Messe statt. Lüsterne Phrasen der hohen Bläser schubsen und begrabschen einander. Bruchstücke von liturgischen Gesängen steigen in Kreisen auf, bis sich das gesamte Orchester zu einem rasenden Bacchanal vereint.

Begleitet von nervösen Blechbläsermotiven flieht eine Gruppe ausgehungerter Untertanen des Schneiderkönigs aus der Stadt. Doch die Armee des Fürstbischofs kesselt sie auf den flachen Wiesen zwischen den Belagerungswällen und der Stadtmauer ein. Die Flüchtigen sind am Ende ihrer Kräfte; wie verzweifelte Tiere schlingen sie das Gras in sich hinein, doch binnen kurzem ist der Boden mit Leichen übersät. Die Musik steigert sich zur Raserei; Flageoletttöne, sul ponticello, sämtlicher Streicher.

Das gesamte Orchester stürzt sich in das aufbrausende Tutti. Die Angreifer drängen in eine Stadt der lebenden Toten. Sie versprechen den Bürgern sicheres Geleit, wenn sie sich ergeben, und metzeln sie in dem Augenblick nieder, in dem sie die Waffen ablegen.

Knipperdollinck und Johann, der Laienschauspieler, werden mit glühenden Eisen gefoltert und in Käfigen am Turm von St. Lamberti aufgehängt. Doch durch all diese Qualen hindurch kommt von dem gefallenen Erlöser kein Laut. Seine Schlussarie – sein letzter öffentlicher Auftritt – ist vollkommene Stille, umhüllt von einem Heiligenschein aus Streichern.

Was bleibt, ist eine Pantomime, ein kaum hörbares Pianissimo. Dann, wie aus dem Nichts, kehrt die Musik im Triumph zurück. Das vorausgenommene Thema aus den ersten Takten der Oper ist wieder da, gestützt von Celli und Posaunen. Jetzt alteriert, entfaltet es sich in immer größerer Verwunderung. Ein Chor toter Seelen schwebt auf die Bühne und singt das *De Profundis*. Die Melodie macht aus zehn Jahrhunderten Tonsprache ein fassungsloses Staunen. Nur wenige im Premierenpublikum verstehen die Worte der Harmonien. Doch der Saal füllt sich mit tosendem Applaus, kaum dass der Dirigent die Arme sinken lässt.

Seine Kollegen drängen Els auf die Bühne. Er stolpert nach oben mit seiner weißen Schleife, geblendet von der strahlenden Dunkelheit. Überall sind Geräusche, wie das Zischeln der Schallplatten seines Vaters, zu dem er als Kind erwachte, wenn er abends beim Zuhören eingeschlafen war.

Er begreift nicht, was das statische Knistern sagt oder was dieses Publikum gehört hat. Er hört nur die Schreie der brennenden Kinder, das höhnische Gelächter des Schicksals, das laut schmatzende Geräusch seiner eigenen unendlichen Eitelkeit.

Er lässt den Blick über das Publikum schweifen, ihm ist übel. Genau das hat er sich zeitlebens gewünscht – einen Saal voller dankbarer Zuhörer. Und jetzt will dieser Saal etwas von ihm. Eine Erklärung. Eine Entschuldigung. Eine Zugabe.

Jemand auf Els' rechter Seite – ein Verrückter, ein alter Freund – ergreift Els' geballte Faust und reckt sie in die Höhe. Zu seiner Linken strahlt ein wiederauferstandener Johann von Leyden. Der Dirigent, der Chorleiter, der Choreograph, die versammelten Hauptdarsteller und der Chor, sie alle stehen neben ihm. Hingemetzelte Gläubige und belagernde Söldner halten sich an den Händen und verbeugen sich, lächeln einander und Els zu, dem Schöpfer, endlich gefeiert, endlich zu seinem Recht gekommen, nach all den Jahren draußen in der Kälte. Els dreht sich um und bahnt sich einen Weg durch das glückliche Ensemble, versucht durch den Spalt zwischen den Samtvorhängen zu fliehen, bevor der Mageninhalt in den Mund schießt. Und scheitert auch hier.

Welch ein kleiner Gedanke doch ein ganzes Leben füllen kann.

Die künstliche Kuppe des Monk's Mound ragte an der Seite der Straße empor. Einst war dieser Hügel Mittelpunkt einer

Stadt größer als London oder Paris gewesen, ein Ort für gemeinschaftliche, gefährliche Kunst. Jetzt war er Teil eines Museums, das nur unter Zwang von Schulkindern besucht wurde. Der massive Kegel weckte in Els den Wunsch, anzuhalten, aus dem Auto zu steigen und hinaufzuklettern. Cahokia schien ihm ein ebenso guter Ort für seine Verhaftung wie jeder andere. Aber er war seinem Ziel zu nah, um sich jetzt ergreifen zu lassen.

Die Straße machte eine scharfe Biegung nach rechts, und jäh breitete sich der Mississippi vor ihm aus, ohne Vorwarnung und unermesslich. Wasser beherrschte die Landschaft in beide Richtungen, und er betrachtete diesen dahinströmenden See, als sei er der erste Flüchtige, der je darauf gestoßen war.

Die Stimme führte ihn auf unerforschlichen Wegen tief in die südwestlichen Vorstädte von St. Louis. Els musste nichts weiter tun, als auf der Straße zu bleiben und zu gehorchen. Als er das Wohnviertel erreichte, war er überrascht: Es sah so ganz anders aus als alles, was er sich dreißig Jahre lang ausgemalt hatte. Stattliche Häuser standen von der Straße zurückgesetzt hinter Burggräben aus Rasen. Backstein und behauener Naturstein, Fachwerk, Federal Style, Tudor, Greek Revival, Queen Anne – Häuser, die mit der gleichen Nonchalance die unterschiedlichsten Stilrichtungen imitierten, wie es einst Strawinsky getan hatte.

Nachmittag, ein Wochentag, doch nirgendwo ein Anzeichen, dass diese Straßen bewohnt waren. Selbst der Park an der Ecke war leer. Alles Menschliche hatte sich nach drinnen verzogen. Man hätte meinen können, die eifrigen grauen

Eichhörnchen hätten ihr Erbe des Erdreichs bereits angetreten.

Der Fiat hielt am Rand des leeren Bürgersteigs. Im Lauf der Jahre hatte Els viele Bilder gesehen – seine Tochter vor diesem Haus, zu jeder Jahreszeit, mit ihrem Defilee dubioser Verehrer. Ein weicher gelblicher Lichtschein drang aus der diskreten Fassade. Er saß im Auto, und ihm ging durch den Kopf, dass dieser unangekündigte Besuch womöglich sein dümmster Einfall seit Einrichtung des Labors für Mikrobiologie in seinem Haus war. Er wählte die Nummer, die er sich vor so langer Zeit eingeprägt hatte.

Das Telefon klingelte, aber Licht und Schatten in dem Haus zeigten keinerlei Veränderung. Schließlich fragte eine tiefe, unterkühlte und argwöhnische Stimme: *Hallo?*

Die einstige Soubrette war zum Alt geworden. *Wer ist da?* Zwei akzentuierte Achtel- und eine Viertelnote: eine absteigende Quinte, gefolgt von einer aufsteigenden Sexte. Der beruhigende Dreiklang hatte etwas Erlesenes, und Els brauchte zwei Taktschläge zu lange für die Antwort. *Maddy*?

Das Auf und Ab ihres Atems hallte dumpf in der Tiefe des Hauses. In der Ferne hörte Els etwas wie ein Fitness-Tonband, die munteren Kommandos von Gesundheitsnazis.

Entschuldigung, sagte sie ohne einen Hauch Bedauern in der Stimme. *Wer ist da*?

Ich bin's – Peter, antwortete er und erkannte die eigene Stimme nicht.

Schweigen am anderen Ende, ein Timbre, das Els' Orchestrierungskunst überfordert hätte. So war das mit Geräuschen. Selbst wenn sie nicht da waren, hatten sie mehr Schattierungen, als jedes Ohr wahrnehmen konnte.

Peter, sagte sie. Er wollte sie beschwichtigen: alles in Ordnung; das Leben ist nun mal unberechenbar.

Aber auf dem Display steht Kohlmann.

Ja, sagte er, in einem Tonfall, der erahnen ließ, wie viele Personen womöglich mithörten. Sie hatte immer ein gutes Ohr gehabt.

Wo bist du?, fragte Maddy mit belegter Stimme.

Els lachte gepresst. *Ulkig, dass du das fragst.*

Ein paar Sekunden lang sagte sie nichts. Dann wurden die blaugrünen Vorhänge am Erkerfenster zurückgezogen, und er sah die Partnerin seiner Jugend, die Frau, die geglaubt hatte, mit den Kräften des Geistes ließe sich das Pentagon zum Schweben bringen. Sie presste die Hand an die Scheibe. Er tat das Gleiche, von der Fahrerseite des Fiat aus. Sie legte auf.

Sein Lebtag lang hatte er, wie Komponisten oft, exakt sagen können, wie lange eine Minute dauerte. Er zählte vier davon. Schließlich schaltete er das Telefon aus und ließ den Motor wieder an. Es gab keinen weiteren Plan. Er würde fahren, bis sie ihn schnappten, in einem Motel irgendwo in den Dakotas.

Das Auto löste sich vom Bordstein. Dann ging die Haustür auf. Sie trug ein langes, olivgrünes Hemdblusenkleid, darüber eine graue, geschneiderte Weste. Sie war fülliger und kleiner, als er sie in Erinnerung hatte. Ihre Füße tasteten sich über den Plattenweg vor dem Haus wie der tappende Stock eines Blinden.

Sie ließ sich auf den Beifahrersitz des Fiat gleiten und wandte sich zu ihm um. Sie musterte sein unrasiertes Gesicht und schüttelte den Kopf.

Regel Nummer eins, sagte er. *Sag Hü, wenn sie denken, du sagst Hott.*

Ihr Mundwinkel zuckte. Keiner von beiden neigte sich dem anderen zu, nicht einen Millimeter.

Was machst du hier, Peter?

Er starrte sie an, überwältigt von der Vergangenheit. Sie machte eine schnelle Bewegung mit dem Handrücken in Richtung Windschutzscheibe und sagte: *Fahr.*

Er fuhr, nach ihren Anweisungen. Sie folgten einer Reihe von stillen Wohnstraßen und gelangten schließlich auf einen Boulevard mit Geschäften. Sie sagte nichts – ganz als wären sie ein betagtes Ehepaar, das seine zehntausendste gemeinsame Autofahrt in diesem Leben unternahm. Er hätte sie gern ans Steuer gelassen, um zu sehen, ob sie immer noch Auto fuhr, als steuere sie einen Eissegler über einen windigen See im Norden.

Du hast mir gefehlt, Maddy.

Sie schnaubte und kratzte sich an der Nase. *Ich bitte dich. Werd jetzt bloß nicht sentimental. Das passt nicht zu einem Bioterroristen.*

Sie dirigierte ihn zum Parkplatz eines Einkaufszentrums von der Größe eines abtrünnigen Balkanstaats. Els geriet in Panik.

Das geht nicht.

Keine Sorge, sagte sie. *Niemand sucht nach einem Paar.*

Er lenkte den Fiat in eine Parkbucht und schaltete den Motor aus. Er drehte sich um und sah sie an.

Du bist schön, sagte er. *Hast dich überhaupt nicht verändert.*

Gütiger Himmel! Du hattest noch nie Augen im Kopf,

stimmt's? Sie streckte ihm ihre schlaffen Arme entgegen und neigte den Kopf nach vorne, so dass er ihre Haarwurzeln sehen konnte. Die Falten um Lippen und Augen glichen Keilschriftzeichen in gebranntem Ton. Els zuckte mit den Schultern.

Der Gesichtssinn wird überschätzt.

Sie saßen in dem geparkten Auto, die Hände im Schoß gefaltet. Im Gang vor ihnen schob eine Frau einen Einkaufswagen mit einem Pappkarton, der so groß war, dass man darin hätte wohnen können. Maddy schaute nach vorne, beobachtete etwas, das Els nicht sehen konnte.

Also, sagte sie. *Du kannst ja wohl kaum getan haben, was sie dir vorwerfen.*

Anscheinend doch, sagte Els.

Du hast aus einem blöden Missverständnis ein Staatsverbrechen gemacht, weil du dich wie ein Verbrecher aufführst.

Eine absurde Hoffnung nahm in Els Gestalt an. Sie hatte schon immer gute Ideen gehabt. Die Fenster beschlugen. Maddy malte seltsame Kringel auf das Glas der Beifahrerseite.

Gentechnisch veränderte Bakterien! Lächerlich! Du kannst nicht mal einen Teller Tomatensuppe in der Mikrowelle warmmachen.

Doch, sagte Els. *Doch, das stimmt schon.*

Sie schüttelte den Kopf. *Unmöglich.*

Jeder halbwegs intelligente Collegestudent –

Ach Peter. Ich kann es nicht glauben. Ihre Hand schnellte nach vorne und wischte die Tatsache beiseite. Sie waren beide siebzig. Seit einem Dritteljahrhundert waren sie geschieden. Aber hier saßen sie nun und stritten sich bei ihrer ersten Verabredung.

Hat jemand eine konkrete Anschuldigung erhoben?

Nun hatte sie die Hand wieder an die Stirn gelegt. Massierte sie sich. *Meine Güte. Und ich dachte, als du fünfundzwanzig warst, warst du naiv.*

Du hast mich für … Du *warst doch die große Idealistin.*

Sie sah zum Fenster hinaus, betrachtete eine andere Vergangenheit. Auf dem Bürgersteig, draußen vor dem Eingang aus poliertem Messing und schwarzem Granit verteilten drei Frauen auf Segways rote, weiße und blaue Einkaufstüten. Ein halbes Dutzend Kinder, zurechtgemacht als Magier aus dem Internat, kamen in das Einkaufszentrum, schon spät dran zu einem geheimnisvollen Experiment. Maddy schüttelte den Kopf.

Und du bist die größte Gefahr für die Sicherheit des Landes seit dem propangasgefüllten Pathfinder auf dem Times Square.

Er lachte laut. Maddy sah ihn an, und die Angst in ihren Augen ließ ihn nur noch mehr lachen. Es war alles dermaßen absurd, dass ihm die Tränen in die Augen traten, und er konnte einfach nicht mehr aufhören zu lachen. Maddy legte ihm eine Hand aufs Knie. Der Schreck dieser Berührung ernüchterte ihn. Er hob den Arm und atmete tief durch.

Entschuldige. Das ist der Stress. Die Nerven.

Sie zupfte an seiner Bügelfalte. *Komm. Wir besorgen dir was zu essen.*

In der Mitte des Restaurantbereichs drehte sich ein Karussell, ein Wirbel aus bunten Lichtern, aus Spiegeln und einer Dampforgel. Am einen Ende der langen Ellipse mit

Imbissständen spielten vier massige Männer in Jeans und Sweatshirts Gitarre und sangen dazu ins Mikrophon, Sachen, die man sich anhören konnte, wenn man durch ausgedorrte Gegenden fuhr, in Führerhäusern hoch über dem Erdboden. Am anderen Ende scheiterte eine lange Reihe kindlicher Zauberer am gnadenlosen Urteil der Menge.

Mit beschämender Leichtigkeit ergatterte Maddy zwei Stücke Pizza und zwei Softdrinks. Sie setzten sich einander gegenüber an einen roten Kunststofftisch, der noch da sein würde, lange nachdem die Menschheit sich zu Tode gekocht hatte. Vier Dutzend Leute saßen an den Tischen um sie herum und aßen. Ein paar hundert zogen an den Ständen vorbei. Die meisten sahen sein Bild schon die ganze Woche. Aber keiner bemerkte ihn.

Er betrachtete die Frau, die als Schwangere mit ihm in einem großen Mietlastwagen nach Boston gefahren war. Nach einer Weile kam es ihm vor, als habe sie schon immer Krähenfüße und papierne Haut und Altersflecken gehabt.

Was würdest du sagen, wie groß sind die Schwierigkeiten, in denen ich stecke?

Maddy dachte über diese Frage aus weiter Entfernung nach. *Oh, sie werden dich für Ewigkeiten ins Gefängnis stecken. Du bist der perfekte Buhmann für sie.*

Gräber, schienen ihre ruhigen Züge zu sagen, waren zum Tanzen genau der richtige Ort.

Leute kaufen Gasmasken. Wasserreinigungstabletten. Das ganze Internet hebt sein Glas auf dich.

Stimmt, sagte er. *Endlich berühmt.*

Sie schnickte ein Stück geschmolzenen Käse zurück auf

ihre Pizza und studierte es dann, ein Horoskop. *Du hast das also wirklich gemacht?*

Was gemacht?

Genetisches irgendwas.

Ja.

Du hast die DNA eines lebendigen Wesens verändert?

Er zuckte mit den Schultern. *Hunderte von Firmen tun das jeden Tag.*

Aber warum, Peter? Was ist in dich gefahren?

Eine Melodie, auf deren Titel er nicht kam, wehte von den wimmernden Gitarren der alten Männer in Jeans herüber.

Es ist unglaublich, sagte er.

Was ist unglaublich?

Die Sachen, die dort unten vorgehen.

Ich habe keine Ahnung, wovon du redest.

Er hätte gar nicht gewusst, wo er anfangen sollte, ihr das zu erklären. Das Leben. Vier Milliarden Jahre Zufall hatten eine unvorstellbar komplizierte Partitur in jede einzelne lebendige Zelle geschrieben. Und jede Zelle war eine Variation desselben Ausgangsthemas, das sich ununterbrochen auf der ganzen Welt teilte und replizierte. All diese gigabitlangen Sequenzen warteten nur darauf, zu Gehör zu kommen, transkribiert, arrangiert, verarbeitet zu werden, ausgearbeitet von genau den Gehirnen, die von diesen Partituren hervorgebracht wurden. Das war ein Medium, mit dem man arbeiten konnte – wilde Formen, frische Klänge. Melodien für immer und für niemanden.

Er sah sie flehend an, Handflächen erhoben.

Doch nicht du, Peter. Du hantierst mit gefährlichen Organismen?

Weiterer pochender Kontrapunkt dröhnte aus Lautsprechern tiefer im Inneren des Einkaufszentrums. Er rieb sich mit dem Powerrock von der Bühne, der Dampforgel und dem Gewirr aus Biepen und Bimmeln von hundert Handys und Spielzeugen. Er konnte genauso wenig seine Gedanken hören, wie er am helllichten Tage die Sterne sehen konnte. Ein älteres Paar setzte sich an den Tisch neben ihnen, die beiden teilten sich ein Softeis und hielten sich bei den Händen wie Teenager. Aber Maddy sprach trotzdem nicht leiser.

War das so eine Art Performance? Avantgarde-Humor? Wolltest du deinem undankbaren Publikum zur Rache einen ordentlichen Schrecken einjagen?

Er stieß einen einzigen lauten Lacher aus. *Das wäre doch mal was.*

Was war es dann? Hast du etwas Ungesetzliches getan?

Nein. Da gibt es nicht viele Gesetze.

Ein Hoffnungsschimmer auf Maddys Gesicht. *Dann solltest du dich stellen.*

Die Lösung: so einfach, so naheliegend. Einen Moment lang war er bereit dazu. Dann fiel es ihm wieder ein.

Ich glaube, die Brücke habe ich verbrannt.

Wieso, Peter? Das verstehe ich nicht.

Sie ließ den Blick über den langgestreckten Platz mit Essbuden gleiten und zeigte auf etwas. Dort, vom Eingang her, bahnten sich zwei Männer in Uniform, zweitklassige Ausgaben von Polizisten, bedächtig einen Weg durch die achtlose Menge. Sicherheitsleute. Els spürte Panik. Aber er brauchte nur fünfzehn Sekunden, um zu tun, wozu er hergekommen war. Er beugte sich vor, berührte sie aber nicht.

Madolyn? Bevor ich dich kennengelernt habe, da wollte ich Chemiker werden. Das habe ich auf dem College studiert.

Das weiß ich, Peter. Ich war deine Frau, falls du's vergessen hast.

Entschuldige. Ich verzettle mich.

Also, was willst du mir sagen? Dass es so eine Art Tagtraum war? Der Lebensweg, den du nicht genommen hast?

In gewissem Sinne. Ich war … Es sollte …

O Shit. Sie hob die Hand und machte große Augen. *Du hast komponiert? In DNA?*

Es hörte sich lächerlich an. Aber was war Musik anderes als schieres Spiel?

Sie starrte ihn jetzt wieder mit dem Blick an, den er schon einmal an ihr gesehen hatte, an dem Abend, an dem sie sich trennten. Der Abend, an dem sie gesagt hatte *Dieses Spiel ist vorbei. Keiner hört zu. Keiner kommt ein zweites Mal.*

Was willst *du eigentlich?*, zischte sie.

Er war überrascht von ihrer Wut. Über all die Jahre aufgestaut. Was er wollte, war nie etwas anderes gewesen, als etwas zurückzugeben, etwas so Schönes wie das, was er bekommen hatte. Etwas schaffen, das das Hören wert war, und es dann hinausschicken in die Welt.

Hör zu, sagte er. *Ich habe einen Fehler gemacht.*

Sie strich ihr dünn gewordenes Haar zurück. *Sieht ganz so aus.*

Nein, sagte er. *Nicht die Genetik. Das würde ich sofort wieder tun.*

Die Sicherheitsmänner des Einkaufszentrums kamen schlendernd näher. Sie blieben an einer Fastfoodtheke stehen und flirteten mit der Latina-Kellnerin. Gleich würden sie auf Höhe der Esstische sein. Els machte sich bereit, verbarg sein Gesicht. Maddy lächelte den dickbäuchigen Polizisten an, als er an ihrem Tisch vorüberkam. Der Mann salutierte mit einem an die Braue getippten Finger. Die beiden wanderten weiter, zur Talentshow für junge Hexenmeister. Maddy blies die Backen auf und atmete dann aus. Sie wäre die beste Komplizin gewesen, die ein Musikterrorist sich überhaupt wünschen konnte.

Als er seine Stimme wiedergefunden hatte, sagte Els: *Ich muss verrückt gewesen sein.*

Maddy drehte sich wieder zu ihm hin und legte den Kopf schief. *Das habe ich auch schon überlegt.*

Nein, ich meine damals. Ich hätte mich nie um der Musik willen von dir und Sara trennen dürfen. Nicht einmal, um die Welt zu verändern.

Damit hatte er nun das Letzte gesagt, was er in seinem Leben noch sagen musste. Ein Frieden kam über ihn, wie er ihn seit Fidelios Tod nicht mehr gespürt hatte. Sie wandte sich ab, ihr Blick nun so leer wie die Vergangenheit. Das schon etwas ältere Liebespaar am Tisch nebenan – verheiratet, doch so offensichtlich nicht miteinander – stand auf und ging, und kichernd leckten sie sich dabei noch gegenseitig Eiscreme von den Fingern.

Schließlich hatten *wir schon Musik*, sagte Els. *Alle Musik, die ein Mensch sich überhaupt wünschen konnte.*

Die High Lonesome Denim Band schwang sich zu einer Art Finale auf. Der Kinderzaubererwettbewerb war bei der Endausscheidung angelangt. Maddy inspizierte den Restaurantbereich – was es da alles zu hören gab! –, dann kehrte sie zurück zu den Lauten, die er immer noch wollte.

Mit diesen Bakterienzellen. Da wolltest du für immer leben?

Das wäre eine Erklärung, gab Els zu.

Ihre Brust hob und senkte sich wieder. *Genau das war schon immer das Problem mit dir.* Sie suchte nach etwas am Grunde ihres Bechers. *Das Einzige, was* ich *je wollte, war das Jetzt.*

Sie saßen in diesem Hexenkessel aus Klang und Licht, ganz wie damals in Cages *Musicircus.* Er hielt die Pepperonikruste in die Höhe. *Das war das Erste, was wir gemeinsam gegessen haben.*

Tatsächlich?, fragte sie.

Du hattest gerade meine Borges-Lieder vorgesungen. Ich hatte einen Zettel ans schwarze Brett der Musikalischen Fakultät gehängt – Pizza für eine Stunde Probe. Du hast geantwortet.

Tatsächlich? Damals hatte ich immer Hunger.

Ich habe mich geärgert, weil du die Lieder nicht auf Anhieb mochtest.

Oh! Sie blickte auf, überrascht. *Aber das habe ich!*

Er war verblüfft. Er war hierher gefahren, um dieser Frau den größten Fehler seines Lebens einzugestehen. Aber mehr Fehler, als er überhaupt zählen konnte, lagen nun rings um ihn in der Luft. Etwas löste sich in ihm, eine Lawine der Furcht. *Dein Quilt*, sagte er. *Ich habe den Hund darin begraben.*

Sie schüttelte den Kopf, verstand ihn einfach nicht.

Ich war nicht ganz bei mir. Ich wusste überhaupt nicht mehr, was ich tat.

Ja, meine Güte! Sie machte eine wegwerfende Handbewegung. *Ich nähe dir einen neuen, während du im Gefängnis sitzt.*

Ehrlich? Du nähst wieder Quilts?

Ruhestand. Man muss sich beschäftigen.

Sieh dich vor, sagte er. *So fängt es an.*

Sie fasste über den roten Plastiktisch und bedeckte seine Faust mit ihrer Hand. Die Hand war kalt. Ihre löchrige Haut hielt die Wärme nicht mehr. *Peter. Sie werden dich benutzen. Ein Exempel an dir statuieren.*

Er öffnete die Hand und nahm ihren Finger. Sein Leben war voller furchtloser Musik gewesen. Es kam nur darauf an, den Klang im Gedächtnis zu behalten, nun, wo diese Musik nicht mehr spielte.

Sie drückte seine Hand fest, dann schnippte sie sie weg. *Wo wir schon davon reden. Deine Tochter tobt. Sie hat in den letzten drei Tagen alles Mögliche versucht, um dich zu erreichen. Gestern Abend hat sie mir gesagt, sie hätte Angst, dass du dich umbringst.*

Sag ihr, mir passiert schon nichts. Sag ihr, mir geht es gut.

Du willst, dass ich sie belüge?

Sein Blick fiel auf einen Kiosk nahe dem Mittelpunkt des Platzes. Darüber hing ein Banner mit der Aufschrift WEIL ES NATÜRLICHE SCHÖNHEIT NICHT GIBT ...

Sag ihr, was ich dir gesagt habe.

Gut, sagte sie. *Das kann ich tun. Aber eigentlich solltest du ihr das selbst sagen.*

Maddy stand auf, sammelte den Müll ein, Plastikteller und Wegwerfbesteck.

Es war die Angst, sagte sie. *Die Angst, die hat uns fertiggemacht. Nebenbei gefragt: wer ist Kohlmann?*

Der Name kam von einem anderen Planeten. Und der Unterton von Eifersucht auch. Els warf Maddy einen verstohlenen Blick zu, aber seine Exfrau war gerade mit einem letzten, zu großen und inzwischen zäh gewordenen Bissen Käse zugange und mühte sich, ihr Vergnügen zu verbergen.

Eine Freundin. Mit einem Telefon.

Sie ging mit Els zur Mülltonne, und sie warfen die Reste ihres letzten Mahls hinein. Dann kam das Spießrutenlaufen an den Läden vorbei wieder zum Eingang; Maddy schritt voran, Els stolperte mit zwei Schritt Abstand hinter ihr her durch den endlosen Überfluss dieser Welt.

Draußen hatte ein Nieselregen eingesetzt. Am Wagen sagte Maddy: *Wir schieben es Richard in die Schuhe.*

Els schnippte mit den Fingern. *Perfekt! Warum bin ich da nie drauf gekommen?*

Sie stiegen in den Fiat, als hätten sie nur eben einen Boxenstopp gemacht, und nun gehe es zurück auf den Highway, zum lustigen Nummernschildraten und ihrem jährlichen Trip in den Yosemite-Park. Geistesabwesend fuhr sie ihm über die Schulter, als er den Motor anließ.

Was hast du für einen Eindruck von ihm, dieser Tage?

Er nahm den Fuß wieder vom Gas. *Du hörst von ihm?*

Moment. Du etwa nicht?

Er setzte aus der Parknische zurück, direkt vor einen Geländewagen, dessen Fahrer volle zehn Sekunden lang auf die Hupe drückte. Der Fiat machte einen Satz voran. Der Parkplatz war ein Irrgarten aus perversen, sinnlosen Biegungen, die immer nur zu neuen Läden führten.

Er sagte: *Seit siebzehn Jahren habe ich mit dem Mann nicht mehr gesprochen.*

Sie legte ihre Hand zurück in den Schoß. *Vor ein paar Monaten hat er mich angerufen. Er ist in Phoenix bei einem klinischen Feldversuch. Ein neues Medikament, das Alzheimer aufhalten soll.*

Phoenix?, fragte Els. Sein Kopf war wirr. Er fuhr ziellos vor sich hin. *Wieso Phoenix?*

Weil da die alten Leute sind.

Er drehte sich zu ihr hin, aber sie wandte den Blick ab. Er schaute zurück auf den Parkplatz, Gefahrenquellen überall.

Sie sagte: *Er ruft manchmal an.*

Er *ruft* dich *an?*

Nur in der Nacht. Wenn er Angst hat. Meist gegen zwei Uhr morgens. Charlie würde ihn am liebsten umbringen.

Ist er … hat er …?

Eigentlich noch wie immer, sagte Maddy. *Im Augenblick. Ein wenig wirrer. Frühes Stadium. Deswegen macht er bei diesem Projekt mit. Er hat seine sämtliche Hoffnung auf das Medikament gesetzt. Er ruft mich an, zum Beweis, dass es wirkt. Wenn man ihn reden hört, denkt man, ihr zwei seid immer noch dicke Freunde.*

Els sah das Stoppschild erst, als er schon durch war. Er preschte weiter, sein Gesichtsfeld nun zu einem braunen Tunnel verengt.

Ihr zwei steht in Verbindung. Ich dachte immer, du hasst den Mann.

Richard? Ich habe Richard geliebt. Und ich habe dich geliebt. Gehasst habe ich es nur, wenn ihr zwei zusammensteckt.

Nach zwei weiteren Schlenkern nach rechts fragte er: *Wo fahre ich überhaupt hin?*

Das wollte ich auch gerade fragen. Peter? Ihr Kinn reckte sich, dann sank es wieder. Mit unsteten Augen suchte sie die Straße ab. *Was willst du jetzt machen? Du erwartest doch nicht, dass ich dich bei mir verstecke, oder?*

Natürlich nicht, sagte er.

Ich kann dir helfen, sagte sie zum Handschuhkasten. *Dir einen Anwalt besorgen. Dir den Rücken freihalten. Leumundszeugin sein. Was immer du brauchst. Es gibt doch immer noch Gerichte, oder? Und du bist unschuldig, oder etwa nicht?*

Er sah ihren Blick. Zu spät für albernen Optimismus. Sie schloss die Augen, hielt eine Hand in die Höhe.

Aber nicht gleich.

Sie waren in eine stille Wohnstraße geraten, zwei Reihen bescheidener Ranchhäuser. Er steuerte den Wagen vorsichtig an den ahorngesäumten Bürgersteig. Inzwischen hatte es ernsthaft zu regnen begonnen, und der Himmel war indigoblau.

Ich … hob er an. *Ich brauche nichts. Nur deine Vergebung.*

Maddy lächelte, das grimmige Lächeln eines Mädchens aus Minnesota. *Du bist ein Idiot. Wie soll ich dir denn so was vergeben?*

Er konnte ihr nicht ins Gesicht sehen. Er sagte: *Madolyn. Dass ich dich hier so treffe … Vor zehn Minuten war ich so weit, dass ich mich ergeben wollte.*

Ja, sagte sie. Sie drückte ihm eine Handfläche auf die Schulter und wandte sich dann ab. *Aber jetzt musst du nach Arizona.*

Sie führte ihn zu einem weiteren Haus einer Motelkette, nicht weit von der 44 Richtung Westen. Diesmal sah es wie ein schweizerisches Chalet aus. Wenn er am nächsten Morgen früh aufbrach, würde er am Abend in Amarillo sein. Sie ging hinein und mietete das Zimmer. Er wartete auf dem Parkplatz unter einer Straßenlampe, die surrte wie etwas, das Ming der Schreckliche vielleicht genommen hätte, um Freiheitskämpfer auf Mongo zu foltern.

Sie kam zurück zum Wagen, Schlüssel in der Hand, und lachte. *Warum komme ich mir vor, als betröge ich meinen zweiten Ehemann mit meinem ersten?*

Sie schrieb ihm Richards Adresse auf. Dann führte sie ihn zu ihrer Bank. Sie ließ ihn an der Straße parken, ging zum Automaten und hob genug Geld ab, dass er damit bis Arizona kam.

Danke, sagte er. *Ich zahle es dir zurück, sobald ich kann.*

Wenn nicht, hetze ich dir die Bullen auf den Hals.

Übrigens … die könnten dir auch einen Besuch abstatten.

Meinst du?

Furchtlos, das war sie inzwischen. Oder sie hatte einfach davon die Nase voll. Genug davon, der Furcht alles zu geben, was diese ihr vielleicht einmal nehmen konnte.

Auch er war erschöpft. *Jetzt musst du aber wieder nach Hause. Charlie macht sich bestimmt schon Sorgen.*

Peter! Willst du meine Ehe retten?

Aus kleinen Wendungen in Tonhöhe und Rhythmus hörte er: sie war selbständig. Und das schon seit langem. Ihre Melodie gab ihm zu verstehen, dass jeder am Ende selbständig war. Hätten sie das schon gewusst, als sie noch jung waren, dann hätten sie auch gemeinsam ihrer Wege gehen können.

Auf der Rückfahrt zu ihrem Haus fiel ihm wieder ein,

dass er sie noch etwas Wichtiges fragen wollte, aber er wusste nicht mehr was. Stattdessen fragte er: *Wann hast du das letzte Mal gesungen?*

Vor drei Stunden. Unter der Dusche. Und du?

Er hielt wieder am Bordstein, da, von wo er sie vor einem ganzen Leben angerufen hatte. Inzwischen war es dunkel geworden. Die Vergangenheit, die er wiedergutmachen musste, war verschwunden. Er schaltete den Motor ab, und sie saßen einen Moment lang im Dunkeln da. Maddy tätschelte das Armaturenbrett des Fiat.

Kann ich morgen mitkommen?

Sie grinste, als sie seine Verwirrung sah; dann begriff er.

Du bist immer dabei, sagte er.

Sie öffnete den Sicherheitsgurt und schüttelte den Kopf. *Es war ein gutes Stück, Peter. Wir zwei. Das würde ich wieder singen.*

Sie beugte sich zu ihm hin und küsste ihn. *Alles in Ordnung*, sagte sie. *Ehrlich.* Dann öffnete sie die Beifahrertür und tauchte die kleine wiedererstandene Vergangenheit ins Licht.

Ich scheide als Luft.

Er wollte die Oper vernichten und wieder ganz von vorn anfangen, jetzt wo er wusste, was es hieß, bei lebendigem Leib verbrannt zu werden.

Nicht eine einzige Aufführung konnte er verhindern. Das drei Stunden lange Experiment in Sachen Transzendenz wurde in den schmutzigen Strudel der Ereignisse gezogen. Er flüchtete zurück nach New Hampshire, aber dem Lärm um den *Strick des Voglers* konnte er auch dort nicht entgehen. Bonner gab in seinem Namen Interviews. Kunst, verkündete Richard, beziehe keine moralischen Positionen. In einer Oper gehe es ausschließlich um den Gesang.

Die Produktion schaffte es auf die Titelseite der *Opera News*. Der Kritiker der *Times* bezeichnete den *Vogler* als »visionär« und erklärte Els zum »Propheten des wahnsinnigen Propheten«. Eine Besprechung im *New Music Review* von einem gewissen Matthew Mattison schloss mit dem Satz: »Allein der glückliche Zufall hat aus dieser Übung in Nostalgie ein elektrisierendes Ereignis gemacht.«

Die Presse bekam gar nicht genug von dem geradezu unheimlichen Zusammentreffen der Ereignisse. Sie priesen Els für einen künstlerischen Wagemut, den er nie besessen hatte. Sie warfen ihm vor, dass er die politische Brisanz eines Ereignisses nicht zur Gänze ausschöpfe, das er nie hatte voraussehen können.

Die City Opera setzte zusätzliche Aufführungen auf den Spielplan. Dallas und San Francisco wollten die Oper auf die Bühne bringen, solange die irrwitzige Geschichte noch in aller Munde war. Els lehnte sämtliche Angebote ab, und ein paar Wochen lang war diese Weigerung selbst ein Thema.

Bonner fuhr Mitte Juni hinaus nach New Hampshire, um Els zum Einlenken zu bewegen. Schon einen Tag danach konnte Els sich nicht mehr an die Einzelheiten erinnern. Richard kam nur bis in die Auffahrt. Die Auseinandersetzung spielte sich dort ab, direkt auf dem Kiesweg. Anfangs verlief die Unterhaltung durchaus in höflichen Bahnen. Richard sprach von künstlerischer Verantwortung, von all den Menschen, denen Els zu Dank verpflichtet sei, davon, dass es Feigheit sei, das eigene Werk zu verleugnen.

Dann fielen erregte Worte, heftig, phantasievoll und schrill. Einer schubste den anderen, und aus Schubsern wurden Fausthiebe. Das Einzige, woran Els sich später erinnern konnte, war, dass Bonner sich den Staub von den Kleidern klopfte und wieder in sein Auto stieg. Er drohte, er werde Els verklagen, werde ihn um alles bringen, was er habe. Doch da er nach eigenem Ermessen nichts hatte, konnte Els nur lachen.

Von da an verkehrten sie nur noch per Anwalt. Els behauptete sich. Er setzte durch, dass *Der Strick des Voglers* nicht mehr aufgeführt werden durfte. Ein Weilchen lieferte der Streit Gesprächsstoff für musikinteressierte Kreise. Doch schon bald wandten sich diese Kreise morbiden Eurotrash-Produktionen von Mozartopern zu, mit Akteuren nackt unter Wasser, oder sie diskutierten aufregende neue Mischformen von Rock und Rave, Broadway und Bayreuth.

Els verfolgte diese Entwicklungen nicht. Er hatte genug vom musikalischen Fortschritt. Er hatte genug von Richard Bonner. Diesmal war der Bruch endgültig. Das stand schon in dem Augenblick fest, in dem der Tänzer mit blutiger Nase vom Kiesweg aufstand.

Zwei Jahre nach der letzten Aufführung des *Voglers* wurde das Murrah Federal Building in Oklahoma durch einen Bombenanschlag zerstört. Els war gerade bei den Vorbereitungen zum Abendessen, als er die Nachricht im Radio hörte. Von Arabern war die Rede, von heimlichen Terrorzellen. Aber Jahrestage sind kein Zufall, und Els war sofort klar, welchen zähen Krieg dieser Angriff fortsetzte. Zum ersten Mal seit zwei Jahren formierten sich Fetzen einer kraftvollen Musik in seinem Kopf. Üppige Instrumentalpassagen, die mit ungeahnter Macht nach außen drängten: der vierte Akt, so vermutete er, oder der erste Akt einer unwillkommenen Fortsetzung. Die Geschichte war düster und vielschichtig – ein würdiger Gegenstand für großartige Musik. Doch zu der Zeit war Els bereits zu der Überzeugung gekommen, dass Musik dazu da war, ihre Zuhörer ein für alle Mal von ihrem Hang zum Dramatischen zu kurieren.

Eines Tages kam ein Brief, weitergeschickt von der City Opera. Absender war der Mann, der seinerzeit bei der Uraufführung von Els' *Borges-Liedern* Klavier gespielt hatte. Einst ein dem Hasch zugetaner heimlicher Jazzer, war er mittlerweile zum Dekan der Kunstfakultät am Verrata College aufgestiegen, einer kleinen, liberalen Hochschule im östlichen Pennsylvania. Er war begeistert vom *Strick des Voglers* gewesen. »Solltest Du je knapp bei Kasse sein«, schrieb der Dekan, »kannst Du immer ein paar Stunden hier unterrichten.«

Knapp bei Kasse war Els nicht; eher ging es darum, der geschlossenen Anstalt zu entgehen. Vielleicht konnte eine geregelte Tätigkeit die Gedanken im Zaum halten, die aus so viel Stille entsprangen.

Verrata war seine Rettung; es schenkte ihm das dauerhafte Vergessen, das er brauchte. Er kehrte zurück an die mittlere Ostküste und begab sich in die Tretmühle des Lebens als Assistenzprofessor. Er übernahm fünf Kurse pro Semester: eine Mischung aus Gehörbildung, Vom-Blatt-

Singen und Grundlagen der Musiktheorie und Harmonielehre. Seine Tage verbrachte er mit immergleichen Solmisationsübungen, und er gab dabei den Feldwebel der Tonalität. Wie alle Lehrbeauftragten war er ein steineschleppender Sklave, der mithalf beim Aufbau einer gewaltigen Pyramide. Doch dieses Sklavendasein entsprach genau seinem Bedürfnis nach Buße.

Er stürzte sich in die erbarmungslose Routine. Ein paar Semester Unterricht in den Grundbegriffen der Musik machten ihm klar, wie wenig er je von dem Geheimnis geordneter Schwingungen verstanden hatte. Das ganze Wunder entfaltete sich vor seinen Augen, und er trat staunend einen Schritt zurück, ehrfürchtig wie ein Anfänger. Er versuchte, seinen Erstsemestern die einfachsten Dinge beizubringen – warum eine Trugkadenz beim Hörer Sehnsucht weckt, wie eine Triole Spannung erzeugt oder warum die Modulation zu einer Mollparallele neue Welten eröffnet – und stellte fest, dass er es selbst nicht wusste.

Die Unwissenheit war ein gutes Gefühl. Gut für sein Ohr.

Manchmal komponierte er noch, an seinem Schreibtisch zwischen den Seminaren oder im Getümmel der College-Mensa, auch wenn er sich nie die Mühe machte, eine Note zu Papier zu bringen. Winzige Haiku-Mikrokosmen strömten aus ihm heraus, Fingerübungen zum Thema Frieden, die in viele schöne Pausen mit langen Fermatenbögen zersprangen.

Studenten kamen, lernten und gingen. Einige litten bei ihren Solfeggio-Übungen, Meister im Augenrollen. Aber manche veränderte er für immer. Die Besten in seinen Kompositionsklassen ermahnte Els: *Ihr sollt nichts erfinden;*

ihr müsst es einfach nur entdecken. Ein oder zwei verstanden, was er meinte.

Die Jahre vergingen, und er arbeitete so hart und so gut, wie er konnte. Er gärtnerte. Er lernte kochen. Machte lange Morgenspaziergänge. Eines Tages rief ganz unerwartet seine Tochter an. Sie sei gerade in Philadelphia für ihre neugegründete Firma zu einer Konferenz. Els traf sie in einem lärmigen Chowder-Restaurant. Die zaghafte Zwanzigjährige, die lange, einsame Stunden mit den anderen Nutzern der Mailbox-Netze zugebracht hatte, hatte von neuem ihren Spaß daran, imaginäre Welten zu ersinnen. Nur dass sie diesmal Unternehmerin war.

Fünf Minuten mit dieser kurzhaarigen Fremden im weich fallenden Hosenanzug und Samtshirt, und er war verliebt wie eh und je. Und er fühlte sich seltsam entspannt, als hätten sie in all den fehlenden Jahren nie aufgehört, in ihrer eigenen Sprache zu plaudern.

Was genau ist Data-Mining?, fragte er.

Okay, sagte Sara und wischte sich mit der weißen Stoffserviette über die zuckenden Lippen. *Nehmen wir mal an, du willst wissen, wie viele Stunden pro Woche eine fünfundzwanzig- bis dreißigjährige Fachkraft in einer Stadt des Mittleren Westens Crunk hört.*

Augenblick, sagte ihr Vater. *Fang ganz am Anfang an.*

Genau die Stelle, die du brauchst.

Eine Frau fast wie ihre Mutter: vernünftig, energisch, in ihre Arbeit vernarrt. Vier Monate später kam sie wieder in den Osten, und sie fuhren zusammen nach New York zu einer Kunstausstellung. Von da an rief sie an. Zuerst jeden Sonntagabend, dann zwei- bis dreimal die Woche. Sie war gern in seiner Gesellschaft. Aber genau genommen war er ihr Projekt. Es war ihr offenbar ein Bedürfnis, sich um ihn zu kümmern, zum Ausgleich für all die Jahre, in denen er sich nicht um sie gekümmert hatte. Zum Geburtstag schenkte sie ihm einen Hund. Sie kaufte ihm Bücher und schickte ihm CDs und Konzertkarten. Sie unterzog seine Fernsehgewohnheiten einer genauen Überprüfung, und einmal nahm sie ihn mit nach Hamburg. Sie machte alles, nur eins nicht: Sie sagte nie: *Komm, wir machen was, Daddy. Etwas Gutes.*

Die ganze Zeit über arbeitete er. Seine Kollegen schätzten, seine Nachbarn respektierten ihn, und bisweilen mochte einer der besseren Schüler ihn gern. Nach einigen Jahren ging Els zu seinem Schrecken auf, dass er zum ersten Mal im Leben beinahe glücklich war.

Ich vermache mich dem Staub.

Kurz vor Amarillo versank die Sonne riesengroß und bronzefarben am Horizont. Els hatte noch immer das Radio eingeschaltet. Einhundert Fälle von Vogelgrippe in Bangladesh und Südostasien. Todesfälle in Ägypten und Indonesien, in Kambodscha, Bangladesh und Dakahlia. Infizierte Wildvögel in dem verlassenen radioaktiven Ödland rings um Fukushima. Der Nachrichtensprecher konnte die Erregung in seiner Stimme kaum unterdrücken. Endlich passierte etwas. Wenn nicht in dieser Grippesaison, dann in der nächsten.

Els fuhr an der Stadt vorbei. Er wollte am nächsten Tag

ohne Zwischenstopp bis nach Phoenix kommen. Die Anspannung hinterließ ihre Flecken auf seiner Kleidung, und auf absehbare Zeit würde er nichts Frisches zum Anziehen bekommen. Die Annehmlichkeiten einer eigenen Wohnung kamen ihm mittlerweile wie Nostalgie aus einem Folksong vor. Er hatte die endlose, erbarmungslose Weite des Westens schwer unterschätzt. Vor ihm lag der eintönige Texas-Panhandle, da capo ad nauseam.

Ein Fliegendreck von einer Stadt nicht weit von der Grenze nach New Mexico, und er bog von der Interstate ab. Nach anderthalb Meilen dunkler Landstraße kam er zu einem altmodischen Motel mit einem Schild, dessen zur Hälfte defekte Neonbuchstaben aussahen wie etwas, das Marsmenschen schreiben könnten. Auf der gegenüberliegenden Straßenseite lockte ein Holiday Inn Express, aber Els entschied sich auf Anhieb für das schäbige Motel. Fünfzehn Stunden allein am Steuer – da fühlte man sich nicht viel anders, als hätte man einen fünfzig Jahre alten Experimentalfilm fünfmal hintereinander angesehen. Alles verschwamm ihm vor Augen, und als er mit vorsichtigen Schritten über den Parkplatz ging, schwankte der Asphalt wie Meereswellen. Das Einzige, was ihn aufrecht hielt, war der Gedanke, sich für immer hinzulegen.

Eine L-förmige, einstöckige Reihe von Räumen umrahmte den unkrautüberwucherten Parkplatz. Das Haus hatte bessere Zeiten gesehen, aber allzu gut konnten sie nie gewesen sein. Fenster verbargen sich hinter schweren Vorhängen, und das Rauschen der nachträglich eingebauten Klimaanlagen sorgte für ein ständiges Dröhnen im Hintergrund. Die Insekten in der Luft, das Flugzeug am Himmel und das Klingen des Bluts in seinen Ohren verbanden sich zu gespenstischer Musik.

In der winzigen Lobby mit ihren Wänden aus Stuck und knorrigem Holz roch es nach Fichtennadel-Putzmittel. Hinter der Empfangstheke, nicht viel mehr als ein Bügelbrett, saß ein verwitterter alter Mann in Chinos; auf seinem T-Shirt stand »Geh mir aus den Augen«.

Bevor der Gast Hallo sagen konnte, begrüßte er ihn mit, *Nur Barzahlung heute Abend.*

Die Stimme des Mannes war ein Wunderwerk, eine Maschine mit genau dem richtigen Programm. *Soll mir recht sein*, sagte Els.

Der Besitzer versuchte nicht einmal so zu tun, als fülle er ein Anmeldeformular aus. Die elf meistgehassten Wörter der Sprache: ich komme im Auftrag des Finanzamts und soll Ihre Bücher überprüfen. Aber Politik und Kunst waren seltsame Bettgenossen, und Els war dankbar für jeden Verbündeten, wo immer er ihn fand.

Das Zimmer roch nach Tabak und Mikrowellenpopcorn, aber das Bett war weich, und Els fühlte sich unbeschreiblich glücklich. Er öffnete die Spanplattentür des Kleiderschranks und stand davor, hätte gern ausgepackt. Doch ohne Gepäck war das schwierig. Sein Kopf schwirrte, und er hörte immer noch das Klatschen der Reifen auf den Fugen im Asphalt, ein unablässiges, rhythmisches Andante.

An der Wand hing ein Fernseher, nach vorn geneigt wie ein Kruzifix. Er schaltete ihn ein, zur Beruhigung. Die Nachrichten erzählten von einer Firma, die einen Riesenprofit mit dem Versprechen machte, sich nach der Entrückung der Gläubigen – in allernächster Zukunft zu erwarten – um deren zurückgebliebene Haustiere zu kümmern. Er schaltete sein Smartphone an. Sollte das FBI ihn ruhig orten und das Zimmer stürmen, solange sie ihn nur vorher eine heiße Dusche nehmen ließen. Er gab seinen Namen ein und bekam so viele Treffer, dass es selbst zum Überfliegen zu viel war. Er fühlte sich benommen, diffus, aber auch ein wenig beschwingt danach. Er warf das Telefon aufs Bett, zog sich aus, ging in das muffige, aus Kieferbohlen gebaute Bad und stellte sich unter den Strahl.

Das heiße Wasser auf seiner Haut zischte wie Zimbeln. Als er die Lippen zusammenpresste, änderte das Klingeln in seinem Ohr die Tonhöhe. Beim Abtrocknen hörte er die großartige Nachtmusik aus Bartóks *Konzert für Orchester* so deutlich, dass er sicher war, sie käme durch die Motelwände. Er stand still und horchte. Das Stück, sein dicker Blechbläser-Brokat, schien ihm mehr als das meiste andere bewahrenswert aus dem Lauffeuer des vergangenen Jahrhunderts. Ein solches Werk zu schaffen konnte ein ganzes Leben rechtfertigen. Aber sein Schöpfer hatte es als Auftragsarbeit für eine wohltätige Stiftung geschrieben, und er starb anderthalb Jahre später in Elend und Armut. Bei seiner Beerdigung fanden sich acht Trauergäste ein, seine Frau und sein Sohn mitgezählt.

Erschöpft sank Els auf das Bett. Mit letzter Kraft stellte er den Radiowecker auf fünf Uhr morgens. Noch im selben Moment, in dem er unter die räudige Bettdecke kroch, hörte er Chopin. Er tastete auf dem Nachttisch, um das Telefon abzuschalten, und sah auf dem leuchtenden Schirm seinen eigenen Namen: Els, S.

Linkisch nahm er den Anruf an und murmelte *Sara.* Etwas, das entfernt an die Stimme seiner Tochter erinnerte, antwortete ihm.

Daddy. Meine Güte, was stellst du da an?

Er überlegte, ob er immer noch schlief, den Kopf auf dem Kissen. Maddy musste ihr die Nummer aus der Anruferliste ihres Telefons gegeben haben. Technik, Familie, Liebe: Gefangener von allen.

Er sagte: *Hallo, Bär. Alles in Ordnung?*

Daddy, was ist mit dir? Ihre Stimme war fremd und heiser.

Mach dir keine Sorgen. Mir geht es gut.

Wo steckst du? Warte. Sag nichts.

Du weißt von deiner Mutter, dass ich –

Nichts sagen!, sagte sie. *Nichts, nichts, nichts.*

Verdattert hielt er das Telefon ans Ohr. Daten überall.

Was zum Teufel hast du dir dabei gedacht? Dann: *Nicht antworten.*

Lange Zeit sagte sie überhaupt nichts mehr. Schließlich, in jammervollem Ton: *Du hast nichts getan. Du bist unschuldig.*

Er setzte sich auf und schaltete Licht ein, als gebe es einen Grund dazu.

Nein, ich glaube, das kann man nicht sagen, sagte er. *Jetzt nicht mehr.*

Sie können dir nichts vorwerfen. Nichts, womit sie vor Gericht durchkämen.

Google mich, sagte er.

Gott! Ich google dich zehnmal die Stunde.

Seine Tochter, seine Dukaten.

Das ist alles Müll, sagte sie, und sie klang verzweifelt. *Panikmacher, die ihre Scheiße absondern.*

Darum geht es doch. Ich habe Millionen in die Panik getrieben. Ich bin der mit den Killerbakterien.

Dad. Jetzt sei mal still und hör mir zu. Du erzählst ihnen einfach, wie es in Wirklichkeit war.

Wenn er etwas so Wunderliches wie die Wirklichkeit jemals gekannt hatte, dann war es ihm schon vor langem verlorengegangen.

Du stehst nicht allein da. Du hast einflussreiche Leute auf deiner Seite. Leute, die wissen, dass du das Opfer einer paranoiden Kultur bist.

Ehrlich?

Stell dich naiv. Du hast dich in ein blödsinniges Hobby verrannt. Einfältig, ohne Urteilsfähigkeit. Das ist offensichtlich. Dein ganzes …

Sie musste den Gedanken nicht zu Ende bringen. Sein ganzes Leben – einfältig und ohne Urteilskraft. Eine lange Lehrzeit für diesen letzten Akt des Unverstands.

Ich habe dir einen Anwalt besorgt, sagte sie. *Den besten. Die Kanzlei, die auch den mikrobiologischen Performancekünstler in Buffalo verteidigt hat. Bleib mal dran. Ich hole meine Notizen.*

Etwas regte sich in ihm, durch alle Erschöpfung hindurch: das Kreiseln, immer in Bewegung, eines Bartók'schen Finales. Er spürte Stolz auf diese prachtvolle Frau, seine eine vollkommene Komposition, so wenig Anteil am fertigen Werk er auch beanspruchen konnte.

Er hörte ein hohles Geräusch, als sie wieder zum Telefon griff.

Je schneller du das machst, desto leichter lässt sich alles wieder in Ordnung bringen. Du hast es mit der Angst zu tun bekommen und die Flucht ergriffen. Das ist doch verständlich.

Ja, dachte er. Wenn diese Leute überhaupt von etwas eine Ahnung hatten, dann von der Angst. Mit einem Mal fühlte er sich leicht, und er sagte: *Du hast selbst komponiert, weißt du noch? Du hast deine eigene Notenschrift erfunden, mit bunten Bauklötzen. Du warst unglaublich.*

Bitte, sagte sie.

Ich habe deine Mutter besucht.

Hat sie erzählt.

Ich habe ihr gesagt, dass ich einen Fehler gemacht habe.

Das hast du, sagte Sara, und die Tonhöhe changierte ein wenig. *Mach keine neuen, dann vergeben wir dir.*

Okay. Das kann ich tun. Ich kann mich ergeben.

Nenn es nicht so.

Wie soll ich es dann nennen?

Die Dinge in Ordnung bringen, sagte sie.

Er musste schon eingedöst sein, bevor sie sich verabschiedeten, denn als ihm zum nächsten Mal etwas zu Bewusstsein kam, war es fünf Uhr morgens, und der Radiowecker spielte »Smells Like Teen Spirit«, so leise und traurig und langsam, in solchen Molltönen und so weit fort, dass diese verstörende Melodie ebenso gut Faurés *Elegie* hätte sein können.

Willst du mich zurückhaben, suche mich unter deinen Schuhsohlen.

Ihr Gesicht ist ein Renaissanceprofil vor dem Oktoberhimmel, der durch sein Bürofenster strahlt. Sie streckt zwei Finger in Richtung der Partitur auf dem Schirm vor ihr, und ein kraftvolles Duett ertönt aus den Lautsprechern, gesungen von einem MIDI-Patch aus gesampelten Menschenstimmen, Platzhalter für Gesangsvirtuosen der Zukunft.

Jen heißt sie, nicht die erste Jen, mit der er in diesem sonnigen Raum arbeitet, und sie wird auch nicht die letzte sein, aber diese ist nach jedem denkbaren Metrum mit Sicherheit die Prächtigste. Groß, linkisch, redselig, halb Trampel, halb Gazelle, und ihre fuchsienrot gefärbten Locken stehen in alle Richtungen, sooft sie sich auch mit den Fingern durch die Mähne fährt. Ihr Lachen ist wie ein Schlagzeug, ihre Fragen sind honigsüß. Sie atmet Anweisungen ein und haucht geniale Freiheit aus. Und eine Stunde pro Woche lang darf er sie bei diesem Atmen beobachten.

In den acht Jahren seit dem *Vogler* hat er kaum noch etwas geschrieben. Und doch ist sie hier und studiert bei ihm Komposition. Er ist sechzig. Sie ist vierundzwanzig, acht Jahre jünger als seine Tochter, und nimmt begierig alles auf, was er ihr über die Welt der Töne zu sagen hat. Sie will aus ihm die letzten tausend Jahre Entdeckungen zum Thema Harmonie herausquetschen. Aber es gibt nur wenig, was er ihr beibringen kann und was sie in ihrem Hunger nicht ohnehin schon verschlungen hat.

Jens Duett schwingt sich empor, eine eindrucksvolle Folge von Akkorden, dann richtet es sich in einem Cantabile ein. Etwas Ähnliches hat er vor Urzeiten einmal in ein Oktett gesteckt – das Bewerbungsstück, das ihm die Chance einbrachte, mit Matthew Mattison zu arbeiten. Damals klammerte er sich noch an einen letzten Rest Neoromantik. Jetzt geistert diese Romantik, dieser Vampir, der nicht totzukriegen ist, wieder durch alle Gassen. Was er als Student lieferte, war reaktionär, anachronistisch; Jens Werk ist hip, auf der Höhe der Zeit. Das ist der Unterschied; ansonsten sind die Gesten fast die gleichen.

Er hört sich ihren unwiderstehlichen Walzer an, so vertraut wie die Sehnsucht. Dann, gerade als Els ihr das Etikett aufgeklebt hat, explodiert die Melodie zu einem wilden Fugato, und Peters schöne Kunstgewerbeübungen liegen im Dreck. Voller Staunen sieht er das Mädchen an. Sie blickt verstohlen in seine Richtung, schneidet eine kleine Grimasse, koboldhaft, ein verschwörerisches Lächeln. Sie ist zufrieden, nicht mit sich selbst, aber mit diesem prächtigen mechanischen Vogel, auf den sie zufällig beim Wandern gestoßen ist.

Sie sitzen Schulter an Schulter, damit sie beide auf den Schirm sehen können, nicken im Takt. Dann und wann schreibt er sich etwas in ein kleines Notizbuch. Wenn er es vor Freude über ihr Wunderwerk nicht mehr aushält, schnippt er ihren Ellenbogen oder ihr Knie mit dem Fingernagel an.

Vier Wochen zuvor haben vier Passagierflugzeuge aus dem Traum der Gegenwart eine schwarze Rauchwolke gemacht. Die ganze Welt sah sich die immergleichen Bilder in benommenem Schrecken an und konnte den Blick nicht abwenden. Tage vergingen, in denen einem selbst der Kauf eines Dutzends Eier wie Lästerung vorkam. Immer wieder sagten Leute, das Leben werde nie wieder so sein wie zuvor, und jedes Mal verstand Els das nicht. Er hatte schon zu lange gelebt, um in den gefallenen Türmen mehr zu sehen als das nächste Kapitel im Schauerroman der Geschichte. Terror vergleichbarer Größe hatte es in jedem Jahrzehnt, das er durchlebt hatte, gegeben. Nur war es jedes Mal anderswo geschehen.

Am fünften Tag nannte Stockhausen es das größte Kunstwerk aller Zeiten, im Vergleich zu dem das Werk jedes anderen Komponisten nichts sei.

Am sechsten Tag kam Jen zu ihrer Unterrichtsstunde. Sie setzte sich an ihren üblichen Platz, ihr Gesicht verquollen und rot. *O Mann!*, sagte sie. *Jede Note, die ich hinschreibe, kommt mir grotesk vor. Selbstverliebt, nach dem, was da passiert ist.*

Er brauchte alle Selbstbeherrschung eines sechzigjährigen Swami, um das Mädchen nicht bei den fahrigen Händen zu fassen. Du musst einfach nur warten, hätte er ihr gern gesagt. Sei still, ruhig und einsam. Musik wird sich dir darbieten, damit du ihr die Maske abreißt. Sie kann nicht anders.

Jetzt, einen Monat später, ist sie wieder in voller Fahrt, und die Welt liegt ihr begeistert zu Füßen. Sie hat nichts vergessen; sie hat sich *erinnert*. Wer wird dieses Wettrennen vom Tod zur Liebe herumreißen, wenn nicht sie? Und diese üppigen Kaleidoskop-Kaskaden, diese ineinandergreifenden Synkopierungen sind ihre Massenbezauberungswaffen. Die beiden Duettstimmen schießen dahin wie die Schwalben; bald gesellen sich ihnen Ondes Martenot, Kontrafagott und Bassklarinette in manisch-motorischen Rhythmen hinzu. Dann Bataillone spiccato gespielter Celli und Kontrabässe. Röhrenglocken natürlich. Wie hätten die fehlen können? Und Fanfaren, aufgetischt als doppelte Posaunenportion.

Die Musik schraubt sich zur wirbelnden Wasserhose auf, explodiert in pulsierenden Tönen. Jen beugt sich vor in die Wellen ihres eigenen Ozeans, grinst dabei wie ein Dämon. Wieder einmal ist es ihr gelungen, sich selbst eine Freude zu machen, mit ihrem gottgegebenen Recht zu posieren, mit den Phantasien jedes Zuhörers zu spielen, der zu diesem Spiel bereit ist. Das Stück stürzt über eine Klippe, es folgt selige Stille. Schließlich kann die Schöpferin ein zufriedenes Kichern doch nicht unterdrücken. *Und?*, fragt sie kokett. Von wo kommt ein derartiges Selbstvertrauen nur? *Wie finden Sie es?*

Ich habe zwei Worte für Sie, sagt er feierlich. *Das eine ist* Heilige …

Von dem Lob schwebt sie. Er steht auf und geht ans Klavier, wo er ihr vorführt, wie sie einen ungelenken Augenblick kurz vor dem Höhepunkt des Stückes besser machen kann. Sie hat eine Art Fauxbourdon wiedererfunden, schwelgerisch und archaisch, in der Art, wie Brahms ihn vielleicht verwendet hätte. Aber ihre Stimmführung ist grundfalsch. Sie kennt die Vorbilder nicht, diejenigen, die all ihre Fragen bereits beantwortet haben. Es gibt zu viel zu hören, als dass sie sich mit der bloßen Vergangenheit zufriedengeben kann. Den ganzen Tag über hört sie Musik; sie hört alles, unterschiedslos. Sie hat ihm die Titel auf ihrem Player gezeigt, das Inventar ihrer kunterbunten Schatztruhe. Manchmal findet er Geschenke von ihr in der Mail, Musik für das Ende der Zeit: Radiohead, Björk, The Dillinger Escape Plan. Els staunt über diese Lieder. Es sind Edelsteine, voller Dissonanzen und veränderlicher Rhythmen. Sie klingen wie die Experimente ein halbes Jahrhundert zuvor – Messiaen oder Berio –, wiedergeboren fürs große Publikum. Vielleicht ist das die Zeitspanne, die etwas auf dieser Welt von der ersten Idee bis zur Durchsetzung braucht. Vielleicht ist der Schlüssel zum Ruhm einfach nur ein langes Leben.

Andererseits ist vielleicht der Ruhm nur das Vorzimmer zum Tod.

Auf jede einzelne Entdeckung, die Jen macht, kommen Dutzende weitere, auf die Els sie hinweist. Die Welt quillt über vor Reichtum und spült die Jugend damit davon. Die menschliche Schaffenskraft war von Anfang an dazu verdammt, im Übermaß zu ertrinken. Immer wieder neue Musiken, und ein Ende ist nicht abzusehen.

Er spielt ihr seinen Alternativvorschlag vor. Beim Spielen schaut er auf. Sein Blick bleibt auf ihre kastanienbraunen Augen geheftet, während er ihr die Lösung erläutert. Das Mädchen schüttelt den Kopf.

Gott, ich wünschte, das könnte ich auch.

Was könnten Sie auch? Er hat ihr ja nur eine altbekannte Progression vorgespielt, eine, die es schon seit Jahrhunderten gibt.

Am Klavier stehen und so was spielen. Und dabei noch reden!

Ach, hören Sie auf. Sie haben mir gerade ein Fünfzehnminutenstück vorgespielt, mit einer Milliarde Noten darin.

Das bin nicht ich, sagte sie. *Das ist Sibelius!*

Die Verwirrung dauert nur einen Augenblick. Nicht der Finne – die Kompositionssoftware. Das Programm, das aus einem durchschnittlichen Töneschmied Orpheus macht. Und wenn eine Studentin Els fragte, wo hinein sie ihre Arbeit stecken solle – ins Erarbeiten der Vergangenheit oder ins Erarbeiten dieser Oberfläche …

Er kommt vom anderen Zimmerende zurück und setzt sich wieder neben sie. Er zeigt mit dem Finger auf den Bildschirm. *Zeit für den chirurgischen Eingriff.* Für ihn ist Jen immer bereit, etwas zu reparieren. Sie attackiert ihre Tastatur, ihr Gegenstück zum Klavier, wie ein Kid, das gerade den atomaren Weltkrieg auslöst. Wieder einmal staunt er über die unglaublichen Möglichkeiten solcher Werkzeuge: Harmonien per Ausschneiden und Einfügen, Tonmalerei durch Zeigen und Klicken, Transpositionen mit einem einzigen Tastendruck. Mit ein paar raschen Bewegungen wird aus einer Handvoll grober Bausteine eine denkwürdige neue Tutti-Passage von zwei Minuten. Els schüttelt in beklommenem Staunen den Kopf: Zu seiner Zeit wären das fünf Wochen Arbeit für ihn gewesen.

Ach, ihr Kinder, ihr seid wie Götter.

Kinder?, fragte sie, Aerobic mit den Augenbrauen. *So sehen Sie mich?*

Es ist das Koketteste, was sie je gesagt hat. Sie ist immer noch berauscht von der Macht ihres Stückes, allein schon von dem Trip, es ihrem Mentor vorzuspielen. Ja, denkt er. Ein Kind mit Brüsten. Mit Verstand. Mit der bezauberndsten Unbekümmertheit, die ihm seit Jahrzehnten begegnet ist.

Als ich so alt war wie Sie, sagt er, *da mussten wir uns einen schönen flachen Stein suchen, ihn aufpolieren, wir griffen zum Meißel …*

Sie hört mit gerunzelter Stirne zu. Dann schnalzt sie mit der Zunge, gibt ihm einen Knuff in die Schulter. *Klar doch, Großväterchen.*

Da capo, sagt er und zeigt auf ihre Maschine. Er merkt, wie gut sie ihm gefällt, wie gut ihm dieses Spiel gefällt, wie gut ihm sogar Musik wieder gefällt. *Von vorn. Noch einmal mit Gefühl.*

Sie tut, wie ihr geheißen, und auch wenn die Reprise des revidierten Stücks über das Ende der Schulstunde hinausgeht, verschwendet keiner von ihnen auch nur einen Gedanken an den Minutenzeiger. Klänge füllen ihre Ohren, Noten ziehen über den Schirm. Wieder ist alles von Musik erfüllt, üppig und naiv, sie bringt das Beste in Apoll und Dionysos gleichermaßen hervor.

Ein paar kurze Takte lang wird diese vielschichtige Musik fremd und kalt wie Mondlicht. *Oh!*, ruft Els und klatscht in die Hände. *Die Stelle gefällt mir!*

Sollte sie auch, sagt sie. *Die ist von Ihnen!*

Er denkt, sie mache Witze. Aber das tut sie nicht. Die Musik pocht weiter, doch jetzt sind seine Ohren auf der Hut. Er wartet, bis das Stück zu Ende ist, dann fragt er sie.

Was soll das heißen, von mir?

Das Grinsen gehört einfach zu ihrem Gesicht. *Ich habe das in einem Stück von Ihnen gefunden … Ihren Borges-Liedern.*

Wir sind für die Kunst gemacht, wir sind für die Erinnerung gemacht, wir sind für die Poesie gemacht, oder vielleicht sind wir für das Vergessen gemacht. Er hatte ganz vergessen, dass das Werk gedruckt worden ist, und wenn sie tatsächlich hingegangen ist und ein Exemplar der Noten bestellt hat, dann ist das der erste Dollar Tantiemen, den Els seit Jahren bekommt.

Dafür bin ich Ihnen ein Eis schuldig.

Was soll das nun wieder heißen?

Es soll heißen, dass sie aus seinen alten obskuren Formeln etwas Gutes gemacht hat. Spachteln, schleifen, neu lackieren, und das Ding glänzt wieder, besser als neu.

Wie kommen Sie dazu, mein altes Zeug anzusehen?

Die Worte jagen ihr einen Schreck ein, eine Tonart, die er noch nie an ihr gesehen hat. *Großväterchen?*, fragt sie. Sie sieht sich die Stelle an, die sein Missfallen erregt hat. *Das ist wirklich schön.*

Oh? Schönheit ist also wieder in Mode?

Wie viel musste sich doch in der Welt des musikalischen Geschmacks verändert haben, seit er zuletzt ihr Fieber gemessen hatte, wenn man jetzt die einstigen Provokationen eines solchen Verbrechens beschuldigen konnte. Er lächelt, nun wo er Laute aus ferner Vergangenheit vernimmt – die Späße bei der Premiere dieses Stückes, Maddy und die Musiker, wie sie auf Richards kaiserliches Kommando durch den kleinen Saal getanzt waren.

Was ist?, fragt Jen. *Was habe ich gesagt?* Sie ist gern bereit mitzulachen, wenn das von ihr erwartet wird.

Er schüttelt den Kopf. *Alte Freunde*, sagt er. *Verrückte Typen.*

Sie runzelt die Stirn, weiß nicht, ob es da etwas gibt, was sie verstehen müsste. Aber Perplexität perlt ebenso schnell von ihr ab wie die jüngste Zeitgeschichte. Sie gehört zur ersten Generation derer, denen das Mantra *Mir doch egal* nie zu viel wird. Ist ihr egal, was er da vor sich hinplappert. Seine Worte bedeuten nichts. Sie will seine Melodien.

Es ist Montag, zwanzig nach sechs. Zu irgendetwas kommt sie zu spät – Abendessen in ihrem Wohnheim, Verabredung mit einem Verehrer, einmal durch die Bars zum Wochenanfang mit Freunden. Aber sie blickt forschend nach oben, als ob die Noten seiner alten Lieder dort an die Decke geschrieben stünden. *Ich lerne so viel aus dem, was Sie schreiben.*

Geschrieben haben, möchte er korrigieren. Ihre Begeisterung scheint vollkommen echt. Aber sie findet Freude und Anregung ja auch in einer zehnsekündigen Werbemelodie.

Er möchte ihr sagen: Halten Sie sich an das, was Sie jetzt wissen. Lassen Sie sich von niemandem etwas aufschwätzen. Erforschen Sie Ihren Hunger und lernen Sie, wie er zu stillen ist. Vertrauen Sie auf jedes Geräusch, das in Ihrem Bauch etwas bewegt. Schreiben Sie in den Kadenzen der ersten Liebe, der zweiten Chance, des Luftangriffs, der Wut, des Hässlichen und des Lächerlichen, des spontanen Annehmens oder der schroffen Absage. Machen Sie die bittere Musik der Stadtstreicher, die traurigen Shantys der Landlosen, machen Sie kühle Musik am Äquator und bewegte am Pol. Schreiben Sie auf, was Engel nach einer nächtlichen Orgie an Tönen von sich geben. Machen Sie alles, was Ihren Tag länger macht, was Ihnen durch die Nacht hilft. Machen Sie die Musik, die Sie brauchen, denn dieses Brauchen ist schneller vorbei, als Sie denken. Schreiben Sie Sequenzen, die vom Ende der Zeit künden, und gedenken Sie der Toten, als ob sie noch unter uns seien. Denn das sind sie.

Er verschränkt die Hände hinter dem Kopf. *Wir hatten ziemlich merkwürdige Ideen, damals.*

Ich weiß. Die Sechziger! Selbst den Namen findet sie aufregend. Tochter einer Revolution, die ganz anders gewesen ist, als sie es sich vorstellt.

Wir haben verrückte Sachen gemacht. Wir glaubten, Leute könnten lernen, etwas zu lieben.

Sie stutzt. *Können sie das denn nicht?*

Das können sie nicht, sagt Els. *Gott. Was für eine Energie wir hatten. Was für Ideen. Was für einen Mut. Was jemand auch brauchte, wir haben es erfunden. Es gab Scharlatane, aber die Träumer waren in der Überzahl. Und dann sind wir aufgewacht.*

Worte wie eine Ohrfeige; ihr Gesicht wird lang. Er versteht nicht, warum sein Abfall vom Glauben sie bekümmern soll. Ihre Musik ist so prächtig, so wohltuend, sie steht den 1860er Jahren näher als den Sechzigern, um die es hier geht. Trotzdem lässt sie den Kopf hängen, betrauert diesen Bildersturz. Die Freude schöpferischer Zerstörung wird sie nie kennenlernen. Es gibt nichts mehr zu zerstören. Alles ist bereits zerbrochen, zusammengeklebt zu einem Mosaik aus kleinen Stücken, und das so oft, dass man gar nicht mehr mitzählen kann.

Keiner wollte diesen Kram. Nur das wenigste wird je wieder gespielt werden.

Vor dem Fenster breitet sich der Oktober aus, wolkenlos, ein großes Vergessen. Wenn man diesem Blau glauben will, ist im Monat zuvor nichts von Bedeutung geschehen, und auch die weiteren Aussichten prophezeien das schönste Nichts. Els streckt sich. Er hat eine Melodie im Ohr, etwas wie den Rock-'n'-Roll der Fünfziger, den sein Bruder ihm, an einen Barhocker im elterlichen Keller gefesselt, einmal eingetrichtert hatte.

Letzten Endes wollen die Leute nur sehr wenig.

Er ist wieder ein Junge, vor der Musiktruhe seines Vaters. *Young Person's Guide.* Schumans *Orchestra Song.* Die beiden Töne der Kesselpauke sind immer dieselben: Do so, so do. do so so so do. Und nun führt die lange, merkwürdige Reise seiner sechzig Jahre, all seine Wanderungen durch ferne Tonarten, zurück zur Tonika, jenem zerborstenen Zuhause.

Er weiß beim besten Willen nicht wie, aber er hat sie gekränkt.

Großväterchen – Jens Stimme zittert. *Es klingt so großzügig. Frisch.* Sie schmollt mit der gleichen Intensität, mit der sie ihrer Musik ihr unverschämtes Strahlen gibt. *Als ob Sie sich einen Dreck drum kümmern, wer mitkommt. Das gefällt mir!*

Er kann ihr nicht einmal übers Haar streichen. Es gibt Gesetze dagegen, und Gesetze über diese Gesetze hinaus. Er wartet zu lange mit seiner Antwort, und sein Schweigen bringt sie in Verlegenheit.

Sie haben so viele Sachen gemacht, versucht sie es neu. *Warum haben Sie aufgehört?*

Das geht Sie nichts an, antwortet er. Und bereut diese Worte sofort genauso heftig wie jede Note, die er je geschrieben hat.

Ihre Lider flattern, sie wirft den Kopf in den Nacken. Sie klappt ihren Computer zu und steckt ihn in den Rucksack.

Jen, sagt er, bringt es nicht fertig zu sagen, was er sagen sollte. Sie hält inne, wartet, bändigt ihr Amazonenhaar.

Gehen Sie ans Klavier, kommandiert er. Sie blickt verächtlich, aber sie tut es.

Spielen Sie eine Note.

Sie zuckt mit den Schultern – ihr doch egal. Immerhin hält sie sich nicht damit auf zu fragen, welche. Sie nimmt gis, lieblich, intensiv *und* pervers. Dieses Mädchen wird es noch weit bringen.

Was hören Sie?

Wieder ein Schulterzucken, steinerne Miene. *Gis unterhalb des eingestrichenen c.*

Noch einmal. Was hören Sie noch?

Anfangs nichts. Aber er kann mit ansehen, wie ihr die Erkenntnis kommt, zehnmal schneller als ihm seinerzeit. Sie drückt die Taste, schnaubt, drückt noch einmal, dreimal hintereinander. Dann beginnt sie mit dem langen Arpeggio, klimpert sich durch die ganze Obertonreihe.

Ja und?, sagt sie, versucht mürrisch zu blicken und scheitert elend dabei.

Sie weiß es. Es steht ihr im Gesicht geschrieben, eine Botschaft, die bereits dabei ist, ihre Zukunft zu erobern. In jedem Ton, der jemals an unser Ohr dringt, verbergen sich unendlich viele weitere. Die Dinge, die er ihr nie erzählen kann, die Musik, die er nie geschrieben hat: Es ist alles da, hoch oben, jenseits der Frequenzen, die wir hören können.

Du wirst kaum wissen, wer ich bin und was ich bedeute.

In ganz Asien wird infiziertes Geflügel geschlachtet. Ein Holocaust der Vögel. Millionen werden umgebracht, ob infiziert oder nicht. Sicherheit ist ein Konzeptstück – bestenfalls.

Es gibt Hunderte von Fällen bei Menschen: Ägypten, Indonesien, China. Noch halten die Zahlen sich in Grenzen, aber wenn die echte Epidemie kommt, werden die Anfänge genauso aussehen. Mittlerweile züchten Forscher in Rotterdam mit Hilfe von mehreren Generationen von Frettchen Varianten der H5N1-Virenstränge. Drei Monate und fünf kleine Mutationen später werden sie im Besitz eines Virus sein, das auch über die Atemluft übertragbar ist. Es ist ein ziemlich einfaches Experiment, das Zehntausende von Hobbybastlern zu Hause nachmachen könnten. Eine Krankheit, die bei der Hälfte aller Infizierten tödlich verläuft, kann dann genauso ansteckend sein wie eine ganz normale Erkältung. Regierungen und andere Institutionen werden versuchen, die Daten unter Verschluss zu halten. Doch schon bald wird sich das Rezept mit Gedankengeschwindigkeit im Internet verbreiten.

Dies geschieht im Zeitalter der Bakterien, das vor etwa dreieinhalb Milliarden Jahren begann.

Weiter östlich, in Cambridge, Massachusetts, erschafft ein Molekulargenetiker einen völlig neuartigen Organismus mit einem eigenen genetischen Code. Er ist nicht gefährlich, sagt ein Gremium von Wissenschaftlern, solange er das Labor nicht verlässt. Nichts bleibt für immer unter Verschluss, sagt ein Gremium von Historikern. Das Leben ist ein außer Kontrolle geratenes Experiment, sagen die Künstler, und sicher ist nur der Tod.

Die Hüter der Sicherheit setzen ihre nächtlichen Lufteinsätze fort. Drohnen sammeln Daten an sämtlichen Gefahrenpunkten der Erde. Aufklärungstrupps durchkämmen die letzten weißen Flecken auf der Landkarte. Virtuose Interpreten von Gesprächsfetzen lauschen auf allen Frequenzen. Überall vereiteln Agenten Angriffe, noch ehe sie überhaupt geplant sind.

Ein paar Wochen später wird ein Luftlandekommando das Anwesen des größten Künstlers auf dem Felde der Panik erstürmen – eines Mannes, der seit zehn Jahren auf der Flucht ist – und wird ihn ermorden. Durch diesen Tod wird sich nichts ändern. Panik lässt sich, wie jede Form von Kunst, nicht rückgängig machen.

Ich werde dir trotzdem zur Gesundheit dienen.

Der einundsechzigste Geburtstag kam, dann, ein paar Tage später, der zweiundsechzigste. Zwei Jahre lang arbeitete Els am Verrata College und hörte ausschließlich Bach. Er unterrichtete Gehörbildung und Singen vom Blatt, danach ging er nach Hause und lauschte Nacht für Nacht allem, was der alte Kontrapunktvirtuose je geschrieben hatte. Ausschließlich. Es war eine Art Trainingsprogramm, wie Jogging oder Kreuzworträtsel. Eine Flucht vor den nächtlichen Schweißausbrüchen des eigenen Jahrhunderts. Das *Wohltemperierte Klavier* wurde sein tägliches Brot. Er arbeitete sich durch die Suiten, Concerti und Triosonaten. Er vertiefte sich in die mehr als zweihundert Kantaten, und das dreimal hintereinander. Das Studium schärfte seine Wahrnehmung. Er fühlte sich wieder wie ein junger Student, ein Anfänger in seinem eigenen Leben.

Nach zwei Jahren des Zuhörens erwachte Els eines Morgens und stellte fest, dass er fertig war, selbst mit Bachs unerschöpflichem Buffet. Es gab nichts mehr zu entdecken. Die Vollkommenheit war Alltag geworden. Er konnte jede noch so fremdartige Dissonanz vorhersehen, die sich in diesen souveränen Kompositionen verbarg. Und was nimmt man sich als Nächstes vor, wenn man die Perfektion gemeistert hat?

Er wandte sich Mozart zu. Vertiefte sich in die Jupitersinfonie, wie ein Wissenschaftler es getan hätte. Doch selbst das kosmische Finale schien ihm vertraut, wenn nicht gar Schlimmeres. Die Noten waren alle noch da, man konnte sie nicht überhören. Aber sie wirkten irgendwie platt, hatten ihre Strahlkraft verloren. Und die Phrasen, zu denen sie sich zusammenfügten, klangen blechern und fade. Er brauchte Wochen, bis er es begriff: Sein Gehör hatte sich verändert. Er war gerade erst fünfundsechzig, aber etwas in seinem Ohr funktionierte nicht mehr.

Els konsultierte einen Spezialisten. Seine Symptome waren Dr. L'Heureux ein Rätsel. Der Arzt fragte Els, ob er an Koordinationsstörungen leide. Ob er verwirrt oder desorientiert sei.

Oh, höchstwahrscheinlich, antwortete Els. Doch nur die musikalische Verwirrung machte ihm Sorgen.

Fällt es Ihnen schwer, die passenden Worte zu finden?

Els war sein Lebtag nicht in der Lage gewesen, die passenden Worte zu finden.

Dr. L'Heureux ließ Peter auf einer geraden Linie gehen, in Siebenerstufen rückwärts zählen, testete die Muskelkraft in seinen Armen und forderte ihn auf, mit geschlossenen Augen still zu stehen. Er verlangte von seinem Patienten nicht, dass er sang oder eine Melodie erkannte.

Dr. L'Heureux ordnete eine Computertomographie an. Das Gerät war eine große Röhre, ähnlich den Schlafkabinen für Geschäftsleute in japanischen Hotels. Es gab während des Scans Geräusche von sich, ein mikrotonales Dröhnen, das an La Monte Young erinnerte oder an die kreisenden Gesänge tibetanischer Mönche.

Arzt und Patient saßen im Sprechzimmer und musterten scheibchenweise die Aufnahmen von Peters Gehirn. Die Schnörkel und Windungen sahen aus wie Blumenkohl. Dr. L'Heureux deutete auf Teile von Peters Verstand, Herz und Seele, nannte Hirnregionen, deren Namen wie Ferienorte im östlichen Mittelmeerraum klangen. Peter verfolgte die Vorstellung der Laterna magica. Er nickte zu den Erklärungen des Arztes und hörte dabei ein vollkommen anderes Stück. Wieso war die Musik eigentlich so besessen von Faust? Spohr, Berlioz, Schumann, Gounod, Boito, Liszt, Busoni und Mahler, bis hin zu Prokofjew, Schnittke, Adams und Radiohead. Jahrhunderte des schlechten Gewissens, lange bevor die Nazis den Tempel der Kunstmusik in Schutt und Asche legten.

Als ein weiteres Scheibchen seines Hirns auf dem Bildschirm erschien, kam Els der Gedanke, dass das wahre Verbrechen der klassischen Musik nicht ihr gutes Verhältnis zum Faschismus war, sondern der uralte Traum von Kontrolle, der Wunsch, die Seele zu verdrahten. Er malte sich aus, wie Faust die eigenen Neuronen auf einem Monitor betrachtete – sein unstillbarer Hunger bloßgelegt, der Drang nach Überlegenheit, der sich durch sein Hirn kräuselte wie Zigarettenrauch in der Luft. Wenn der Suchende endlich zur vollen Erkenntnis kam, würde Mephisto an seiner Seite singen: *Jetzt haben wir beide, was wir ersehnten.*

Einst hätte eine solche Idee zu einer Oper Els' Gehirnwindungen mit schillernden Wogen überflutet. Jetzt sah er eine ruhige See.

Er deutete auf ein grauschwarzes Fleckchen Sargassosee. *Was ist das hier?*

Dr. L'Heureux nickte und bestätigte damit eine Diagnose, von der Els nicht einmal wusste, dass er sie gestellt hatte. *Das ist eine Läsion. Ein kleiner toter Fleck.*

Tot?

Eine vorübergehende lokale Durchblutungsstörung.

Der Arzt zeigte auf eine andere Stelle.

Die Aufnahmen von vielen Menschen Ihres Alters zeigen dieses Phänomen.

Ah, sagte Els. *Also kein Grund zur Besorgnis.*

Dr. L'Heureux nickte. *Völlig normal.* Vielleicht hatte eine Läsion seinen Sarkasmus-Detektor außer Gefecht gesetzt.

Els fragte, wie viel von einem menschlichen Gehirn abgestorben sein dürfe, um noch als normal zu gelten. Die Frage verwirrte Dr. L'Heureux. Für ihn schien es keinen großen Unterschied zwischen normal und tot zu geben. Und sämtliche Erkenntnisse der Medizin stützten seine Einstellung.

Aber die winzigen grauen Inseln in seinem silbernen Gehirn beschwichtigten Peter. Was immer er an musikalischen Fähigkeiten eingebüßt hatte, es war nicht seine Schuld. Er wurde nicht bestraft. Die verstreuten toten Flecken auf dem Schirm formierten sich zu einem Muster. Die Inseln der Stille verliehen dem immer noch wogenden Ozean der Geräusche rings um sie her Gestalt. Er hatte seinen Studenten immer gesagt, Pausen seien die ausdrucksvollsten Farben auf der Palette eines Komponisten. Stille sei dazu da, den Noten mehr Nachdruck zu geben.

Dr. L'Heureux pries den Nutzen sportlicher Betätigung. Er kam auf mögliche Medikamente zu sprechen, Umstellungen in der Ernährung. Aber Els hörte ihm nicht mehr zu. Er fragte: *Was ist mit meinen musikalischen Fähigkeiten?*

Die Schultern von Dr. L'Heureux baten hilflos um Verständnis. Er nannte einen Namen: erworbene Amusie. Es gebe eine Vielzahl von möglichen Ursachen – aber keine Therapie.

Etwas in seinen Worten ließ bei Peter die Alarmglocken schrillen. Ein Ton, den er noch hören konnte.

Es wird also schlimmer?

Das Schweigen von Dr. L'Heureux legte nahe, dass es nicht besser würde.

Els ging nach Hause, in eine Welt veränderter Klänge. Wenn er jetzt Musik hörte, kam es ihm vor, als betrachte er eine Blumenschau durch die Sonnenbrille. Sein Verstand wusste, welche Intervalle schockierten oder überraschten, beruhigten oder erquickten. Er konnte sie bloß nicht mehr fühlen.

Regen und Donner, Berghänge in fließendes Orange getaucht, Überschwang der Freude, das Brodeln der Städte bei Nacht, ein Füllhorn nie enden wollender Zärtlichkeit, das Himmelreich der Tiere – die betörendsten Harmonien verblassten zu glanzlosen Berichten aus zweiter Hand. Musik, die allererste Sprache, der unmittelbare Ausdruck innerer Zustände, das, was Worte gewesen waren, bevor Bedeutung ihnen die Flügel stutzte, las sich jetzt wie ein lakonisches Telegramm.

Ein paar Tage lang konnte er noch sagen, was anders klang. Dann nach und nach nicht mehr. Das Gehirn gewöhnt sich an alles, und bald waren Els' neue Ohren alles, was er je besessen hatte. Er horchte weniger auf subtile Rhythmen und harmonische Konturen und mehr auf Melodie und Timbre. Alles, was er hörte, war neu und fremdartig. Two-Tone, Four-by-four Garage, Rare Groove, Riot Grrrl, Red Dirt, Country Rap, Cybergrind, Cowpunk, Neo-Prog, Neo-Soul, New Jack Swing … Nie hätte er sich träumen lassen, dass Menschen so viele verschiedene Arten von Musik brauchen.

Ein Jahr Hören in dieser neuen Welt bestätigte seine Vermutung. Er hatte sein Leben lang auf eine Revolution gewartet, die er längst durchlebt und verpasst hatte. Die Ätherwellen waren voll von erstaunlichen Klängen – ein Spektrum der Trauer, Verrücktheit und Freude von so gewaltigen Dimensionen, dass er gar nicht weit genug zurücktreten konnte, um es in seinen ganzen Ausmaßen zu erfassen. Jetzt, wo immer mehr Menschen immer mehr Lieder schrieben, würde irgendwann fast jedes Stück ohne Zuhörer bleiben. Aber selbst das war schön. Denn so konnte fast jedes Stück für irgendeinen Menschen dessen verborgener Schatz sein.

Die Studenten wurden jünger und die Musik wilder, aber Els lehrte weiter dieselben grundlegenden Regeln. Er brachte seinen Schülern bei, wie sie Septakkorde in der dritten Umkehrung erkennen konnten, und draußen stürzte derweil die globale Finanzwelt in den Abgrund. Das ganze Geflecht von Betrügereien kam ans Licht. Billionen von Dollars verschwanden wieder im Reich der Fiktion. Das College verlor die Hälfte seiner Finanzmittel. Els wurde gebeten, sich zur Ruhe zu setzen. Er bot an, unentgeltlich weiter zu unterrichten, aber das ließen die Gesetze nicht zu.

Er kehrte zurück in ein Leben als Einzelkämpfer, doch jetzt wusste er nicht mehr, wie er seine Tage verbringen sollte. Irgendwie gingen sie vorbei, viele sogar in Dur. Er telefonierte mit seiner Tochter und freute sich über jedes Wort von ihr. Er hatte ihr Geschenk, Fidelio, seine muntere Begleiterin auf langen, ziellosen Spaziergängen. Tag für Tag hatte er nichts Wichtigeres zu tun, als über die Frage nachzudenken, die ihm sein gesamtes Leben nicht hatte beantworten können: Wie brachte die Musik den Körper dazu, dass er glaubte, er habe eine Seele?

Els, inzwischen achtundsechzig, konnte darüber immer nur in kleinen Häppchen nachdenken. Er las, was er fand – das destillierte Wissen von Hunderten von Experten. Die physiologischen Ausführungen verstand er nicht immer ganz. Im Laufe der Evolution hatte der Körper gelernt, auf bestimmte halbgeordnete Schwingungen mit Freude, Hoffnung, Erregung oder Ruhe zu reagieren; niemand wusste, warum das so war. Es gab keine Erklärung dafür, wieso eine Abfolge von Akkorden das Gehirn dazu bringen konnte, einen Fremden zu lieben, bevor es ihm überhaupt begegnet war, oder um Freunde zu trauern, die noch gar nicht gestorben waren. Niemand vermochte zu sagen, warum Barber die Zuhörer bewegte und Babbitt nicht, oder ob man ein

Kleinkind so erziehen konnte, dass es bei der Musik von Carter weinte. Aber alle Experten waren sich einig, dass Wellen von komprimierter Luft, wenn sie auf das Trommelfell trafen, Kettenreaktionen auslösten, die den Körper mit Signalen überschwemmten und sogar die Expression von Genen veränderten.

In der Tiefe seines Polstersessels las Els über die chemischen Kaskaden, die Musik im Körper des Zuhörers in Gang setzte. Manchmal kam er sich vor, als hätte es jene Nacht mit Clara am Ufer des Jordan River in Bloomington nie gegeben und als sei er bei der Chemie geblieben, statt an jenem Scheideweg die Musik zu wählen.

Heutzutage wurde alles zu Musik gemacht. Fraktale wurden zu Fugen. Die Ziffern der Zahl Pi zu einem Präludium. Sonaten komponiert von Sonnenwinden, Wahlergebnissen, Weltraumaufnahmen vom Leben und Sterben der Schelfeisplatten. So war es nur logisch, dass sich um die Idee der Bio-Komposition eine ganze Schule mit eigener Anhängerschaft, Zeitschrift und jährlichen Tagungen formiert hatte. Hirnwellen, Hautleitung und Herzschläge: alles konnte überraschende Melodien hervorbringen. Streichquartette spielen die Abfolge der Aminosäuren in Pferde-Hämoglobin vor. Kein Zuhörer würde je mehr brauchen als einen winzigen Bruchteil der Musik, die bereits entstanden war, aber etwas im Inneren der Zellen verlangte millionenfach mehr.

Im Herbst des Jahres 2009, auf einem flotten Spaziergang mit Fidelio über den langen Rundweg im Park, verfolgte Els, wie ein feuchtes Eichenblatt durch die Luft segelte und an seiner Windjacke hängen blieb. Er löste es ab, musterte die Blattoberfläche und entdeckte rhythmische Strukturen in den verzweigen Adern. Ein wenig benommen setzte er sich auf einen Felsblock an der Seite des Wegs. Seine Hand fuhr über die Oberfläche des Steins, und die Vertiefungen spielten Töne auf seiner Haut, wie eine Notenrolle. Er blickte auf: Musik glitt in Wolkenformationen über den Himmel, und Lieder huschten über die gestaffelten Schindeln eines nahe gelegenen Dachs. Rings um ihn her wartete ein gewaltiger verborgener Chor in einer großen alternativen Notenschrift nur darauf, dass jemand ihn aufzeichnete. Seine eigene Musik war nicht die einzige, die ungehört blieb. Fast jede Melodie, die die Welt zu bieten hatte, würde für alle Zeiten so gut wie keinen Hörer finden. Und dieser Gedanke stimmte ihn froher als alles, was er je geschrieben hatte.

Fidelio zerrte an der Leine und zog Els auf die Füße, hinüber zum Ententeich. Der Hund stürmte ins Wasser, und die Pfoten ließen ein Muster von punktierten Rhythmen und akzentuierten Tönen entstehen. Duette, Trios, ja sogar ein keckes Sextett breiteten sich auf der Wasserfläche aus. Der winzige Wirbel der aufeinandertreffenden Wellen fasste genügend Daten für eine ganze Oper. Man musste nur den richtigen Umwandlungsschlüssel finden, dann konnte die Partitur jede musikalische Geschichte erzählen, die es gab: Ein Mensch benutzt Melodien, um einen Pakt mit dem Teufel zu schließen. Ein Mensch tauscht das Ich gegen eine Chance auf den letzten Akkord. Ein Mensch hört das eigene Schicksal in der Musik des Zufalls.

Seine eigene Geschichte, aufgezeichnet in ein paar willkürlichen Wasserspritzern: eine unglaubliche Vorstellung. Aber die Musik selbst – ihre sinnlose Macht – war ebenso unglaublich. Eine Abfolge von sechs Akkorden konnte eine

Seele erstarren lassen oder ihr Gott offenbaren. Ein paar Noten auf einer Shakuhachi öffneten den Blick auf das Leben nach dem Tod. Simpler Kneipengesang weckte bei Millionen die nostalgische Sehnsucht nach einem Leben, das es nie gegeben hatte. Hunderttausend Jahre Thema und Variationen, bei denen jeder Komponist Anleihe bei anderen gemacht hatte, und nichts davon würde überleben.

Von überallher strömten Harmonien, verborgene Klänge in Els' beschädigtes Hörzentrum. Und all diese in allen Dingen der Welt schlummernde Kompositionen sagten immer nur eins: Hör genauer hin, hör auf die Feinheiten, die leisen Töne, hör auf jedes Geräusch, dann weißt du, wie die Welt klingen wird, wenn dein eigenes Konzert längst zu Ende ist.

Fidelio zog an der Leine, ein Drängen, das keinen Aufschub duldete. Das Ufer des Teichs war feucht, und Els' Schuhe versanken im Morast. Er griff zu einem Stock und kratzte sich den Schlamm von den Sohlen. Mit jeder Bewegung schleuderte er Millionen von Bakterien, Pilzen, Protozoen, Mikroalgen, Aktinomyzeten, Nematoden und mikroskopisch kleine Arthropoden durch die Luft – Milliarden von Einzellern, von denen jeder Zehntausende von Proteinen versprühte. Auch dies ein Sturzbach von chemischen Signalen, unvorstellbaren Tonkombinationen, ein ohrenbetäubendes Feuerwerk für jeden, der sich die Mühe machte, es wahrzunehmen.

Irgendwo in den Milliarden von Basenpaaren dieser Millionen von Arten mussten Lieder verschlüsselt sein, Sequenzen, die sich an all das wandten, was ihm je zugestoßen war. Musik, zu der man Frau und Kind verlässt. Das lebenslange Rondo einer gescheiterten Freundschaft. Einsiedlerlieder.

Lieder über Liebe, Ehrgeiz und Verrat, über Scheitern und Reue. Sogar der Abendgesang eines pensionierten Industriechemikers, dessen einziger Kummer darin bestand, dass er so weit von seinen Enkelkindern entfernt lebte.

Els wandte sich von dem Teich ab und zerrte den Hund zurück auf den geschwungenen Asphaltweg. Auf der nahe gelegenen Straße das Rasen der Fahrzeuge in beiden Richtungen. Ein flacher Mustang schoss vorbei, sprühte die Funken einer ohrenbetäubenden, hämmernden Liebeshymne. Fidelio jagte ekstatisch hin und her, scheuchte Schmetterlinge, bellte Phantome an, die er auf Frequenzen hörte, für die Els' Ohr nicht gut genug war. Außer Atem von seinem Versuch, mit dem Retriever Schritt zu halten – schließlich hatte er nur halb so viele Beine –, nahm Els ihm das Halsband ab – eine kleine Gesetzesübertretung, die niemandem weh tat und ihn schlimmstenfalls ein Verwarnungsgeld kostete. Die Hündin raste zu einem hundert Meter entfernten Ahornbaum und blieb bellend zu dessen Füßen stehen, als könnte das glückliche, helle Kläffen ihre Beute dazu bringen, sich aus der Baumkrone geradewegs in die Tiefe zu stürzen und sich dem Kreislauf des Lebens zu ergeben.

Und in dem Augenblick kam Els eine Idee. Sie nahm in seinem Kopf Gestalt an, als er dastand und Fidelio beim Bellen zusah: Musik für einen Herbstabend, ein Hauch von Erntedank, ohne Anfang und ohne Ende. Schon vor langer Zeit hatte er sich für das volle Programm gemeldet, und jetzt musste er nur noch den Träumen seiner Jugend treu bleiben und sie kompromisslos weiterverfolgen. Jetzt endlich konnte er sein gewaltiges Lied von der Erde erschaffen – Musik für alle Zeit und für niemanden …

Ein paar Tage zuvor, im Bett zum Einschlafen, hatte er im Radio ein Stück gehört, das die Struktur einer DNA musikalisch umsetzte – ein seltsames Murmeln, das allseits bekannte Vierbuchstabenalphabet der Nukleotide in die zwölf Tonstufen der chromatischen Tonleiter übertragen. Doch die wahre Kunst würde darin bestehen, den Prozess umzukehren – ein Musikstück, um es sicher zu bewahren, dem genetischen Code eines Bakteriums einzuschreiben. Welche Töne er im Einzelnen in die lebende Zelle programmierte, war nicht weiter wichtig: Vogelgesang, eine Totenklage, das nasskalte Rauschen dieser Parkbäume, musikalische Gespinste eines Hirns, dessen Entstehung diese sich ewig wiederholenden Muster vor vier Milliarden Jahren in Gang gebracht hatten. Hier hatte er das eine dauerhafte Medium, eines, das jedem Stück eine Chance zum Überleben gab, so lange bis außerirdische Archäologen kamen und untersuchten, was mit der verwüsteten Erde geschehen war.

Verschlüssele eine Komposition in einem quaternären Strang und lege das Band anschließend in den Player. Natürlich musste man damit rechnen, dass jedes Genom im Laufe der Zeit mutiert. Aber diese schleichende Veränderung der musikalischen Botschaft würde eher erwünscht als störend sein. Soweit Els wusste, betrat er Neuland. Bald würden auch hier die Wände mit Graffiti beschmiert sein. Aber er konnte früh dorthin kommen und hätte einen letzten Augenblick lang seine Freude an dem neuentdeckten Land. Kein Speichermedium war dauerhafter als das Leben.

Er würde den Rest seiner Zeit damit verbringen, die Möglichkeiten dieser Form zu erkunden und bei dieser Gelegenheit einen Bruchteil vom gewaltigen Generalbass des

Lebens hören. Mit ein wenig Zeit, Geduld, einer Internetverbindung, der Fähigkeit, Gebrauchsanweisungen zu lesen, und einer Kreditkarte könnte er noch einmal eine Melodie auf den Weg schicken, auf den Weg in eine sehr ferne Zukunft, ungehört, unerkannt, allgegenwärtig: Musik für das Ende der Zeit.

Els ging in die Knie, klopfte auf den Boden und pfiff. Fidelio kehrte in großen Sprüngen zurück, außer sich vor ekstatischer, bedingungsloser Liebe. Els nahm den Hund wieder an die Leine, verfrachtete ihn zurück ins Auto und fuhr nach Hause, getrieben von einem drängenden Wunsch zu arbeiten, wie er ihn nicht mehr gespürt hatte, seit Jahre zuvor seine Oper in den Strudel irdischer Politik geraten war. Er hatte eine Möglichkeit gehört, wie er, wenn schon nicht die Vergangenheit, dann doch wenigstens seinen jugendlichen Sinn für die Zukunft retten konnte. Dinge zu erschaffen fühlte sich wieder fremd und gefährlich an. Muster konnten für ihn vielleicht immer noch der Weg ins Freie sein.

An diesem Abend bestellte er die ersten Ausrüstungsgegenstände für ein Heimlabor.

Und dein Blut filtern und fasern.

Er ist sich sicher: Das Spiel ist aus, in dem Augenblick, in dem er die Klinik betritt. Der Nachtportier blickt von seinem Empfangstisch auf, wachsam. Els erwidert seinen Blick, mit dem Mut des Verlorenen.

Ich komme Richard Bonner besuchen.

Der Portier beäugt ihn weiter. *Tut mir leid. Die Besuchszeit ist vorüber.*

Ich bin sein Bruder. Ein Notfall in der Familie. Ich bin die ganze Strecke von Texas gefahren.

Der Portier greift zum Telefon. Gleich darauf sagt er: *Mr Bonner? Chuck hier. Entschuldigen Sie, dass ich noch so spät störe. Kann es sein, dass Ihr Bruder hier ist? Um Sie zu sehen? Aus Texas?*

In der endlosen Pause bewegt sich Els ganz langsam wieder Richtung Ausgang. Der Portier legt sich das Telefon ans Gesicht und mustert Els. *Welcher Bruder?*

Els rollt mit den Augen. Purer Verdi. *Peter,* sagt er. *Was glaubt er denn, wie viele er hat?*

Der Portier wiederholt den Namen ins Telefon. Er macht eine Handbewegung dabei, obwohl niemand da ist, für den sie bestimmt sein kann. Unsichtbare Gesten – wie Musik für Gehörlose. Das Telefonat zieht sich in die Länge. Kopfschüttelnd hört der Mann zu. Els kalkuliert den Weg bis zur Eingangstür.

Der Portier legt auf und lächelt. *Er sagt, ich soll den Bastard rüberschicken.*

Die Klinik ist eine Pracht. Vom Aufenthaltsraum mit Ledersofas und einer kathedralartigen Decke mit Perlmuster geht es in einen Kakteengarten. Es gibt eine winzige Bibliothek mit Zeitschriften und Taschenbüchern. Zur Frauenabteilung geht es über einen blass himbeerfarbenen Gang, der zu den Männern ist jagdgrün. Dutzende von Aquarellen und Tuschzeichnungen von Tieren in friedlicher Umgebung säumen den Gang. Hinter dem Nachtwachenraum für das Personal ist durch eine halboffene Tür ein kleines Labor zu sehen, Regalreihen mit Glasgefäßen und Medikamentenschachteln.

Els kommt an einem Raum mit einem Fernsehschirm vorbei, dann einem kleinen Fitnessraum, wo eine Handvoll alter Frauen sich in Tretmühlen abstrampelt, jugendliche Helfer messen ihnen dazu den Puls. In einem freundlichen Atrium sitzen vier grauhaarige Männer in Golfhemden und Khakihosen über einen Tisch gebeugt und spielen ein kompliziertes Brettspiel, zu dem Tausende bunter Würfel gehören. Zwei jüngere Männer mit Schreibbrett und Stoppuhr sehen zu.

Richard steht in einer Tür am Ende des langen Gangs. Er sieht aus, als sei er für einen Auftritt geschminkt, die Maske des Alters. Er packt Els bei den Schultern, sucht in den Spuren von siebzehn Jahren. Er schüttelt den Kopf, glaubt dem Beweismaterial nicht.

Es heißt, du bist untergetaucht. Oder habe ich das falsch verstanden?

Es ist Bonner, aber er ist es auch wieder nicht. Er ist um mehrere Zoll kleiner geworden. Etwas um die Augen stimmt nicht mehr. Els senkt den Blick und sieht immer noch die Interstate an sich vorbeiziehen. Er ist so erschöpft, er kann kaum noch sprechen. Bonner drückt ihn sich an die Brust, ein ungelenker Klammergriff. Abrupt und ein wenig verwirrt kommen die beiden wieder frei.

Richard öffnet den Mund, lautloses Lachen. Er studiert Els und wird nicht schlau aus ihm. *Ist das zu glauben? Ganz schöne Klemme, in die du dich da gebracht hast, Maestro. Komm mit. Ich muss dir was zeigen.*

Er zerrt Els in das Zimmer. Nummer 18 ist schmales Land. Es besteht aus einem Doppelbett, einem Schreibtisch mit Stuhl, einer winzigen Kommode, einem Fernseher an der Wand und einem rollstuhlgeeigneten Bad. Richard durchquert dieses bessere Studentenzimmer und geht zu einem Stapel Papiere. Er durchwühlt den schwankenden Turm. Nichts ist das, wonach er sucht. Els setzt sich, unaufgefordert. Ein mutwilliges Zittern packt Richards Hände – ein derartiges Vibrato, dass es nur eine Nebenwirkung der Medikamentenversuche sein kann. Er ist mehr als nur hinfällig, er ist ein Wrack, kämpft um die eine Ressource, die noch einen Wert hat, Klarheit.

Ein Triumphschrei – *Ha!* –, dann hält er die Beute in die Höhe. *Da haben wir*'s. Er kommt zu Els' Stuhl und reicht ihm den Zeitungsausschnitt. Es geht um eine CIA-Einheit, Leute – sie nennen sich »Bibliothekare der Rache« –, die ihr Leben damit verbringen, Tag für Tag Millionen von Internet-Postings zu durchkämmen.

Was sagst du dazu?, fragt Richard. *Das wird unser nächstes … unsere nächste Nummer. Show.*

Bevor Els etwas stammeln kann, stopft Richard ihm weitere Ausschnitte aus jüngster Zeit in die Hand. Ein Artikel über den Konzeptkünstler Ai Weiwei, der irgendwo in einem chinesischen Gefängnis schmachtet, weil er einen Tweet gepostet hat, der mit dem Wort *Jasmin* spielte. Ein anderer berichtet von einem Actionfilm über eine große Epidemie, der am 11. September in die Kinos kommen soll. Ein Artikel über einen Mann, der verhaftet wurde, weil er in seiner Küche einen Kernreaktor baute. Und natürlich mehrere Berichte über den Biohacker-Bach.

Das passt alles zusammen, sagt Richard. *Wir müssen nur herausfinden wie.*

Seine Worte kommen abgehackt, eine Kurzschrift. Sie haben nicht viel Zeit, und die Aufgabe wird immer größer, je länger sie warten. Er redet eindringlich mit Els, voller Pläne, voller Ungeduld; er muss sich zusammennehmen, sich konzentrieren, solange er sich noch konzentrieren kann.

Els' Tinnitussirene geht los. Gelbe Schnellstraßenmarkierungen flackern vor seinen Augen. Er hört Bonners Worte, aber er versteht sie nicht. Er schaut wieder die Zeitungsausschnitte in seiner Hand an: Jemand will ihm eine Botschaft schicken, in einer Sprache aus wirren Blip- und Bliepzeichen. Irgendein unverständliches Avantgardezeug.

Moment, sagt er. *Heißt das, du wusstest, dass ich komme?*

Richard blinzelt. *Nein. Hat das jemand behauptet?*

Sie sehen einander an, ein Wettstreit in Verblüffung.

Richard gibt als Erster nach. *Oh. Du meinst … dass du irgendwann herkommst? Ja, irgendwann, sicher. Das wusste ich.*

Er befühlt die Ländereien seines Körpers, auf der Suche nach einem Keks, den er noch irgendwo haben und den er sich in den Mund stecken könnte. Wieder ganz der Junge aus dem Stock Pavilion, Universität von Illinois, spät an einem Winterabend 1967; der, der Parolen in den Wirbel aus Lärm brüllt. Unter dem Pflaster liegt der Strand.

Richard grinst, liest noch ein letztes Mal die Gedanken seines Mitstreiters. *Vergeben? Wieder mal?*

Es gibt nichts zu vergeben.

Doch, mit Sicherheit, widerspricht Richard. *Mir fällt nur gerade nicht …*

Nein. Du warst nur …

Els weiß nicht, wie er in Worte fassen sollte, was sein Freund war. Was dieser eine, einzige Mann, diese unerträgliche Nervensäge in seinem Leben alles bewirkt hat.

Du warst ein Arschloch, sonst nichts. Schon immer.

Richard zuckt mit den Schultern. *War ich wenigstens gut für die Musik?*

Ich glaube, du hättest sie geliebt, sagt Els.

Bonner geht ans Fenster und starrt durch die Jalousie. *Wie hieß dieses große Ding gleich? Die Oper?*

Els kann keinen Unterschied feststellen, zwischen diesem frühen Stadium von Alzheimer und der Art, wie sein alter Freund schon immer war. *Der Strick des Voglers.*

Stimmt, sagt Richard. *Das war aus der Bibel oder so was, stimmt's? Und dann war da noch eins in New York, das hat Stunden gedauert. Irgendwas darüber, wie man Tote zum Leben erweckt.*

Diesmal ist es Els, der eine halbe Minute braucht, bis die Erinnerung zurückkommt. Bonner macht sich wieder hinten im Zimmer zu schaffen, auf der Suche nach etwas. *Warum wolltest du das alles aufgeben?*

Er hält inne, betrachtet seine Hände, und damit ist die Suche zu Ende. *Weißt du, was unser Problem war? Wenn man Vollkommenheit will, sieht sogar Großartiges ärmlich aus.*

Genau das, sagt Els.

Der alte Tänzer durchschneidet die Luft. *Aber egal. Neues Projekt. Du hast uns da einen phantastischen Start hingelegt. Killertheater. Schon seit Ewigkeiten träume ich davon, dass jemand so was macht.* Els verbirgt seine Verblüffung in einem Hustenanfall. Was da plappert, ist das Medikament, das

Mittel gegen das Frühstadium, das sie hier ausprobieren. Vielleicht sind es auch die letzten Zuckungen eines Verstandes, der sich nie mit etwas so Trivialem wie Vernunft abgegeben hat. Els legt die Ausschnitte auf den Wohnheimschreibtisch und betrachtet diesen fremden Mann, seinen einzigen Freund.

Richard, ich weiß nicht, wovon du redest.

Jetzt komm schon, ruft Bonner. *Wo bekommt man denn so ein Publikum? Millionen von Menschen verfolgen deinen Auftritt. So vielen Leuten kannst du nicht ihr Geld zurückgeben, Maestro.*

Er legt Els den Arm um die Schulter und führt ihn hinaus auf den Gang. Zusammen schlurfen die beiden zurück in Richtung Zivilisation; die Tür zur Nummer 18 lassen sie offenstehen. Es gibt in dem Zimmer nichts zu stehlen außer einem Stapel Ideen zu Projekten, und es gibt keine Diebe außer drei Dutzend menschlichen Versuchskaninchen.

Du findest das vielleicht … vielleicht sehenswert, sagt Richard. *Das Medikament heißt Consolidol. Die Krankheit heißt Scheiße. Gott weiß wie die anderen alle heißen. Lauter Namen, die sich keiner merken kann, die Idioten. Viele von den Frauen heißen Leslie.*

Auf dem Gang kommt ihnen ein Mann entgegen, so viel Masse wie sie beide zusammen. Das Haar seemännisch kurz geschoren und ein Bauch wie eine Pampelmuse. Er winkt schon aus der Ferne. Als er näher kommt, ruft er: *Ihr bringt in mein Leben keine Wand hinein. Was sagst du, Zettel?*

Els ist verdattert. Richard antwortet: *Einer oder der andre muss Wand vorstellen; und lasst ihn ein …*

Der Riese kommt so nahe heran, dass er Richard das

Haar wuscheln kann. Und so unglaublich das ist, Richard hält diesen Angriff aus. Der Riese greift auch in Richtung von Els' Haar und brummt: *Hallo, hallo!*

Richard versucht es noch einmal: *und lasst ihn ein bisschen Kalk, oder ein bisschen … ein bisschen …*

Ein bisschen Leim, hilft der Riese aus, und sein Bauch schwabbelt vor Vergnügen.

… oder ein bisschen Leim oder ein bisschen Mörtel an sich haben, um Wand zu bedeuten …

Bruno, stellt der Riese sich vor und streckt die Hand aus.

Els nimmt sie und windet sich unter dem Schmerz. *Paul*, sagt er.

Zu Besuch?

… oder ein bisschen Leim oder ein bisschen Mörtel an sich haben, um Wand zu bedeuten …

Ja, sagt Peter. *Eigentlich will ich gerade gehen.*

Und lasst ihn seine Finger so halten. Der Riese legt seine Hände zu einem spitzen V aneinander, blickt mit schimmerndem Auge hindurch.

Jetzt seid doch mal still!, brüllt Richard. *Stimmt. Und lasst ihn seine Finger so halten, und durch die Klinze sollen Pyramus und Thisbe wispern.*

Wenn das sein kann, sagt der Riese, *so ist alles gut. Kommt, setzt euch, jeder Mutter Sohn, und probiert eure Parte!*

Er winkt und watschelt weiter den Flur entlang.

Richard sieht Els an und fragt: *Also, was meinst du, wie viel kriegt er? Zwanzig Einheiten? Fünf? Oder Salzwasser? Die drei Chancen haben wir hier.*

Els zuckt mit den Schultern. *Wenn ich wetten soll, würde ich sagen: zwanzig.*

Sicher sollst du wetten. Milliarden von Dollars. Und ich hätte dasselbe gewettet. Und jetzt sag mir. Welche Dosis geben sie mir?

Ich weiß es nicht, sagt Els.

Red keinen Scheiß. Ich habe dieses verdammte Stück vierzig Jahre lang gelesen. Und im letzten Monat vier Stunden pro Tag. Mehr als all die anderen Witzbolde hier zusammen. Da geht es um Elfen, weißt du.

Er bleibt stehen und kehrt seine Taschen nach außen. Er bringt eine Handvoll waldgrüner Gummidrops ans Licht und begutachtet sie, als wären sie Mondgestein. Er steckt ein paar davon in den Mund, dann stolpert er wieder den Gang entlang weiter.

Und das Schlimmste daran: es war meine Idee, dass wir den Sommernachtstraum auswendig lernen.

Du … Els bricht ab, überlegt es sich anders. Dann sagt er es doch. *Du hast es inszeniert, in der Grad School. Du hast es in einem Altenheim angesiedelt.*

Das ist nicht wahr!, ruft Richard. *Tatsächlich?*

Er hat einen merkwürdigen Gang, mit ein wenig Schlagseite nach Backbord. Sie kommen an dem kleinen Fitnessraum vorbei, und drei alte, in die Breite gegangene Frauen rufen ihm etwas zu. Schon im nächsten Moment sind sie draußen auf dem Flur, Stirnbänder und Anzüge triefend, reiben nacheinander ihren Schweiß auf Bonners Körper. Die Kleinste der drei sagt schnurrend: *Weckt mich von meinem Blumenbett ein Engel?*

Scheiße, was ist denn hier los?, faucht Bonner. *Sommer der Liebe? Was glaubt ihr, wer ihr seid? Die drei – diese Dingsdas?*

Ist er nicht süß?, fragt die Kurze, an Peter gewandt.

Die älteste Grazie sieht Els mit gerunzelter Stirn an und tippt sich an die Schläfe. *Von irgendwoher kenne ich Sie.*

Die Mittlere fasst sie am Handgelenk. *Nein, Jean, tust du nicht.*

Sind Sie in Glencoe groß geworden? Waren Sie auf dem New Trier? Sie kommen mir so bekannt vor.

Els lächelt und schüttelt den Kopf.

Komm schon, Jean, sagt die Mittlere. *Weiter geht's, Schatz.*

Waren Sie vielleicht im Friedenskorps?

Richard schlurft weiter und singt dazu: *Good night, ladies.* Els trottet hinterher.

Wie ich dich liebe!, ruft die kurze Grazie ihnen vom anderen Flurende hinterher. *Wie ich dich vergött're!*

Richard winkt ihr über die Schulter zu, dreht sich nicht noch einmal um.

Jean ruft Els nach: *Sind Sie Musiker oder so was?*

Im Aufenthaltsraum treffen sie weitere Insassen. Die Unterhaltungen sind allesamt Variationen über ihr gemeinsames Thema: Funktioniert das Zeug? Die Pharmazeutik hat eine grimmige Gemeinschaft aus ihnen gemacht. Die ganze Klinik fühlt sich an wie eine jener Science-Fiction-Geschichten, die auf intergalaktischen Raumschiffen spielen und in denen ganze Generationen von Reisenden geboren werden, auf dem Schiff leben und sterben, bevor das Ziel erreicht ist, im Schneckentempo durch die Galaxien auf der Suche nach einem neuen Sternensystem. Alle begrüßen Richard wie einen lange vermissten Freund, und Richard grüßt zurück, als habe er eben erst, zu spät im Leben, entdeckt, dass Freundschaft für Menschen ein Trost sein kann. Die Krankeit hat ihn sanftmütiger gemacht.

Sie bahnen sich einen Weg in den Garten. Richard geht auf und ab. *Du siehst, wie es hier zugeht. Wir treiben Sport. Machen Tests. Spielen Spiele. Die kleinste Bewegung wird festgehalten. Lernen diesen … Shakespeare auswendig. Nächste Woche machen wir eine kleine Aufführung.*

Er schüttelt den Kopf, wischt seine abgrundtiefe Verzweiflung mit einem Fingerschnicken weg.

Und wir ziehen durch den Laden hier und versuchen dahinterzukommen, wer welche Dosis bekommt. Suchen nach einem Zeichen, dass wir nicht für alle Ewigkeit verarscht sind. Die Erretteten und die Verdammten. Jeden Tag wird es ein klein wenig deutlicher. Ich weiß jedenfalls, was sie mir geben. Und es gibt keinen Placidoeffekt, das kannst du mir glauben.

Placebo, sagt Els.

Placebo. Richard spricht im schleppenden Texas-Tonfall, den er sein Leben lang unterdrückt hat. *Mein Vater wollte, dass ich ein normales Leben führe. Er wusste nur nicht, wie man das Wort »normal« buchstabiert.* Er steckt die Hände in die Taschen seiner schlaffen Hose, nickt, nickt noch einmal – *Placebo, Placebo* –, dreht enge Runden auf der Veranda aus Redwood, nun endlich zum Philosophen geworden, zum Peripatetiker, zieht seine Spiralen im immer tieferen Dunkel.

Gib ihm Zeit, sagt Els.

Zeit haben wir nicht.

Aber wenn das Mittel sich bei den anderen … wenn keiner krank wird …

Weißt du, wie es mir an meinen schlechten Tagen geht? Ich hoffe, dass einer draufgeht – damit keiner das kriegt, was ich nicht kriege.

Aber wenn der Test erst mal vorbei ist …

Phase zwei sagt Richard. *Dann Phase drei, danach Phase vier. Am Ende die Zulassung durch das FBI – na, diese …*

Els kann sich auch nicht mehr erinnern, wie die Gesundheitsbehörde heißt.

Dann müssen sie die Fabriken bauen, in denen das Zeug hergestellt wird. Der große Reibach. Ich sitze hier und sabbere vor mich hin, lange bevor das auf den Markt kommt.

Er packt Els am Handgelenk, zerrt ihn unter die Halogenlampe. *Scheißfinale, was? Deins ist besser. Wir müssen uns auf deins konzentrieren.*

Er lässt Els' Hand fallen, gibt ihm Zeichen, dass er draußen warten soll. Er huscht wieder hinein und bleibt lange Zeit fort. Els kann nicht sagen, wie lange. Sein Metronom funktioniert nicht mehr, zerschossen von Stress und drei Tagen Autofahrt. Schließlich kehrt Richard zurück, in den Armen ein Teleskop, das er wie eine große Thorarolle trägt. Er tätschelt das Instrument. *Mein Alibi.*

Unter dem Arm baumelt ein Stativ; Els nimmt es, als es rutscht.

Sie sehen es nicht gern, wenn wir rausgehen, ohne uns abzumelden, erklärt Bonner. *Sie stellen sich vor, dass wir in die Wüste wandern und nicht mehr wissen, wo wir wohnen. Ist das zu glauben?*

Er stolpert die Reihe der Liegestühle entlang, optisches Gerät im Arm, jetzt wieder obenauf, weil ihm eine kleine Gaunerei gelungen ist. Ein Kunststück.

Komm mit. Wir schauen in die Sterne. Wenn du die Sphärenmusik hörst, merkst du erst, wie langweilig das Zeug von euch Erdlingen ist.

Bonner führt die Expedition über den Parkplatz auf der

Rückseite des Komplexes, sie gehen einen halben Häuserblock bis zu einem Fahrweg, wo es ein klein wenig dunkler ist. An diesem Abend hat der Mond einen Hof – kalt und riesig und blau, ein Heiligenschein vor dem diffusen Schwarz. Els kann den Blick gar nicht davon abwenden, so monströs und schön ist es. Richard ringt mit dem Teleskop, montiert es auf dem aufgestellten Stativ bei laufendem Kommentar.

Es geht schnell zu Ende mit mir, Peter. Wie ein Zuckerwürfel in Wasser. Ich schreibe mir Mitteilungen in ein kleines Notizbuch. Damit ich Sachen nicht vergesse. Dann verstehe ich nicht mehr, was ich geschrieben habe.

Els steht hilflos dabei, begreift diesen Mann nun endlich.

Deshalb musstest du auch jetzt kommen, sagt Bonner. *Solange noch Zeit dafür ist.*

Els fragt: *Wofür?*

Richard hat das Fernrohr an Ort und Stelle und lässt die Klammern einschnappen. Er richtet es ein, inspiziert das Objektiv und beugt sich dann über das Okular. *Der Tag versinkt*, rezitiert er in einem Singsang. *Der Mond geht auf.* Er kauert neben dem Rohr, das Auge ans Schlüsselloch des Kosmos gepresst. Man hätte denken können, er wartet auf einen Bus, der einmal pro Weltalter an dieser Ecke des Universums hält. *Auf denn! Noch ist es Zeit, nach einer neuen Welt uns umzusehn!*

Von Zeit zu Zeit dreht Richard an der Höhenverstellung. Es sieht fast aus, als wüsste er, was er tut. Ein gewaltiger Seufzer entfährt ihm, weit und belegt wie der Nachthimmel. Er richtet sich auf, macht einen Schritt zurück. *Schau dir das mal an.*

Els tut es. Alles, was zu sehen ist, ist Schwärze.

Wenn du die Sphärenmusik hörst, sagt Bonner, als sei ihm der Gedanke gerade erst gekommen, *merkst du erst, wie langweilig das Zeug von euch Erdlingen ist.*

Was soll ich mir ansehen? Es ist nichts da.

Schau genauer hin.

Els tut es. Es ist immer noch nichts da. Das bleibt für lange Zeit so. Dann sieht er etwas.

Hinter ihm, vom dunklen Straßenrand, fragt Richard: *Also, dann sag mir, was du hast.*

Els richtet sich vom Okular auf. Sekunden vergehen. *Was meinst du?*

Was ist das für ein Stück?

Ein Stück?, sagt Els.

Richard lächelt zufrieden. Von solcher Ausflucht lässt er sich nicht beeindrucken. *Hast du wirklich echte Gentechnik betrieben? Versucht, eine neue Lebensform zu schaffen?*

Nein, antwortet Els.

Ja dann raus damit. Was hast du für mich?

Zu viele Meilen sind seit seinem Aufbruch vergangen. Els weiß es nicht mehr so recht.

Weit bin ich nicht gekommen.

Das ist die Stelle, an der dein Mitstreiter auf den Plan tritt.

Ich wollte Musikdateien in lebendige Zellen packen.

Eine Pause, dann ein letztes Aufflackern von Telepathie, und Richard lacht wie eine Hyäne.

Waren denn die Achtspurmaschinen so schlecht? Und wie klingt so was?

Richard. Es gibt kein Musikstück. Ich wollte nur beweisen, dass so etwas geht. Sie haben mir das Haus ausgeräumt, bevor ich dahinterkommen konnte, wie.

Bonner blickt finster, fragt sich wieder einmal, wie ein kluger Mann dermaßen Mühe mit dem Offensichtlichen haben kann. *Doch. Es gibt eins. Es gibt ein Stück.*

Nein.

Du hörst nicht hin.

Bonner blickt wieder durch das Teleskop. Els steht dabei. Er stellt sein Ohr auf die Nacht ein, die Autos, die Klimaanlagen. Er horcht, ein wenig ruhiger, ein wenig besonnener. Klänge überall, aber immer noch kein Stück. Es wird nie ein Stück geben.

Dann ist es da.

Oh, sagt er. *Du meinst … Du willst sagen …*

Doch Bonner, wie die Musik, meint nichts. Er *ist*. Er ist Dinge, die sich nie wieder ungeschehen machen lassen.

Die beiden Männer sind wieder bei der Sache, als hätten sie in ihrem alten Projekt nur einmal kurz innegehalten, lange genug, dass es reifen konnte. Bonner bastelt an einer Idee, seit er zum ersten Mal von Els' Flucht gehört hat. Els arbeitet schon seit seiner Kindheit daran, seit seiner Zufallsbegegnung mit der Jupitersinfonie. Sie sprechen, Els zu Bonner, Bonner zu den Sternen, durch dieses Rohr mit optischen Linsen. Sie summen einander etwas vor, und das Stück nimmt Gestalt an. Richard stellt in winzigen Justierungen der Rädchen den Roll-, Nick- und Gierwinkel ein, blickt nach jeder kleinen Korrektur wieder neu durchs Okular.

Das ist dein Baby, sagt er zu seinem Freund. *Bring es zum Leben.*

Das Stück erweist sich als mörderisch. Musik, die ein ganzes Land in Panik versetzt. Etwas aus Stille und Nichts.

Etwas, das Zuhören erfordert. Els spürt, wie wahnwitzig es ist, und die frische Nacht von Phoenix, die Lichter der Klinik, der Verkehr, der auf dem Boulevard in beide Richtungen zischt, sagen nur: höre zu, und dann fürchte dich für alle Zeit.

Nimm dieses Ding im Internet – Glitter. Da erzählst du es der ganzen Welt, in lauter kleinen Botschaften.

Bonner zeigt in die Ferne, zum Lichtschein der Klinik. *Wir können die Maschinen im Aufenthaltsraum nehmen. Du erzählst ihnen, dass es alles längst dort draußen ist und sich ausbreitet. Überall. In die Wildnis entlassen. Eine Epidemie unsichtbarer Musik.*

Els lacht, aber es ist kein Lachen. *Hör mal, die bringen mich um. Noch im Augenblick, in dem ich …* Die Vorstellung rauscht davon, wie die fünf zusammenlaufenden Linien der Jupitersinfonie.

Ist das schlimm? Du hast doch gerade nichts anderes gemacht, oder?

Els presst sich mit beiden Händen den Schädel. Erschöpfung und das Leben auf der Flucht holen ihn ein, und plötzlich kommt ihm das alles wie der schiere Irrsinn vor; und wie etwas, das sich ohne weiteres machen ließe.

Sag mir, fragt Bonner. *Was wolltest du von, von …* Mit einer Kurbelbewegung der rechten Hand spult er alle Musik ab, die Els je zu schreiben versucht hat.

Es gibt da einen Ort, an dem Els gewesen ist, ein paarmal in diesem Leben. Ein Ort, dem der Traum von der Sicherheit nichts anhaben kann, ein Ort, an dem die Seele zu allem im Rhythmus pocht. Und jeder einzelne seiner wenigen Besuche dort hat ihn erinnert: Wir haben Anspruch auf nichts, doch bald werden wir erben. Es steht uns frei, uns zu verlieren, frei, groß herauszukommen, frei, alles fahrenzulassen, frei, zu ertrinken. Aber wir sind Teil einer Harmonie, die über das Ohr hinausgeht, und einen Moment lang sind wir in der Lage, uns zu bewegen.

Ich wollte Staunen.

Richard klatscht in die Hände. *Erreicht. Lebendige Musik, die im Trinkwasser schwimmt.*

Spannung, sagt Els. *Überraschung.*

Oh, die gehören zu jedem einzelnen Takt dazu.

Erneuerung. Ein Sinn für das Endliche.

Angst meinst du.

Und Veränderung, denkt Els. Unablässige Mutation. Einen Taktschlag lang vergisst er, dass es das Stück überhaupt nicht gibt.

Er gesteht es. *Schönheit.*

Fältchen um Richards Augen bei diesem sündigen Geheimnis. Seine Lippen kräuseln sich. *Kein Problem. Was gibt es Schöneres als unhörbare Musik?*

Els blickt auf zu dem klaren Wüstenhimmel, von Lichtern übersät, selbst hier in der zersiedelten Vorstadt. *Sie werden mich zerquetschen wie eine Laus.*

Richard geht zu seinem Freund hin und legt ihm eine Hand auf die Schulter. Sein Blick wird so milde, dass es fast wie Sympathie scheint. Er findet die Worte, die er sagen möchte, nicht. Aber seine Augen sagen: sie zerquetschen dich so oder so, selbst wenn du nie einen Muckser machst.

Er zeigt wieder auf das Fernrohr. *Schau mal durch.*

Els sieht eine dichte Gruppe von Sternen. Zusammengeballt, eine Sternenkinderstube, aus der sich neue Welten entfalten. Ihm ist wieder fast so zumute wie vor zwei Jahren, als er zum ersten Mal unter tausendfacher Vergrößerung einen schimmernden Fleck Zellen sah und ihm klar wurde, dass das Leben überall ist, in Maßstäben, die nichts mit ihm zu tun haben.

Er stößt einen Ruf aus. Richard hinter ihm kichert. *Wenn du die Sphärenmusik hörst, merkst du erst, wie langweilig das Zeug von euch Erdlingen ist.*

Die Sterne fliegen ihm entgegen, ein Tüpfelschwarm. Er zieht den Kopf zurück. Richard starrt zur Klinik hinüber, einen halben Häuserblock entfernt – starrt das Experiment an, das ihm Hoffnung versprach und Salzwasser servierte. Er sagt: *Wie weh können sie einem denn überhaupt tun?*

Els antwortet nicht. Worte sind für Leute, die etwas wissen.

Richard blickt mit zusammengekniffenen Augen in die Ferne. *Du musst das machen. Das größte Publikum, das ein experimentelles Stück je hatte.*

Du hättest mich schon immer lieber tot gesehen, sagt Els. *Nicht wahr?*

Bonner ist anderswo. *Des Menschen Auge hat's nicht gesehn*, sagt er. Hält inne, verwirrt. *Des Menschen Auge hat's nicht gehört, des Menschen Ohr hat's nicht gesehen …*

Die Wörter lösen sich auf. Eine schmerzliche Lücke, und Els kann sie nicht füllen. Ihm geht auf, was der eine kleine Trost in der Welt ist, in die Bonner jetzt geht. Jeder Laut, jeder Blick wird immer wieder neu, jedes Mal wird das erste Mal sein.

Etwas, etwas, und sein Herz kann nicht wieder sagen, was mein Traum war.

Richard streckt den Arm aus. Blinklichter. Ein Van und drei Personenwagen, einer davon in zivil, biegen in die Klinikeinfahrt. Männer im Kampfanzug springen aus den Fahrzeugen und verteilen sich. Ein Dutzend stürmt den Haupteingang. Rufe auf Englisch und Spanisch werden laut. Dem Wachmann am Empfang ist endlich wieder eingefallen, dass er das Gesicht aus den Fernsehnachrichten kennt.

Bonner betrachtet das Theater, als sähe er eine seiner eigenen alten Inszenierungen. Seinem Gesichtsausdruck nach zu urteilen, ist sie vollkommen falsch besetzt.

Er wendet sich an Els. *Bist du bereit hierfür?*

Was immer *hierfür* sein mag, die Antwort ist Nein. Sie arbeiten sich vor zur anderen Seite des Klinikkomplexes, dem Langzeitparkplatz, lassen Fernrohr und Ständer mitten auf dem weiten Feld zurück.

Das Gebäude schirmt sie gegen die Männer ab, nur ein paar Dutzend Schritte entfernt. Schatten von Antiterrortruppen huschen an den Fenstern des Männertrakts vorüber, während zwei alte Männer zu einem Leihwagen stolpern. Bonner kniet am rechten Hinterrad nieder, wie zum Gebet oder als wolle er sich verstecken. Er fasst ins Innere der Felge und holt den Schlüssel zu dem Accord hervor.

Da weiß ich immer, wo er ist. Solange ich noch weiß, wo das Auto ist.

Er reicht Els den Schlüssel. Els kann ihn nicht nehmen. Seine Arme sind taub. Die Freiheit ist zu ihm gekommen, unmöglich, gewaltig, kalt und blau, und er wird darin ertrinken, weit draußen, kein Land in Sicht.

Nimm ihn, Mann. Es ist ein Leihwagen. Was ist schon ein kleiner Autodiebstahl, wenn sie wegen Terrorismus hinter dir her sind? Du tust der Welt einen Gefallen. Mir hätten sie schon vor Monaten den Führerschein abnehmen sollen.

Richard drückt Els den Schlüssel in die Hand. Ein letzter Auftritt, sagen seine Augen. Du kannst das. Mach etwas daraus, etwas, das selbst die dumpfe Welt hört. Der Schmerz dauert nur einen kleinen Augenblick.

Els nimmt den Schlüssel und steigt auf der Fahrerseite ein. Panik packt ihn, aber er gleitet wie auf einer Welle hindurch. Er klopft sich auf die Tasche; das Smartphone ist nach wie vor da. Er schlottert dermaßen vor Angst, dass er lachen muss. Er lässt das Fenster hinunter. Bonner beugt sich über die Tür.

Wenn doch nur einer von uns beiden eine Muschi hätte, sagt Els, *dann wäre die Hälfte aller Schwierigkeiten dieses Lebens veflogen.*

Richard schreckt zurück. *Also wirklich – wie kannst du so etwas sagen!*

Els setzt den Accord rückwärts aus der Parklücke und rangiert ihn in Richtung Hauptstraße, nur einen Steinwurf von den versammelten Polizeiwagen entfernt. Er dreht sich um und will Richard winken. Doch Bonner ist bereits auf dem Weg, hat ihm den Rücken zugewandt, gebückt, Hände in den Taschen, steuert geradewegs in das Drama hinein, bereit, die Regie zu übernehmen, wenn sie ihn lassen. Die erste Regel der Schöpfung. Sag Hü, wenn sie denken, du sagst Hott.

Scheiterst du mich zu holen, bewahre deinen Mut.

Am Rand eines alten State Highway in Barstow, Kalifornien, hält der Terrorist Peter Els und inspiziert die Leitplanke. Die Suche ist aussichtslos. Was da einmal angeschrieben stand, ist lange weg. Wahrscheinlich ist sogar das Blech längst erneuert worden, vielleicht mehr als einmal. Gott weiß, wie viele hundert Meilen Straßeneinfassung es im Bezirk Barstow gibt. Die Zeichen existieren nur noch in der Musik, die sich an sie erinnert. Trotzdem hält er an, um zu schauen. Nie zuvor hat er angehalten, um eine Leitplanke zu lesen.

Der Himmel über der Mojavewüste strahlt wie ein Theaterprospekt. Hitze wabert über dem Buschland, das sich in alle Richtungen jenseits des Kraters der Stadt ausbreitet. Ein paar Stunden zuvor, beim Mittagessen – eine Tüte dampfendes Hackfleisch, in einem Drive-Through an der Interstate mitgenommen –, hatte er mit dem Tweeten begonnen. Den Umgang damit zu lernen machte ihm einen Heidenspaß. Er legte ein Konto an und wählte einen Benutzernamen – @Terrorchord. In ein paar Texten versuchte er zu beweisen, dass er tatsächlich der meistgesuchte Mann des Jahres war. Dann ging er von der Exposition zur Durchführung über.

Ich habe genau das versucht, was sie mir vorwerfen. Schuldig im Sinne der Anklage.

Ich war sicher, dass nie jemand einen Ton davon hören würde. Es war mein Stück für einen leeren Saal.

Was ich mir dabei gedacht habe? Eigentlich gar nichts. Man hat mir immer vorgeworfen, dass ich zu viel denke …

In dem Jahr hat es keinen richtigen Frühling gegeben. Ein Großteil des Landes springt geradewegs vom Dezember in den Juni. In Barstow ist es sogar schon August. Mag sein, dass diese Wetterkapriolen nichts sind, worüber man sich Sorgen machen muss. Jedenfalls nicht als Extremophiler. Bakterien müssen sich wegen so gut wie gar nichts Sorgen machen.

Nach dem Burgerladen hielt Els an einer Tankstelle, betrieben von genau der Firma, die kurz zuvor fünf Millionen Barrel Öl in den Golf von Mexiko hatte strömen lassen. Schon seit Meilen lief Richards Wagen nur noch von den letzten Dämpfen im Tank. Els steckte seine Kreditkarte in die Zapfsäule und gab damit seinen Aufenthaltsort preis. Keine Alarmglocken schrillten. Benzin floss in den Tank, und Els malte sich aus, wie ein Zauber wirken würde und ihm tatsächlich die vier weiteren Stunden noch gewährt waren, die er brauchte, um sein ganzes Leben wiedergutzumachen.

In einer Ecke des Tankstellenplatzes, da wo man Luft nachfüllen konnte, saß er auf dem Fahrersitz des Accord und twitterte noch ein wenig. Die Sätze sprudelten nur so aus ihm hervor, Dutzende auf einmal, keiner mehr als 140 Zeichen lang.

> Ich wollte Musik finden, mit deren Hilfe sich das Hirn erinnern konnte, an damals, als wir noch ewig lebten.

> Ich wollte ein Stück, das sagt, wie dieser Ort klingen wird, wenn wir alle längst fort sind.

Er zwitscherte wie der weißbrüstige Spatz im Park, der Dreiklang um Dreiklang die Tonalität neu erfunden hatte; nur wenige Tage war das her. Als er mitten am Nachmittag in Barstow hielt und wieder etwas twitterte, hatte er bereits an die achtzig Follower. Die Botschaften verbreiteten sich ganz von selbst.

Es hätte ihm wie Absicht vorkommen können, dass er jetzt an diesem Ort hielt; aber dafür hätte er konsequenter in seinen Absichten sein müssen. Die Stimme hatte ihn hergeführt. Der Name poppte auf der Smartphone-Karte auf: Barstow. Immer hatte er hierher pilgern wollen. Dass er jetzt an diesem Ort gelandet war, das war wie jene wenigen Male – der verstörte Tanz im Mittelpunkt der Borges-Lieder, der grausige Sturz in den Abgrund im Brooke-Sonett, die Wucht, die sich langsam in den letzten zwanzig Minuten von *Der Strick des Voglers* aufbaute –, in denen die Musik sich von selbst komponiert hatte, und Els hatte nichts weiter tun müssen als aufzuschreiben, was er hörte.

Die Straße ist schmal, und die Druckwelle der vorbeifahrenden Wagen reißt ihn fast um. Els kriecht am Straßenrand entlang, nimmt sich die Leitplanke Stück für Stück vor. An so einem Ort haben acht verlorene Anhalter der Depressionszeit etwas auf das Blech geschrieben, Flaschenpostbriefe an niemanden. Acht namenlose Bitten, verwandelt in überirdische, banale, subversive, nostalgische mikrotonale Mini-Folksongs, Harry Partchs bekanntestes Werk *Barstow*. Leicht, hier zu landen, schwer, wieder fortzukommen.

Es ist der 26. Januar. Eiskalt. Ed Fitzgerald, 19 Jahre alt. 5 Fuß 10 Zoll, schwarzes Haar, braune Augen. Auf dem Weg nach Hause nach Boston, Massachusetts. Es ist vier Uhr nachmittags, ich bin hungrig und habe kein Geld. Ich wünschte, ich wäre tot. Aber heute bin ich ein Mann.

Bei der Erforschung von hundert Metern Planke findet er ein Wespennest, einen Aufkleber, der für einen Abschleppdienst wirbt, einen obszönen Zweizeiler und, eingehämmert, einen Phallus mit Krebsgeschwür und ein gebrochenes Herz. Außerdem mehrere Ritzzeichnungen von etwas wie einer Sphinx, Zeichnungen, die ebenso gut von Außerirdischen stammen könnten. Els steigt wieder in den Accord. Bevor er Richards Schlüssel ins Schloss steckt, schickt er noch einen weiteren Tweet los, einen Satz von Hobo Partch, jetzt Anstifter zur Tat:

Die amerikanische Musik hat eine ihrer größten Stützen in der Landstreicherei.

Die Worte hatte er seinerzeit als graduierter Student gelesen, vor einem halben Jahrhundert, in einer genauso abgelegenen Stadt, einer, in der Partch selbst gelebt hatte und von der er fortgegangen war, kurz bevor Els dorthin kam. Während seines ganzen seitherigen Lebens sind ihm diese Worte im Gedächtnis geblieben. Vielleicht stimmt das Zitat nicht wortwörtlich. Mutationen kommen vor.

Partch wusste das besser als die meisten. Die ersten vierzehn Jahre seines Werks verbrannte er in einem Kanonenofen in New Orleans und fing mit neunundzwanzig noch einmal ganz von vorn an, schaufelte einen Graben, der ihn für alle Zeit vom Festland trennte. Mit einem Carnegie-Stipendium besuchte er Yeats in Dublin, wo er dem greisen Dichter eine revolutionäre Vertonung von dessen *Ödipus* unterjubelte. Ein paar Monate später: heimat- und mittellos, reist als Anhalter, erbettelt sich Essen, kreuz und quer durch das Kalifornien der 1930er – »Kalifornien, Land der Los und der Las, der Sans und der Santas, der Jungfrauen, der Empfängnisse und der Engel!« Acht Jahre unterwegs, schläft im Freien oder in Hobo-Unterschlüpfen, fährt auf Güterwagen, fängt sich Krankheiten ein, hungert und erfindet dabei die Musik neu.

Meine Herren: Gehen Sie zur East Lemon Avenue 35, Monrovia, Kalifornien, da bekommt man immer etwas.

Der Tramp-Quichotte, der Landstreicher-Visionär, Eingeborener in einem vor die Hunde gegangenen Land. Rufer in der Wüste, überzeugt, dass nur ein Außenseiter den Weg ins Freie finden kann. Ein Mann ohne Kompromisse. Ein schlimmer Säufer. Schwul, soweit es geht, wie viele der besten Komponisten des Jahrhunderts. Fest steht: arbeitete und spielte nicht gut mit anderen zusammen. Und er war überzeugt davon, dass man, wenn man die Musik retten wollte, eine Oktave in dreiundvierzig Tonstufen einteilen musste.

Marie Blackwell. Neunzehn Jahre alt. Braune Augen, braune Haare, gilt als hübsch. East Ventura Street 188, Las Vegas, Nevada. Möchte gern heiraten.

Damit er seine Gespenstermusik überhaupt hören konnte, musste Partch ein ganzes Orchester aus den unglaublichsten neuen Instrumenten erfinden. Visionen zwangen ihn zu Zimmermannsarbeit. So entstand das Zymo-Xyl, gebaut aus Radkappen und Schnapsflaschen. Die Rautenmarimba, die Bassmarimba, die Bambusmarimba, die Glühbirnenmarimba und das Quadrangularis Reversum. Adaptierte Violen und Gitarren. Die harmonischen Kanons mit ihren steckbaren Stegen neu gestimmt für jedes neue Stück. Die Kithara, der Kürbisbaum, die Kegelgongs, die Kriegsbeute. Eine ganze Reihe von Chromelodeons, Orgeln, deren Tasten Halbtonschritte in kleinere Einheiten aufbrachen. Und natürlich die Nebelkammerschalen, von denen ein Exemplar in Els' Wohnzimmer gestanden und den Regierungsbeamten signalisiert hatte, dass dieses Haus einen Überfall wert war.

Liebe Marie, das ist eine sehr gute Idee, die du da hast …

Eine neue Leitplanke kommt in Sicht, und Els steigt in die Bremsen. Ein Geländewagen hinter ihm schlägt hupend einen Haken, damit er nicht auffährt. Unter Kreischen schießt der Wagen vorbei. Els steuert auf den Randstreifen und schaut sich das Stück Asphalt an, auf dem er in einer Parallelwelt nun zerschmettert liegt.

Dann ersteht er von den Toten auf, holt das Smartphone hervor und schickt seine nächsten Tweets. Er twittert die Formel für sein Gebräu. Programmheftnotizen darüber, wie das Stück entstanden ist. Ein Fingerschnippen, und ein neuer Schwarm Botschaften geht hinaus in das größte Auditorium der Welt.

Nicht angehalten: Am 16. Januar: 58. Am 17.: 76. Am 18. Januar: 19. Am 19.: 6. Am 20. Januar: 11. Teufel nochmal – ich gehe zu Fuß!

Els steigt aus und inspiziert jeden Zentimeter Leitplanke, als wäre es die Partitur der Jupitersinfonie. Und das stimmt auch beinahe, so voll ist sie mit Kratzern, zufälligen wie auch absichtlichen. Er kann sich gar nicht sattsehen. Menschen, Natur und Zufall haben diese Stoßstange von oben bis unten bekritzelt. Schläferzellen, Geheimbotschaften überall. Wer hätte gedacht, dass so viel vorgeht, so viel auf diese unsichtbaren Flecken geschrieben ist?

Bleistift auf Lack, seit 1940 – die Anhalter sind natürlich längst nicht mehr da. Jede Leitplanke in Barstow ist jünger als sie. Aber die Bleche sind voll von ihren Nachfahren, Millionen Kritzelbotschaften der Generationen, die nach ihnen kamen. Jetzt, wo die Sonne allmählich untergeht und der Verkehr dichter wird, wird die Suche immer vergeblicher und dringender, und alles, was er sieht, wimmelt nur so von Leben.

Jesus war der fleischgewordene Gott.

Partch hatte mit so vielem recht. Zwölf Tonleiterstufen sind nicht annähernd genug. Sie verdammen einen Komponisten zu einer Folge von bereits bekannten Phrasen, Progressionen und Kadenzen. Sie stecken den Reichtum des Sprachflusses in eine Zwangsjacke. »Der Komponist sehnt sich nach dem flammenden Licht des Sonnenuntergangs. Stattdessen bekommt er Rot. Er sehnt sich nach dem Geranienton, und er bekommt Rot. Er träumt von Tomaten, doch er bekommt Rot. Er will überhaupt kein Rot, aber er bekommt es, und damit soll er dann auch noch zufrieden sein.«

Aber, beschließt Els, der Mann hatte unrecht mit seinem Glauben, mit dreiundvierzig Tönen sei man der Unendlichkeit näher als mit zwölf.

Els legt sich mit dem Rücken auf die staubige Motorhaube von Richards Leihwagen und holt Klaudia Kohlmanns Smartphone hervor. Er twittert:

> Partch zum Klavier: ›Zwölf schwarz-weiße Käfigstäbe zwischen uns und der Freiheit der Musik.‹ Ich habe ein Instrument ohne Stäbe entdeckt.

> Wiederum Partch: ›Ich hörte Musik in allen Stimmen um mich her und versuchte sie aufzuschreiben …‹ Mehr habe ich auch nicht versucht.

> Mein Leben lang habe ich geglaubt, ich wüsste, was Musik ist. Aber ich war wie ein Kind, das seinen Großvater für Gott hält.

Während er tippt, warten irgendwo unter einer Brücke in dem unerbittlichen Regen der Erinnerung andere Reisende darauf, dass jemand sie mitnimmt.

> *Suche nach millionenschwerer Ehefrau. Gutaussehend, eindrucksvolle Erscheinung, intelligent, gut im Bullenwerfen und so weiter. Was habt ihr für ein Glück, ihr Frauen! Ihr braucht nichts weiter zu tun, ihr müsst mich nur finden, ihr glücklichen Frauen. Ich heiße George.*

Els twittert:

> Die Tonart war Vergeblichkeit. Musik ohne Sinn und Zweck.
> Musik, ein kleines Stück, macht aus all unsren Sorgen Glück.

Er bleibt so, an die Motorhaube gelehnt, schickt seine Tweets, fühlt sich beinahe wohl, beinahe im Frieden. Jede Minute, die er hier draußen bleibt, erhöht das Risiko, dass ein Verkehrspolizist anhält und ihn wegen Landstreicherei verhaftet. Doch jetzt steht er unter dem Schutz eines Zaubers, behütet vom Gott der verrückten Ideen.

Eine SMS trifft ein und füllt den ganzen Schirm aus: *Der Kurs möchte wissen, ob das alles bei der Schlussprüfung abgefragt wird. KK.*

Er lächelt und schickt eine Antwort: *Worauf ihr euch verlassen könnt.* Danach noch ein kleiner Twitterchor, dann geht es zurück in den Wagen.

Von Barstow wendet er sich nach Norden ins Central Valley, durchquert den ganzen Staat, in dem Partch einst als Anhalter fuhr und die Sprache von Fremden in Notizbüchern transkribierte, deren Notenlinien er von Hand gezeichnet hatte. Er fährt weiter nach Norden, zu der Stelle, von der Partch einmal begeistert in sein Buch schrieb: »Am sandigen Weidensaum des American River, im Inneren der Stadt, blicke ich hinauf zu den Enthillionen von Sternen und lobpreise die Schöpferin. Und sie soll vielfach gesegnet sein, denn bei jeder neuen Abenddämmerung will ich dem Morgen eine lange Nase drehen …«

Als der Abend kommt, bestellt er *huevos rancheros* in einer Raststätte für Lastwagenfahrer bei Buttonwillow an der I-5. Mundpropaganda hat ihn inzwischen schon über die Tausend-Follower-Grenze gebracht. Leser geben seine Tweets weiter. Ein Kommentar, den er auf einer vielgelesenen Nachrichtenseite unter einem Bericht über Bioterrorismus findet, bezeugt, dass er das große Publikum erreicht hat: Der Biohacker-Bach improvisiert in der Öffentlichkeit. Bekennt sich zu seinen Verbrechen.

Die ganze Nacht hindurch blitzen immer weitere Entdeckungen in den Knoten des Netzes auf. Ein Toningenieur stellt Berechnungen an, wie viele DNA-Basenpaare man bräuchte, um fünf Minuten symphonischer Musik darin zu kodieren. Jemand hat fünf Minuten altes Videomaterial aus *Der Strick des Voglers* ins Netz gestellt. Ein Ehepaar, das eine Meile von Els' Haus in Naxkohoman wohnt, spürt, wie die Infektion sich in ihrem Körper ausbreitet, und schildert sämtliche Symptome in einem Blog. Eine Massen-E-Mail macht die Runde, mit Verhaltensregeln für all jene, die glauben, sie seien mit *Serratia marcescens* infiziert. »Bitte schicken Sie diese Informationen an alle weiter, denen sie nützlich sein könnten.«

Ein Journalist denkt auf seiner Facebook-Seite laut darüber nach, ob @Terrochord tatsächlich Peter Els ist oder nur ein weiterer Angstkünstler, der sich davon ein paar Minuten Macht erhofft. Ein halbprominenter Moralpolizist veröffentlicht eine wortreiche Diatribe darüber, dass die Musik in die Hände der Scharlatane geraten ist: »Musik, die niemand lesen, niemand spielen, der niemand zuhören kann: davon habe ich wirklich genug.« Schon zehn Minuten später gehen kritische Kommentare darauf ein. Zwei Mathematiker debattieren darüber, wie schwierig es wäre, die

Genommusik zu entschlüsseln und aufzuführen. Jemand berichtet, staatliche Wissenschaftler hätten die manipulierte Gensequenz bereits isoliert und sequenziert, und es handle sich um ein Gen, das Immunität gegen eine Vielzahl von Antibiotika verbreite. Eine junge Komponistin versichert, sie habe die Sequenz, die Peter Els in das Genom programmiert hat, mit eigenen Ohren gehört – ein Stück für kleines Ensemble, verwegen und frei.

Als er am Morgen in Kalifornien ankommt, laufen die Leitungen heiß. Eine Aktivistin aus Maine befindet, dass jeder, der solche Veränderungen an einem lebenden Bakterium vornimmt, die Todesstrafe verdient. Ein Rechtswissenschaftler erklärt, dass allein die Tweets schon eine Form von Terrorismus seien und dass nach geltendem Recht ihr Absender ohne Gerichtsverfahren beliebig lange festgehalten werden könne. Die Autoren einer obskuren Zeitschrift für Neue Musik freuen sich, dass zum ersten Mal seit Jahren jemand in der Musikwelt etwas vollkommen Neues macht.

Auf alle, die das lesen – dass ihr mitgenommen werdet, und ich wünsche euch viel Glück dabei. Warum zum Teufel seid ihr überhaupt hergekommen?

Els schläft in dem Accord, hinter dem Rasthof nördlich von Lost Hills. Er träumt von der Landstreicherei, jener Stütze der amerikanischen Kunst. In seinem Traum reden ganz gewöhnliche Menschen aufeinander ein, Millionen von Massensoli, in Tönen und Rhythmen so vielgestaltig, dass keine Schrift, kein Notenschlüssel sie festhalten kann. Die ganze Nacht hindurch begleitet das Orchester der Schwerlastwagen ihn, wie sie die Interstate hinauf und hinab daherjagen.

Er wacht auf und nimmt die Straße nach Norden. Bis zum Abend kann er bei seiner Tochter sein. Einen Plan hat er nicht. Nur das alte Hobolied: Mach mir ein Lager auf dem Boden bei dir. Wenn ich erschöpft bin und nicht mehr weiß wohin.

Verpasst du mich an einem Ort, suche an einem andern.

Ein Mann sitzt in seinem Wagen auf einem Parkplatz am Straßenrand und tippt etwas in ein Telefon. Er schreibt: *Ich habe mit einem Rhythmus angefangen, der lautete: »Tu jetzt etwas. Stillhalten wirst du noch sehr lange.«* Dann schickt er es ab.

Er erzählt von einem Stück, das er geschrieben hat, einer Melodie aus einer Zeit, die die Sprache jetzt nicht mehr erreichen kann. Er schreibt von Harmonien, die sich durch das Stück in langen, selbstreplizierenden Ketten verbreiten. Die Nachrichten werden zu Satelliten gestrahlt und von diesen wieder hinunter zu Servern, die sie über das gesamte Antlitz der Erde senden.

Er schreibt, wie das Stück sich anhört: wie die durchlässige Grenze zwischen Hoffnung und Furcht. *Ich habe versucht, mein Bakterium klingen zu lassen wie die Musik, die ich mit sechzehn liebte, als ich alle paar Stunden ein neues Meisterwerk entdeckte. Ich wollte, dass sie klingt wie eine*

Melodie, die meine fünfjährige Tochter einmal mit bunten Bauklötzen auf den Wohnzimmerboden geschrieben hat.

Jede Botschaft ist eine Melodie. In Twitternachrichten schreibt er, wie er Musiker fand, mit ihnen probte, wie er dieses Lied für niemanden aufnahm. Autos halten neben seinem. Leute trotten an seiner Motorhaube vorbei und schöpfen keinen Verdacht. Sie gehen zu den Waschräumen. Sie kaufen sich Essen aus Automaten. Sie steigen wieder in ihre eigenen Maschinen und fahren davon.

Er schreibt weiter, von Musik, die in eine Kette von Nullen und Einsen verwandelt wurde, dann in Vierercode. Er schreibt vom Chromosomenring der Serratia, fünf Millionen Basenpaare lang. Er schreibt, wie er diese beiden Zahlen unterteilt hat, damit ein kurzer Schlüssel daraus wird. Wie er sich diesen Schlüssel hat anfertigen lassen. Schließlich gebe es nichts, was man dieser Tage nicht im Internet kaufen könne.

Der Bericht wird glücklich, geradezu überschäumend. In kurzen, seligen Sätzen erzählt er, wie er aus etwas Lebendigem eine Spieluhr gemacht hat – eine Sequenz aus sinnvollen Mustern, die er denen hinzufügte, die Milliarden von Jahren des Zufalls komponiert hatten. Er drückt einen Knopf, und die Botschaft macht sich auf den Weg in die Biosphäre, wo sie eine Zeitlang leben und sich replizieren wird. In Twitternachrichten erzählt er, wie er seine Musik auf die Reise schickte. Davon, wie sie sich überall in der Luft verbreitete, in den Fugen zwischen den Badezimmerfliesen. Eine Melodie, die man womöglich jetzt gerade einatmete und die man niemals hören würde.

Die Tweets sprechen ihn schuldig.

Ich ging davon aus, dass das Stück stirbt, wie wir anderen auch. Oder dass eine andere Lebensform es findet, Milliarden von Jahren nach uns.

Ich habe keine Ahnung, was dieses Stück machen wird. Wahrscheinlich gar nichts. || Vielleicht vergessen einfach alle, dass es überhaupt existiert. Schließlich ist es ja nur ein Lied.

Ich halte irgendwo und warte auf dich.

Der Zuhörer färbt sich rot und spürt die sengende Sonne. Der Zuhörer färbt sich blau und erblickt den Himmel. Der Zuhörer färbt sich grün und fährt hinaus aufs Meer.

Farben strömen in den rollenden Konzertsaal. Anfangs kommen sie aus dem Radio: Streicher in einem schunkelnden Säuseln. Ein langer Nachhall, der Klang des Tages geht zu Ende. Nichts mehr übrig, wovor man sich fürchten muss; nichts mehr übrig, um es zu entdecken. Doch nach sieben weiteren Akkorden, einem Hauch Horn, schwingt sich der nächste Takt auf, und eine Sopranstimme singt:

Amor mío, si muero y tú no mueres,
Amor mío, si mueres y no muero,
no demos al dolor más territorio …

Geliebter, wenn ich sterbe und du stirbst nicht,
Geliebter, wenn du stirbst und ich sterbe nicht,
Lass uns der Trauer keinen neuen Raum mehr geben …

Die Worte mäandern wie ein träger Fluss. Doch nicht lange, und ein Wirbel aus Harmonien trägt das Lied hinaus ins offene Land. Die Musik, ein halbes Dutzend Jahre alt, könnte ebenso gut vor hundert entstanden sein. Überall schimmert Mahler in seinen heitersten Momenten durch. Die wenigen Dissonanzen, die es sich leistet, sind schillernd und verfliegen schnell, als hätten all die Schreckenstaten des vergangenen Jahrhunderts nichts verändert, und das Zuhause, selbst jetzt, selbst in diesem Jahr, ist vielleicht doch unversehrt und näher, als man denkt.

Die schaukelnde Wendung kehrt zurück, jetzt vom Horn verstärkt. In diesem Pulsieren findet die Sopranstimme ihren Weg zurück zu dem weit ausholenden ersten Thema: *No hay extensión como la que vivimos.* Kein Ort ist großartiger als der, an dem wir leben. Und ein paar Takte lang, auf dieser seelenlosen Straße, ist das so gut wie wahr.

Du hast dieses Stück schon einmal gehört, vor drei Jahren, und beim ersten Hören kam es dir wie schieres Gefühl vor. Filmmusik. Bezauberndes südamerikanisches Kolorit, Villa-Lobos via Ravel. Ein Ort, an den wir nicht mehr zurückkehren könnten, selbst wenn es ihn noch gäbe. Jetzt die Reprise aus dem Radio, aufgetischt von einem Programmgestalter, der darauf bestehen möchte, dass der erste Höreindruck stets falsch ist.

Die Übeltäter sind dir bekannt: Peter Lieberson, Pablo Neruda. Doch solche Namen sind bestenfalls zusammengesetzte Pseudonyme. Diese Phrasen haben sich über Jahrhunderte angesammelt, die Arbeit von mehr namenlosen Lohnsklaven, als die Historie je auf die Urheberliste setzen wird. Du bist selbst irgendwo daran beteiligt, irgendwo in einer Abteilung dieses immer größer werdenden Netzes, Stiefvater einer flüchtigen Stimmung, einer Modulation, Überträger neuer Krankheiten.

Was gibt es alles, was ein Hörer über dieses Lied nie wissen wird? Dass es für die Frau geschrieben wurde, die es nun singt. Dass sie dem Komponisten diese Liebe, dieses Gedicht gezeigt hat. *Geliebter, wenn du stirbst …* Dass die Sängerin nur Monate nach der Premiere, dieser Aufnahme, gestorben ist.

Und ändert es etwas an diesen Tönen, so schamlos, so sinnlich, wenn man weiß, dass der Komponist als Nächster an der Reihe ist? In wenigen Tagen wird er tot sein. Deshalb kommen im Radio diese Lieder: ein Nachruf zu Lebzeiten. Doch man muss nur hinhören, dann hört man, wie die Musik einen weiteren Tod prophezeit, einen, der noch älter ist als die Melodien, in denen sie erklingt.

Jahrzehnte zuvor hat auch jener Mann komponiert wie jemand, der an eine unendliche Zukunft glaubt. Als Student saß er zu Füßen angsteinflößend progressiver Meister. Musik strömte nur so aus ihm hervor, prachtvoll in ihrer mathematischen Strenge, Musik wie formale Logik, intellektuelle Werke, von Dutzenden, vielleicht gar Hunderten informierter Kenner bewundert. Er war ein Meister in diesen Kunststücken, einst *de rigeur*, jetzt als Irrweg verworfen. Aber *dieses* Lied, das wird es noch weit bringen, wird überallhin reisen, sich die Welt ansehen, und selbst die Stocktauben werden etwas Vergessenes darin finden.

Was fängst du nun also an mit dieser gescheiterten Revolution, den hundert Jahren kompromisslosen Experiments? Der Suche nach etwas, das über das gewöhnliche Ohr hinausgehen sollte: Willst du sie verleugnen? Vor den Richter zerren und bestrafen? Lächelnd den Kopf schütteln über die Launen der Jugend? Nein. Für dich war das Fremde deine Kunst, freiwillig und flammend. Du hast mit all den anderen Außenseitern um etwas Großes gekämpft und wusstest von Anfang an, dass alle Wahrscheinlichkeit gegen dich sprach. Das kannst du jetzt nicht zurücknehmen. Kein selektives Gedächtnis, keine Ausreden. Es gibt nur eine einzige Möglichkeit; du musst dich zu allem bekennen, was du je versucht hast, jetzt am Ende dieses sehr, sehr langen Tages.

Aber was machst du dann *hiermit* – diesen Liebesliedern, deren herbstliche Harmonien wie ein Stich in der Brust sind? Welchen Namen gibst du ihnen? Ein Widerruf. Eine Umkehr. Ein Ausweichen. Ein Verrat. Ein Bekenntnis auf dem Sterbebett. Eine Ausweitung der Perspektive. Eine Verengung der Perspektive. Musik, mit der du dir auf den letzten fünfzig Meilen einer Fahrt durchs Land die Zeit vertreibst.

Nenne es Nichts, nenne es Musik, denn es gibt keine Sätze, keine Stile, nicht einmal Namen, die auf dich warten, da, wohin du unterwegs bist. Höre zu und entscheide nichts. Höre, solange du noch kannst, denn schon sehr bald wird es kein Hören mehr geben.

Die Spannung der Musik steigt. Ein plötzliches Aufflammen, darauf erschrocken angezogene Zügel: ein Effekt, mit Sicherheit von irgendwo gestohlen; aber von wo? Von niemandem, der den Komponisten deswegen verklagen könnte. Dieses konventionelle Spannungsmittel zerstört den Zauber; du hättest den Kontrast anders aufgebaut. Das ist eben der Fluch, wenn man sein ganzes Leben mit der Suche nach Transzendenz verbracht hat: Nichts Wirkliches wird je gut genug sein, bei allem wirst du versuchen, noch etwas Besseres daraus zu machen. Und doch, und immer noch – noch ein Anschwellen, eine rhythmische Verwerfungslinie, ein Wechsel in den Instrumentalfarben, und du denkst: warum nicht? Dann scheint dir selbst das Akzeptieren überflüssig, und du hörst einfach nur zu.

El tiempo, el agua errante, el viento vago …

Zeit, das Fließen des Wassers, der Wechsel des Winds. Der todkranke Komponist hat eine Erklärung abgegeben: Er möchte sich bei Generationen seiner Schüler entschuldigen, dafür, dass er ihnen den falschen Weg gewiesen hat. Damals falsch, sagt die Musik, doch jetzt endlich in Ordnung gebracht, hier an der Ziellinie. Es ist eine durchaus glückliche Geschichte, eine, die halten sollte bis zur nächsten neuen Richtung, wenn der wechselnde Wind der Mode neu festlegt, wer dazugehört und wer nicht, wer Sieger ist und wer Verlierer. Es wird weitere Wendungen geben; so ist die Musik. Höre zu, höre einfach nur zu, und mach dir nicht zu viel Mühe damit, die Übersicht zu behalten. Für ein Weilchen ist jetzt Versöhnung angesagt, und mehr als ein Weilchen hast du nicht mehr. Doch dieser Zauber dauert nur einen Augenblick. *Pudimos no encontrarnos en el tiempo.* Vielleicht hätten wir uns niemals in dieser Zeit gefunden.

Sie tauen dich auf, die Strahlen dieser Abendsonne. Doch bald schon, sehr bald, werden auch diese Harmonien untergehen, und es wird kühl. Selbst Schönheit erschöpft sich, und das Ohr bleibt zurück und möchte etwas anderes hören. Notwendigkeit wird Härteres fordern, etwas zum Üben für das Schwierige, das kommt. Doch vorerst ist dieses Lied noch da, *dieses* hier.

Die erste, weit ausgreifende Figur kehrt noch ein letztes Mal zurück. All die Noten nehmen Aufstellung; es ist fast so, als hättest du das Stück selbst geschrieben. Nicht hier, nicht in diesem Leben, nicht in der Welt, in der du gelebt und gearbeitet hast. Aber vielleicht in der, in die du im Laufe der Zeit noch gekommen wärst. *Esta pradera en que nos encontramos.* Auf dieser Wiese, auf der wir uns begegnen. Die langen, üppigen Linien sagen deine Vergangenheit voraus und bewahren deine Zukunft in allen Einzelheiten im Gedächtnis. Jetzt verstehst du überhaupt nicht mehr, wieso du das all die Jahre nicht gehört hast. Es wäre ganz in Ordnung gewesen, schön sogar, wenn du etwas so Einfaches und Friedliches geschrieben hättest. Etwas, durch das eine Zuhörerin mehr hätte sein wollen, als sie ist.

Und doch: du hast getan, was du getan, und gemacht, was du gemacht hast. Hier stehst du und kannst nicht anders. Und wenn du ehrlich bist, gab es auf dieser Wiese doch auch schöne Momente. *Oh pequeño infinito!* O kleine Unendlichkeit! Wir geben sie zurück. Wir geben sie zurück.

Du stehst im Abendregen auf der Schwelle ihres makellosen Hexenhäuschens. Die Stimme hat dich hergeführt, ihr letztes, größtes Meisterstück der Navigationskunst. Sie öffnet, eine Frau am guten Ende der mittleren Jahre. Die glücklich-ärgerliche Miene, mit der sie jemand anderen erwartet hatte, erstarrt auf ihrem Gesicht. Sie, die einzige Erbin und

Nachlassverwalterin deiner Zellen, ist mit Freuden und Ängsten beschäftigt, nach denen auch nur zu fragen du kein Recht hast. Doch jetzt bist du ihre einzige Aufgabe. Sie schluckt den schon halb ausgestoßenen Schrei herunter und zerrt dich ins Haus.

Du spürst Ärger und du spürst Aufregung. Hastige Fragen, Schrecken, Anspannung, das alles dir entgegengereckt mit einer Portion Nudeln, die noch vom Einpersonen-Abendessen übrig ist. Sie trocknet dir das Haar mit einem Handtuch. Die Worte strömen nur so aus ihr hervor, unerträglich. Aber du musst sie auch nicht lange ertragen. *Hast du Fieber? Was ist mit deiner Lippe passiert? Was ist denn bloß los mit dir? Meine Güte, Daddy, jetzt versuch doch mal, was zu essen.*

Sie wohnt in einer Illustration aus einem Möbelkatalog. Dieses Stadthaus ist so klar wie eine C-Dur-Tonleiter. Die Vorhänge sind frisch gebügelt. Die Kissen der Couchgarnitur in eiskalter Symmetrie aufgereiht. Fotos von ihr beim Überqueren von Ziellinien, in Funktionskleidung, das Gesicht in verschiedenen Stufen des Schmerzes, zieren die Wände. Vier Stühle mit anatomisch korrekten Leiterrücken stehen um den Esstisch wie mit dem Lineal abgemessen. Ein Regenschirmständer neben der Haustür und daneben ein Schuhregal mit mehreren Paar identischer korallenroter Joggingschuhe. Das alles hat sie von dir, diesen fanatischen Ordnungssinn. Das kommt dabei heraus, wenn man einer Achtjährigen beibringt, dass nichts, aber auch nichts, sicher ist.

Allerdings gibt es auch ein Klavier. Einen sechs Fuß großen Stutzflügel, Klaviatur offen, auf dem Ständer Schumanns *Kinderszenen*, Deckel am kurzen Stab. Das kann doch nicht sein.

Du spielst wieder? Warum hast du mir das nicht erzählt?

Sie antwortet nicht. Sie ist am Fenster, sucht die Straße in beiden Richtungen ab, dann zieht sie die Vorhänge zu.

Auf der dir zugewandten Seite des Notenpults steht ein Foto: eine junge Frau und ein junger Mann in übermütiger Stimmung. Der Mann kauert an einem Spielzeugklavier, Arme über dem Kopf, Finger bereit, die winzigen Tasten zu drücken. Die Frau hält ein Patschhändchen in die Höhe, hat die Augen geschlossen, ihr Mund ein klingendes *O!* Du hast diese jungen Leute gekannt, du kanntest den Fotografen. Wie lange hat es gedauert, dieses Amateurduett? Noch nicht einmal zehn Jahre vom Anfang bis zum Ende. *Pero este amor, amor, no ha terminado.* Aber diese Liebe, Geliebter, kennt keine Ziellinie.

Im Hintergrund des Bildes schneidet ein furchtloses kleines Mädchen eine Grimasse. Jetzt gerade ist sie in der Küche, macht Tee mit einem elektrischen Wasserkocher und Beuteln, die sie aus einem eleganten Behälter geholt hat. Zwei Vanillewaffeln für jeden von euch. Sie kehrt zurück zu dir ins Esszimmer, die Brauen auf ihrer Stirn zum Zeichen des Kummers vereint.

Du denkst: meine einzige anständige Komposition.

Andere Bilder, auf dem Sideboard, erzählen die wahrere Geschichte: knapp zehn mit ihrer frisch geschlüpften Halbschwester zu Füßen eines riesigen Weihnachtsbaums. Mutter, Stiefvater und strahlende Highschoolabsolventin, ihr Doktorhut hoch in die Luft geworfen. Junge Frau und ihr abgekämpfter Mann vor dem Half Dome im Yosemite-Park,

Wanderstäbe in lustigem Fechtkampf erhoben. All die langen, dichtgepackten Jahre täglichen Lebens in ihrer ganzen Wucht, nicht nur die Filmmelodie, die du dir vorstellst. Du weißt nichts über die Dinge, die sie bewegen, die Kräfte, nach denen ihre Kompassnadel sich dreht, darüber, was sie Tag für Tag macht, um die Hypothek für dieses schmucke Nest abzuzahlen. In ihrem Leben warst du nur jemand, der dann und wann auftauchte und ihr weh tat. Und doch ist sie zu dir gekommen, hat dich aufgesucht in deiner selbstfabrizierten Wildnis, dir jede Woche per Telefon Gesellschaft geleistet, als du keine andere hattest, hat dir einen Hund gekauft.

Sie setzt sich und gießt ein. Sie legt zuerst die Teetasse, dann einen Keks an die Lippen, als bliese sie eine Stimmpfeife.

Bitte sag mir, dass du diese Sachen nicht geschrieben hast.

Die, die sich wie lebendige Wesen im Netz ausbreiten. Das möchtest du ihr gern sagen. Das könntest du beinahe. Es ist beinahe wahr.

Du zuckst mit den Schultern, und für dieses Schulterzucken verflucht sie dich. Die aufgestaute Anspannung von vierzig Jahren. Weitere Schimpfworte, dann kommen Tränen. Du nimmst ihre Hände, doch sie schnippt deine weg und fasst sich mit den ihren an den Hals. Sie schließt die Augen, lässt den Kopf sinken, kneift sich in den Nasenrücken. Du siehst einzelne graue Strähnen in ihrem Haar. Du, der nie etwas sieht.

Ihre Stimme schwankt wie der Geigenton eines Erstklässlers. *Ich verstehe dich nicht. Was versuchst du denn da zu tun?*

Aber Musik tut nichts. Sie ist. Spreu im Weizen, Sand unter Sand.

So viele Geräusche sind heute Abend unterwegs, da ist es schwierig, noch etwas zu sagen. Die Luft füllt sich mit unbedeutenden Ekstasen. Und hier endlich reicht es, wenn man zuhört und stillhält; man muss zu diesem Mix nichts hinzufügen. Der Frühlingswind fasst die metallenen Jalousien und fährt mit ihnen am Fensterrahmen entlang. Sirenen heulen, meilenweit fort. Feuer, Gewalttat, jemandes Leben geht zu Ende. Ein paar Radiotöne aus einem vorüberfahrenden Wagen. Zirpen von Elektrogerät. Die Glockenspielmelodie eines Eiscremeverkäufers, drei Häuserblocks und sechsundsechzig Jahre entfernt. Fernsehlaute von Nachbarn durch die Wände des Stadthauses; die ewige landesweite Talentshow. Das Surren der Klimaanlagen, wie Baumfrösche. Applaus einer Menschenmenge, eine hallende Lautsprecherstimme. Eine Wolke sirrender Insekten und die lautlosen Treffer der Fledermäuse in ihrem Zickzackkurs über den Himmel. Der Lauf des Blutes in den Kapillaren deiner Ohren. Es gibt keinen großartigeren Ort als den, an dem du gelebt hast.

Ich wollte, dass du stolz auf mich bist.

Ungläubig schüttelt sie den Kopf. Stolz? *Für mich warst du Gott.*

Bis ich fortging.

Noch ein Kopfschütteln, sie leugnet die Leugnung.

Das Telefon klingelt. Sie sieht sich nach dem störenden Ding um und stellt es ab. Aber dreimal hörst du den Klingelton. Es ist etwas, das du kennst, aber du kommst nicht drauf. Dann fällt es dir ein.

Was ist das? Wo hast du …?

Sie antwortet dir nicht – dir, dem einen Menschen auf Erden, dem man diesen Klingelton nicht erklären muss. Stattdessen steht sie auf und räumt die Teesachen weg, bevor du damit fertig bist. Keine Trödeleien bei dieser Frau. Es gilt Probleme zu lösen, Dinge zu organisieren, dafür zu sorgen, dass alte Albträume nicht neu Gestalt annehmen.

Du kannst hierbleiben. Ich verstecke dich. Morgen rufen wir den Anwalt an, den, von dem ich dir erzählt habe. Der lässt sich irgendwas einfallen.

Du hörst, wie der erste Einsatzwagen vor dem Haus hält und die Türen sich öffnen. Sie sieht dich an, voller Hoffnung, bereit zu glauben, dass sich selbst jetzt noch jedes noch so abwegige öffentliche Geständnis widerrufen lässt. Dann verdüstert ihr Ausdruck sich wieder zu Schmerz. *Du hast das wirklich getan?*

Du siehst sie mit zusammengekniffenen Augen an: was getan? Es gibt vieles, dessen du dich schuldig bekennen kannst. Aber du willst wissen, was davon sie meint.

Immer weiter sieht sie dich an, sucht in deinem Gesicht nach Beweisen. Ihre Augen sagen: du hast aus einer lebendigen Zelle eine Spieluhr gemacht? Eine CD? Etwas an diesem Blick könnte man beinahe für Begeisterung halten.

Es heißt, sie haben es bereits isoliert. Jemand hat es ins Netz …

Nein, sagst du. *Das ist unmöglich.*

Rumpeln, dumpfe Schläge. Ein zweiter Einsatzwagen, diesmal auf der anderen Seite des Hauses. Springerstiefel auf dem Bürgersteig. Du kannst nicht sagen wie viele. Dann fragt deine Tochter etwas, das sie dich seit ihrer Kindheit nicht mehr gefragt hat.

Wie hört es sich an?

Ihre Augen wandern zu dem Klavier. Eine schüchterne Bitte. Spiel es für mich, dieses Ding, über das die Welt für alle Zeit bestenfalls spekulieren kann. Einst, auf der anderen Seite des Landes, hast du einmal einer schreckensstarren Achtjährigen gesagt: *Nichts wird sich ändern. Es bleibt alles genau wie immer.* Jetzt braucht die verängstigte zweiundvierzigjährige triathletische Datenschürferin noch einmal eine Lüge.

Die Männer umstellen das Haus. Das Stampfen der Stiefel, der Hochfrequenzton von etwas Elektronischem.

Es ist ein schönes Klavier, besser als jedes, das du je besessen hast. Du schlägst ein paar Akkorde an. Sie klingen wie die strahlendste Zukunft. Deine Finger sagen: Geliebte, lass uns der Trauer keinen neuen Raum mehr geben. Sie erinnern sich an etwas, deine Finger, an ein Lied, das du einmal für ihre Mutter geschrieben hast, damals vor langer Zeit, weil sie gesagt hatte, du könntest es nicht. Du musst ein wenig probieren, dann kommt die Erinnerung zurück. Auferstanden.

Sie lacht vor Überraschung. *Nein. Das glaube ich nicht.* Das *hast du genommen?*

Nein; du lächelst, fast wie ein Kobold. Nein, du hast recht. Wichtig ist, dass du so weit wie möglich aus dem Haus heraus bist, wenn sie dich erwischen, so frei und so klar wie du es nur einrichten kannst. Du sagst: *Das kann ich nicht glauben, dass du dich daran erinnerst.*

Auf der anderen Seite des Notenpults steht eine schmale Vase mit frisch gepflückten Maiglöckchen. Ein Readymade, ein wenig theatralisch. Nützlich, wenn man etwas in der Hand hat, und die Vase wird im Dunkeln aussehen wie ein Laborglas. Du nimmst sie und drückst sie an dich.

Du würdest staunen, sagt deine Tochter.

Dein Blick geht zur Klaviatur, diesen zwölf immergleichen schwarz-weißen Käfigstäben. Etwas von diesem Gefängnis ist immer noch da, etwas, aus dem du ausbrechen möchtest, selbst so spät, selbst hier und heute Abend noch. In diesem Leben wirst du den Schlüssel nicht mehr finden. Aber die Töne, die auch jetzt noch in dir Gestalt annehmen, die Musik, die du gespürt hast und nicht festhalten konntest, die Kombinationen, auf die du beinahe gekommen wärst, die gefährlichen Lieder, die darauf warten, geschrieben zu werden: *y así como no tuvo nacimiento no tiene muerte.* Nicht geboren und also auch kein Tod. Dieser Strom der erinnerten Zukunft wird auch ohne dich weitergehen, wird nur seinen Lauf, seine Lippen verändern. Diese Liebe, Liebster, endet nicht.

Horch, sagst du. *Hörst du das?*

Sie geht ans Fenster und hebt den Vorhang. Ein Schrei dringt aus ihr hervor. *O, Shit.* Ihr Körper weicht von dem Glas zurück, ihre Arme wollen das Offensichtliche abwehren. *Shit!* Ihre Augen werden stumpf, die Pupillen groß. *Daddy*, fleht sie. *Nicht. O bitte nicht.*

Sara, sagst du. Geborgen, wo alle Geborgenheit vergeht. *Sara? Komm, wir machen was.*

Sie schüttelt den Kopf, krank vor Terror. Ihre Augen suchen die deinen: Was machen wir?

Etwas Gutes. Gut wie laut. Gut wie lustig. Eine Rose, die keiner kennt.

Wenn sie nickt, wenn auch nur das kleinste Nicken von ihr kommt, wirst du an die Tür und nach draußen gehen. Laufe hinaus an einen Ort frisch und grün, von neuem bereit für gänzlich neue Gefahren. Du wirst weiterlaufen, *vivace*, so weit wie du kommst, deine Phiole in die Höhe halten, wie ein Dirigent, der seinen Taktstock zu etwas hebt, das glücklicher ist, als je jemand gedacht hätte. Der Auftakt zu einer kleinen Unendlichkeit. Und endlich wirst du nun hören, was für ein Stück das ist.

Dank

Für meinen Bericht über Entstehung und Uraufführung von Olivier Messiaens *Quatuor pour la fin du temps* bin ich Rebecca Rischin und ihrem ausgezeichneten Buch *For the End of Time* zu Dank verpflichtet.